BLUMENAU

DIAMOND thoughts

EIN ROMAN FÜR
MANAGERINNEN UND MANAGER,
DIE VERÄNDERN

EIN BELLETRISTISCHES SACHBUCH
VON

DR. SABINE REITHOFER-REINHARDT, MIM, zPM

BLUMENAU

1. Auflage November 2020
Originalausgabe
Veröffentlicht im Verlag EditionBlumenau, Hamburg

Lektorat: Indira Ćejvan, Wels, Austria
Illustrationen: Susanne Schwarzer, Wien, Austria
Logogestaltung: Amely Haslauer, Wien, Austria
Layout: Kristin Pötschke, Hamburg
Titelfoto: Ziga Camernik/Shutterstock

ISBN 978-3-9818250-5-3

Wir freuen uns auf Ihren Besuch:
www.editionblumenau.com

INHALTSVERZEICHNIS

WIDMUNG

Ich widme die ‚Diamond Thoughts' in diesem Buch allen meinen Seminarteilnehmer*innen und Coachées, die ich lehren durfte und von denen ich lernen durfte. Darüber hinaus widme ich meine Zeilen allen Menschen, die täglich in einer Linien- oder Projektrolle Verantwortung für andere Menschen übernehmen. Dieses Buch enthält zahlreiche Werkzeuge und Denkansätze für ein erfolgreiches Miteinander. Lasst uns zusammen das WARUM verstehen, um das WIE nachhaltig zu verändern. Die Natur des MENSCHEN birgt den Schlüssel wahren Erfolgs.

Liebe Leserin, lieber Leser,

mein Name ist Sabine Reithofer-Reinhardt. Ich trainiere und coache seit 2008 Menschen, die bereit sind, beruflich, ehrenamtlich oder privat Verantwortung zu übernehmen. Dank meiner Tätigkeit konnte ich bereits in die unterschiedlichsten Branchen eintauchen. Ob Handel, Industrie, Kultur, Gesundheit, Non-Profit-Organisationen oder Bildung, überall traf ich auf Managerinnen und Manager, die es sich zum Ziel gesetzt hatten, einen positiven Beitrag zu leisten. Diese wundervolle Intention gibt Kraft, Zuversicht und einen langen Atem. Zeitgleich fordert sie aber auch Vertrauen in die eigenen Fähigkeiten, den Schutz der eigenen Bedürfnisse und den Glauben daran, dass es möglich ist, Menschen in die Veränderung zu führen. Manchmal empfinden Führungskräfte genau diesen zuletzt genannten Punkt als besonders mühsam oder anstrengend. Ein tieferes Verständnis dafür zu erlangen, WARUM Menschen so handeln, wie sie handeln, kann hier helfen. Das beginnt vor allem bei sich selbst. Wie gehe ich mit mir um, wenn mein eigener Ehrgeiz und meine Erwartungshaltung an mich selbst mit meinen persönlichen Bedürfnissen kollidieren? Wie gehe ich mit meinen Team- oder Projektmitgliedern um, wenn Meilensteine kurz bevorstehen und der Zeitdruck steigt? Und wie gehe ich mit meiner Familie und meinen Freunden um, wenn die Arbeit bereits den Großteil meiner vorhandenen Energie beansprucht?

Wir Menschen sind komplexe, soziale Wesen. Wertschätzung, Zugehörigkeit und Sinnstiftung sind die Grundpfeiler intrinsischer Motivation. Wer einer Aufgabe intrinsisch motiviert nachgeht, spürt den Unterschied. Zeit verliert ihre Bedeutung, Energie fließt und ein wundervolles Glücksempfinden beflügelt zu Höchstleistungen.

Dieses Buch, geschrieben in nur vier Monaten wundervollstem Flow, beinhaltet Erfahrungen und Erkenntnisse dazu aus meinem Wirken und Tun zweier Jahrzehnte. In dieser Zeit habe ich Projekte- und Programme geleitet, zwei unterschiedliche Linienführungsrollen übernommen, zwei Kinder bekommen, Doppelbelastung und Zeitmangel gespürt und unglaublich viel lernen dürfen. All das teile ich von Herzen gerne mit Dir. Ich tue das bewusst nicht im Stil eines Fachbuchs, sondern indem ich Dir eine wahre Geschichte erzähle. Susan, die Programmmanagerin in diesem Roman, ist eine von uns. Alles, das sie erlebt, und jede Person, auf die sie trifft, entspringt realen Quellen und Begebenheiten. Namen von Personen und Firmen wurden selbstverständlich von mir geändert oder weggelassen. Du wirst Dich darin wiedererkennen, Dich mit einzelnen Charakteren identifizieren und genau wie diese im Buch lernen und wachsen.

Was *DIAMOND thoughts* so besonders macht: Du findest in diesem Buch eine Brücke zwischen alten, teilweise in Vergessenheit geratenen Weisheiten und Denkansätzen und aktuell gängigen Führungstools. Jedes Tool ist in einer wundervollen Grafik illustriert, gestaltet von Susanne Schwarzer.

Falls Du Deine Lese-Erkenntnisse und Ideen gerne schriftlich festhalten möchtest, haben wir zusätzlich ein *DIAMOND journal* entwickelt. Dieses Tagebuch im praktischen Format beinhaltet die wichtigsten Grafiken in Farbe sowie viele leere Seiten zum Notieren Deiner Gedanken. Du kannst Dir Dein *DIAMOND journal*, mit persönlicher Widmung von mir, gerne unter **buch@diamond-thoughts.com** zum Preis von € 8,- (excl. Versand) bestellen.

Besonders schön wäre es, wenn auch Du Deine Erkenntnisse und anschließend praktischen Erfahrungen in der Community unserer Leserinnen und Leser teilst. Dies kannst Du auf **www.diamond-thoughts.com**, via Facebook oder Instagram unter *@diamondthoughts.book* machen.

Ich wünsche Dir nun beim Lesen von *DIAMOND thoughts* zahlreiche *DIAMOND moments*, die Dich inspirieren, motivieren und Dir Kraft schenken.

Wir selbst sind der Same positiver Veränderung, indem wir andere Menschen und Unternehmen in ihren Veränderungsprozessen unterstützen. Lass uns zusammen Wirken.

Alles Liebe und Gute,
Deine

1. DAS ERSTE TREFFEN

Susan war aufgeregt. Sie hatte ihren Kopf weit nach hinten in ihren Nacken gelegt, sodass ihr Blick das imposante Hochhaus vor ihr erfasste. 32 Stockwerke in moderner, dunkler Glasoptik mitten in München. Sie zählte neun Glasfronten nach unten. Im 23. Stock würde sie gleich Katharina Mäkinen kennenlernen. Kalter Wind wehte in ihr Gesicht. Es war Februar. Susan spürte einen leichten Druck auf der Brust. Sie schloss die Augen und atmete tief durch. Dann ging sie auf die Schwingtür am Eingang zu. Im Inneren des Gebäudes befand sich ein eindrucksvoller Empfangsbereich, der ein wenig wie eine Hotellobby wirkte. Hinter einer Rezeption in der Mitte der Halle standen vier Mitarbeiterinnen und Mitarbeiter, die sich um eintretende Gäste kümmerten. Susan wählte sich einen reiferen Herrn mit sympathischem Lächeln und blauer Krawatte aus und meldete sich bei ihm an.

„Frau Mäkinen erwartet Sie bereits, Frau Michals“, entgegnete ihr der Mann, nachdem er ein kurzes Telefonat geführt hatte. Er öffnete Susan den Durchgang neben der Empfangstheke und führte sie in den hinteren Teil der Eingangshalle zu einem der Fahrstühle, der sie in den 23. Stock bringen sollte. „Oben erwartet Sie Frau Mäkinens Assistentin und bringt Sie zu ihr“, ergänzte der Herr freundlich und deutete Susan, einzusteigen. In diesem Moment öffnete sich die Tür des Aufzugs und gut zehn Anzugträger marschierten zügig in Richtung Ausgang an ihr vorbei. Susan bedankte sich und trat in den Aufzug. Auf das Stockwerk gedrückt, wandte sich Susan dem Spiegel zu und schenkte sich selbst ein motivierendes Lächeln. Sie versuchte sich zu fokussieren und einen klaren Gedanken zu fassen. Das klappte allerdings nicht wirklich. Sie zog ihren Mantel aus und zupfte an ihrem orangefarbigen Sakko. Sie ärgerte sich innerlich über ihren morgendlichen Einfall, zu einer frischen Farbe zu greifen. Gerade als sich ihre Bedenken in ihrem Kopf zu echten Selbstzweifel aufzustauen begannen, ertönte ein „Ping!“ und die Aufzugtür öffnete sich.

Vor ihr erstrecke sich ein Großraumbüro. Es herrschte reges Treiben. Wo sie hinblickte, saßen, standen oder gingen Mitarbeiterinnen und Mitarbeiter von einem Schreibtisch zum nächsten. Susan trat aus dem Aufzug heraus und nahm die Umgebung wahr, die sich vor ihr auftat. Links von ihr blickte sie auf drei große Räume mit Glaswänden, in denen gerade Besprechungen stattfanden; vor ihr erstreckten sich etliche Schreibtische in Vierergruppen und zu ihrer Rechten sah sie mehrere Einzel- und Zweierbüros hintereinander. Auch diese hatten Glaswände, waren aber durch blickdichte Klebestreifen sichtgeschützter als die Besprechungsräume auf der anderen Seite.

„Sind Sie Susan Michals?" Susan, gerade abgelenkt und leicht überfordert vom Stimmengewirr dieses Raumes, sah nun eine Frau direkt auf sie zukommen. Sie hatte ein dunkles Kostüm an und hohe Schuhe. „Orange, warum ein oranges Sakko?!", tönte es noch durch Susans Kopf, während sie der Frau zulächelte und nickte. „Ja, das bin ich." „Schön, dass Sie bei uns sind. Frau Mäkinen erwartet Sie bereits. Bitte folgen Sie mir, ich bringe Sie zu ihr." Susan folgte der jungen Frau. Sie gingen rechts den Einzel- und Zweiraumbüros entlang in den hinteren Bereich. Mit jedem Schritt wurde es etwas ruhiger. Vor dem letzten Büro blieben die beiden Frauen stehen. Susan las gerade noch das Schild neben der Bürotür „Dipl.-Kfr. Susan Mäkinen, Vorständin", als die junge Frau neben ihr schon klopfte. Nachdem ein freundliches „Herein" zu hören war, öffnete diese die Tür, nahm Susan ihren Mantel ab und deutete ihr, hinein zu gehen. Susan zögerte kurz, wischte sich instinktiv noch einmal die rechte Handfläche an ihrem Rücken ab und trat ein.

Am anderen Ende des Raumes saß Katharina Mäkinen an ihrem Schreibtisch. Die zierliche, elegant gekleidete Dame rückte den Schreibtischsessel mit Schwung nach hinten und kam zielstrebig auf sie zu. Susan, überrascht von der Schrittgeschwindigkeit, wich leicht zurück. Katharina Mäkinen hielt kurz vor Susan an, lächelte und streckte ihr die Hand entgegen: „Hallo Susan. Schön Sie kennenzulernen. Nennen Sie mich bitte Katharina." Susan war überrascht und erleichtert zugleich. Lächelnd schüttelten die beiden Frauen die Hände. Katharina hatte eine weiche, für eine Frau überraschend tiefe Stimme. Diese Stimme gab Susan ein vertrautes Gefühl. Sie atmete tief durch und sah sich ihr Gegenüber genauer an. Katharina Mäkinen war sicher an die 60 Jahre alt. Sie hatte ein ausgesprochen gepflegtes Äußeres und für ihr Alter erstaunlich wenig Falten. Die einzigen tieferen Falten, die ihr Gesicht zeichneten, waren Lachfalten an Mund- und Augenpartie. Katharina trug ein dunkelblaues Kostüm und ein gelbes Tuch elegant über den Schultern. Susan war immer noch nervös. Katharina war im Vorstand eines großen, deutschen Technologiekonzerns und eine vielbeschäftigte Frau. Dennoch nahm sie sich für Susan Zeit. Ab sofort sollten sie sich jeden Monat für zwei Stunden zusammensetzen. Das war der Plan von Susans Chef Martin Sommer, CEO der Eventagentur Spirit Events.

„Danke, dass Sie heute zu mir gekommen sind, Susan. Das war für mich terminlich einfacher. Bei unserem nächsten Treffen können wir auch gerne ein Café wählen oder ich komme zu Ihnen ins Büro." Katharina bot Susan einen Sitzplatz an und ging dann zum zweiten bequemen Ledersessel gleich daneben. Vor ihnen war ein kleiner Glastisch. Katharina hielt nichts von unbequemen Besprechungsstühlen und hatte sich eine besonders komfortable Gesprächsecke in ihrem Büro eingerichtet. Sie führte dort viele 4-Augen-Gespräche mit ihren Mitarbeiterinnen und Mitarbeitern. Die nächsten zwei Stunden schenkte Katharina ihre Zeit Susan Michals. Als Martin Katharina gebeten hatte, seine Projektmanagerin Susan als Mentorin zu unterstützen, freute sie sich. Martin und sie waren schon seit einigen Jahren zusammen in einem branchenübergreifenden Programm für Mentorinnen und Mentoren engagiert. Er hatte auch schon Coachées aus ihrer Firma betreut und sie hatte ihm zugesagt, dasselbe gerne auch für ihn zu tun.

„Martin hat mir erzählt, Sie sind die Programmmanagerin für das aktuelle ‚Spirit Event'." Katharina schenkte Susan ein Glas Wasser ein und lehnte sich zurück. Susan nickte und schloss für zwei Sekunden ihre Augen. Der Raum hatte eine äußerst angenehme Atmosphäre. Sie atmete tief ein, als ob sie den gegenwärtigen Moment in sich aufsaugen wollte. „Ja, das stimmt", erwiderte Susan. „Martin hat mich vor zwei Monaten eingestellt, um für nächstes Jahr im Frühling das kommende ‚Spirit Event' zu organisieren." „Ich verfolge diese Events schon seit vielen Jahren. Ich war letztes Jahr in München dabei und davor in Berlin. 2016 habe ich verpasst, da war es mir beruflich nicht möglich. Ist die kommende Austragung wieder an allen Standorten der Agentur geplant?" Katharina war ernsthaft interessiert an diesem Happening. Sie fand es beeindruckend, dass Martin seit 14 Jahren im zweijährigen Rhythmus diese riesigen Events organisierte. Er war dabei selbst in der Rolle des Veranstalters, unterstützt durch die Austragungsstädte, Sponsoren und Kooperationspartner. Der organisatorische Aufwand war enorm. Genau durch diese Initiativen war Martin in seiner Branche des Eventmanagements so erfolgreich geworden.

Susan nickte. „Ja. Wir haben wieder fünf Austragungsorte. Berlin, Wien, London, Paris und hier in München. Ich habe in jeder Stadt eine Projektmanagerin beziehungsweise einen Projektmanager aus unserer dortigen Zweigstelle für die lokale Abwicklung. Ich selbst kümmere mich um das Event hier in München und um die Gesamtkoordination." Susan war ziemlich stolz darauf, dass gerade sie diese Rolle innehatte. Zeitgleich fühlte sie sich aber auch reichlich gefordert, wenn sie an ihr Arbeitspensum dachte. Im letzten Monat war sie kaum vor 19.00 Uhr aus dem Büro gekommen. „Great Idea, dass das eine ziemliche Ehre, aber auch Verantwortung ist", merkte Katharina an, die Susans Mimik richtig deutete. „Ja, schon. Ich freue mich sehr über Martins Vertrauen in mich, aber...", Susan überlegte kurz, ob sie ihren Satz zu Ende bringen sollte. „...aber ich bin auch noch recht jung und einige in meinem Umfeld sind skeptisch, ob ich dieser Aufgabe gewachsen bin." „Darf ich fragen, wie jung?", erwiderte Katharina, die zwar schon Susans Lebenslauf kannte, aber die genaue Zahl nicht mehr im Kopf hatte. „Ich werde in drei Monaten 30", so Susan.

Katharina lehnte sich nach vorne. „Mit 29 Jahren liegt Ihnen die Welt zu Füßen. Sie sind jung, gut ausgebildet und haben schon ein paar Jahre Erfahrung gesammelt. Und das Wichtigste:" – Katharina hielt kurz inne und sah Susan eindringlich an – „Sie wollen die Welt verändern." Susan war sich für einen Moment nicht sicher, wie sie reagieren sollte. Dann mussten beide Frauen lachen. „Ich glaube, das ist das perfekte Profil um ein ‚Spirit Event' zu organisieren!", beendete Katharina warmherzig ihre Einschätzung der Lage. Susan entging dabei nicht der Unterton in Katharinas Stimme, der sie aufforderte, mehr Selbstbewusstsein zu zeigen. Susan nickte und lehnte auch ihren Oberkörper nach vorne. „Wissen Sie, ich liebe Events. Schon als Kind war ich von Festen aller Art wie magisch angezogen. Geburtstagsfeiern, Jubilare, Taufen, Hochzeiten – ich war überall vorne mit dabei. Und ich hatte nicht nur Spaß am Dabeisein, ich liebte vor allem das Zusammentreffen der Menschen, die gemeinsame Freude über die Absicht der Feier und die liebevolle Organisation im Vorfeld. Ich war vier, als ich meine erste eigene Party bekam und ich machte meine Mutter fast verrückt, weil ich ein ganz klares Bild in meinem Kopf hatte, wie alles sein sollte. Kompromisse ausgeschlossen." Katharina dachte schmunzelnd an Martin.

„Martin hat mir mal erzählt, dass er zu seinem zwölften Geburtstag ein Abenteuerwochenende für sich und elf seiner besten Freunde organisiert hatte. Alles war durchgeplant. Sein Ziel war es, dass diese elf Jungs, die sich davor zum Teil noch niemals begegnet waren, zu einem richtig guten Team zusammenwuchsen. Er wollte, dass seine Freunde sich mochten und mit ihm auch in Zukunft gemeinsam Abenteuerreisen unternahmen. Seine Leidenschaft inspirierte. Noch heute fährt die Truppe von 12 erwachsenen Männern einmal pro Jahr gemeinsam auf ein verlängertes Wochenende." „Ja, das sieht Martin ähnlich", platzte es aus Susan heraus. „Wenn er sich etwas in den Kopf setzt, dann wird das auch ein Erfolg." „Und alles, das er sich in den Kopf setzt", fuhr Katharina fort, „hat auch immer eine verbindende oder bewegende Absicht." Beide Frauen schwiegen kurz und schwelgten in Gedanken. Susans anfängliche Nervosität war verschwunden. Sie mochte Katharina und war froh, sie als ihre Mentorin ausgewählt zu haben. Martin hatte ihr zwei Frauen vorgeschlagen. Beide Top-Managerinnen aus unterschiedlichen Branchen, beide erfolgreich in ihrem Bereich: eine Mutter, eine kinderlos. Susan hatte sich nach nur kurzer Bedenkzeit für Katharina entschieden. Ihre Intuition hatte sie nicht getäuscht.

„Wissen Sie", begann Katharina, „dass Martin auch für meine Firma schon zwei Events organisiert hat?" Susan nickte. Martin hatte es in ihrem letzten Gespräch kurz erwähnt. „2016 veranstalteten wir gemeinsam ein konzernweites Großevent unter dem Motto ‚Sharing Information' und im letzten Jahr ein weiteres zum Thema ‚With Great Ideas to Great Innovations'. Ich arbeite immer gerne mit Spirit Events zusammen." Katharina nahm einen Schluck Wasser. „Aber zurück zu Ihnen. Erzählen Sie mir noch ein bisschen von sich." Katharina lehnte sich wieder zurück und blickte auf Susan. Die junge Frau trug eine dunkle Hose kombiniert mit einer weißen Bluse und einem auffälligen Sakko. Sie war groß, hatte brünettes, lockiges Haar und ein ausgesprochen sympathisches Auftreten.

„Ich bin in Graz geboren", begann Susan. „Dort studierte ich nach meinem Schulabschluss Eventmanagement. Als ich fertig war, zog es mich nach Salzburg. Ich wollte unbedingt als Hochzeitsplanerin arbeiten und hatte 36 Hochzeiten innerhalb von zwei Jahren organisiert. Danach hatte ich von zwei Dingen genug: Familienstreitereien anderer und jeden Samstag arbeiten. Ich wechselte in eine Werbe- und Marketingagentur, die sich auf das Veranstalten von Firmenmessen spezialisiert hatte. Das war eine schöne Abwechslung. Aber ich habe mich im dortigen Team nie so wirklich eingliedern können. Ich hatte immer das Gefühl, dort als Frau nicht ernst genommen zu werden. Weder von meinen Kollegen noch von den Kunden, die wir betreut hatten. Es waren alles

Kunden aus technischen Branchen und hier als Projektmanagerin einen guten Job zu machen, war nahezu unmöglich. Ich kam mir wie ein Kümmerer vor, der alles allein und zugleich niemandem etwas recht machte. Nach einem Jahr kündigte ich und nahm eine kurze Phase der Arbeitslosigkeit in Kauf.“

Susan machte eine Pause. Jedes Mal, wenn sie über diese Phase ihres Lebens sprach, spürte sie sofort den bekannten Druck auf der Brust. Sie atmete tief durch. Katharina signalisierte ihr weiterzusprechen. „In dieser Zeit begann ich eine Ausbildung zur internationalen Projektmanagerin – inklusive Zertifizierung.“ „Nach **IPMA** oder **PMI** Standard?“, forschte Katharina nach. Susan überraschte die Frage. Führungskräfte aus Linienfunktionen wussten meist wenig über Standards des Projektmanagements. Deshalb waren oft die Beauftragung und Rahmenbedingungen eines Projekts für die Projektmanagerinnen und Projektmanager schwierig. Katharina lächelte. „Seien Sie nicht so überrascht, Susan. Ich war nicht immer Vorständin. Ich habe knapp zehn Jahre als Projektmanagerin bei uns gearbeitet und bin selbst nach IPMA-Standard Level B zertifiziert.“ Level B war die dritthöchste von in Summe vier Zertifizierungsstufen der International Projekt Management Association. Susan hatte Level C, einen Level darunter. „IPMA“, entgegnete Susan etwas verlegen. „Ich bin aktuell Level C zertifiziert.“ „Wunderbar“, kommentierte Katharina wohlwollend und schaute Susan wieder erwartungsvoll an.

> **IPMA: International Projekt Management Association** ist insbesondere in Europa der Projektmanagement-Standard. Seine Bekanntheit gewinnt immer mehr an Bedeutung. Der Fokus liegt auf den Kompetenzen der Projektmanager*innen.
>
> **PMI: Project Management Institute** ist weltweit der führende Projektmanagement-Standard. Der Fokus liegt auf den Prozessen

„In dieser Ausbildung lernte ich meinen Mann Ben kennen. Ben Michals.“ Susan hatte nicht die Absicht gehabt, ihr Privatleben zu so einem frühen Zeitpunkt zu thematisieren. Dass ihr dies gerade so leicht und locker über die Lippen ging, verdeutlichte ihr das rasch wachsende Vertrauen, das sie für Katharina empfand. Katharina war nicht nur fachlich ein Vorbild für Susan, auch Katharinas Persönlichkeit faszinierte sie. Obwohl Katharina in jeder Hinsicht viel mehr Berufserfahrung hatte, behandelte sie Susan in keiner Weise von oben herab. Im Gegenteil, Susan spürte förmlich, wie diese immer noch fast fremde Frau ihr das Gefühl vermittelte, ihr wirklich weiterhelfen zu wollen. „Ben ist Tiroler und machte die Ausbildung so wie ich in Salzburg.“

Katharina erhob sich und holte eine Schachtel mit Keksen aus einem Schrank gegenüber der Sitzecke. „ER ist also der Grund für Ihre Zwischenstation in Tirol", merkte Katharina schmunzelnd an und biss in einen großen, runden Schokoladenkeks. „Martin hat mir erzählt, er hätte Sie vom Tourismusverband in Tirol abgeworben." Katharina hatte zwar Susans Lebenslauf gelesen, aber sie liebte es Menschen zuzuhören, wenn sie ihre Geschichte erzählten. Jede Lebensgeschichte war einzigartig und hatte unglaublich spannende Facetten an sich. Viele von Susans Facetten erinnerten Katharina an sich selbst in jungen Jahren. Sie war ehrgeizig, mutig und hatte oft nur wenig Ahnung, worauf sie sich beruflich wirklich einließ. Aber sie glaubte an sich und genau deshalb konnte sie viele ihrer selbst gesteckten Ziele tatsächlich erreichen.

Susan wirkte nicht wie Ende 20 für sie, wenn sie von ihrem Leben erzählte. Sie wirkte wie eine erfahrene Frau, die schon viel erlebt hatte. Katharina machte die Erfahrung, dass dies oft bei Menschen der Fall war, die bereits mit vielen Menschen zusammengearbeitet hatten. Umso mehr eine Person in sozialen Systemen engagiert war, umso offener und umgänglicher war sie – so Katharinas Theorie. Ihre Intuition flüsterte ihr, dass Susan bereits eine außerordentliche Managerin war. „Eigentlich sollte Tirol nicht nur eine Zwischenstation sein", kommentierte Susan. „Ben liebt seine Heimat und wir hatten ursprünglich geplant, dort zu bleiben. Wir hatten nach unserer Hochzeit 2017 eine schöne 3 Zimmer Wohnung in Innsbruck bezogen und gerade neu möbliert, als Martins Anruf kam." Susan hatte einen Hauch von Wehmut in ihrer Stimme. Katharina wurde neugierig. Aber zum jetzigen Zeitpunkt wäre es noch zu früh gewesen, Susan auf private Themen anzusprechen. Also lenkte sie das Gespräch wieder geschickt auf den beruflichen Kontext.

„Wie sind Sie denn zum Tourismusverband Tirol gekommen?" „Ich hatte doppelt Glück", begann Susan wieder zu erzählen. „Ich habe in der Projektmanagementausbildung nicht nur Ben kennengelernt, sondern auch Erika. Erika hatte eine Führungsrolle im Tourismusverband. Sie erzählte mir, dass es ihnen gelungen war, ein international anerkanntes Mountainbike Rennen nach Innsbruck zu holen, den so genannten ‚Downhill Cup'. Sie war ganz euphorisch. Dieses Event sollte Innsbruck die Möglichkeit bieten, stärker als Sommerdestination wahrgenommen zu werden. Zudem konnten völlig neue Zielgruppen angesprochen werden." Katharina hob eine Augenbraue. „Heißt das, die Tiroler wollten ernsthaft Biker über ihre Berge hinunterstürmen lassen?" Katharina war irritiert. Sie war wohl doch nicht mehr so hipp, um sich das vorstellen zu können. Sie selbst liebte die Berge als Rückzugsort und Quelle der Ruhe. Sie war froh, aus München auch mal rauszukommen. Der Weg nach Innsbruck war überschaubar und sie verbrachte immer mal wieder ein verlängertes Wochenende zusammen mit ihrem Mann Simon auf einer Hütte in den Tiroler Bergen. „Ich befürchte: Ja." Susan ahnte, was Katharina dachte. Sie hatte diesen Gesichtsausdruck bei so vielen ihrer Stakeholdergruppen gesehen. Viele konnten nicht glauben, was Innsbruck hier vorhatte. Der Widerstand vieler Bauern, Anrainer, Bewohner der Stadt und auch vieler Jäger, Wanderer und Genusstouristen war damals groß gewesen.

„Das Thema polarisierte stark", fuhr Susan fort. „Um es kurz zu machen, der Tourismusverband suchte nach einem Eventmanager, der dieses Vorhaben organisieren würde. Ich hatte Glück. Das einzige Problem war nur: Ich war keine Tirolerin." Katharina verstand. Eines der wichtigsten Kriterien guter Projektmanagerinnen und Projektmanager war es, von den betroffenen Kernteammitgliedern akzeptiert und von den Stakeholdergruppen verstanden zu werden. Tiroler sind ein stolzes Volk mit starkem Dialekt und einer unglaublich intensiven Heimatverbundenheit. Die Ankündigung, dass es in Zukunft Mountainbike Rennen auf Tiroler Bergen geben sollte, wäre schon von einem Einheimischen nicht leicht angenommen worden. Vielleicht war es sogar verlockend für den Veranstalter, die Rolle des Schwarzen Peters einer Neuen zuzuschieben. „Wie haben Sie es geschafft, dennoch den Job zu bekommen?", hakte Katharina nach. Ihre Neugierde war geweckt. „Das habe ich der Fürsprache von Erika und auch Ben zu verdanken. Tirol ist klein und auch Ben hatte zwei Kontakte zum Tourismusverband. Ein ehemaliger Schulkollege war dort im Personalbereich und eine Freundin seiner Mutter in der Buchhaltung. Es war bereits in Salzburg ziemlich offensichtlich, was alles durch Beziehungen möglich ist. Tirol hat das zu meinem Glück noch getoppt." Susan nahm einen Schluck Wasser und bediente sich an den Keksen. Während sie kaute, ließ sie ihren Blick durch das Büro schweifen.

Katharinas Büro sah hübsch eingerichtet aus. Alles wirkte hell und freundlich. Die Möbel waren alle in Beigetönen gehalten, die Wände in einem zarten Gelb gestrichen. Die Bilder strahlten alle in grellen Orangetönen. Es hingen drei große und zwei kleine abstrakte Bilder im Raum verteilt, was eher ungewöhnlich für ein Vorstandsbüro war. Katharina bemerkte Susans Blick, stand auf und bewegte sich auf das größte ihrer Bilder zu. „Meine Tochter Marie hat diese Bilder gemalt", begann sie zu erzählen. „Sie ist ein paar Jahre jünger als

Sie und studiert noch. Jedes Mal, wenn sie wieder eine große Prüfung vor sich hat, beginnt sie parallel ein Bild zu malen. Ich glaube, das entspannt sie und lässt den Lernstoff besser in ihren Kopf hinein." Susan nickte. „Bei mir waren es Puzzles. Nach jeder Lerneinheit baute ich eine halbe Stunde an meinen 5.000-Teile-Puzzles und ordnete so das Gelernte in meinem Kopf." Beide Frauen blickten auf das größte der fünf Bilder. Es zeigte eine Art Spirale, die von Innen nach Außen gemalt schien. Die Striche der Spirale waren in Lilatönen gehalten und verziert mit wunderschönen Steinen. Der gesamte Hintergrund des Bildes erstrahlte in hellem Orange. „Das Bild ist wirklich wunderschön. Ihre Tochter hat großes Talent", entgegnete Susan, den Blick noch immer auf das Bild gerichtet. „Für mich steht diese Spirale als Sinnbild für Transformation", begann Katharina. „Es erinnert mich täglich daran, dass nichts im Leben jemals stillsteht. Alles ist in Bewegung. Die Natur, das Leben, eine Firma, ein Projekt und auch wir selbst." Susan nickte. Sie verstand was Katharina in diesem Bild sah. Und sie verstand, warum ihr dieses Bild offensichtlich so viel bedeutete. Ein kurzer Moment des Schweigens verstrich.

„Was studiert Marie?", fragte Susan schließlich. Katharina ging zurück zu ihrem Sessel und setzte sich. „Architektur. Sie hat schon immer alle Arten von Farben und Formen geliebt. Das begann schon als Kind mit ihren unzählbar vielen Bauklötzchen." Susan beobachtete Katharinas Blick. Sie schwelgte in ihren Gedanken gerade in ihrer Zeit als junge Mutter. Nach wenigen Sekunden richtete sich Katharina wieder auf und blickte zurück zu Susan. „Wo waren wir?", entgegnete sie, nach Fokus bemüht. „Sie waren in Tirol, sorgten dafür, dass sich die Mountainbiker bald auf Innsbrucks Bergen tummeln konnten und vertieften zeitgleich Ihre neue Liebe zu Ben." Susan lachte und nickte zustimmend. „Genau. Ich bekam den Job und wohnte in einer kleinen Gastwohnung im Haus der Buchhalterin, die mich unterstützt hatte. Dort war ich allerdings nur knappe drei Monate. Dann bin ich schon zu Ben gezogen. Es ging alles sehr schnell. Ich lernte die Tiroler, vor allem meinen Tiroler, ganz schnell lieben. Wäre ein Jahr später Martins Anruf nicht gekommen, kurz nach Abschluss des ersten ‚Downhill Cups', hätte ich dort auch die Folgeprojekte dieser Serie geleitet. Aber wie wir wissen, kam alles anders."

Überraschend klopfte es an Katharinas Bürotür. Susan erhaschte einen Blick auf die Uhr. Eineinhalb Stunden waren bereits vergangen. Katharina entschuldigte sich bei Susan für die Unterbrechung. Eine leicht hektisch wirkende junge Frau betrat das Büro. „Frau Mäkinen, bitte entschuldigen Sie, aber wir haben ein dringendes Problem mit einem Großkunden und brauchen eine Entscheidung von Ihnen. Haben Sie kurz einen Moment Zeit?“ Susan gestikulierte Katharina, dass dies kein Problem war. Katharina ging zusammen mit der jungen Frau aus dem Büro. Susan blieb allein zurück. Sie stand auf und ging zum Fenster. Von dort genoss sie einen wunderschönen Blick auf den Maximiliansplatz. Es war elf Uhr Vormittag und es herrschte reges Treiben in den Straßen. So wie die Menschen dort unten durch die Straßen irrten, so schwirrten Susan tausende Gedanken durch den Kopf. Dass sie, Susan Michals, hier im Büro einer hoch angesehenen Vorständin eines börsennotierten Konzerns stand und mit ihr zusammen Kekse aß, fühlte sich für Susan noch immer surreal an.

Nach wenigen Minuten ging die Tür erneut auf und Katharina kam zurück ins Büro. „Entschuldigen Sie bitte, Susan.“ Katharina nahm wieder auf ihrem Ledersessel Platz und blicke zu Susan. „Nicht deshalb“, entgegnete Susan und nahm ebenfalls wieder ihren Platz ein. „Lassen Sie uns zum Abschluss für heute über den Zweck sowie ein gemeinsames Ziel für unsere Gespräche reden. Zudem möchte ich Ihre Wünsche hören und uns einen Zeitplan für unser Vorgehen machen.“ Katharina holte sich Stift und Papier aus einem Regal neben ihrem Sessel und skizzierte eine Tabelle in drei Spalten. Sie legte das Blatt auf den Glastisch und signalisierte Susan, dass *sie* nun an der Reihe war. „Ich bin gerade mitten im Projektstartprozess für das ‚Spirit Event‘ im Frühling nächstes Jahr. Es hat bereits einen ersten Kick-Off im Kreis aller Teilprojektmanager gegeben, inklusive Martin als Auftraggeber. Da es sich um ein repetitives Projekt handelt, das alle zwei Jahre stattfindet, können wir viele Planungsaspekte aus den letzten Jahren übernehmen. Das macht die Sache leichter. Wo ich aber wirklich Ihren Rat brauche, sind Führungsthemen und Maßnahmen das **Stakeholdermanagement** betreffend. Zwei meiner vier Teilprojektmanager empfinde ich als nicht ganz einfach. Darüber hinaus habe ich viele Kooperationspartner und Sponsoren zu bedienen.“ Katharina nickte. Sie notierte in der Spalte „Wünsche von Susan“ die Begriffe Führungsansätze, Managementtools und Stakeholdermanagement.

Stakeholder sind Einzelpersonen oder Gruppen, die entweder Betroffene des Projekts sind, ein persönliches Interesse daran haben oder Ansprüche an das Projekt stellen.

Stakeholdermanagement bedeutet, den Einfluss der Stakeholder auf das Projekt zu reflektieren und gezielte kommunikative Maßnahmen zu planen und auszuführen.

„Was sehen Sie als Zweck und Ziel unserer Treffen?“, fragte sie weiter. „Ich sehe Sie als meine Sparringpartnerin, mit der ich mich austauschen kann, bevor ich eine Handlung ausführe. Ich hätte gerne Ihren Rat als erfahrene Geschäftsfrau gehört.“ Das Wort „erfahrene“ betonte Susan dabei besonders. „Und um ehrlich zu sein, möchte ich Sie gerne auch persönlich besser kennen lernen. Ich kannte beruflich erfolgreiche Frauen, die es in ihrer Karriere so weit gebracht haben wie Sie, bislang maximal aus Zeitungen und dem Fernsehen. Aber ich habe noch nie die Gelegenheit gehabt, eine Topmanagerin persönlich kennen zu lernen. Mich interessiert, wie Sie das als Frau in Ihrer technischen Branche geschafft haben – noch dazu mit einer Tochter“, ergänzte Susan. „Danke für ihre Offenheit“, lobte Katharina. „Es ist wichtig, dass wir Frauen über solche Dinge transparent sprechen. Und es ist vor allem wichtig, dass es mehr, viel mehr Frauen werden, die meinen Weg gehen. So können wir gemeinsam bestehende Strukturen verändern und wirtschaftlichen Erfolg breiter definieren.“ Susan verstand Katharinas Andeutung. Sie kannte **aktuelle Zahlen** deutschsprachiger Wirtschaftsunternehmen, die eine erschütternd niedrige Frauenquote in den obersten Managementebenen aufzeigten. Der typische Manager war immer noch männlich, weiß, aus hoher Bildungsschicht und mit den richtigen Beziehungen. Dazu kam die Erwartungshaltung eines 50 bis 60 Stunden Arbeitspensums die Woche. Katharina notierte Folgendes in ihre Tabelle:

Nach **aktuellen Zahlen** der EU-Kommission liegt der Anteil von Frauen in Führungspositionen in der deutschen Wirtschaft bei 21,7%. Damit ist Deutschland EU-weit auf Rang 9; noch vor Österreich.
Quelle: https://ec.europa.eu

Coaching-Planung

Zweck & Ziel	Wünsche von Susan	Zeitplan
Zweck: Sparring, Rat, Tipps Ziel: 1. bessere Entscheidungen/Handlungen setzen 2. von einem weiblichen Vorbild lernen	Führungsansätze Managementtools Stakeholdermanagement	2 Std. pro Monat Das erste Treffen: 5. Februar

Abb. 1: Coachingplanung

„Ich schlage vor, wir treffen uns Anfang März das nächste Mal in Ihrem Büro. So kann ich mir einen Eindruck von Ihrer Umgebung verschaffen. Wäre Ihnen der 4. März gegen 9.00 Uhr recht?", fragte Katharina und blickte zu Susan, die gerade ihren Terminkalender am iPhone checkte. Sie bemerkte, wie Susan geschickt und mühelos bunte Terminfelder erstellte, umorganisierte und sich in beeindruckend schneller Geschwindigkeit digitale Notizen tippte. Katharina seufzte innerlich. Sie war zwar für ihr Alter ebenfalls geschickt im Umgang mit neuer Technologie, aber wie sehr sie auch deren Anwendung übte, mit den jüngeren Generationen konnte sie einfach nicht mehr mithalten. Susan nickte. „Den 4. März kann ich mir einrichten. Ich freue mich, wenn Sie zu uns zu Spirit Events kommen. Herzlichen Dank dafür." Die beiden Frauen verabschiedeten sich und Susan machte sich gedankenversunken zu ihrem Auto auf. Obwohl sie beim ersten Treffen noch keinerlei Fachthemen besprochen hatten, fühlte es sich für Susan so an, als ob sie bereits unheimlich viel dazugelernt hatte. Was genau, konnte sie an diesem Tag noch nicht in Worte fassen.

2. LACHSBRÖTCHEN MIT SCHLAG

„Wie war dein Treffen mit Katharina?", platzte es aus Martin heraus, als Susan auf ihn zuging. Er hatte nicht vorgehabt, sie zu überrumpeln, aber seine Impulsivität ging dann doch mit ihm durch. Er hatte bereits in einem Café nahe seiner Firma auf Susan gewartet, wo er mit ihr zum Mittagessen verabredet war. Er wusste, dass Susan am Tag zuvor ihr Treffen mit Katharina hatte und war gespannt, ob die beiden Frauen harmonierten. Martin hatte die letzten zwei Monate Susans Arbeitsweise beobachtet. Sie hatte einen hohen Leistungsanspruch an sich selbst und versuchte, alles perfekt zu machen. Martin befürchtete, dies würde sich irgendwann auf ihre Kommunikation mit ihren Teilprojektmanagerinnen und Teilprojektmanagern auswirkten. Bis jetzt erlebte er Susan stets freundlich, offen und tolerant. Sowohl zu Kunden als auch zu Kollegen. Martin war jedoch gespannt, wie sich Susans Führungsstil noch verändern würde, wenn sich Meilensteine in rasantem Tempo näherten und der Stresspegel noch zunahm.

Susan kannte Martin gut genug, um von seiner Impulsivität nicht überrascht zu sein. „Ich freue mich auch, dich zu sehen. Danke, es geht mir gut", entgegnete sie mit einem Augenzwinkern und setzte sich zu ihm an den Restauranttisch. Martin blickte etwas verlegen drein und wollte sich gerade entschuldigen, als der Kellner kam, um die Getränke aufzunehmen. Beide bestellten sich ein Mineralwasser und das Tagesgericht. „Spann mich nicht so auf die Folter! Sag schon, wie war es bei Katharina Mäkinen?", bohrte Martin erneut nach, kaum war der Kellner in Richtung Küche abgebogen. „Es war gut", entgegnete Susan und versuchte eine neutrale Mimik zu halten, obwohl sie innerlich ein lautes Lachen unterdrücken musste. „Gut?", erwiderte Martin und runzelte seine Stirn. Jetzt musste Susan lachen. „Martin, es war wirklich gut. Du hattest den richtigen Riecher. Es ist echt eine super Ehre und Chance, so eine Mentorin zu haben!" Martin atmete erleichtert auf. „Ich wusste es", tönte es durch seinen Kopf. „Der Hammer ist, wie natürlich und offen sie ist. Ich meine, sie leitet einen riesigen Konzern und plaudert mit mir über ihre Tochter, die Architektur studiert. Das ist wirklich beeindruckend und skurril zugleich."

„Weißt du, ich mag Katharina sehr. Ich kenne sie mittlerweile ein paar Jahre aus dem Programm für Mentorinnen und Mentoren und sie ist bei all ihrem Erfolg total am Boden geblieben. Sie ist wirklich jemand, der versteht, dass Management ein Dienstleistungsberuf ist." Martin gestikulierte so leidenschaftlich, dass er dem Kellner, der gerade die Getränke brachte, fast das Mineralwasser vom Tablett stieß. Dieser wich gekonnt aus, als würde er eine Linksdrehung im Walzertakt tanzen. „Puh, jetzt hätte ich Ihnen fast einen Wet-Look verpasst. Gut, dass das gerade der letzte Schrei ist." Martin grinste den Kellner amüsiert an und wandte sich wieder zu Susan. „Und, worüber habt ihr gesprochen?" „Katharina war recht interessiert an meinem Werdegang. Wir haben über meine bisherigen beruflichen Stationen gesprochen und wie ich zu dir gekommen bin. Sie hat mir auch von den zwei Events berichtet, die du vor meiner Zeit mit ihr veranstaltet hast. Sie hat dich in den höchsten Tönen gelobt." Martin lächelte. Das sah Katharina ähnlich. „Wir haben vereinbart, dass wir uns Anfang März das nächste Mal treffen. Hier möchte sie gerne zu uns kommen, um mein Umfeld kennen zu lernen." „Das ist eine gute Idee", stimmte Martin zu. „Ich würde mich freuen, im Anschluss mit euch einen Kaffee zu trinken."

„Wie ist es dir in Paris ergangen? Bist du gestern Abend schon zurückgeflogen oder erst heute Morgen?", fragte Susan nach, die das Gespräch bewusst lenken wollte. „Heute Morgen", entgegnete Martin. „Ich habe die erste Maschine nach München genommen. Die Gespräche mit unseren Teamkollegen vor Ort sind gut verlaufen. Es gibt zwei neue Aufträge, die echt vielversprechend sind. Pierre hat die Chance erhalten, in höheren politischen Kreisen zwei Events auszurichten. Er ist wahnsinnig aufgeregt darüber. Ein Event für 50 und ein zweites für 35 Personen. Nichts Großes, aber wenn diese gut laufen und alle zufrieden sind, dann haben wir die Chance, ab Mai eine große Fachversammlung auszurichten, die einmal pro Quartal stattfindet. Das ist natürlich Pierres Ziel!" Pierre war der Geschäftsführer der Pariser Niederlassung von Spirit Events. Es war die jüngste der in Summe fünf Niederlassungen und die einzige in Frankreich. Martin hatte Pierre in London kennengelernt. Die beiden hatten bei einem Kongress zusammengearbeitet und sich sofort gut verstanden. Pierre hatte damals eine kleine Cateringagentur und

Martin brauchte für ein internationales Event, welches er in London ausrichtete, französische Köche und Kellner. Das Motto des damaligen Events war „Parisien Flair". Martin wollte das realitätsgetreu umsetzen. Als Pierre ein Jahr darauf in finanzielle Schwierigkeiten geriet – er hatte sich beim Kauf einer kleinen Liegenschaft als neuen Firmenstandort übernommen – wandte er sich an Martin. Die beiden wurden Partner und die nun gemeinsam geführte Firmengruppe hieß Esprit Événement & Catering. Pierre blieb Geschäftsführer und Martin flog in seiner Rolle als Partner alle zwei Wochen für ein bis zwei Tage nach Paris, um ihn zu unterstützen und nach dem Rechten zu sehen. „Hast du mit Pierre auch über unser ‚Spirit Event' gesprochen?", fragte Susan nach. „Er hat auf meine Bitte, mir seine Projektplanung zu schicken, noch nicht geantwortet." Martin schüttelte den Kopf. „Ich befürchte, die Sache mit dem neuen Auftrag hat ihn zu stark beschäftigt. Am besten ist es, du gibst ihm noch ein paar Tage Zeit."

Der Kellner brachte das Mittagessen. Es gab Lachs auf Risotto, Fisolen und einen kleinen Salat. Martin lachte. „Lachst du wegen Pierre oder wegen dem Mittagessen?", erkundigte sich Susan. „Ich lache wegen dem Lachs. Weißt du, als meine Frau mit Jakob schwanger war, da hatte sie im zweiten Schwangerschaftsdrittel eine Phase, wo sie reihenweise Lachsbrötchen immer in Kombination mit Schlagsahne gegessen hatte. Ich habe mich so geekelt, dass ich sicher zwei Jahre lang keinen Lachs mehr essen konnte. Mittlerweile habe ich Lachs wieder lieben gelernt. Aber ich muss immer daran denken, wenn ich einen serviert bekomme." Susan verzog das Gesicht. „Was für eine Kombination. Da fehlt nur noch die Essiggurke als Garnierung." Martin schmunzelte und begann zu essen.

An diesem Nachmittag hatte Susan zwei Videokonferenzen vor sich. Um 14.00 Uhr hatte sie eine Teams-Sitzung mit Maggy, ihrer Projektmanagerin aus London, und um 16.00 Uhr mit Karl-Heinz, ihrem Projektmanager aus Wien. Maggy war die rechte Hand der Geschäftsführerin vor Ort. In Summe waren es 19 Mitarbeiterinnen und Mitarbeiter in London. Damit war London ähnlich groß wie die Gruppe in Paris. Dort waren es 17 Angestellte. Der Unterschied zu Paris lag aber darin, dass es sich in London, so wie in Wien, um eine tatsächliche Tochtergesellschaft von Spirit Events handelte. Die Geschäftsführerin von London, Judith, stammte selbst aus München und war für den Aufbau der Tochter drei Jahre zuvor nach London gezogen. Maggy war gebürtige Londonerin und von Anfang an mit dabei. Gemeinsam hatten die beiden in den vergangenen zwei Jahren viel erreicht. Der große Durchbruch war dem jüngsten ‚Spirit Event' unter dem Motto ‚Move on' zu verdanken. Dieses Event sorgte auch in einer Metropole wie London für breites Aufsehen. Damals waren zwei Drittel des Hyde Parks zum Festivalgelände umfunkti^oniert worden und über 3.000 Londoner bewegten sich gemeinsam in unterschiedlichsten Stationen. Im Zentrum stand nicht nur die körperliche Bewegung, durch ein Ausprobieren aller gängigen Sportarten ermöglicht, sondern auch geistige Beweglichkeit wurde in das Motto integriert. Von Geschicklichkeitsspielen, Rätsel raten und Schnitzeljagden bis hin zum Schachtournier war alles dabei. Am gesamten Gelände waren zudem fünf große Screen-Walls verteilt. Auf jeder dieser Leinwände wurde das „Move on" Event aus einer der anderen fünf Hauptstädte übertragen. Hier entstand ein europäisches Gemeinschaftsgefühl, das sich sehen lassen konnte. Und das, obwohl sich so viele Londoner im Referendum gegen ein gemeinsames Europa ausgesprochen hatten.

Judith und Maggy freuten sich daher mit ihrem Team schon außerordentlich auf das kommende ‚Spirit Event', obwohl dies einen enormen Zusatzaufwand zum Tagesgeschäft für sie bedeutete. Karl-Heinz, von allen liebevoll Karli genannt, war ein alter Hase im Projektgeschäft. Er hatte vor seiner Zeit bei Spirit Events ein großes Hotel geleitet. Dort traf er auch Martin. Martin nutzte damals das Hotel des Öfteren als Austragungsstätte für Events. Eine Freundschaft begann. Karli war Mitte fünfzig und damit gut zehn Jahre älter als Martin. Als Martin vor einigen Jahren beschlossen hatte, auch eine Tochter in Österreich zu gründen, war Karli der erste, dem er die Geschäftsführerrolle anbot. Für Karli kam das genau zur richtigen Zeit. Er hatte zehn Jahre mit einem 70-Stunden-Arbeitspensum hinter sich gehabt und hatte seiner Frau und seinen zwei Töchtern versprochen, kürzer zu treten. Er nahm Martins Angebot an und baute in Wien ein 20-köpfiges Team auf. Karl-Heinz kümmerte sich in Wien persönlich um das ‚Spirit Event' Projekt. Er ging trotz seiner Linienführungsrolle hier zusätzlich in die Rolle des Projektmanagers. Das lag hauptsächlich daran, dass Karli ein bekennender Perfektionist war, der wichtige Dinge gerne selbst erledigte. Während die Telefonkonferenz mit Maggy relativ unspektakulär verlief, gestaltete sich das Gespräch mit Karli schleppend. Aufgrund seiner Doppelbelastung hatte er noch keinerlei Planung aufgestellt und hinkte mit seinen Aufgaben hinterher – wie auch Pierre in Paris. Maggy lieferte hingegeben schneller ab. Sie hatte ein fünfköpfiges

Projektkernteam zusammengestellt und bereits einen ersten Startworkshop veranstaltet. Die Leistungs- und Terminplanung aus dem Vorgängerevent hatte sie adaptiert. Dies war auch der Stand, den Susan selbst vor Ort in München verzeichnen konnte.

> **Projektkernteam** bezeichnet die Gruppe der Projektteammitglieder, Kurzform PTM, inklusive Projektmanager*in (PM). Zusammen übernehmen sie die Verantwortung für die einzelnen Themenbereiche eines Projekts.

In Abstimmung mit Martin, der regional auch die Projektauftraggeberrolle, Kurzform PAG, innehatte, holte sich Susan für das Event in München vier Kernteammitglieder ins Projektteam. Darunter war Simone Sommer, die Frau von Martin, die die Werbe- und Marketingabteilung in der Spirit Events Holding in München leitete. Zudem hatte sie einen Kollegen aus dem Bereich Sponsoring und einen externen Kooperationspartner aus der Stadtverwaltung im Team. Das vierte Kernteammitglied war Michaela, die auch die Projektmanagerinnenstellvertreterrolle für Susan übernahm. Michaela war zuständig für den Eventablauf und die Helferorganisation. Susan war zufrieden mit dem Aufbau ihres lokalen Projektteams. Zur Rollenklarheit hatte sie gleich zu Beginn als erstes Projekttool ein Organigramm mit ihrem Münchner Kernteam skizziert und die Aufgaben und die Befugnisse jeder Rolle besprochen. Da es nicht klug gewesen wäre, lokal selbst als Projektauftraggeberin zu fungieren, bat sie Martin darum, diese Rolle für München zu übernehmen. Für alle anderen vier lokalen Projektteams war aber Susan, in ihrer Rolle als Programmmanagerin, Projektauftraggeberin.

Susan war bewusst, dass sie mit der Leitung des Münchner Events die Vorbildrolle für die anderen Regionen einnahm. Da die Veranstaltung in allen Städten am selben Tag zeitgleich ausgetragen werden würde, war ein zeitnahes und aufeinander abgestimmtes Vorgehen auf **Programmebene** wichtig. Als übergeordnete Programmmanagerin hatte Susan eine Projektmanagerin und drei Projektmanager der vier weiteren Austragungsstätten im Team: Pierre für Paris, Maggy für London, Karl-Heinz für Wien und last but not least Paul für Berlin.

> **Ein Programm** besteht aus mehreren, thematisch aneinander gekoppelten Projekten und Arbeitspaketen. Die Projektmanager*innen (PM) inklusive Programmmanager* in (PgM) bilden zusammen das sogenannte Programmteam.

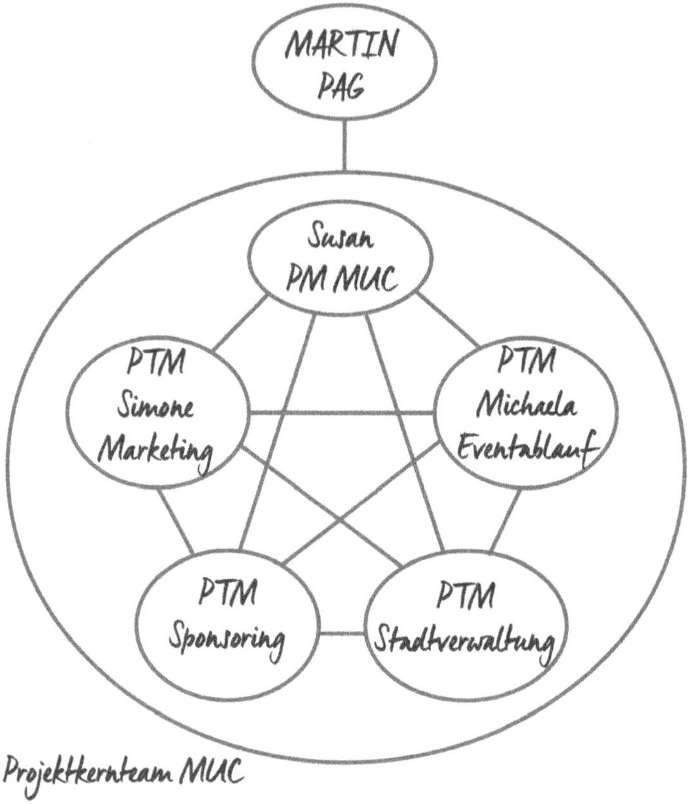

Abb. 2: Organigramm Projektteam MUC

Paul war der Jüngste im Bunde. Er war erst 26 Jahre und hatte, wie Susan, erst vor wenigen Wochen für Spirit Events zu arbeiten begonnen. Am Standort Berlin waren es mit ihm in Summe 15 Mitarbeiterinnen und Mitarbeiter – alle mit Arbeit eingedeckt, da das Geschäft in Berlin gerade boomte. Paul wurde daher extra für das Projekt ‚Spirit Event' eingestellt, musste aber mit 50 Prozent seiner Arbeitszeit auch seine Kolleginnen und Kollegen unterstützen. Von ihm eine gute Projektplanung zu bekommen, würde sich als schwierig herausstellen. Paul hatte keinerlei Erfahrung und auch keine Projektmanagementzertifizierung. Er war ein typischer Hands-on Projektmanager, der alles nach Bauchgefühl abarbeitete. Susan war schon nach dem ersten gemeinsamen Treffen klar, dass sie hier stärker unterstützen musste. Sie entschied in Abstimmung mit Paul und Martin, einmal pro Monat für zwei Tage nach Berlin zu fliegen, um den Startprozess und im Anschluss das Projektcontrolling zu unterstützen. Paul war dankbar für dieses Angebot. Er saugte wie ein Schwamm alles Neue in sich auf. Er wusste Susans Erfahrung zu schätzen und mochte ihre kooperative Art. So wie Susan in München, brauchte jeder ihrer vier Projektmanager ein lokales Projektkernteam zur Abwicklung des regionalen ‚Spirit Events'. Susans Aufgabe als Programmmanagerin war es, die Gesamtkoordination zu übernehmen. Ihr Programmteam skizzierte sie wie folgt.

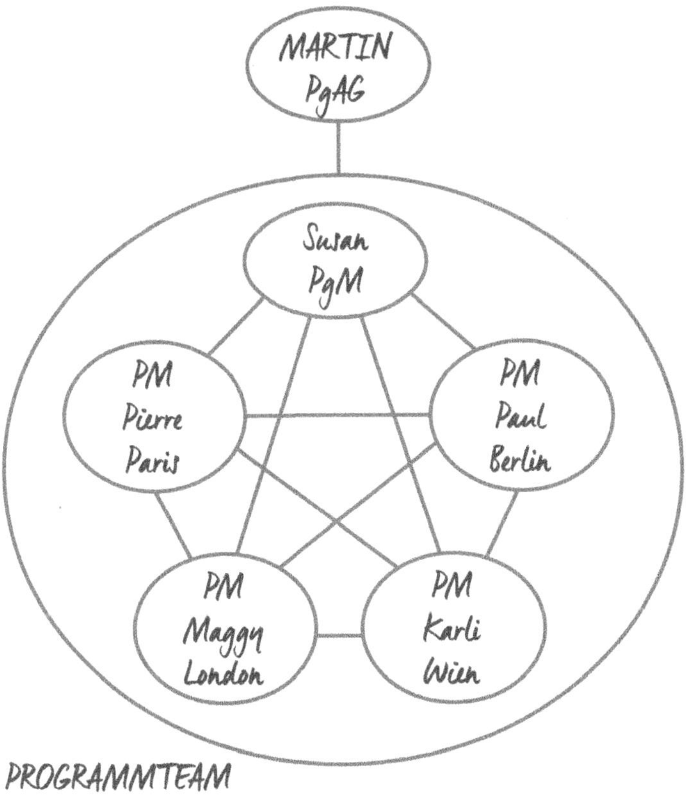

Abb. 3: Organigramm des ‚Spirit Events' auf Programmebene

Es war wieder 19.30 Uhr, als Susan an diesem Abend nach Hause kam. Ihre Wohnung war kahl und unpersönlich. Sie war erst vor gut einer Woche eingezogen. Von Anfang Dezember bis Ende Januar war sie täglich zwischen Innsbruck und München gependelt. Ihr Mann Ben war noch in Innsbruck. Sie vermisste ihn. Es war schwierig für ihn, seine Heimatstadt zu verlassen und zu ihr nach München zu kommen. Das hatte ihre noch junge Ehe auf eine harte Probe gestellt. Ben liebte Innsbruck und war dort mit seiner Arbeit und seinem Familien- und Freundeskreis stark verwurzelt. Letztlich verdankte sie es Bens Vater, dass Ben nachgab und entschied, einer Übersiedlung nach München zuzustimmen. Ben Michals Senior war Amerikaner. Er stammte ursprünglich aus Los Angeles. Er hatte Bens Mutter im Urlaub in Hawaii kennengelernt. Die beiden hatten sich verliebt und nach zwei Jahren Fernbeziehung war es Bens Vater gewesen, der in das kleine Tirol gezogen war. Für seine Mutter wäre ein Auswandern nach Amerika nie in Frage gekommen. Als Tirolerin war sie schon in jungen Jahren wie ein alter Baum gewesen, den man nicht mehr verpflanzen konnte. Ben Junior hatte beide Herzen in seiner Brust. Zum einen liebte er, wie seine Mutter, Tirol und wollte dortbleiben. Zum anderen war er aber auch Halbamerikaner und liebte das Reisen und die Abenteuer. München, das nur knapp zwei Autostunden von Innsbruck entfernt war und auch noch mit Bergblick dienen konnte, akzeptierte er schlussendlich für einen temporären Lebensabschnitt.

Die gerade erst bezogene 3-Zimmer-Mietwohnung in Tirol wurde daher wieder gekündigt und eine um einiges kleinere und darüber hinaus noch teurere 2-Zimmer-Wohnung im Großraum München angemietet. Die neue Wohnung war in der Nähe von Starnberg. Eine nette, ruhige Gegend mit viel Grün. Ben beabsichtigte, den Umzug für eine berufliche Neuorientierung zu nutzen. Bislang arbeitete er in der Werbemittelproduktion als Projektmanager. Dort betreute er größtenteils Kunden der Automobilbranche beim Branding unterschiedlichster Firmenfahrzeuge. Er liebte die Automobilbranche seit jeher und träumte schon immer davon, für einen Automobilkonzern direkt zu arbeiten. Hier hatte er in München einige namhafte Konzerne zur Auswahl. Er bewarb sich und bekam für März die Zusage für eine Projektmanagerstelle bei einem der größten Automobilkonzerne mit Firmensitz etwas außerhalb von München.

Susan musste sich noch gut zwei Wochen gedulden, bis Ben alle Zelte in Innsbruck abreißen und mit einem kleinen LKW nach München kommen würde. Bis dahin schlief sie auf einer Matratze am Boden, saß auf einem von zwei vorhandenen Klappstühlen und nutzte den Balkontisch für ihre Mahlzeiten. Neben diesen bescheidenen Möbelstücken hatte sie bei ihrem Einzug vor gut einer Woche lediglich ihren Kleiderschrank samt Inhalt mitgebracht. Küche und Bad waren in der neuen Wohnung zum Glück schon vorhanden. Nach einem Mikrowellen-Abendessen mit frischem Salat zur Aufwertung, setzte sie sich auf ihre Matratze und rief ihren Mann an. Sie freute sich darauf, seine Stimme zu hören. Susan war noch nie gerne allein gewesen. Sie fühlte sich dann schnell einsam. Aber sie war auch froh darüber, nicht mehr vier Stunden täglich Pendeln zu müssen und wollte erst am Wochenende wieder nach Innsbruck fahren, um beim Abbau der gemeinsamen Möbel zu helfen. Freunde in München, abseits ihrer neuen Arbeitskollegen, hatte sie bislang noch keine.

3. DAS ZWEITE TREFFEN: DIE TORTE

„Sie haben ein wunderschönes Büro", betonte Katharina, als sie Susans kleines Eckbüro betrat. Es schien vielleicht unpraktisch, zwei Fenster zu haben, da es kaum Stellmöglichkeiten für Regale gab, aber Susan liebte die Helligkeit ihres kleinen Reiches. Diese 10m2 waren ihr Rückzugsort, wenn sie in Ruhe etwas abarbeiten wollte oder mit ihren Projektmanagerinnen und Projektmanagern per Videokonferenz plauderte. Obwohl es in Zeiten der Großraumbüros und Shared Office Spaces eher ungewöhnlich war, ein eigenes Büro zu haben, war dies Susan bei ihrem Jobeinstieg extrem wichtig gewesen. Es bedurfte auch einiger Überzeugung, den kleinen Besprechungsraum zu Susans Büro umzuwidmen. Susan bedankte sich dafür bei ihrem Jobeinstieg mit einem Weißwurstfrühstück mit Brezen. Sie hatte gehört, dass dies eine bayrische Tradition war. Dieser wollte sie gleich Folge leisten. Da sie selbst weitgehend vegetarisch aß – und an besagtem Frühstückstag erkannte sie, dass sie nicht die einzige Fleischlose war – offerierte sie zudem noch Falafel und als Nachspeise Kuchen und Obstsalat. Dies war ein gelungener Einstieg und es nahm ihr niemand mehr die Okkupierung des Besprechungsraum übel. Da Martin von vorne herein in München fünf Besprechungsräume in unterschiedlichen Größen eingerichtet hatte, gab es nur selten einen Engpass. Zudem war es üblich, bei großen Projekten einen eigenen Projektraum einzurichten. Dies war nun auch indirekt passiert. Susan war ja federführend für das Multiprojekt – sprich Programm – ‚Spirit Event' verantwortlich. Also galt ab diesem Tag ihr Büroraum als Projektraum.

Katharina mochte Susans Einrichtungsstil. Susan hatte ihre Möbel in Weiß und die Wände in Gelb und Wiesengrün gehalten. Das wirkte frisch und einladend. Das harmonierte auch mit dem grün-gelben Logo von Spirit Events. Es gab wenige aber gezielt platzierte Accessoires und anstelle einer Besprechungsecke gab es eine weiße Coachingbar mit wiesengrünen Barhockern. Susan bot Katharina einen der Barhocker an und schenkte ihr Kräutertee ein. „Schön, dass Sie hier sind. Ich habe mich schon sehr auf unser zweites Treffen gefreut. Und vor allem freue ich mich auf unseren inhaltlichen Arbeitsbeginn." Katharina schmunzelte. Sie hatte schon damit gerechnet, dass Susan schnell und tief in die fachliche Materie eintauchen wollen würde. Aber ihr Tempo hatte sie nun doch überrascht. „Das ist schön, Susan. Ich habe uns einiges mitgebracht", erwiderte Katharina und trank vorsichtig einen kleinen Schluck des noch heißen Tees. „Der ist echt lecker, danke." Susan schenkte sich selbst auch eine Tasse Tee ein und bot ein paar Kekse dazu. „Martin lässt Sie schön grüßen. Er würde sich freuen, wenn wir im Anschluss an unser Gespräch noch kurz zu ihm kommen. Er ist jetzt noch in einer Besprechung bei einem Kunden, wird aber in zirka eineinhalb Stunden zurück sein." Katharina nickte. „Das klingt prima. Ich hatte gehofft, ihn heute zu sehen", gestand sie.

„Ich habe uns heute zwei Flipcharts mitgebracht. Darf ich mal Ihren Flipchart-Ständer zum Aufhängen nutzen?" Susan nickte und Katharina stand auf, öffnete eine mitgebrachte Flipchart-Rolle und holte zwei beschriebene Blätter heraus. Sie hängte beide auf. Auf der ersten Seite war eine Art mehrstöckige Torte zu sehen. Susan grinste, weil die von Katharina benutzte Farbe exakt zu ihren grünen Wänden passte. „Konrad Lorenz hat wundervolle, sogenannte Kommunikationsbrüche beschrieben. Sie sollen uns verdeutlichen, wie viel Kommunikation notwendig ist, um eine Verhaltensänderung herbeizuführen. Lorenz pointiert, die andere Person müsse zuerst die Nachricht akustisch ausreichend gehört, danach verstanden und schließlich akzeptiert haben, dass sie die Aufgabe in dieser Art und Weise ausführen soll. Erst danach folgt das tatsächliche Tun. Der Gipfel wäre das Beibehalten des einmal Versuchten." Susan schmunzelte. Sie hatte die Kommunikationsbrüche einige Male in Führungsseminaren gehört und sie holte sich diese vor allem in der Zusammenarbeit mit interkulturellen Projektpartnern immer wieder vor Augen. So oft hatte sie schon in Meetings eine Bitte geäußert oder eine klare Arbeitsaufgabe delegiert und es ist entweder nichts passiert oder nicht das Gewünschte zurückgekommen. „Ich habe diese Kommunikationsbrüche zu einer Torte umgebaut", erklärte Katharina. „Hier können Sie die einzelnen Stufen dieser Torte sehen. Unten ist die Basis, sagen wir Stufe 1, und oben ist Stufe 6, die höchste und schwierigste Stufe. Wie Sie erkennen können, habe ich eine Stufe hinzugefügt: das Üben."

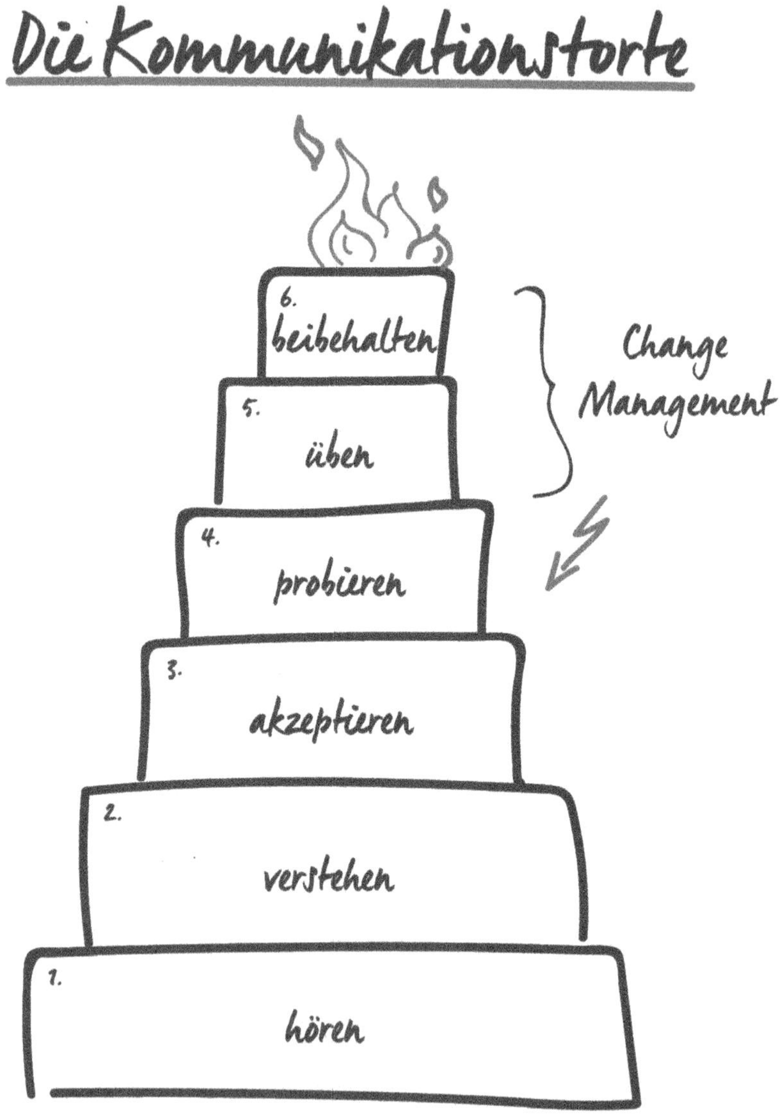

Abb. 4: Die Torte: Stufen im Veränderungsprozess I

Susan sah sich das Bild nachdenklich an und bestätigte Katharina, dass ihr die Kommunikationsbrüche von Lorenz schon durch manch schwierige Phase geholfen hatten. Als Projektmanagerin neigte man – wie jede andere Führungskraft – dazu, auf Stufe 2 bis 5 zu vergessen. Man wünscht sich automatisch immer, etwas nur einmal sagen zu müssen und der Adressat hüpft gleich auf Stufe 6. „Dieses Bild", Katharinas Stimme wurde nun leise und sie sprach langsamer, „ist die Essenz für unser gemeinsames Arbeiten." Susan schwieg. In ihrem Kopf schwirrten tausend Gedanken. „Was meinte Katharina?" Sie kannte diese Stufen doch bereits und machte sich diese auch in der Kommunikation mit ihren Projektmanagern stets bewusst. „Dieses Bild dient uns nun als eine Art Landkarte für Ihre ganz persönliche Weiterentwicklung." Katharina sah Susan freundlich, aber bestimmt an. „Wenn wir über Führungstools sprechen, möchte ich von Ihnen eine persönliche Einschätzung wissen, auf welcher Stufe Sie sich aktuell befinden. Ein Tool zu kennen und zu verstehen, heißt nicht, es bereits in seinem täglichen Alltag anzuwenden. Hier trennt sich eine wissende Führungskraft von einer guten Führungskraft. Viele sind zwar wissend, tun aber ganz etwas Anderes. Und ebenso vielen fällt dies oft nicht einmal auf." Katharina pausierte kurz. „Ich möchte, dass Sie sich diese Stufen bewusst machen, diese reflektieren und sich dann ein Ziel setzen. Wenn Sie eines der von mir eingebrachten Tools bereits kennen und verstanden haben, dann setzen Sie sich gemeinsam mit mir ein erreichbares Ziel. Zum Beispiel: Von Stufe 2 auf Stufe 4 in vier Wochen. Bei unserem nächsten Treffen können wir dann gemeinsam die Erreichung des Ziels reflektieren."

Susan dachte nach. Obwohl sie bereits so oft Konrad Lorenz' Kommunikationsbrüche bedacht hatte, war sie noch nie auf die Idee gekommen, diese für ihre eigene Persönlichkeitsentwicklung zu verwenden. Sie blickte zu Katharina. „Das gefällt mir, auch wenn ich mir vorstellen kann, dass es in vielen Punkten nicht immer leicht sein wird, die Stufen zu erklimmen." Katharina setzte sich zurück auf den Barhocker. Da sie nur 1,65 Meter groß war, musste sie Schwung nehmen und sich mit ihren Armen abstützen. Sie trug auch an diesem Tag ein Kostüm mit Bleistiftrock bis unter ihre Knie und das Outfit machte diesen kleinen Morgensport nicht leichter. „Susan, das ist absolut richtig. Die Stufen 4 bis 6 können es ganz schön in sich haben. Und wenn Stufe 4, zum ersten Mal etwas Neues zu probieren, keine positive Erfahrung mit sich bringt, kann es ganz schnell wieder bergab gehen." Gerade bei dem Wort „bergab" rutschte Katharina vom zuvor mühsam erklommenen Hocker wieder hinunter und holte einen Schokoriegel aus ihrer Handtasche.

„Nehmen wir als Beispiel diesen Schokoriegel." Katharina hielt den Riegel Susan vor die Nase. Diese wollte schon zugreifen, als ihn Katharina wieder zurückzog. „Nehmen wir mal an, Sie sind eine Stressesserin. Und jedes Mal, wenn Sie in der Arbeit oder im Privatleben Stress haben, holen Sie sich einen dieser wirklich leckeren, unwiderstehlichen Riegel und verschlingen ihn in unter einer Minute." Susan verstand. Unwillkürlich musste sie sofort an Karli, ihren Wiener Projektmanager denken, der mit genau diesem Verhaltensmuster kämpfte. „Nehmen wir an, ich bin eine Ärztin, die Ihnen jetzt mitteilt, dass dieser Riegel ungesund ist, dass Ihr Body-Mass-Index schon gefährlich hoch ist und dass Sie diesen Riegel besser durch gesundes Obst oder ein paar Nüsse ersetzen sollen", Susan war klar, worauf Katharina hinauswollte. „Die berühmten Neujahrsvorsätze...", dachte sie laut und runzelte die Stirn. Katharina stimmte zu. „Ganz genau, es kann mitunter super schwierig sein, bestimmten Mustern und Konditionierungen zu entkommen. Andersrum kann es aber auch ganz einfach sein, wenn ich etwas zum ersten Mal höre, es in meine Denkweise gut integrierbar ist oder ich schon immer Lust hatte, mal etwas Neues zu versuchen und endlich das Passende für mich entdeckt habe. Alles ist möglich. Aber wegen eingelernter Konditionierungen scheint Einfaches manchmal unmöglich."

„Also", stellte Katharina nach einer kurzen Gedankenpause fest, „zurück zu unserer kalorienarmen Verhaltenstorte. In vielen Fällen werden wir uns das Ziel setzen, bis zum obersten Tortenstück, sprich Stufe 6, vorzudringen. Wir sprechen bei Stufe 5 und 6 vom so genannten Veränderungsmanagement. Eines muss Ihnen klar sein, Susan", Katharina hüpfte wieder auf den Hocker, diesmal schon richtig elegant, „wenn Sie irgendetwas oder irgendjemanden im AUSSEN verändern wollen, dann müssen Sie im INNEN anfangen. Bei sich selbst." Susan atmete tief ein. Die Botschaft hatte gesessen. Ihr war diese Sichtweise nicht neu. „Wie du in den Wald hineinschreist, so kommt es auch zurück", pflegte ihr Papa stets zu sagen. Und als Grazer Lokalpolitiker musste er besonders aufpassen, was er in den Wald hineinschrie. Aber im jetzigen Kontext löste diese Botschaft eine Welle von Gedanken in Susans Kopf aus. War ihre Welt – ihre Teamkolleginnen und Teamkollegen, ihre aktuellen Herausforderungen – tatsächlich ein Spiegel ihres Inneren? Nein, das konnte nicht sein. Ihre Welt war sicherlich gefärbt von ihrer subjektiven Wahrnehmung, aber mehr als das, entzog sich ihrer Vorstellungskraft. Katharina bemerkte Susans Gedankenkarussell und berührte Susan am Arm. Beide Frauen blickten sich in die Augen. „Vertrauen Sie mir, wir machen das zusammen."

„Ich möchte nun gerne über das zweite Tool mit Ihnen sprechen. Eines, das ich mit jedem meiner Mitarbeiter bespreche." Katharina glitt wieder vom Barhocker hinunter, zupfte ihren Rock zurecht und ging zum Flipchart-Ständer zurück. Sie blätterte um und ein Dreieck wurde sichtbar. „Ich nenne das Tool: das Lebensdreieck", erklärte Katharina und bat Susan, sich Stift und Papier zu nehmen.

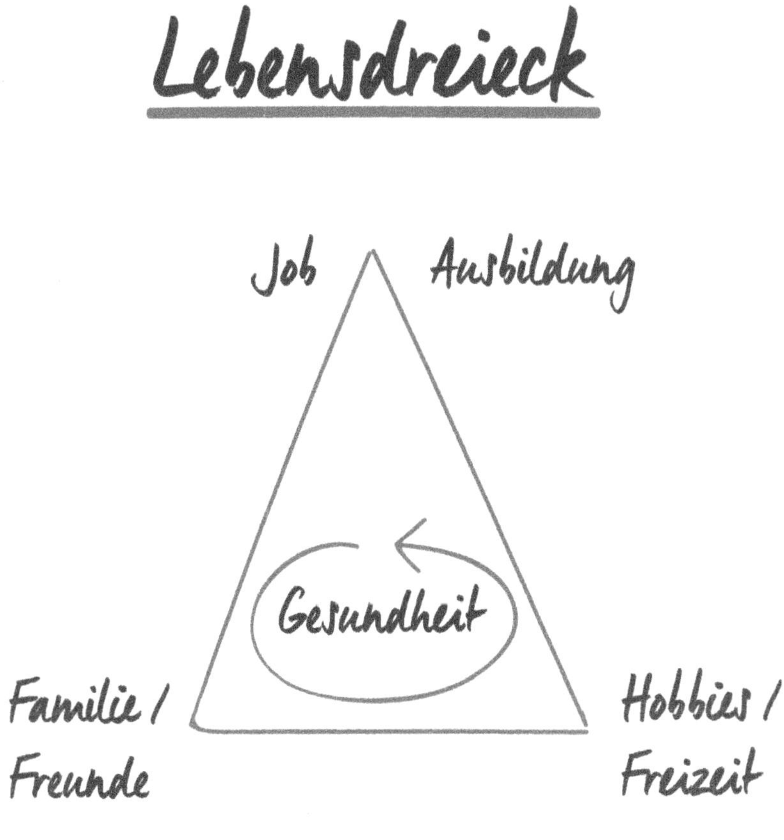

Abb. 5: Das Lebensdreieck

„Ich bitte Sie nun Susan, dass Sie so ein Lebensdreieck auf dieses Blatt Papier skizzieren. Stellen Sie sich bitte folgende Frage: Wieviel Prozent meiner Wachzeit verbringe ich pro Woche gefühlt in der Ecke *Job und Ausbildung* an der oberen Dreiecksspitze. Achtung, das ist wichtig“, betonte Katharina. „Es geht um Wachzeit, pro Woche und *gefühlt*!“ Die letzten drei Begriffe wiederholte Katharina eindringlich. „Als nächsten Schritt überlegen Sie, wieviel Prozent Ihrer Wachzeit verbringen Sie mit *Familie und Freunden* und wieviel Prozent haben Sie Zeit für *Hobbies*, *Freizeit* und eventuell ein *Ehrenamt*? In Summe müssen Ihre Angaben 100 Prozent ergeben.“ Susan überlegte nur kurz und schrieb intuitiv die gefühlten Werte auf. Als sie ihre Zahlen vor sich sah, wurde sie nachdenklich. Ihr Leben war gefühlt unglaublich stark job- und damit karrierefokussiert. Wie sehr, wurde ihr in diesem Moment spürbar bewusst. Nach einem kurzen Moment der Stille blickte sie zu Katharina.

„Aktuell gefühlt 70 Prozent Job, 25 Prozent Familie und 5 Prozent Freizeit“, stellte sie fest. Katharina nickte und ihr rechter Mundwinkel schob sich dabei leicht nach oben. „Jetzt machen wir diese Reflexionsübung gleich noch einmal und Sie rechnen sich die tatsächliche Zeit, die Sie in einer typischen Durchschnittswoche in diesen Ecken verbringen, bitte aus. Gehen Sie von 110 Stunden Wachzeit pro Woche aus.“ Susan wurde neugierig. Sie schnappte sich ihr Handy als Taschenrechner. Vielleicht hatte sie ihre Intuition getäuscht. Sie hoffte förmlich, die unteren beiden Ecken des Lebensdreiecks würden in Wahrheit höher sein, als von ihr vermutet. Sie kam morgens gegen 8.30 Uhr ins Büro und arbeitet durchschnittlich bis 19.00 Uhr. Abzüglich ihrer längeren Mittagspausen, in denen sie sich gerne mal mit einer Freundin zum Essen traf und den Freitagen, an denen sie spätestens um 17.00 Uhr das Büro verließ, kam sie aktuell auf durchschnittlich 45 Arbeitsstunden pro Woche. Bei 110 Stunden Wachzeit waren das unter 45 Prozent. Susan stutzte. Obwohl sie einen niedrigeren Jobwert erhofft hatte, war ihr in dem Moment nicht klar, ob das ein Grund zur Freude war. Katharina hingegen was alles andere als überrascht. „Wie groß ist der Abstand zwischen gefühlter und tatsächlicher Arbeitszeit?“, erkundigte sich Katharina. Susan fühlte sich ertappt. „Knapp 30 Prozent“, gab Susan zu. „Die Frage, die Sie sich bis zu unserer nächsten Einheit stellen sollten, ist, wo diese knapp 30 Prozent verloren gehen. Und warum kommen diese 30 Prozent nicht als Qualitätszeit in den beiden anderen Ecken Familie und Hobby an?“

Susan seufzte. Die Frage von Katharina traf genau ins Schwarze. Ihr Forscherdrang war geweckt. Susan nahm sich vor, auf die Suche zu gehen. Es konnte doch nicht sein, dass sie als junge, verheiratete Frau gefühlt so wenig Privatleben hatte. Eine Frage beschäftigte sie zudem: „Warum steht *Gesundheit* in der Mitte des Dreiecks, Katharina?“, fragte Susan neugierig. „Jeder von uns“, begann Katharina, „muss sein Lebensdreieck regelmäßig austarieren. Ganz ähnlich wie das klassische **magische Dreieck** im Projektmanagement austariert werden muss. Wenn dein Kunde mehr Leistung will, braucht es dafür auch mehr Ressourcen oder mehr Zeit und es fallen mehr Kosten an. Er kann nicht mehr wollen und alles andere gleich lassen. Das geht auf Dauer nicht gut. Beim Lebensdreieck ist es ziemlich ähnlich. Wenn wir über einen längeren Zeitraum zu einseitig leben und eine der drei Ecken vernachlässigen, dann führt diese Unausgewogenheit in der Work-Life-Balance zu einer Dysbalance im Körper.“ Katharina machte kurz halt und trank erneut einen Schluck Tee.

> Das **magische Dreieck** der Projektplanung umfasst die Bereiche a) Leistungsplanung, b) Terminplanung und c) Ressourcen- und Kostenplanung. Verändert man eine der drei Komponenten, hat dies Auswirkungen auf die beiden anderen Bereiche.

„Jeder von uns hat eine, ich nenne sie, Antenne im Körper. Dabei handelt es sich um ein Organ oder ein Körperteil, das regelmäßig Unbehagen signalisiert. Bei dem Einen schmerzt der Magen, bei dem Anderen der Kopf, beim Dritten der Hals und beim Vierten der Rücken. Egal was es ist, es dient uns Menschen als Signal. Unser Körper signalisiert uns, dass wir zu einseitig unterwegs sind und ein Austarieren ansteht. Ignorieren wir dieses Signal über einen längeren Zeitraum, kommen die Beschwerden öfter, intensiver und werden irgendwann chronisch.“ „Und das kommt davon, weil wir mit einer falschen Verhaltensweise die Torte hochjagen!“, vollendete Susan Katharinas Gedankengang und dachte dabei wieder an den leckeren Schokoriegel als Metapher für die Stufe 6 Verhaltensweise des Stressessens. Die Top-Managerin nickte zustimmend.

„Bevor wir heute unser Coaching beenden, gibt es noch eine zweite Gedankenaufgabe bis zur nächsten Einheit, Susan.“ Diese nahm einen großen Schluck Kräutertee, der mittlerweile kalt geworden war, und wandte dann ihren Blick gespannt zu Katharina. „Jeder von uns hat die Tendenz“, begann sie, „sich selbst in seinen Kollegen und Mitarbeitern zu suchen.“ Jetzt war

Susan irritiert. Ihr war nicht ganz klar, worauf Katharina hinauswollte. „Wir gehen gerne automatisch davon aus, dass jeder Mensch, der mit uns zusammenarbeitet, eine ähnliche emotionale Gewichtung des Lebensdreiecks hat wie wir selbst." Schön langsam erahnte Susan Katharinas Gedankenfolge. „Wir denken, jeder ist mit der gleichen Hingabe, Leidenschaft und dem gleichen Arbeitseinsatz dabei wie wir und ärgern uns infolgedessen immer dann ganz besonders, wenn dies auf einen, in Ihrem Fall Teilprojektmanager, nicht zutrifft." Susan fühlte sich ertappt. Sie musste zugeben, diese Gedanken aus ihrem Projektalltag zu kennen. Karli achtete stets darauf, pünktlich zum Abendessen bei seiner Familie zu sein. Das war ja schön für seine Frau und seine Töchter, aber das ‚Spirit Event' plante sich nicht von allein. Sie hatte von Karli einen höheren Jobwert erwartet und ärgerte sich insgeheim über die Prioritätensetzung ihres Wiener Projektmanagers.

„Was wir oft vergessen", ergänzte Katharina, „ist die Tatsache, dass die Gewichtung eines Lebensdreiecks beeinflusst ist von der eigenen Lebenssituation, dem familiären Status, dem sozialen Umfeld, den kulturellen Gepflogenheiten und nicht zuletzt von den eigenen Ängsten. Frauen in meinem Alter beispielsweise, haben oft die familiäre Situation, sich um ihre alten und vielleicht sogar kranken Eltern zu kümmern. Frauen in Ihrem Alter tun dies oft für ihre eigenen Kinder. In beiden Fällen braucht die Ecke Familie eine höhere Gewichtung. Die Kultur, in der wir aufwachsen, hat hierfür stets ein klares Bild, dem wir entweder entsprechen oder das wir brechen. Beeinflussen wird es uns auf jeden Fall. Verstehen Sie was ich meine?" Susan nickte. „Gefühlt jede dritte Kollegin in einem Führungsjob verzichtet bewusst auf Kinder. Sie wollen Karriere, reisen, die Welt entdecken und sehen keine Möglichkeit für sich, diese Wünsche mit Kindern zu vereinen." „Ich kenne die Statistik", bestätigte Katharina, „und sie stimmt mich immer ein bisschen traurig. Entweder Frauen verzichten auf Kinder oder diejenigen, die nicht verzichten wollen, müssen sich oft mit operativen Jobs zufriedengeben. Immer mehr steigen auch aus den Konzernen aus und versuchen, alternativ mit einem **Ein-Personen-Unternehmen** Kinder und Karriere zu vereinbaren." Katharina atmete tief durch.

45,3 Prozent aller **Ein-Personen-Unternehmen** in Österreich werden von Frauen gegründet. Als Hauptgründe nennen die Unternehmerinnen: die Vereinbarkeit von Familie und Beruf und die flexible Zeit- & Lebensgestaltung.
(Quelle: Wirtschaftskammer Österreich, 2018)

„Natürlich sollen junge Frauen und junge Männer ihr Leben so ausrichten und gestalten, wie sie es möchten. Glücklich zu sein, ist ein ganz wichtiges Lebensziel. Aber ich denke, dass das Bild, was wir gesellschaftlich von einer Karriere haben, diesen Trend enorm beeinflusst. Ich bin davon überzeugt, wir könnten einige junge Frauen und auch Paare zu einem Umdenken bewegen, wenn sie das Gefühl hätten, sich nicht für Kind *oder* Karriere entscheiden zu *müssen.*" Susan stimmte zu, hatte aber zudem das Gefühl, dass viele ihrer Freundinnen schon gar nicht den Anspruch hatten, in der Ecke *Job und Ausbildung* bis ganz nach oben zu kommen. Sie ist oft auf Unverständnis gestoßen, wenn sie abends oder am Wochenende mal länger gearbeitet hatte. Und dass sie ihre Arbeit liebte, hatten viele als Argument nicht ganz für bare Münze genommen. Susan erschrak über ihre eigenen Gedanken: Sie lebte genau dieses gängige Bild der Karriere mit ihren vielen Wochenenden und Abendeinheiten. Damit war sie selbst sogar Anti-Vorbild für ihre Freundinnen.

Es klopfte an der Tür. Katharina und Susan erschraken aus ihren Gedanken. Susan dachte gerade an zwei ihrer Freundinnen, zu denen sie den Kontakt verlor, als diese Mama geworden waren. Sie dachte immer, das lag an ihren Freundinnen. Weil diese sich so verändert hatten in ihren Prioritäten und Gesprächsthemen. In diesem Moment wurde sie unsicher, ob ihre Wahrnehmung ihr nicht einen Streich gespielt hatte. Katharina hingegen erinnerte sich an ihren 30. Geburtstag zurück, an dem sie sich selbst die Frage gestellt hatte, ob sie Kinder möchte oder stattdessen ihre Karriere weiter forcieren sollte. Für Katharina schien eine Vereinbarkeit damals völlig ausgeschlossen. Es gab auch bei ihr keine sichtbaren Vorbilder. Dass dies scheinbar immer noch weitgehend Thema war, erschütterte sie. Beide Frauen hatten die Zeit übersehen und vergessen, dass Martin schon auf sie wartete. Er war es nun auch, der die Tür öffnete und ein Tablett mit drei Kaffeetassen hereintrug. „Genug gecoacht, meine Damen. Ich möchte Katharina auch noch kurz Hallo sagen", scherzte er mit einem Lächeln und zwängte sich durch die Tür. Das Tablett auf die Coachingbar gestellt, umarmte er freudig Katharina und die beiden küssten sich rechts und links auf die Wange. Susan bemerkte sofort die hohe Vertrautheit bei den beiden. Sie waren offenbar wirklich gute Freunde.

„Na, was sagst du zu meiner Susan?", er löste sich aus der Umarmung und blickte Katharina erwartungsvoll an. „Du hast schon immer einen siebten Sinn für vielversprechende Talente gehabt, Martin." Katharina lächelte Susan zu und wandte sich wieder an Martin. „Und, wie laufen die Geschäfte? Strebst du noch nach einem weiteren Standort?“ Martin schüttelte den Kopf. „Nein, vorerst passen unsere fünf Standorte wunderbar. Wir wollen diese gut festigen und noch etwas weiter ausbauen. Ich bin wirklich zufrieden mit der Entwicklung.“ Er setzte sich neben Katharina auf einen freien Barhocker. „Und bei dir, ist nicht gerade die einfachste Phase für eure Branche?“, stellte er fest. Katharina nickte. „Ja, der Markt ist gerade in einem ziemlichen Umbruch. Niemand weiß genau, auf welche Zukunftstechnologie man setzen soll. Es gibt viele Möglichkeiten, aber nichts davon scheint allen Kundenbedürfnissen gerecht zu werden. Da müssen wir jetzt durch.“ Katharina war intensiv mit dem Thema Markttrends beschäftigt. Ihr Unternehmen, für das sie arbeitete, war ein führender Technologiekonzern, der stets bemüht war, Innovationen frühzeitig zu triggern. Sie selbst hatte ein eigenes kleines Startup innerhalb ihres Konzerns etabliert, das fernab der gängigen Linienstrukturen neues Denken ausprobieren konnte. In diesem Startup waren mittlerweile 50 Mitarbeiterinnen und Mitarbeiter täglich im Innovationseinsatz, versuchten einen neuen, noch nie dagewesenen **Quantenprozessor** zu entwickeln. Aber es war eben nicht nur die Technologie, auf die es ankam. Vor allem die Bereitschaft des Menschen, diese Technik anzunehmen, umzulernen und in seinen Alltag zu integrieren, spielt im Innovationsmanagement eine wesentliche Rolle. Und da war sie wieder, Katharinas Torte.

> Ein **Quantenprozessor,** auch Quantencomputer genannt, beruht auf den Gesetzen der Quantenmechanik. Diese neue Technologie gilt als eine der Schlüsseltechnologien des 21. Jhd. Der enorme Fortschritt liegt in der Erfassungsmöglichkeit hoch komplexer Thematiken.

Martin servierte den beiden Frauen ihren Cappuccino und es dauerte nicht lange, bis die Gespräche ins Private abdrifteten. Susan erzählte von ihrem Umzug. Ihr Mann Ben war vor wenigen Tagen erst nach München gekommen. In der Wohnung herrschte Chaos. 45 Schachteln wollten ausgepackt und zahlreiche Schränke aufgebaut werden. Ben und Susan hatten sich darauf eingestellt, die nächsten drei Wochenende mit Bohrmaschine, Hammer und Putzlappen zu verbringen. Katharina erinnerte dies an ihr letztes privates Verschönerungsprojekt. Sie hatten vor, im Keller ihres Hauses einen Partyraum einzurichten. Ihre beiden Kinder hatten sie schon seit Jahren dazu gedrängt. Erst jetzt, wo beide ausgezogen waren, nahm dieses Vorhaben seinen Anfang, was allerdings die freiwillige Unterstützung ihrer Kinder nicht gerade begünstigte. Letztlich waren es ihr

Mann Simon und sie, die dann versuchten, den Keller zu entrümpeln, um Platz für das neue Vorhaben zu schaffen. Als Katharina schilderte, wie sie mit einem Ehemann gesegnet war, der zwei völlig linke Hände hatte, wenn es um Vorhaben des Abbauens oder Aufbauens von Möbelstücken ging, mussten alle herzhaft lachen. Das Ende vom Lied war, Katharina engagierte einen Entrümpelungstrupp und einen Tischler und nach vier Wochen konnte sich das Ergebnis sehen lassen. Susan war besonders überrascht zu hören, dass Katharina neben ihrer Tochter Marie noch einen Sohn namens Eric hatte. Er war 28 und studierte Veterinärmedizin. Er hatte sich mit seiner Freundin in einem Bauernhof nahe des schönen Chiemsees eingemietet und hatte, völlig anders als sein Vater, zwei geschickte Hände was Handwerken anging. So war sein Vermieter, ein netter, mittlerweile pensionierter Bauer, froh über die tatkräftige Unterstützung seines neuen Untermieters.

Es war ein nettes Gespräch und schnell war es Mittagszeit geworden. Martin spendierte den Damen noch ein Mittagessen in einem kleinen Café um die Ecke. Katharina musste dafür einen Termin verschieben, was sie aber gerne tat. Es gab nicht so häufig die Gelegenheit, in dieser netten Runde ein Essen zu genießen und sie freute sich natürlich über die Einladung. Auch Simone, Martins Frau, schloss sich ihnen an. Simone und Katharina kannten sich von zwei Veranstaltungen des Programms für Mentorinnen und Mentoren und verstanden sich gut.

„Wie geht es denn dem kleinen Jakob?", erkundigte sich Katharina, als alle vier gemütlich um den Bistrotisch saßen und an ihren Getränken nippten. Simone und Martin warfen sich einen kurzen Blick zu. „Gut soweit", entgegnete Simone. „Er ist wirklich ein lustiger kleiner Kerl und hält uns ganz schön auf Trab. Im September hat er mit der Schule begonnen und ist nun in seinem ersten Schuljahr." Katharina schmunzelte. Sie konnte sich ausmalen, dass dieser Lebensabschnitt kein so einfacher für eine Familie war. „Es ist schon eine große Umstellung für ihn – aber auch für uns", entgegnete Martin mit einem Lächeln. „Aber zusammen mit Sarah bekommen wir das schon hin." „Wer ist Sarah?", erkundigte sich Katharina und auch Susan war neugierig geworden, da eine Sarah auch bei ihr noch nie erwähnt wurde. „Unser Kindermädchen", entgegnete Simone. „Sie studiert Pädagogik und kümmert sich an drei Nachmittagen um Jakob. Sie holt ihn am frühen Nachmittag ab, kontrolliert seine Hausaufgaben und dann spielen die beiden, bis der erste von uns nach Hause kommt." Das machte Sinn, dachte sich Susan. Sie hatte sich schon gefragt, wie die beiden das mit dem kleinen Jakob hinbekommen, aber mit Sarah im Team, war es möglich.

Nach einer guten Stunde im Café verabschiedeten sich die vier voneinander und jeder eilte wieder seines Weges. Als Susan in ihr Büro zurückkam, hatte sie ein angenehmes, aber auch seltsames Gefühl in ihrer Magengrube. Das gemeinsame Mittagessen in dieser Runde fühlte sich einerseits irgendwie unwirklich für sie an, andererseits war genau das nun ihr neues Arbeitsumfeld und sie genoss es in vollen Zügen, Menschen um sich zu haben, von denen sie so viel lernen konnte. Als sie auf ihr Flipchart sah, ragte ihr das Lebensdreieck entgegen. Sie stellte sich vor das Bild und begann zu überlegen: „Wo verliere ich die 30 Prozent?“

4. LINIENDENKEN ALS PROJEKTFEIND NUMMER EINS!

Als Susan an diesem Abend heimkam, war Ben gerade eifrig damit beschäftigt, den Wohnzimmerschrank zusammenzubauen. „Hi Schatz! Gut, dass du da bist, halt doch mal diese Seitenwand kurz fest!“ Susan ließ ihre Tasche im Eingangsbereich zu Boden gleiten, schlüpfte aus ihren Schuhen und ging zu Ben ins Wohnzimmer. Sie gab ihm einen kleinen Kuss und griff nach der von Ben adjustierten Regalwand. Ben war im vollen Heimwerkermodus. Susan musste an Katharinas Mann denken und war froh, dass Ben hier eher ihrem Sohn Eric gleichkam. „Einen weiteren Umzug übersteht dieser Schrank echt nicht mehr“, stöhnte Ben, der nach unten gebeugt mit zwei Schrauben die Seitenwand fixierte. „Diese Kästen sind nicht für die Ewigkeit gebaut. Halte bitte auch noch die zweite Seite, danach komm ich wieder allein klar.“ „Danke, dass du schon angefangen hast. Ich bin wieder nicht so leicht weggekommen“, entgegnete Susan. „Eins zu null für die Spitze meines Lebensdreiecks“, dachte sie insgeheim und reflektierte ihre Bereitschaft zu Überstunden.

„Wie war dein erster Tag in der Firma?“, Susan blickte neugierig zu Ben. Dieser signalisierte Susan, sie könne jetzt die Seitenwand loslassen und richtete seinen Oberkörper wieder auf. Er streckte sich durch und blickte forschend auf sein Werk. Der Korpus der Regalwand stand und hielt. Ben war zufrieden. Dann blickte er zu Susan und lächelte. „Ziemlich gut.“ Susan wartete, ob da noch mehr kommen würde, aber Ben drehte sich um und ging zum Kühlschrank. Er holte sich Orangensaft und bot Susan auch ein Glas an. „Und…“, hakte Susan nach und ließ nicht locker. Sie wusste, wie schwer es Ben gefallen war, seinen alten Job zu kündigen. Seine Arbeitskollegen waren gute Freunde geworden und er mochte seine Tätigkeit. Aber die Chance, für einen Automobilkonzern zu arbeiten, hatte ihn unheimlich gereizt und seine Beweglichkeit, was den Umzug nach München anging, stark unterstützt. Die beiden Komponenten Ehefrau und Traumjob zusammen machten die Veränderung schließlich möglich. Obgleich Ben sich das Vorrecht einbehielt, Veto einzulegen, sollte es ihm in München doch nicht gefallen. „Kollegen?“, erkundigte sich Susan, die sich behutsam vorarbeiten wollte. Ben dachte kurz nach: „Hilfsbereit.“ Susan war verwundert. So kurz angebunden kannte sie Ben gar nicht. Aber sie gab nicht auf. „Arbeitsplatz?“ „Großraumbüro.“ „Ist das gut oder schlecht?“, entgegnete Susan verwirrt. Ben setzte sich auf das gemeinsame Sofa, das noch von einer Plane umhüllt war, die es beim Transport vor Schmutz geschützt hatte. Es folgten ein paar Minuten der Stille. Susans Blick ruhte auf ihrem Mann. Ben atmete tief durch. Er starrte in die obere, rechte Wohnzimmerecke, als wolle er alle Bilder des Tages noch einmal vor seinem inneren Auge abrufen und begann zu erzählen.

„Das Werk ist riesig. Unglaublich. Das ist wie ein Stadtstaat. Es gibt unglaublich viele Gebäude innerhalb der Werksmauern und zwei große Tore, ein Westtor und ein Osttor. Alles wirkte auf mich so surreal.“ Ben nahm noch einen Schluck und stellte das leere Glas auf den Boden. Der Wohnzimmertisch war noch im Karton. „Ich musste mich am Westtor melden und auf meine HR-Ansprechpartnerin warten. Während ich im Wartebereich saß, wurde mir mehr und mehr klar, was mich so irritierte. Jeder einzelne Besucher musste sich anmelden. Fünf Mitarbeiter saßen hinter einem Tresen, wie an einer Hotelrezeption. Nur dass die Besucher nicht wie Gäste empfangen wurden, sondern wie Nummern, die nach Eintrittsbescheid sich selbst überlassen wurden. Ich konnte mich echt glücklich schätzen, dass ich am Tor abgeholt worden bin. Da drinnen bist du als Ankömmling ohne Navigation aufgeschmissen.“

Susan schüttelte ungläubig den Kopf. Produktionsstätten dieser Dimension schienen wirklich eine eigene Welt zu sein. Aus Tirol kommend, an die Du-Kultur gewohnt, war das schon ein immenser Kulturclash. „Wir sind gut fünfzehn Minuten am Werksgelände zwischen den Gebäuden und Fahrzeugen herumgelaufen. Natürlich war es nur möglich, auf grünen Streifen zu gehen, denn neben den Fußgängerstreifen fuhren Autos, LKWs und jede Menge Staplerfahrer im Eiltempo hin und her. Ich hatte ja jahrelang für meine Kunden die Aufdrucke für solch große Firmenfahrzeuge koordiniert, aber in all den Jahren waren unsere Meetings immer virtuell oder in Verkaufshallen und Vorführräumen, wo ich die Fahrzeuge einzeln betrachten konnte. Aber wenn du in das Herz so einer großen Unternehmung kommst, ist das richtig aufregend.“ Ben schwieg erneut. Sein Blick senkte sich wieder in Richtung Regalwand. „Aufregend ist was Gutes, oder?“, forschte Susan nach. „Ja, definitiv!“, entgegnete Ben. Susan war erleichtert. „Es ist richtig cool, so nah dran zu sein. Die Personalerin hat unseren Spaziergang durchs Werk gleich genutzt, um mir eine kleine Führung zu geben. Wer macht was, wie laufen die Prozessketten, was wird hier produziert, was dort. Und da im Werk alles auf Maßanfertigungen, Spezialwünsche seitens der Kunden oder auf das Ausprobieren innovativer Ideen fokussiert ist, gleicht kein Projekt dem anderen." Jetzt hatte Ben Susans Interesse vollends geweckt. Projekte waren ihre Welt und da Susan und Ben diese Leidenschaft teilten, dauerte es nicht lange, bis beide mit einem Glas Wein auf der Couch saßen und über die unterschiedlichen Firmensysteme und deren Einfluss auf den Projekterfolg diskutierten.

Susan hatte das Glück, mit Spirit Events in einer Firma zu sein, wo eine so genannte **reine Projektorganisation** ermöglicht war. Zum einen freute sie sich darüber. Dies gab ihr innerhalb der vereinbarten Parameter – Projektleistungen, -termine und -kosten – einen großen Entscheidungsfreiraum. Zum anderen war es die personelle Verantwortung für ihr Programmteam, die sie vor eine herausfordernde Führungsaufgabe stellte. Ein besonders heikler Aspekt war dabei für Susan: zwei ihrer Projektmanager waren Linienführungskräfte und beide älter als sie. Das war eine Konstellation, die mitunter Schwierigkeiten bedeuten konnte. In Bens neuer Welt waren, wie sich herausstellte, die Rahmenbedingungen ganz anders. Dort gab es trotz enorm vieler großer Projekte und Programme eine starke Linienorganisation mit in Summe sieben Hierarchieebenen. Ben erzählte Susan, dass er von der Organigramm-Struktur, die ihm gezeigt wurde, besonders beeindruckt war. Es waren fast 10.000 Mitarbeiterinnen und Mitarbeiter an diesem einen Standort. Und daher hatten sich, ganz nach **Frederick Taylor**, die vielen Führungsebenen historisch entwickelt. „Wirklich unglaublich", begann Susan, „dass in einem Land wie Deutschland, wo der Individualismus so eine große Rolle spielt, immer noch tayloristische Strukturen zu finden sind."

> In einer **reinen Projektorganisation** werden Projektmanager*innen als Führungskräfte im Unternehmen anerkannt. Es gibt eine klare Trennung zwischen Linienaufgaben und Projektaufgaben. Während der Projektlaufzeit haben Projektmanager*innen auch die personelle Verantwortung für ihre Kernteammitglieder.

> Als Taylorismus in die Geschichte eingegangen, propagiert **Taylor** die Überwachung der Arbeiter und Strukturierung der Tätigkeiten in großen Industriebetrieben. Die 10er Regel aus dem Militär dient dabei als Vorlage. Eine Führungskraft sollte im Schnitt 10 Arbeiter überwachen und Qualität sicherstellen.

Ben und Susan schwiegen. Es klingelte an der Tür. Es war der Pizzabote. Mit einer großen Pizza Funghi, einem gemischten Salat und je einem zweiten Glas Rotwein ließen sich beide auf den Klappstühlen nieder, die immer noch als Küchensessel dienten und genossen ein ruhiges Abendessen. Es war mittlerweile zu spät, um zu hämmern oder zu bohren. Sie wollten beide nicht riskieren, es sich gleich am Anfang mit ihren neuen Nachbarn zu verscherzen. Stattdessen diskutieren sie angeregt weiter.

„Mein Projekt, für das ich eingestellt worden bin, hat das Ziel, für einen Kunden eine gebrandete Front zu koordinieren. Er hat in Summe 87 Fahrzeuge bestellt. Alle sollen ident sein und sein Firmenlogo vorne oben tragen", erzählte Ben weiter, während er nach einem großen Stück Pizza griff. „Mein Projekt ist Teil eines komplexen Produktentwicklungsprogramms, bei dem in Summe zwölf Abteilungen involviert sind. Schon das Zusammenstellen des Kernteams wird da eine Herausforderung. Wenn die hier wirklich ein Kernteammitglied pro betroffenen Bereich mit ins Projektteam integrieren, sind wir weder schnell noch effizient. Genau das, wovor sie uns in Salzburg bei der Projektmanagement-Ausbildung immer gewarnt haben." Ben schüttelte ungläubig den Kopf. „Kannst du schon abschätzen, wie stark die Vermischung zwischen Linienmanagement und Projektmanagement ausfallen wird? Oder traust du ihnen die klare Trennung dieser beiden Führungsbereiche zu?", fragte Susan nach, die insgeheim heilfroh darüber war, mit Martin einen Projektauftraggeber zu haben, dem die Wichtigkeit der Trennung dieser beiden Arbeitsweisen bewusst war.

Linienaufgaben waren eine eigene, unternehmensrelevante Welt. Aber Projekte eben auch. Und wenn man eine Aufgabe hatte, die den **Merkmalen eines Projekts** entsprach, dann war die projektorientierte Umsetzung nicht nur clever seitens des Auftraggebers, sondern eine Notwendigkeit, um das Projektziel zu erreichen. Die klare Trennung verschafft einem Unternehmen zwei Vorteile, die alle Auftraggeber wollen: eine viel höhere Geschwindigkeit und einen qualitativ höheren Output. Beides ist stets gewollt, aber dennoch ist oft die notwendige Struktur, d.h. die klare Trennung beider Welten, nicht gegeben.

> Die IPMA definiert folgende **Projektwürdigkeitskriterien**: Zielorientiert, Anfang und Ende definiert, Mindestdurchlaufzeit 3 Monate, komplex, interdisziplinär, risikobehaftet, Teamarbeit, Projektbudget und Einmaligkeit/Neuheit der Aufgabe.

„Du kannst echt froh sein, dass Martin und auch Katharina vom Fach sind", entgegnete Ben. „Und auch, dass Martins Führungsansatz von vorne herein teamorientiert und kooperativ ist. Ich bin hier sicher gerade in eine völlig andere Welt geraten, die sich diese Ansätze erst langsam erarbeiten muss." „Hast du schon eine Vorstellung davon, welche Struktur dich erwarten wird?", entgegnete Susan und nahm sich ihr zweites Stück Pizza. „Die reine Projektstruktur kann ich sicher ausschließen. Ich denke, dass wird wohl eher ein **Matrixkonstrukt** sein. Ich stelle mich schon mal auf etliche Gesprächsrunden mit Linienverantwortlichen ein, die von mir wissen wollen, warum ich standardisierte Prozesse umgehe und wann genau ich ihre Mitarbeiter für Arbeitspakete im Projekt brauchen werde."

> In einer **Matrixorganisation** teilen sich Projektmanager*innen und Linienführungskräfte ihre Führungsrolle bezugnehmend auf die Projektteammitglieder. Eine regelmäßige Abstimmung ist wichtig, verlangsamt aber zugleich die Erreichung der Projektziele und ist oftmals Ausgangspunkt für Ressourcenkonflikte.

Susan nickte. In ihrem letzten Job als Organisatorin von Messen hatte sie eine ähnliche Ausgangssituation. Ihr Glück war, dass es nicht ganz so viele Stakeholder zum Abholen und Informieren gab wie in Bens neuer Firma. „Ich hoffe für dich Schatz, dass du nicht zu sehr zum Bittsteller werden musst." Ben runzelte die Stirn und hoffte innerlich das gleiche. „Gehst du von einer **starken** oder **schwachen Matrix** aus?", hakte Susan nach ein paar Minuten der Stille weiter nach. „Keine Ahnung." Ben schüttelte den Kopf. „Aber das werde ich dir in zwei Monaten sicher beantworten können. Wie auch immer, ich bin wirklich bereit mich dieser Herausforderung zu stellen. Und ich bin super gespannt darauf, wie sich alles entwickelt."

> In einer **starken Matrix** hat das Projekt Priorität vor Linientätigkeiten und Projektmanager*innen können auf die notwendigen Ressourcen zugreifen, die sie brauchen. In einer **schwachen Matrix** ist es genau umgekehrt.
> **Expertentipp**: Bei Projekten mit unveränderbarer Terminecke sollte eine schwache Matrixstruktur vermieden werden.

Susan war ebenfalls neugierig. Aber für diesen Abend hatten sie genug gefachsimpelt. Beide waren müde vom Tag und es war spät geworden. Sie stellten die Teller in die Küche, machten sich bettfertig und kuschelten sich zusammen auf die Matratze am Boden. Der Korpus und der Lattenrost ihres Bettes waren noch fein säuberlich an die Wand gelehnt und warteten dort auf ihren Aufbau.

5. DAS DRITTE TREFFEN: EFFIZIENZ IM HELIKOPTERBLICK

Die nächsten vier Wochen waren sowohl für Susan als auch für Ben arbeitsintensiv. Beide hatten lange Tage in der Firma und abends, wenn sie nicht zu müde waren, versuchten sie, in der neuen Wohnung das Chaos zu reduzieren. Möbelstück für Möbelstück wurde zusammengebaut und langsam aber sicher wurden die Schachteln und Kisten weniger. Ende März spürte man in München einen leichten Frühlingshauch und die Tage wurden spürbar wärmer. Die Gegend rund um den Starnberger See eignete sich für lange Spaziergänge und sie fanden auch eine hübsche Laufstrecke, die sie am Wochenende gerne vor einem gemeinsamen Brunch liefen.

Susan hatte inzwischen den **Startprozess** für ihr Programm abgeschlossen. Wie anfangs vermutet, brauchte vor allem Paul, Susans Teilprojektmanager aus Berlin, intensive Unterstützung. Den ganzen März über war sie jede Woche ein bis zwei Tage vor Ort gewesen, um ihm und seinem Projektteam bei der Planung des Berliner Events zu helfen. Die intensive Betreuung hatte sich ausgezahlt, denn die Projektplanung war nun einwandfrei. Alle Arbeitspakete waren verteilt und das Team war aufeinander eingeschworen. In London konnte Susan einen ähnlichen Erfolg verzeichnen. Maggy hatte, unterstützt von der Geschäftsführerin Judith, einen richtig guten Job gemacht. Die Planung hatten sie völlig unabhängig von Susan erarbeitet und aufgrund der großen Freude, dass das nächste ‚Spirit Event' nahte, waren alle Beteiligten in London bereit, mit den inhaltlichen Vorbereitungen zu beginnen. In Paris und in Wien war die Sachlage im Vergleich zu Berlin und London nicht ganz so rosig. Pierre war noch immer auf seine zwei Events in politischen Kreisen fokussiert und hatte nur einen kurzen, halbherzigen

> Der **Startprozess** ist der erste fixe Teilprozess in einem Projekt/Programm. Er dauert, je nach Projektlaufzeit, bis zu mehreren Wochen oder Monaten. Ziele des Startprozesses: eine komplette Basisplanung des Vorhabens und erfolgreiches Teambuilding aller Mitwirkenden.

Startprozess durchgeführt. Sein Team bestand immer noch aus nur zwei Kernteammitgliedern – um eine Person zu wenig für die Größe und den Aufwand des Pariser ‚Spirit Events'. Aber da er sich weigerte, in dieser heißen Phase noch weitere Teammitglieder vom Tagesgeschäft abzuziehen, starteten die Pariser Kolleginnen und Kollegen vorerst in kleiner Mannschaft die Planung der Vorgehensweise.

In Wien war Karl-Heinz selbst der Engpass des Projekts. Da er sich unbedingt selbst die Rolle des Projektmanagers für Wien geben wollte, war er während des Projektbeginns stets zeitlich am Limit. Gerade er, dem die gemeinsamen Familienabende mit seiner Frau und seinen zwei Töchtern so wichtig waren, hatte den **Startprozess** des ‚Spirit Events' völlig unterschätzt. Tägliche Überstunden und einige Samstage im Büro waren die Folge. Die Doppelbelastung aus Geschäftsführerrolle und Projektmanagerrolle schwang mittlerweile in jedem Telefonat hörbar mit. Karlis Stimmung schwankte. Fühlte er sich unter Druck gesetzt, wurde er laut. Seine Teamkolleginnen und Teamkollegen hatten sich bereits nach dem ersten Projektstartworkshop in Wien an Susan gewendet, sie sollte bitte noch einmal mit ihm sprechen. Das tat Susan auch, aber die Projektmanagerrolle an eine Kollegin oder einen Kollegen aus Wien zu delegieren, kam für Karli nicht in Frage. Er wusste, wie wichtig dieses Event für die gesamte Firma war. Sein Perfektionismus und sein leichter Hang zur Selbstdarstellung waren ihm im Weg.

> Der **Startprozess** ist der mit Abstand aufwendigste Teilprozess eines Projekts. Dieser Aufwand macht sich aber später bezahlt. Gute Planung zu Beginn bedeutet in der Regel weniger „Brände löschen" während der Projektdurchführung.

Was München anging, hatte Susan ihr Kernteam gut zusammengeschweißt. Mit Simone, Martins Frau, hatte sie eine bemerkenswerte Teamplayerin in München, die ihr half, alle zusammenzuhalten und jeden stets gut zu informieren. Ihre Stellvertreterin Michaela übernahm Susans Agenden, wenn diese in Berlin bei Paul war. Der Kooperationspartner aus der Stadtverwaltung, der ebenfalls im Münchner Kernteam war, war merkbar bemüht. Er hatte bereits an den letzten drei ‚Spirit Events' mitgearbeitet und wusste daher genau, welche Behördengänge zu planen und welche Fristen eingehalten werden mussten. Das half für die Erstellung der Ressourcen- und Zeitplanung ungemein. Ein wenig schwieriger war der Kollege aus dem Sponsoring. Hier hatte Susan einen Mitarbeiter von Spirit Events ins Team genommen, der zeitlich überlas tet war. Zudem war es schwer abschätzbar, wie lange es dauern würde, bis die gewünschten Sponsoren gefunden und die Gelder eingesammelt waren. Einer der üblichen Hauptsponsoren, der bislang stets knapp 50 Prozent der Kosten übernahm, hatte bereits vor zwei Jahren angekündigt, dass dies im kommenden Event wegen eines Firmenumbaus nicht möglich sein würde. Damit war hier eine wesentliche Finanzierungsstütze weggebrochen, die zur Erfüllung des Projektzieles wesentlich war. Das Münchner Kernteam nahm also, nach gemeinsamer Diskussion der aktuellen Gegebenheiten, eine grobe Zeitschätzung für die Projektbasisplanung an und informierte Martin, dass sie im Bereich Sponsoring wahrscheinlich seine Unterstützung brauchen würden. Als Auftraggeber konnte sich Martin in allen Projektprozessen auf sein Team verlassen. Er wusste, er hatte operativ grundsätzlich nichts zu tun. Ausnahmen waren besonders knifflige Stakeholdergespräche oder wenn es darum ging, Hauptsponsoren zu finden und/oder zu behalten.

Es war der Morgen des 6. Aprils, als sich Susan auf zu einem kleinen Café nahe Katharinas Arbeitsplatzes machte. Es lag direkt am Maximilianplatz, auf den Susan im Februar bei ihrem ersten Treffen geblickt hatte. Katharina war schon vor Susan da und saß an einem 2er Tisch am Fenster. Als sie Susan erblickte, winkte sie der jungen Frau. Susan war aufgeregt, wenngleich sie mittlerweile eine angenehme Vertrautheit zu Katharina fühlte. Inzwischen waren die beiden per Du und Katharina begrüßte Susan mit einer kleinen Umarmung. „Ich habe uns schon mal zwei Mineralwasser bestellt, ich hoffe das passt für dich", fragte Katharina, während Susan ihre Jacke auszog. „Herzlichen Dank, das ist wunderbar. Ich hoffe, du hast nicht zu lange gewartet. Der Morgenstau nach München rein war doch wieder mehr als erhofft." „Kein Problem, komm nimm Platz", entgegnete Susans Mentorin und Susan setzte sich zu ihr.

„Ich bin schon gespannt, wie es dir die letzten Wochen ergangen ist. Ist denn in der Zwischenzeit dein Mann gut in München angekommen und habt ihr euch schon in der neuen Wohnung ein bisschen eingelebt?" Katharina war ernsthaft an Susans Situation interessiert. Sie wusste aus Erfahrung, dass ein Neubeginn in einer fremden, großen Stadt nicht immer einfach war. Sie selbst war in ihrem Leben viel gereist und hatte innerhalb Europas schon in mehreren

Städten gelebt. „Ja, doch." Susan hielt kurz inne und dachte an Ben. „Mein Mann ist beruflich gerade stark eingespannt. Die neuen Herausforderungen, denen er gegenübersteht, haben aber viel Gutes. Er ist aus seiner Komfortzone gerissen, übt, vieles sportlich zu nehmen und versucht, sich in seine neue Welt einzufinden. Die Kollegen mögen ihn und haben ihn gut aufgenommen. Ich glaube, sein Tiroler Dialekt und seine unkomplizierte, offene Art helfen ihm da sehr." „Das glaub ich sofort", nickte Katharina. „Die Tiroler haben einfach einen hohen Sympathiefaktor. Nicht nur im restlichen Österreich. Das gilt auch für Bayern. Verstehen ihn denn seine Kollegen?" Susan musste lachen. „Ja, schon. Ich habe mit ihm ja schon ein paar Jahre trainiert. Nachdem ich seinen Dialekt am Anfang so schwer verstanden habe, hat Ben gelernt, diesen etwas zu reduzieren. Wenn er will, dass ich ihn verstehe, kann er sogar notfalls Hochdeutsch sprechen." Beide Frauen lachten. Der Kellner, der gerade in diesem Moment die Getränke brachte, schmunzelte ebenfalls und begrüßte Katharina freundlich. Er kannte sie bereits von früheren Besuchen und sie war in dem Café ein gern gesehener Gast.

„Wollen wir heute noch einmal auf das Bild des Lebensdreiecks eingehen, bevor wir uns einem neuen Führungstool widmen?", wandte sich Katharina an Susan, nachdem der Kellner wieder weg war. Susan nickte. „Ich hatte dich ja mit einer Suche beauftragt", sprach Katharina weiter. „Die Suchaufgabe war, herauszufinden, wo die Differenz zwischen dem gefühlten und dem tatsächlichen Wert in deiner Jobecke herkommt. War deine Suche erfolgreich?" Katharina schwieg, nippte an ihrem Mineralwasser und blickte zu Susan. Sie war gespannt, was Susans Reflektionen ergeben hatten. Sie hatte noch genau vor Augen, wie irritiert Susan über ihre unterschiedlichen Prozentsätze war.

„Ich habe lange darüber nachgedacht", begann Susan ihre Antwort. „Weißt du, ich liebe einfach meine Arbeit. Und wenn ich nach Hause gehe, fällt es mir oft schwer, abzuschalten. Ich grüble oft die ganze Heim- oder Hinfahrt über die Firma und das Event. Da es Ben ähnlich geht wie mir, erzählen wir uns oft abends oder an den Wochenenden die Ereignisse der letzten Tage. Ich habe für mich erkannt, dass aber gerade diese Gespräche, die zwar den Beruf zum Thema haben, für mich gar nicht in die obere Jobecke passen. Wenn ich mit Ben bei einem Glas Wein oder einem Abendessen über den Beruf plaudere, dann fühlt sich das – bewusst reflektiert – eher wie ein Gespräch mit einem Freund an. Daher würde ich diese Zeiten, nach aktueller Einschätzung, eher einer der beiden unteren Ecken zuteilen. Dagegen ist das Aufbauen der Möbel sowie das Auspacken der Kisten alles andere als ein Hobby für mich. Diesen Part würde ich aktuell eher der oberen Ecke Job zuschreiben. Was bedeutet, dass ich die letzten vier Wochen doch wieder gefühlt wie real einen enorm hohen Wert an der Spitze des Dreiecks gehabt habe.“ Katharina nickte.

„Weißt du, temporär sind Spitzenwerte an einer der drei Ecken für unseren Körper und Geist kompensierbar. Vor allem wenn, wie im Falle eurer Wohnung, das Ende schon zum Greifen nah und das Ergebnis so sichtbar ist. Ein Risiko stellt aber unser Gewöhnungseffekt dar. Sollten wir uns an temporäre Einseitigkeiten, wie zum Beispiel zu wenig Zeit für sich selbst oder die Familie zu haben, gewöhnen, lässt uns das unser Gehirn ganz schnell zu einer gefühlten Normalität werden. Und diese Einseitigkeit, wenn wir sie nicht korrigieren und unser Lebensdreieck neu austarieren, würde uns auf Dauer krank machen.“ Susan verstand. Seit sie dieses Dreieck als Bild vor ihrem inneren Auge sah, plante sie ihre Termine bewusster und fragte sich auch stets selbst, wo sie das Mittagessen mit einer Münchner Freundin oder das berufliche Diskutieren mit ihrem Mann gedanklich einsortierte. Ihr war klar geworden, dass es in ihrer ganz persönlichen Verantwortung lag, ihr Lebensdreieck wöchentlich auszutarieren. Und die neue, ruhige Wohngegend trug positiv dazu bei.

„Hast du auch die Gelegenheit gehabt, das Lebensdreieck deiner Projektmanager zu reflektieren?“, hakte Katharina nach, die wusste, dass es in der Natur eines Menschen lag, davon auszugehen, seine Kolleginnen und Kollegen hätten eine ähnliche Gewichtung der Ecke Job wie man selbst. „Ja“, begann Susan zu erzählen, „das habe ich zu einem wichtigen Punkt im Programmstart gemacht. Nachdem alle Projektmanager ihre Teilprojekte durchgeplant hatten, machte ich mit allen einen Programmstartworkshop zur finalen, projektübergreifenden Planung. Hier habe ich einen großen Fokus aufs Teambuilding gelegt.“ Susan war stolz, von diesem Erfolg berichten zu können. Martin hatte den Workshop genehmigt, obwohl er zeitlich und kostentechnisch aufwendig war. Alle Projektmanager sind extra für diesen Workshop nach München gekommen und waren zwei Tage für das Programm verplant. Am dritten Tag nutzte Martin dann die Gelegenheit und führte noch Einzelgespräche mit seinen Leuten. Vor allem mit Pierre und Karli dauerten diese Gespräche mehrere Stunden, da er strategische Marktthemen mit ihren erörterte. „Der Vorteil bei meinen Projektmanagern ist“, sprach Susan weiter, „dass sich drei der fünf Teilprojektmanager schon kannten. Maggy, Karli und Pierre waren schon bei mindestens einem früheren ‚Spirit Event‘ im Projektteam dabei gewesen. Paul, der noch junge Kollege aus Berlin, und ich sind die Neuen. Genau das war damit aber auch ein guter Aufhänger, unsere Lebensdreiecke gemeinsam zu besprechen.“ Katharina freute sich über Susans Mut, das Tool wirklich als Teambuildinginstrument zu nutzen. Es war nicht immer leicht, neue Denkansätze in gewohnte Strukturen einzubringen. Aber es war wichtig, den Versuch zu wagen. Mit Blick auf ihre Torte freute sie sich, dass Susan bereits Stufe 4 passiert hatte.

„Was sind denn eure Erkenntnisse?“, forschte Katharina neugierig nach. „Meine Erkenntnis Nummer eins ist, es braucht für dieses Tool einen informellen Raum. Bei uns war es ein gemeinsames Mittagessen. Das Mittagessen war genau dem Ziel gewidmet, die Gemeinsamkeiten und Unterschiede der Lebensprioritäten zu reflektieren. Wir hatten also bereits einen halben Tag faktenbasierte Planung hinter uns. Das Lebensdreieck war dann genau richtig und eine willkommene Abwechslung.“ „Sehr gut“, lobte Katharina. „Es sind ganz oft die informellen Gespräche, die den Projekterfolg entscheiden.“ „Fazit dieses Mittagessens war, dass wir alle fünf mit viel Herzblut dabei sind. Wir alle wünschen uns den Erfolg der einzelnen ‚Spirit Events‘ und wir sind auch alle super zufrieden mit dem aktuellen Motto ‚Diamond Thoughts‘. Da stecken viele Möglichkeiten drinnen. Allerdings unterscheiden wir uns in folgenden zwei Aspekten in unseren Ansätzen: Nützlichkeit und Priorisierung.“ Susan schwieg kurz, um der Tragweite dieser Erkenntnis Ausdruck zu verleihen. „Die Nützlichkeit der jeweiligen lokalen Veranstaltung für die Stammkundenbindung und Neukundengewinnung wird unterschiedlich wahrgenommen. Es mag sein, dass diese tatsächlich regional differiert oder aber, dass dies nur an der subjektiven Betrachtungsweise der einzelnen Projektmanager liegt. Den Aspekt an sich finde ich aber für mich als übergeordnete Programmmanagerin super spannend.“ Katharina nickte. Auch sie fand diese Erkenntnis wesentlich.

„Die Empfindung der Nützlichkeit hat zudem wiederum Einfluss auf die persönliche Prioritätensetzung. Je niedriger die Nützlichkeit eingeschätzt wird, desto eher ist die Tendenz der Projektmanager oder Projektteammitglieder, Aufgaben des Tagesgeschäfts den Vorrang zu geben. Das sieht man schön am Beispiel Paris und London. In London hat das Projekt größtmögliche Priorität und alles andere kommt danach. In Paris ist das genau umgekehrt.“ Susan nahm einen Schluck von ihrem Wasser und warf einen kurzen Blick aus dem Fenster. Es war ein sonniger Tag und die Sonnenstrahlen, die durch die

Fensterscheibe zu ihnen drangen, wärmten den Raum. Susan, die zu ihrer dunklen Hose und weißen Bluse noch eine grüne Strickjacke trug, zog diese aus und hängte sie über ihre Stuhllehne. „Das sind wirklich wichtige Erkenntnisse, Susan“, bekräftigte Katharina und entledigte sich ebenfalls ihrer Kostümjacke. „Wo siehst du hier nun den Bezug zum jeweiligen Lebensdreieck deiner Projektmanager?“ Katharina war beeindruckt von Susans Talent, systemisch zu denken. „Das ist eine gute Frage“, begann Susan, die sich mit dieser Redewendung noch ein paar Sekunden des Nachdenkens eroberte. „Pierre lebt für seinen Job. Er gibt der Ecke Job einen hohen Wert. Anders Karl-Heinz, genannt Karli, aus Wien. Der liebt seinen Job auch, hat aber dennoch eine deutlich größere Ausgewogenheit in seinem Lebensdreieck. Der Grund dafür ist seine Familie“, Susan versuchte die Klangfarbe ihrer Stimme möglichst neutral zu wählen. Sie wollte damit unterstreichen, dass sie sich bemühte, die individuellen Lebensprioritäten von beiden gleichwertig zu respektieren.

„Während Pierre eine Frau, die ebenfalls beruflich engagiert ist, aber keine Kinder hat, hat Karli eine Frau und zwei Töchter. Karli hat von Anfang an zu Martin gesagt, dass es ihm wichtig ist, seine Familie mehr zu sehen als in seinen vorhergehenden Jobs, was Karli auch die letzten Monate gut umsetzen konnte.“ Susan trank einen Schluck Wasser. „Die spannende Gemeinsamkeit der beiden Herren ist: Beide haben die regionale Geschäftsführerrolle in ihrer Stadt, die an sich einen Vollzeitjob darstellt. Dazu kommt nun noch die Projektmanagerrolle für das jeweilige ‚Spirit Event‘. Und keiner der beiden wollte diese Rolle einem Mitarbeiter vor Ort übergeben.“ Susan ertappte sich dabei, wie sie bei diesem Punkt instinktiv den Kopf schüttelte. Sie empfand es als projektschädigend, wenn Geschäftsführer oder Abteilungsleiter so agierten. In ihrer Zeit beim Messeanbieter in Salzburg hatte sie regelmäßig Abteilungsleiter als Kernteammitglieder bekommen, die zwar keine Zeit hatten, bei Meetings dabei zu sein, aber auch umgekehrt nicht gewillt waren, jemandem aus ihrem Team hier eine verantwortungsvolle, repräsentierende Rolle zu geben. Für sie als Projektmanagerin bedeutete dies immer einen enormen Mehraufwand an Telefonaten, Rennereien und höfliches Erinnern an wichtige Workshoptermine, die zudem meist mehrere Male verschoben werden mussten. Susan bewegte ihren Kopf nun bewusst ruckartig vor und zurück, als wollte sie die Gedanken an diesen unbefriedigenden Abschnitt ihres beruflichen Lebens abschütteln. Dann wandte sie sich wieder Katharina zu. „Die Doppelrollen der beiden bereiten aktuell folgende Probleme: Pierre ist ständig hinten nach, weil er verständlicherweise seine Geschäftsführeraufgaben höher priorisiert und die Projektagenden immer warten müssen. Karli liefert zwar rechtzeitig, aber ist häufig gestresst, weil er aktuell durch die Doppelbelastung viel mehr Zeit in der Firma verbringt und damit sein Versprechen gegenüber seiner Familie nicht einhalten kann."

Katharina verstand und war innerlich beeindruckt über die umfassenden Erkenntnisse, die Susan in dieser kurzen Zeit gewonnen hatte. Da Susan selbst erst wenige Monate im Unternehmen war und die erwähnten Projektmanager alle in Europa verteilt waren, war dies schon besonders. „Deine Beobachtungen sind unglaublich relevant für den Erfolg des gesamten Programms. Sehr gut!", lobte sie Susan sichtlich erfreut. „Wie sieht es in den anderen Städten aus?" „Paul ist wirklich noch jung und dieser Job ist erst sein zweiter. Er ist ein super Teamplayer, aber kein wirklicher Anführer. Aber für eine Stadt wie Berlin ist das vielleicht genau richtig. Teamplayer mit guten Ideen kommen dort, so ist zumindest mein Eindruck, spitze an. Der Stellenwert des ‚Spirit Events' wird bei den Berliner Kollegen als hoch erachtet. Trotzdem, und das beeindruckt mich wirklich, achtet Paul auf eine gute Work-Life-Balance in seinem persönlichen Lebensdreieck. Einen offenbar hohen Stellenwert haben bei ihm seine Hobbys Malen und Radfahren. Die geben ihm viel Energie. Seine Teamkollegen wissen das und er durfte sogar eines seiner Bilder in den Projektraum hängen. Da er Single ist und seine Eltern rund 400 Kilometer von Berlin entfernt leben, hat die Ecke Familie in seinem Leben aktuell die niedrigste Priorität. Seine Eltern besucht er in der Regel alle zwei Monate." Katharina nickte. Sie teilte die Empfindung von Susan, dass Paul genau der Richtige für Berlin war und freute sich innerlich, dass einem so jungen Mann diese berufliche Chance geboten wurde.

„Bei Maggy", fuhr Susan fort, „verantwortlich für das ‚Spirit Event' in London, verhält es sich dagegen gegenteilig. Sie ist vor knapp einem Jahr Mutter geworden. Sie hat einen Sohn und arbeitet aktuell nur 30 Stunden die Woche. Judith, die Geschäftsführerin in London, hat mir mal in einem Telefonat erzählt, dass Maggy, seit sie ihren Sohn pünktlich von der Kinderkrippe abholen muss, ihre Arbeitsgeschwindigkeit und Effizienz enorm gesteigert hat. Und ich muss sagen, ich bin auch mit ihrer Leistung als Projektmanagerin voll zufrieden. Bei ihr ist es, anders als bei Paul, die Familienecke, die die höchste Priorität hat. Aber weder bei Paul noch bei Maggy wirkt sich das auf die Qualität der Projektarbeit aus. Und auch die Prioritätensetzung auf der Jobecke fühlt sich für mich als Programmmanagerin passend an."

Obwohl Susan bemüht war, es zu vermeiden, war ein gewisses Überraschtsein in ihrer Stimme deutlich zu hören. „Das sind wirklich wichtige und gute Erkenntnisse, die du hier gesammelt hast, Susan“, bekräftigte Katharina. „Bleib hier dran und hab die Entwicklungen auf dem Radar. Es liegt auch in deiner Verantwortung, Einseitigkeiten und fragwürdige Prioritäten bei deinen Projektmanagern zu erkennen und demensprechend Feedback zu geben. Das ist eine wichtige Führungsaufgabe, genauso wie es deine Pflicht ist, die situativen und familiären Rahmenbedingungen der einzelnen Projektmanager zu respektieren und wenn möglich in deine Programmplanung einfließen zu lassen. Tust du das, hast du den Respekt deines Teams sicher und eine viel höhere intrinsische Motivation jedes Einzelnen für das gemeinsame Projektziel.“ Susan nickte. Ihr Bauchgefühl sagte ihr, dass Katharina mit dieser Einschätzung absolut recht hatte.

„Hast du einen Trick, Katharina, wie man die eigene Effizienz im beruflichen Alltag steigern kann, ohne noch mehr Zeit in der Arbeit zu verbringen?“, begann Susan nach einer kurzen Pause einen neuen Gedanken. „Ich mache einfach noch zu viele Überstunden. Ich möchte abends wirklich früher raus, damit ich mehr von den schönen Frühlingsabenden genießen kann, die jetzt kommen.“ Katharina lächelte und bestätigte mit einem Augenzwinkern: „Damit kenne ich mich aus!“ „Die besten zwei Tipps gibt hier die Hirnforschung. Wenn du deinen Arbeitstag strukturierst, schau, dass du immer mit fix zugeordneten Farben und in Blöcken planst.“

Katharina, die für die heutige Session eigentlich das Thema Kommunikation beginnen wollte, verwarf kurzerhand ihren Plan und beschloss, einer anderen Thematik den Vorrang zu geben. „Zuerst mehr Informationen zu dem ersten Punkt: den Farben“, begann sie ihre Ausführungen. „Jede meiner Tätigkeiten hat bei mir eine fest zugeteilte Farbe. Meine Tätigkeit als Vorständin ist blau, meine Arbeitszeit für das Netzwerk der Mentorinnen und Mentoren ist grün. Meine Familienzeit ist gelb und meine Hobbys sind lila. Und die wichtigste Farbe ist Gold. Das ist die Farbe für meine wöchentliche *goldene* Stunde.“ Katharina pausierte kurz. „Darf ich fragen, was sich hinter dieser goldenen Stunde verbirgt?“, erkundigte sich Susan, die neugierig wurde. Sie nahm erneut einen großen Schluck Wasser und blickte zu ihrer Mentorin.

Katharina lächelte. Das Konzept der goldenen Stunde hatte sie vor über 30 Jahren für sich entdeckt. Seither hatte sie keine Woche ohne diesen Fixtermin in ihrem Kalender verstreichen lassen. „Weißt du Susan“, begann sie,

„wer ist der wichtigste Mensch in deinem Leben?“ Katharina schenkte Susan einen eindringlichen Blick. Susan stutze, überlegte kurz und antwortete zögerlich: „Ben.“ „Nein“, widersprach ihr Katharina. „Das bist DU. Du selbst bist der wichtigste Mensch in deinem Leben. Und nur wenn du dich selbst magst, einen guten Selbstwert aufbaust und voller Energie bist, hast du auch die Kraft für all deine Projekte, für all deine Vorhaben und vor allem für all die Menschen in deinem Leben, die dir wichtig sind, da zu sein. DAS ist das Geheimnis der goldenen Stunde. Es ist wie ein Rendezvous mit dir selbst. Du verabredest dich mit dem wichtigsten Menschen – nämlich mit dir. Und anstelle von einem Gefühl der Einsamkeit empfindest du ein Gefühl der Dankbarkeit für diese goldene Zeit. Denn in dieser Zeit, wo dich niemand stört, kannst du dich mit deiner Persönlichkeit auseinandersetzen. Mit dem, wer du bist und wer du sein möchtest. Mit der Qualität deiner Beziehungen und der Qualität deiner Wünsche. Genau das sind die Themen der goldenen Stunde.“

Katharinas Stimme war tief und weich. Diese Sanftheit ging Susan unter die Haut. Die Themen Einsamkeit und Alleinsein waren bei Susan seit vielen Jahren mit Angst besetzt. Das neue Bild, das ihr Katharina gerade aufzeigte, fühlte sich wie ein Geschenk für Susan an. Ein Geschenk, das sie mitnehmen und zu Hause in aller Ruhe genauer reflektieren wollte. In diesem Moment fühlte sie sich allerdings überfordert und versuchte, im Gesprächsfluss zu bleiben. „Es ist ein schöner Gedanke, sich selbst zu daten. Ein bisschen surreal, aber wert, es zu versuchen. Nur… “, Susan hob entschuldigend ihre Schultern, „wie macht mich diese *goldene Stunde* nun effizienter?“, hakte sie schließlich weiter nach und hoffte, ihr Ablenkungsmanöver war nicht zu offensichtlich. Katharina schmunzelte. Sie spürte genau, dass sie mit dem Konzept der goldenen Stunde einen Trigger erwischt hatte. Aber so wie sie Susan einschätzte, wollte diese die neue Sichtweise erst einmal sickern lassen. „Wenn du weißt, wohin du willst, kannst du deine Tage und Wochen erst richtig effektiv planen. Klar definierte Wünsche und Ziele beeinflussen deine tägliche Prioritätensetzung. Genau dadurch bist du in Summe viel effizienter, als wenn du deine täglichen Termine nicht nach ihnen ausrichtest.“ Susan verstand.

„John Strelecky hat ein wundervolles Buch dazu geschrieben“, erzählte Katharina weiter. „Darin beschreibt er den **ZDE**, den **zentralen Zweck deiner Existenz**. Er meint damit deine zentrale Lebensaufgabe, die du dank deiner Talente und Stärken erfüllen sollst. Wenn du deinen persönlichen ZDE

Bestseller Buchtipp: John Strelecky, Das Café am Rande der Welt. München: dtv 2019. (Erklärt das Konzept des **ZDE**.) John Strelecky, The Big Five for Life. München: dtv 2009. (Erklärt das Konzept der **Big Five for Life**.)

erkannt hast, kannst du deine **Big Five for Life** definieren." Susan war umgehend interessiert an dem Konzept. „Was sind die Big Five?", forschte sie nach und bemerkte, wie ihre Gedanken wie in einem Karussell kreisten und es ihr minütlich schwerer viel, sich zu konzentrieren. Seit ihrer Zeit als Jugendliche beschäftigte sie sich mit der Frage, was ihre Aufgabe im Leben war. Sie glaubte fest daran, dass jeder Mensch wegen einer bestimmten Aufgabe auf dieser Welt war. Als Katharina den Begriff des zentralen Zwecks der Existenz erwähnte, hatte sie plötzlich das Gefühl, ihre Vergangenheit würde sie einholen. Parallel dazu spürte sie ein Gefühl der Scham in ihr aufsteigen. Scham darüber, dass sie immer noch keine Antwort auf diese Frage gefunden hatte. „Die Big Five stehen nach John Strelecky für jene Dinge, die du im Leben unbedingt erreichen, weiterentwickeln oder bewirken möchtest. Deine Big Five sind sozusagen deine Leitplanken für eine effektive Kalendergestaltung. Denn jede Tätigkeit, die nichts mit deinen Big Five zu tun hat, kannst du laut ihm aus deinem Terminkalender streichen. Für mich ist das die pure Effizienz."

Katharina schwieg. Sie merkte wie Susan nachdachte und wie stark ihre Botschaft wirkte. Als sie vor einigen Jahren auf die Bücher von John Strelecky stieß, war sie sofort fasziniert von der Einfachheit und Klarheit der darin enthaltenen Führungsansätze. Sie arbeitete selbst intensiv mit Streleckys Prinzipien und hatte auch schnell damit begonnen, ihren Führungskräften im Konzern dieses Konzept nahezulegen. „Das faszinierende an diesem Ansatz ist", erzählte Katharina weiter, „wenn du die fünf Dinge, die dir im Leben am wichtigsten sind, klar kennst, dann kannst du bei der Auswahl deiner Teamkollegen und Projektmanager darauf achten, dass sich eure Big Five überlappen. Dass sie sich entweder ähnlich darstellen oder gegenseitig stützen." Susan atmete tief ein. „Ich tue mir gerade schwer, das für mich anwendbar zu machen. Hast du mal ein Beispiel für mich?" Susan blickte hilfesuchend zu Katharina. „Sehr gerne", begann Katharina und wusste schon genau, welches Beispiel sie nehmen musste, damit Susan verstand, worauf sie hinauswollte.

„Nehmen wir doch Martin und dich als Beispiel. Martin liebt Events. Jedes Event ist für ihn einzigartig, weil es einem bestimmten Zweck dient. Dieser Zweck des Events ist der Mittelpunkt für sein Handeln und leitet ihn. Und er setzt alles daran, den Zweck des Events optimal zu erfüllen." Katharina blickte zu Susan und sprach erst weiter, als diese ihr bestätigend zunickte. „Als wir uns zum ersten Mal im Februar trafen, hast du mir über deine Leidenschaft für Events erzählt, dass du Events seit Kindheitstagen liebst und mit großer Freude jedes Event detailliert vorbereitest und umsetzt. Warum ist das so, Susan?", fragte Katharina und gestikulierte Susan zu antworten. Diese musste nicht lange überlegen: „Weil ich möchte, dass Braut und Bräutigam ihren schönsten Tag erleben, oder ein Besucher der Messe ein wirklich gutes Infotainment erhält, oder dass die Besucher des ‚Spirit Events' mit einer wundervollen Inspiration nach Hause gehen." Susan hatte ihre Augen geschlossen als sie sprach und versuchte, einfach nur ihre Intention und ihre Leidenschaft für das Ziel zu fühlen. „Siehst du", entgegnete Katharina, „auch du gibst alles dafür, den Zweck einer Veranstaltung optimal zu erfüllen. Das inspiriert und beflügelt dich. In diesem Punkt, einem eurer individuellen Big Five, seid Martin und du genau gleich. Und deshalb passt du so wundervoll in sein Team." Susan lächelte. Sie wusste, Katharina hatte recht. Und es freute sie zutiefst, dass Katharina als Externe ihr diesen schönen Spiegel vorhielt.

„Die Frage, die sich als nächstes stellt, lautet: Gibt es diese oder eine andere wichtige Überlappung auch bei dir und deinen Teilprojektmanagern?" Susan nickte und ließ ihren Blick Richtung Fenster schweifen. Sie verstand Katharinas Gedankengang. Dies war nun offensichtlich ihre nächste Aufgabe. Damit sie diese Erkenntnisse sammeln konnte, brauchte es zwei Stufen der Bewusstwerdung. Stufe 1: Sie durfte sich in ihren neuen, goldenen Stunden über ihren eigenen ZDE und ihre persönlichen Big Five klar werden. Und Stufe 2: Sie hatte wichtige Wertethemen mit ihren Teilprojektmanagern zu reflektieren. Susan fühlte sich gefordert. Als den schwersten Teil empfand sie in diesem Augenblick Stufe 1. Aber es war wirklich an der Zeit, eine klare Antwort auf diese Fragen zu formulieren. Und ihr bevorstehender 30. Geburtstag motivierte sie ganz besonders dazu, diese Antworten zeitnah zu finden.

„Ein Aspekt noch", ergriff Katharina wieder das Wort. Susan hatte dem Kellner schon nach der Rechnung gedeutet und war bereits gedanklich beim Aufbrechen. „Ich gebe dir zum Abschluss auch noch einen bodenständigen und handfesten Tipp mit." Katharina streckte ihre Hand aus und deutet Susan noch einen kurzen Moment zu verweilen. „Vorhin hatte ich dir ja einen Tipp in Bezug auf die Farbwahl und einen Tipp in Bezug auf die Zeit versprochen. Der Tipp der Gehirnforschung in Bezug auf geplante Arbeitsintervalle ist noch nützlich. Möchtest du diesen noch hören?" Katharina merkte, wie tief Susan in Gedanken war. Aber da es erst elf Uhr vormittags war und Susan sicher noch einen intensiven Arbeitstag vor sich hatte, war es ihr wichtig, sie mit ihrem letzten Punkt wieder stärker gedanklich in den Alltag zu holen. Die Themen dahinter – die große Perspektive der Zeiteffizienz auf der Makroebene – konnten einen Nachdenkenden ansonsten ganz schön ineffizient machen, was tägliche To-Do-Listen anging, die erledigt werden mussten.

Susan überlegte kurz, ob sie noch einen Hinweis aufnehmen konnte, wollte aber nicht unhöflich sein. Sie wandte sich Katharina zu und nickte. „Thematische dreistunden Blöcke", begann Katharina ihren letzten Tipp für diese Einheit. „Wenn du eine Aufgabe machst, kombiniere gleiche Tätigkeiten und mache Ähnliches oder Zusammenhängendes mindestens für drei Stunden. Gerne mehr. Aber nicht weniger. Umso mehr es dich zwischen unterschiedlichen Aufgaben oder Themen gedanklich, physisch und/oder örtlich herumreißt, umso mehr so genannte Transferzeit verlierst du in deinem Kopf. Dein Gehirn muss jedes Mal wieder switchen, andere Kompetenzen kommen zum Einsatz oder andere Areale des Lang- oder Kurzzeitgedächtnisses müssen angezapft werden. Fazit ist, Blöcke machen effizienter und reduzieren diese Transferzeit."

Susan überlegte. Sie war gerade froh über diese neue Perspektive, da dieser Hinweis um einiges greifbarer und nachvollziehbarer für sie war, als die erste Dimension der Effizienz. „Meine zwei Projektmanager, Karli und Pierre, switchen ständig zwischen ihrer Linienrolle als regionaler Geschäftsführer und ihrer Rolle als Projektmanager hin und her. Ist das damit gemeint?", erkundigte sich Susan und stellte ihre gerade noch auf ihren Schoß gehobene Handtasche wieder auf den Boden. „Ja, das ist ein perfektes Beispiel dafür", bestätigte Katharina. „Kombinieren wir dieses Wissen mit den Farben für einzelne Bereiche. Das Projekt könnte die Farbe hellblau und die Geschäftsführung die Farbe dunkelblau bekommen. Diese beiden differierenden Tätigkeiten bekommen jeweils fixe Zeiträume im Kalender der Projektmanager. Und der Mindestzeitraum für eine Farbe sollte drei Stunden betragen. Inklusive einer kleinen Pause. Das wird vielleicht nicht immer zu 100 Prozent klappen, aber umso mehr man sich an diese Fokussierung im Arbeitsalltag gewöhnt und diese auch den Teammitgliedern kommuniziert, umso effizienter wird man. Um es klar zu sagen, man wird dadurch schneller und besser. Und genau diese beiden Ziele kennen wir doch aus der Projektewelt, oder?" Susan nickte und erinnerte sich an die Diskussion mit Ben, die sie vor einiger Zeit abends geführt hatten. „Das ist ein super Tipp!“, entgegnete Susan. „Ich werde auch über diesen Aspekt nachdenken, zuerst meinen eigenen Kalender hinterfragen und dann meinen Teilprojektmanagern den Tipp weitergeben. Mal sehen, wie sie ihn annehmen.“

Susan bedankte sich bei Katharina für das Coaching und bezahlte die beiden Getränke. Dann verabschiedeten sich die beiden Frauen herzlich voneinander und Katharina wünschte Susan ein gutes Gelingen für die kommenden vier Wochen. Auf ihrem Rückweg ins Büro hielt Susan noch bei einer Buchhandlung und kaufte sich zwei Bücher von John Strelecky. Als sie wieder ins Auto einstieg, nahm sie ihren Kalender aus der Handtasche und trug am darauffolgenden Sonntag, an dem Ben seine Familie und Freunde in Innsbruck besuchen wollte, „goldener Sonntag“ in ihren Kalender ein. Da sie die Wohnung für sich hatte, setzte sie sich zum Ziel, anstelle nur einer goldenen Stunde, sich einen ganzen goldenen Tag nur mit sich selbst zu beschäftigen. Sie fühlte sich für dieses ambitionierte Vorhaben bereit.

6. GOLDENER SONNTAG

An ihrem ersten goldenen Sonntag fühlte sich Susan anfänglich ziemlich verloren. So viel Zeit nur für sich allein zu haben, war ungewohnt für sie. Ben war schon am Samstagnachmittag nach Innsbruck aufgebrochen und sie verbrachte den Samstagabend damit, mit ihrem Vater und zwei Freundinnen aus Graz zu telefonieren. Als sie am Sonntagmorgen gegen 09.00 Uhr aufwachte, fühlte sie sich ausgeschlafen und war motiviert, in den Tag zu starten. Aber ohne Struktur und Plan war das gar nicht so leicht. Als sie ein wenig später bei Kaffee und Müsli in ihrer Küche saß, begann sie über das Konzept des zentralen Zwecks der Existenz nachzudenken. Sie hatte das erste der beiden Bücher, die Katharina empfohlen hatte, zwei Tage zuvor gelesen. Es war erstaunlich kompakt und als Roman geschrieben. Sie verstand nun das Konzept besser und begann ein Brainstorming, um das Konzept auf ihr eigenes Leben anzuwenden. Nur wenige Minuten später schrieb sie auf einen Block: „Mein ZDE: wundervolle, inspirierende Events organisieren." Susan lächelte.

Mit diesem ZDE war sie überaus zufrieden. Und dieser ZDE bezog sich keinesfalls nur auf ihren Job. Als sie am Vorabend mit ihrem Vater telefonierte, tat sie dies unter anderem, um ihn zur Einweihungsfeier der neuen Wohnung einzuladen. Es sollte der nahende Ostersonntag werden, an dem die Familien von Susan und Ben gemeinsam ihre neue Wahlheimat München besichtigen und kulinarisch verwöhnt werden sollten. Susan hatte die Idee, der Familie die schönsten Ecken von Starnberg zu zeigen. Schneller als es Susan lieb war, war ihr Brainstorming zum ZDE vergessen und sie skizzierte einen umfangreichen Projektplan zur privaten Einweihungsparty. Wie aus dem Lehrbuch entwickelte Sie eine Leistungsplanung mit allen Aufgaben, die es noch zu erledigen galt, setzte sich Meilensteine und schätzte die Kosten, die auf Ben und sie zukamen. Sie verfasste sogar einen kleinen Risikoplan, falls das Wetter schlecht werden würde oder wichtige Gäste an dem gewünschten Termin keine Zeit haben würden. In ihrem Kopf kreisten Bilder zum Menü, zur Dekoration, zum Empfang der Gäste und zum Sitzplan beim Abendessen in ihrer Wohnung. Immer mehr formte sich ein perfektes Fest in ihren Gedanken und sie verlor sich in Tagträumen. Viel zu schnell war es Nachmittag geworden und sie beschloss eine Pause einzulegen.

Eine halbe Stunde später stand Susan in Laufsachen vor ihrer Wohnungstür. Es war ein milder Frühlingssonntag Anfang April. Sie wollte ihre übliche Laufstrecke nehmen. Oftmals kamen ihr die besten Ideen beim Laufen in der Natur – und ihr nächstes Ziel war es, sich der Frage nach ihren persönlichen Big Five zu stellen.

An genau diesem Sonntag wachte Karli viel früher als ihm lieb war in seiner Wohnung in Wien auf. Er hatte sich die ganze Nacht in seinem Bett herumgewälzt. An Schlaf war nicht zu denken. In seinem Kopf waren tausende Gedanken über das zu organisierende ‚Spirit Event'. Auf viel zu vielen Arbeitspaketen stand sein Name drauf und auf jenen, die er delegiert hatte, sah er sich in der Kontrollfunktion, damit ja alles rund lief. Karli hatte dunkle Augenringe und war schlecht gelaunt. Er kannte diesen Zustand von früher, als er noch ein Hotel leitete, nur zu gut. Hier kam ein altes Ich zum Vorschein, das er nicht mochte. Und dieses Ich hatte zu allem Übel am Vorabend noch einen schlimmen Streit mit seiner Frau. Er hatte ihr versprochen, mehr für sie und die Kinder da zu sein, aber aktuell war das Gegenteil der Fall. Er hatte den ganzen Samstag gearbeitet – der fünfte in Folge. Die Projektleitung zusätzlich zur Geschäftsführung wuchs ihm über den Kopf. Er war zornig über sich selbst, aber noch viel zorniger auf Susan, die ihn ständig aufforderte, ihr seine aktuellen Zahlen und Aktivitäten zu berichten. Als wüsste er mit seiner jahrelangen Eventerfahrung nicht selbst, was zu tun war.

Er ging in die Küche und machte sich einen Espresso. Als er nach der Zuckerdose griff, fiel diese um und sein Kaffee floss über die Arbeitsplatte der Küche. Im Impuls formte er mit der linken Hand eine Faust und schlug diese auf die steinerne Arbeitsplatte. Er erschrak selbst über den dumpfen Laut seiner Faust und atmete tief ein und aus. Er bemühte sich, ruhig zu bleiben, um seine Töchter nicht aufzuwecken. Er wischte den Kaffee mit einer Küchenrolle auf, schnappte sich die leere Tasse und drückte erneut den Espressoknopf auf seiner Kaffeemaschine. Diesmal griff er vorsichtig zur Zuckerdose und kippte noch während der Kaffee aus der Maschine lief einen Löffel Zucker in die kleine Tasse. Dann nahm er die Tasse in seine rechte Hand und ging hinaus auf den Balkon. Die Sonne fühlte sich gut an. Sie hatte bereits Kraft und ihm war in seinem kurzen T-Shirt keineswegs kalt. Er atmete erneut tief durch, diesmal an der frischen Luft. Gerade als sich seine Gedanken etwas ausdünnten, hörte er seine Frau in die Küche kommen. Sie sah ihn draußen stehen, drehte sich ruckartig von ihm weg und demonstrierte ihm damit, dass sie immer noch wütend auf ihn war. Es war genau dieser Moment, in dem Karli beschloss, etwas an seiner beruflichen Situation zu verändern. Gleich am Montag wollte er mit Susan sprechen. Das konnte so nicht weitergehen.

Es war fast 20.00 Uhr, als Ben an diesem Abend zurück nach München kam. Susan hatte für sie beide ein Abendessen zubereitet. Das Risotto mit Garnelen verströmte einen angenehmen Duft in der gesamten Wohnung und ein Glas Weißwein war bereits eingeschenkt. Ben lächelte, als er die Wohnung betrat und küsste Susan zur Begrüßung. Er war sichtlich gut gelaunt. An seinem entspannten Verhalten und seinem breiten Grinsen erkannte Susan, dass ihm sein Trip viel Energie gegeben hatte. Offenbar hatte auch er einen goldenen Sonntag genossen. „Das riecht aber gut", betonte Ben und warf einen Blick Richtung Küche. „Danke", schmunzelte Susan und umarmte ihren Mann. Kurze Zeit später saßen beide am Esstisch.

Ben hatte sich schon Tage zuvor auf seinen Heimatbesuch gefreut. Er hatte seine Familie und Freunde vermisst. Es war im Vorfeld schwierig gewesen zu entscheiden, ob er an diesem Wochenende möglichst viele seiner Bezugspersonen kurz oder doch nur ausgewählte Personen dafür aber länger besuchen sollte. Er hatte sich letztlich für zweiteres entschlossen und seine Eltern, eine seiner Schwestern und einen Freund getroffen. Er berichtete Susan ausführlich von seinen Eindrücken, die er gewonnen hatte. Seinen Eltern ging es sehr gut. Sie waren gerade dabei, eine Reise zu planen. Dies war vor allem für Bens Mutter außergewöhnlich, denn sie liebte die Tiroler Berge und war von dort nur selten wegzukriegen. Bens Vater, geboren in Los Angeles, liebte hingegen das Reisen. Als die Kinder noch klein waren galt die Abmachung, alle zwei

Jahre zu vereisen. Nun da die Kinder schon erwachsen waren, stand eine Reise zwei Mal im Jahr an. Die nächste sollte eine Schiffsreise im Herbst werden. Ben Senior war schon aufgeregt, da es sich um seine erste Kreuzfahrt handelte, und er war gerade intensiv mit Angebots- und Preisvergleichen beschäftigt.

Ben verbrachte den Samstagabend mit seinen Eltern und schlief die Nacht auf Sonntag in seinem alten Jugendzimmer, das immer noch unverändert möbliert war. Obwohl er bereits seit acht Jahren nicht mehr zu Hause wohnte, war es seiner Mutter wichtig, immer einen gewohnten Rückzugsort für ihre Kinder anbieten zu können. Am darauffolgenden Morgen traf er sich mit der ältesten seiner drei Schwestern zum Frühstück. Nicole hatte das Hotel ihrer Eltern übernommen. Ein kleines, feines Hotel am äußeren Rand der Stadt Innsbruck mit 32 Gästezimmern. Früher hatten seine Eltern den Gästen Halbpension angeboten, doch seit Nicole vor fünf Jahren die Geschäftsführung übernommen hatte, gab es nur noch Frühstück im Angebot. Dieses war aber das beste Frühstück weit und breit. Jedes Wochenende wurde ein zweiter Frühstücksraum für die Innsbrucker geöffnet, um dort mehr Sitzfläche für einen gemütlichen Sonntagsbrunch zu bieten. Ohne Anmeldung war es in der Regel unmöglich, einen Platz zu bekommen. Ben war davon überzeugt, dass das an den dort angebotenen Pancakes lag. Ihre Großmutter väterlicherseits machte die besten American Pancakes, die man sich vorstellen konnte. Bens Vater hatte das Rezept an Nicole weitergereicht und diese verwöhnte nun ihre Frühstücksgäste mit einem „Original American Pancake Breakfast". Ben hatte an diesem Morgen vier Stück dieser leckeren Sünde in weniger als 20 Minuten verdrückt und konnte dann für den Rest des Tages nichts mehr essen. Erst am Abend, als er durch die Tür trat und das Risotto roch, verspürte er ein leichtes Hungergefühl.

Susan hörte sich Bens Erzählungen interessiert an. Sie mochte Bens Eltern ungemein. In ihrer Zeit in Innsbruck waren sie ihr ans Herz gewachsen. In zwei seiner drei Schwestern, darunter auch Nicole, hatte sie bereits nach wenigen Wochen Freundinnen gefunden, mit denen sie sich gerne austauschte. Nicht zuletzt auch über Ben, denn die Eigenheiten ihres damals noch Freundes aus Sicht seiner Schwestern zu hören, empfand sie durchaus spannend. „Wie geht es Nicole und ihren Jungs?", erkundigte sich Susan. Nicole war seit drei Jahren mit einem Innsbrucker Steuerberater verheiratet und die beiden hatten zwei Söhne im Alter von fünf und zwei Jahren. „Sehr gut. Alle sind gesund und munter und das Frühstücksangebot im Hotel läuft super. Nicole überlegt sogar, es ab Mai auch samstags anzubieten. Sie hat drei neue Pancake-Variationen in der Karte – die musst du unbedingt das nächste Mal probieren! Sie lässt dich übrigens schön grüßen."

Susan freute sich. Sie vermisste Nicole, die ihr ein wenig wie eine große Schwester war, die sie nie hatte. Susan war Einzelkind. Für sie war es nur schwer vorstellbar, wie es in einem Haus mit vier Kindern zuging. Wenn ihr Ben erzählte, wie es für ihn mit drei Schwestern war, musste sie stets herzlich lachen. Nicole und Barbara, beide älter als Ben, zwangen ihren kleinen Bruder regelmäßig, mit ihnen Mutter-Kind zu spielen. Erst als die kleine Roswitha, von allen Rosi genannt, auf die Welt kam, konnte er der Kinderrolle im Spiel entkommen. Damals war er sechs gewesen und seit diesem Zeitpunkt waren seine gleichaltrigen Freunde, alles Jungs, eine ganz wichtige Bezugsgruppe für ihn. Mit einem seiner ältesten Freunde, der auch sein Trauzeuge bei der Hochzeit war, traf er sich Sonntagnachmittag zum Mountainbiken. Sie fuhren mit der Seilbahn auf die Muttereralm und radelten einen von der Stadt extra für Mountainbiker angelegten Bikepark hinunter. Dieser Parkour war seit dem Downhill-Cup, den Susan organisiert hatte, für viele Szenengäste ein beliebtes, hippes Ausflugsziel. Und wie jedes sonnige Wochenende, war er auch an diesem Sonntag ziemlich gut besucht gewesen.

Nachdem das Risotto aufgegessen war und jeder ein Glas Wein getrunken hatte, begann Susan von ihrem Tag zu erzählen. Ben war anfänglich etwas skeptisch, als er den Begriff *goldene Stunde* hörte. Nicht dass er dachte, das wäre keine gute Sache. Aber er wusste, dass es für Susan durchaus eine Herausforderung sein konnte, sich allein zu fühlen. Das hing mit Susans Vergangenheit zusammen. Susans Mutter war bei einem Autounfall ums Leben gekommen, als Susan erst sechs Jahre alt gewesen war. Susans Mutter hatte lange gearbeitet und war übermüdet nach Hause gefahren. Sie war vom Weg abgekommen und gegen einen Baum gefahren. Susan hatte diesen Schock zwar grundsätzlich überwunden und versucht, die Vergangenheit aufzuarbeiten, aber es hatte dennoch zu viele Phasen in ihrem Leben gegeben, in denen sie als Mädchen ihre Mutter dringend gebraucht hätte. Susan hatte sich im Stich gelassen gefühlt, obwohl sie gewusst hatte, ihre Mutter konnte nichts dafür. Und diesen Stich spürte sie seither auch in ihrer Brust, wenn sie sich einsam fühlte. Ihr Vater hatte diesen Verlust in Kindertagen nur bedingt ausgleichen können. Susans Glück war gewesen, dass ihre Tante ein Stück weit die fehlende Mutterrolle übernommen hatte. Die Schwester ihrer Mutter hatte eine Bäckerei in der Nähe des Hauses geleitet, in dem die kleine Susan mit ihrem Papa gelebt hatte. Da sie selbst keine Kinder gehabt hatte, fand Susan in ihr eine Vertrauens- und Bezugsperson, die ihr durch manche Mädchenthemen geholfen hatte. Und zudem hatte es immer warme Brötchen gegeben, wenn sie und ihr Papa Appetit darauf gehabt hatten.

„Wer kommt denn nun alles zur Einweihungsparty in zwei Wochen?", platzte es plötzlich aus Susan heraus, die parallel begann, die leeren Teller und das Essbesteck am Küchentisch zu stapeln. Ben zögerte und wich ihrem Blick aus. „Ben?", hakte Susan erneut nach. Ben starrte hilfesuchend aus dem Fenster und runzelte die Stirn. Susan ahnte nichts Gutes. Schließlich gab Ben zu, dass er die Einweihungsfeier völlig vergessen und niemandem davon erzählt hatte. Susan merkte wie ein Gefühl des Ärgers in ihr aufstieg. Ein Kloß bildete sich in ihrem Hals und ihr Atem wurde schwer. Ein unangenehmes Druckgefühl legte sich auf ihre Brust. Es war ihr unerklärlich, wie Ben dieses wichtige Ereignis einfach vergessen konnte. Sie hatte bereits so intensiv über jedes Detail nachgedacht und ihm schien ein Gelingen dieses Events schier nicht wichtig zu sein. Sie erhob sich und ging ins Wohnzimmer. Sie versuchte ruhig zu bleiben, aber es gelang ihr nicht wirklich. Ben kannte Susan lange genug und wusste, dass er hier etwas unterschätzt hatte: Susans Event-Perfektionismus. Sie hatten vor gut einer Woche abends gemeinsam beschlossen, die Einweihungsfeier im Rahmen der Familie zu Ostern zu organisieren, aber mit diesem Entschluss war die Sache für Ben schon wieder abgehackt gewesen. „Susan, ich telefoniere morgen einfach noch einmal mit Mama und meinen Schwestern und dann sag ich dir Bescheid, okay?" Ben bemühte sich einen entschuldigenden Tonfall anzustimmen, aber das gelang ihm nur mäßig. Für Susan klang sein Tonfall eher wie ein „Reg dich nicht gleich so auf, ist doch nur eine Kleinigkeit", was sie noch zusätzlich ärgerte. Sie presste ihre Lippen aufeinander, warf Ben einen scharfen Blick zu und konterte im Appellton: „Dann mach das!" Dann ging sie wortlos ins Bad, machte sich bettfertig und ließ Ben in der Küche zurück.

Am nächsten Morgen war Susan immer noch wütend. Sie fühlte sich von Ben allein gelassen. Sie sprach nur das Nötigste und verließ ohne Frühstück die Wohnung. Sie wollte Ben spüren lassen, wie sehr sie sich über seine fehlende Unterstützung ärgerte, und Ben wusste nur zu gut, dass er dieses Verhalten so lange ernten würde, bis er die Gästeliste seiner Familie vorlegen konnte. Also griff er noch am selben Morgen zum Telefon und wählte die Nummer seiner Mutter. Sie war Frühaufsteherin und darin geübt, ihren Sohn in organisatorischen Angelegenheiten zu unterstützen. Er erzählte von der Einweihungsfeier am Ostersonntag in München und bat sie, sich mit seinen drei Schwestern abzustimmen, ob alle kommen konnten. Als Ben vorsichtig erwähnte, dass er diese Info bis zum Abend bräuchte, stöhnte seine Mutter ins Telefon. „Susan macht sich doch nicht wieder so viel Aufwand, oder?“, erkundigte sie sich mit einer gewissen Vorahnung. „Du kennst doch meine Frau“, entgegnete Ben und schmunzelte. „Events zu organisieren, liegt ihr im Blut. Da wird nichts dem Zufall überlassen.“ Bens Mutter schwieg für einen Moment. Dann entgegnete sie: „Ich melde mich am späteren Abend und sag dir Bescheid. Danke für die Einladung, Schatz. Das ist eine wirklich schöne Idee von euch. Bitte richte Susan meine Grüße aus.“

7. ZWEI ECKEN IM WETTBEWERB

In den darauffolgenden zwei Wochen fühlte sich Susan zwischen ihrem Privat- und ihrem Berufsleben zerrissen. Privat nahm die Planung der Einweihungsfeier im Familienkreis ihre ganze Aufmerksamkeit in Anspruch. Bis auf Nicole, die mit Frühstücksgästen das gesamte Osterwochenende ausgebucht war, kam Bens Familie geschlossen nach München. Barbara, Bens zweite ältere Schwester, ihr Mann und ihre zwei kleinen Töchter, Bens Eltern und seine jüngere Schwester Rosi. Sie alle planten sogar eine Übernachtung von Sonntag auf Montag in einem Hotel in der Nähe ihrer Wohnung. Auf Susans Familienseite hatten sich ihr Vater, ihre Tante und ihre Großeltern angemeldet. Susans Familie kam sogar schon Samstagabend von Graz angereist und wollte gleich zwei Nächte in München bleiben. In Summe waren es damit elf Gäste, die am Osterwochenende zu Besuch kamen.

Susan merkte schnell, dass ihr die organisatorische Vorlaufzeit von knapp zwei Wochen dafür zu gering war. Zudem war sie bei privaten Events noch nie gut im Delegieren. Susan kam erst gar nicht auf den Gedanken, Ben oder einzelne Familienmitglieder stärker organisatorisch einzubinden. Wie in einem Automatismus organisierte sie abends und an den Wochenenden alles allein. Diese Beschäftigung war für Susan zugleich auch eine willkommene Ablenkung. Die Organisation des ‚Spirit Events' lief gerade alles andere als flüssig. Vor allem Karli, ihr Wiener Projektmanager, bereitete Schwierigkeiten. Wie sie schon fast befürchtet hatte, war er mit der Aufforderung auf sie zugekommen, sie selbst möge ihn stärker operativ unterstützen. Als wäre es ihre Aufgabe als Programmmanagerin, ihm zudem als Kernteammitglied unter die Arme zu greifen. Das entsprach weder ihrer Aufgabe noch ihrer Rolle.

Susan war von Beginn an klar gewesen, dass Karli personell für das Projekt zu knapp aufgestellt war. Es ärgerte sie maßlos, dass er jetzt die Abarbeitung einzelner Arbeitspakete direkt an sie delegieren wollte. Dies war für sie erneut ein klares Zeichen dafür, dass Karli nicht zwischen seiner Linientätigkeit als

Geschäftsführer und seiner Rolle als Projektmanager unterschied. In der Linie mochte es so sein, dass er hierarchisch über ihr stand, aber im Projekt war es eben umgekehrt. Sie hatte im Zuge eines Telefonats mit Karli, in dem er ihre operative Unterstützung lauthals einfordert hatte, versucht, ihre Sichtweise der Situation dagegen zu legen. Und anstelle sich operative Tätigkeiten für das Wiener Event umhängen zu lassen, hatte sie Karli aufgefordert, sich endlich zwei weitere Kernteammitglieder aus Wien ins Projektteam zu holen, oder die Leitung des Wiener Events jemand anderem zu übertragen. Das war das letzte, was sie zu ihm gesagt hatte, denn ab diesem Zeitpunkt lehnte er Susans Anrufe ab und ignorierte ihre E-Mails. Susan wusste, sie konnte diese angespannte Situation mit Karli nur für kurze Zeit so belassen. Zum einen ging es ihr bei dem Gedanken an Karli emotional nicht gut und zum anderen war damit der Projekterfolg des Wiener Projekts gefährdet, für das sie schlussendlich als Programmmanagerin Endverantwortung trug. Sie beschloss, ihm bis kurz nach Ostern Zeit zu lassen, sich wieder zu beruhigen und sein Team zu erweitern. Sie war sich ziemlich sicher, dass er die Projektleitung nicht abgeben würde. Loslassen und Vertrauen in punkto Events war nicht gerade seine Stärke. Susan plante in Gedanken für Ende April einen Tagestrip nach Wien, um sich persönlich und unter vier Augen mit Karli auszusprechen.

Der Streit zwischen Susan und Ben hatte sich bald gelegt, wie Ben es erhofft hatte. Dank der konkreten Gästeliste, die er Susan Montagabend auf den Tisch gelegt hatte, fühlte sich Susan wieder stärker unterstützt. Leider war für Susan dieses Gefühl nicht von langer Dauer. Bereits zwei Tage danach, als Susan mit Ben die organisatorischen Details für die Einweihungsfeier abstimmen wollte, eskalierte es erneut. Ben spekulierte darauf, sich vollständig aus der Verantwortung ziehen zu können. Er argumentierte, er manage bereits den ganzen Tag Projekte und wolle in seiner Freizeit lieber alles entspannt angehen und auf sich zukommen lassen. Als er schließlich den Pizzaservice als Alternativvorschlag zu einem selbstgemachten Menü ins Spiel brachte, konnte sich Susan nicht mehr halten. Sie spürte wie wieder binnen weniger Sekunden Wut und Ärger in ihr hochstiegen und sie schrie Ben an, ob er sich denn tatsächlich klar darüber sei, was für einen Blödsinn er hier von sich gebe.

Grundsätzlich war Susan eher jemand, der sich zurückzog und Ärger auch mal in sich hineinfraß. Aber in diesem Fall fühlte sie sich nicht nur von ihrem Mann im Stich gelassen, sondern zudem noch in ihren Werten getriggert. Auf einer Einweihungsparty Pizza zu servieren und alles auf sich zukommen zu lassen, war für sie ein Synonym für eine Nicht-Wertschätzung der Gäste. Und da es sich bei den Gästen nicht um irgendjemanden, sondern um ihren engsten Familienkreis handelte, waren Bens Argumente für sie absolut nicht annehmbar. Sie beschloss, Ben bis zur Feier links liegen zu lassen. Zwei Tage vor dem Osterwochenende drückte sie ihm eine fast endlos lange Einkaufsliste in die Hand und teilte ihm mit, dass es seine Aufgabe sei, die Lebensmittel und Getränke zu besorgen. Auf dem Zettel stand eine Deadline zu der alles da sein sollte. Da half alles Rollen mit den Augen nichts. Ben tat, wofür er eingeteilt wurde, und musste dafür sogar in drei unterschiedliche Supermärkte fahren.

Das Wochenende im Kreis der Familie verlief gut. Alle Gäste waren gut gelaunt und sie brachten ein paar schöne Geschenke für die neue Wohnung mit. Barbara und ihre Familie schenkten ihnen eine große Indoor-Palme im Blumentopf fürs Wohnzimmer, die ihre zwei kleinen Töchter mit selbst gebastelten Ostereiern geschmückt hatten. Susan musste über diese skurrile Idee so herzhaft lachen, dass sie für einen Moment den ganzen Stress, den sie gespürt hatte, vergessen konnte. Rosi brachte den Beiden Salz und Brot, wie es die Tradition verlangte. Auch Susans Tante brachte jede Menge Gebäck aus der Bäckerei mit und einen besonders edlen Salzstreuer. Die Eltern und Großeltern hingegen steckten Susan und Ben im Laufe des Wochenendes jeweils ein Kuvert mit Geld zu, damit sich das junge Paar selbst kaufen konnte, was sie noch in ihrer Wohnung vermissten.

Obwohl es an diesem Wochenende viele wirklich schöne Familienmomente gab, konnte sich Susan aber nie so richtig entspannen. Ständig war sie am Vorbereiten, Zusammenhalten, Anführen oder Unterhalten. Sie blieb von Samstag bis Montag größtenteils in ihrer Rolle der Organisatorin und Gastgeberin verhaftet. Ben, seine Mutter, Barbara und Susans Tante unterstützten Susan wo sie konnten und versuchten, der Gastgeberin bei der Zubereitung von Essen oder Kaffee sowie bei der Beschäftigung mit den beiden Mädchen eine Hilfe zu sein. Vor allem Susans Tante und Bens Mutter bemerkten, wie schwer es Susan fiel, die gemeinsame Zeit einfach nur zu genießen.

Montagnachmittag herrschte Aufbruchsstimmung. Barbara und ihre Familie reisten als erstes ab. Danach Susans Familie aus Graz, die alle vier mit einem Auto gekommen waren. Ben unterhielt sich noch lange mit seiner kleinen Schwester Rosi. Die beiden hatten sich seit Weihnachten nicht gesehen und Ben war gespannt, wie es Rosi mit ihrer Hütte in Oberperfuss ging. Rosi hatte sich eine Skihütte in einem der beliebtesten Skigebiete Innsbrucks, dem Rangger Köpfl, gepachtet. Im Winter garantierten dort viele Gäste eine erfolgreiche Auslastung. Da die Hütte an eine Skipiste angrenzte, hatte sie viele Skifahrer zum Essen und Trinken bei sich. Im Sommer bot Rosi geführte Wandertouren und drei Wochen im Jahr vermietete sie die gesamte Hütte inklusive der drei Schlafzimmer im oberen Stock an Feriengäste. Das waren die drei Sommerwochen, in denen sie gerne ans Meer fuhr, um selbst Urlaub zu machen. Ben und Rosi teilten die Leidenschaft für Berge, wobei Rosi diese eher auf Ski und zu Fuß erkundete und Ben lieber etwas actionreicher mit dem Mountainbike runter donnerte. „Das war so klar, dass sich Ben dich als Frau aussucht, wo du ihm die komplette Biker-Szene auf unsere Berge gebracht hast", hatte Rosi einmal zu Susan gesagt. Susan war sich damals nicht sicher, ob sie das als Kompliment oder Vorwurf auffassen sollte.

Bens Vater nutzte die Abreise der Besucher für ein kleines Nickerchen auf Susans und Bens Sofa und Bens Mama und Susan beschlossen, einen kleinen Spaziergang entlang des Starnberger Sees zu machen. „Lass uns ein bisschen frische Luft schnappen und damit das schöne Osterwochenende ausklingen", sagte sie zu Susan. Dann hakte sie sich bei Susan ein und die beiden schlenderten los. Susan war klar, dass Bens Mutter das Gespräch mit ihr suchte. Es fühlte sich ungewohnt und ein wenig befremdlich an. Sie beneidete Bens Schwestern insgeheim dafür, dass sie sich gegenseitig und zudem so eine führsorgliche Mama hatten. Susan hatte, obwohl sie ihre Mama immer schmerzlich vermisste, mit ihrer Tante und ihrer Oma auch immer weibliche Bezugspersonen gehabt. Aber eine Mutter war nur schwer zu ersetzen. Susans Vater war ein beruflich stark eingebundener Mann gewesen.

Er war in Susans Kindertagen Angestellter in der Grazer Stadtverwaltung gewesen. Irgendwann, Susan war in etwa zehn gewesen, hatte er die Möglichkeit bekommen, sich auf ein Bürgermeisteramt in der kleinen Umlandgemeinde, in der die Familie gewohnt hatte, zu bewerben. Er hatte damals gezögert, weil er sich nicht sicher gewesen war, ob er dies als alleinerziehender Vater schaffen würde. Aber sowohl seine Eltern als auch seine Schwägerin mit der benachbarten Bäckerei hatten ihm ihre Unterstützung angeboten. Von diesem Zeitpunkt an hatte sich Susans Leben drastisch verändert. Sie war nicht mehr nur Susan gewesen, ein zehnjähriges Mädchen aus einem Vorort von Graz, sie war nun die Tochter des Bürgermeisters gewesen, die sichtbare Tochter eines Witwers. Sie hatte bei Volksfesten von der Bühne gelächelt, war mit dabei gewesen, wenn der Gemeindekindergarten nach einer Sanierung wiedereröffnet worden war, und beim traditionellen Maibaumaufstellen war sie es gewesen, die vergeblich versucht hatte, als erstes auf den Maibaum zu klettern.

Als Bens Mutter mit Susan am Starnberger See entlang spazierte, stellte sie Susan die Frage, ob sie denn hier glücklich seien. Diese Frage klang banal, stimmte Susan aber nachdenklich. Sie war die letzten Wochen so in Details verstrickt gewesen, dass sie alles viel mühsamer und frustrierender erlebte. Sogar Ben war für sie in den letzten zwei Wochen mehr Ärgernis als Freude gewesen. Susan gelang es bei diesem Spaziergang, das erste Mal seit Tagen wieder ihre Mitte zu spüren. Sie schloss für einen Moment die Augen, atmete tief durch und sah dann Bens Mutter an. „Ja", antwortete sie dann ihrer Schwiegermutter. „Wir haben uns schon gut eingelebt. Und wir mögen beide unsere neuen Jobs. Es ist nur gerade viel los in der Arbeit und deshalb fällt es mir gerade schwer, mich zu entspannen."

Susan spürte an diesem Nachmittag einen dicken Kloß in ihrem Hals, als sie dieses Zugeständnis formulierte. Und sie spürte neben einem Windhauch in ihrem Gesicht auch eine Träne, die sich in ihrem linken Augenwinkel bildete. Ihre Schwiegermutter legte ihren rechten Arm um sie und drückte sie beim Spazieren fester an sich. „Ihr habt es hier wunderschön erwischt. So nah an einer Großstadt und doch so ruhig und idyllisch", entgegnete sie und dann schwiegen beide Frauen, während ihre Blicke auf dem blauen Wasser des Sees ruhten. Als die beiden Frauen wieder in Susans und Bens Wohnung ankamen, machten sich auch die letzten drei Gäste auf den Heimweg. Rosi und Bens Eltern bedankten sich noch einmal ganz herzlich für das schöne Osterwochenende. Rosi nahm Susan dabei fest in den Arm und drückte sie herzlich. Susan war überrascht, da sie bislang mit Rosi eher wenig Berührungspunkte gehabt hatte.

Obwohl Susan viele Komplimente und Dank für die tolle Organisation des Wochenendes erhalten hatte – nicht zuletzt von Ben, der zugegeben hatte, dass ein bisschen Vorbereitung und Organisation schon gut gewesen waren –, hatten Susan dieses Zugeständnis und das viele Lob kaum berührt. Sie hatte es zur Kenntnis genommen, ein wenig gelächelt und innerlich einen Hacken in ihrer Zielerreichung gemacht. Komisch dabei war, dass für Susan zum ersten Mal die Erschöpfung größer und spürbarer gewesen war als die Freude über den Erfolg. Mit einem Mal, Ben und sie waren bereits allein in der Wohnung und aßen ein paar Reste als Abendbrot, spürte sie den ihr bekannten Druck in ihrer Brust. Es war, als ob jemand mit seinen Händen von außen auf ihr Herz drückte. Susans Atem wurde langsam und es fiel ihr schwer, beim Einatmen bis in ihren Bauch vorzudringen. Ihr Atem blieb flach und kurz. „Susan?", hörte sie Ben, der ihr gegenübersaß, nahm seine Stimme aber wie durch einen Kopfhörer nur gedämpft wahr. „Susan?", hörte sie Ben noch einmal ihren Namen sagen. Sie blickte zu ihm und schüttelte sanft ihre Schultern und ihren Oberkörper. „Ich bin ganz schön erschöpft und müde, Ben. Ich möchte nur noch schlafen." Mit diesen Worten stand Susan auf und ging samt ihrer Kleidung ins Bett. Keine fünf Minuten später war sie eingeschlafen. Die Uhr zeigte 18.30 Uhr, als Ben allein begann, die Spuren der vielen Gäste in der Wohnung aufzuräumen.

8. DAS VIERTE TREFFEN: DER MAYR MODUS

Katharina war überrascht, als ihr Handy läutete, und sie den Namen *Susan Michals* auf dem Display las. Es war der Dienstag nach Ostern und sie hatte sich den heutigen Tag frei genommen. Sie saß gerade mit ihrer Tochter Marie gemütlich in einem Café und die beiden plauderten über Maries Studium und einen jungen Kommilitonen, auf den Marie ein Auge geworfen hatte. Katharina hatte Susan bei ihrem zweiten Treffen ihre private Handynummer gegeben, falls diese mal was brauchen sollte. Bislang hatte Susan von diesem Angebot keinen Gebrauch gemacht. Daher war Katharina überrascht und deutete zu Marie, dass sie kurz drangehen wollte.

Susan fragte Katharina, ob sie ihr kommendes Treffen Anfang Mai auf die dritte Aprilwoche vorverlegen konnten. Sie erzählte, dass es Schwierigkeiten mit Karli in Wien gab, und dass sie noch einen Rat gebrauchen konnte, bevor sie Ende April für ein persönliches Gespräch zu ihm fuhr. Katharina ließ sich die Geschehnisse kurz schildern und hatte gleich eine Vorstellung. Sie schaltete Susan neben Marie auf Lautsprecher, um parallel ihren Terminkalender am Handy einsehen zu können. Sie sah, dass sie am Donnerstag nur Termine bis 16.00 Uhr eingetragen hatte. Katharina lud Susan daraufhin auf 16.15 Uhr zu sich ins Büro ein. Susan bedankte sich und entschuldigte sich für die Störung.

„Wer war die junge Frau?", fragte Marie, als Katharina aufgelegt hatte. „Eine Mitarbeiterin von Martin Sommer", erklärte Katharina ihrer Tochter. „Weißt du noch, wir waren vor ein paar Jahren zusammen auf seinem ‚Spirit Event'." Marie erinnerte sich. Es gab nicht viele Veranstaltungen, die sowohl sie als auch ihre Mutter interessierten, aber das ‚Spirit Event' gehörte in diese Kategorie. „Sie heißt Susan und sie organisiert gerade das nächste Event dieser Reihe. Es soll im Frühling nächsten Jahres stattfinden. Martin hat mich gebeten, ihr als Mentorin zur Seite zu stehen." Marie lächelte. Ihre Mutter half vielen jungen Managerinnen. Das machte sie als Tochter unheimlich stolz. Marie wusste, dass ihre Mutter beruflich etwas geschafft hatte, das erst wenigen Frauen gelungen war: Es bis an die Spitze eines großen technologischen Konzerns zu schaffen. Also, wenn Susan jemand gute Tipps geben konnte, dann wohl ihre Mutter. „Sie hat ziemlich traurig geklungen“, entgegnete Marie nach ein paar Minuten der Stille. Katharina nickte. „Ja, das habe ich mir auch gedacht. Das ist nicht typisch für sie.“ Katharina trank einen Schluck Kaffee. Dann blickte sie zu ihrer Tochter und lächelte sanft. „Es ist wohl an der Zeit, ihr die Geschichte vom Herrn Mayr zu erzählen. Was meinst du dazu?“ Marie überlegte kurz. „Ich glaube, da könntest du recht haben.“

Es war ein angenehmes Déjà-vu. Susan stand zum zweiten Mal vor der Glasfront des Bürotowers und blickte zuerst nach oben und danach auf ihre Armbanduhr. Es war kurz nach vier. Sie betrat die Lobby und meldete sich an. Diesmal war der sympathische Herr, der sie beim ersten Mal betreute, nicht an der Rezeption. Stattdessen begrüßte sie eine junge Frau, bestimmt nicht älter als 25 Jahre, mit einer orange-weiß gepunkteten Bluse. Susan musste an ihr oranges Sakko denken, das sie bei ihrem ersten Besuch getragen hatte. Sie hatte sich damals so unbehaglich gefühlt. Diesmal hatte sie sich an den Dresscode angepasst und trug ein dunkelblaues Etuikleid und dazu einen kurzen Blazer in Weiß. Wieder wurde sie zu einem der hinteren Lifte gebracht und sie fuhr in den 23. Stock hoch. „Schön, Sie wiederzusehen“, entgegnete oben angekommen Katharinas Assistentin, die schon an der Aufzugtür auf sie gewartet hatte. „Frau Mäkinen ist noch in einer Besprechung. Darf ich Ihnen einen Kaffee anbieten während Sie warten?“ Susan lehnte dankend ab. Sie war innerlich schon genug aufgewühlt und Kaffee war gerade das Letzte, was sie wollte.

Stattdessen bat sie um ein Glas Wasser und nahm auf einer Sitzecke schräg gegenüber von Katharinas Büro Platz. Sie trank einen Schluck Wasser und atmete tief durch. Dabei legte sie ihre linke Hand auf ihre Brust. Das Druckgefühl, das sie am Montagabend so deutlich in die Knie gezwungen hatte, hatte volle 24 Stunden angedauert. Sie hatte sich deshalb sogar für Dienstag und Mittwoch krankmelden müssen und war erst am Donnerstag wieder zur Arbeit gegangen. Diese Pause hatte ihr gut getan. Sie fühlte sich immer noch nicht ganz bei Kräften, war aber wieder deutlich entspannter und fröhlicher. Der bisherige Tag war zudem wider Erwarten ruhig verlaufen. Sie hatte weder geplante noch ungeplante Meetings gehabt, sondern stattdessen die erhoffte Zeit, die angestauten Mails der beiden Krankenstandstage in Ruhe aufzuarbeiten und beim Münchner Projektteam nach dem Rechten zu sehen. Michaela hatte sie die beiden Tage vertreten und alles war nach Plan verlaufen. Damit hatte Susan ohne Hektik bereits kurz nach 15.00 Uhr ihr Büro verlassen und zu Katharina fahren können. Susan war so in Gedanken. Sie hatte gar nicht bemerkt, dass Katharina schon in ihrer nun offenen Bürotür stand. Sie lächelte Susan entgegen, als diese hochschreckte, und gestikulierte ihr, einzutreten. Nachdem Susan an Katharina vorbei durch die Tür gegangen war, reichten sich die beiden Frauen die Hand und begrüßten sich freundlich.

Katharina nahm Susans gedrückte Stimmung sofort wahr. Sie bat ihr den gemütlichen Sessel links vom gläsernen Couchtisch an und nahm gegenüber Platz. Ein Teller voller einladender Kekse und eine duftende Kanne mit Tee machten die Stimmung noch angenehmer. „Kräutertee?", erkundigte sich Katharina und Susan nickte dankend. „Wie geht es dir, Susan?", wandte sich Katharina an Susan und Susan merkte, dass ihre Mentorin auf eine ehrliche anstelle einer Smalltalk Antwort abzielte. „Es wird schön langsam wieder", entgegnete Susan verlegen und starrte auf Maries Bild mit der lilafarbenen Spirale und den schönen Steinen. Irgendwie zeigte dieses Bild gerade in abstrakter Weise die Stimmung in ihrem Inneren.

„Möchtest du mir erzählen, was *noch* passiert ist?" Katharina tastete sich vorsichtig an Susan heran, denn sie ahnte, dass der Streit mit Karli nur eines von mehreren auslösenden Ereignissen für das vorverlegte Treffen war. Susan, die eigentlich gar nicht über die letzten zwei Wochen nachdenken wollte, überlegte kurz. Sie wetzte unruhig auf dem Sessel und strich sich durch ihr lockiges Haar. „Es war einfach so viel los die letzten drei Wochen. Beruflich und privat", begann sie zögerlich. „Mein Mann und ich hatten über das Osterwochenende unsere Familien zu Besuch. Der Anlass war die Einweihung unserer neuen Wohnung, die nun fertig möbliert ist. Wir hatten von Samstag bis Montag elf Gäste bei uns. Ich hatte nur zwei Wochen Zeit, alles zu organisieren und vorzubereiten, und der Eklat mit Karli war das Sahnehäubchen obendrauf." Susan musste plötzlich schmunzeln. Erst jetzt merkte sie, was für ein organisatorisches Brett sie hier neben ihrer Arbeit noch gestemmt hatte. Zwei Wochen Vorbereitungszeit für ein Familienfest dieses Umfangs, das noch dazu über drei Tage gegangen war, waren eindeutig zu wenig gewesen.

„Ist es dir gelungen, die drei Tage mit euren Familien ein bisschen zu genießen?", fragte Katharina und bohrte damit in einer weiteren emotionalen Wunde. Susan blieb stumm. Stattdessen presste sie ihre Lippen aufeinander, runzelte die Stirn und ließ ihren Kopf demonstrativ von rechts nach links und wieder zurück gleiten. Katharina verstand. Sie hatte in ihrem Leben so viele Events aller Art organisiert, dass sie dieses Problem nur zu gut kannte. Umso mehr man sich für ein Ereignis verantwortlich fühlte, umso schwerer war es, dieses entspannt zu genießen. Es war fast so, als würde das Gefühl der Verantwortung die Freuden des Moments konsequent überlagern. „Wie haben denn euren Familien die drei Tage gefallen?", hakte sie weiter nach. Jetzt verwandelten sich die Seitwärtsbewegungen von Susans Kopf in ein sanftes Auf und Ab. „Es hat ihnen allen sehr gut gefallen. Sie freuen sich mit uns über die schöne Wohngegend am Starnberger See und die helle Wohnung dort. Zudem sind sie froh, dass wir hier so tolle berufliche Möglichkeiten haben. Das alles macht es leichter für sie, die neue Distanz anzunehmen. Meine Familie ist Distanz ja schon seit einiger Zeit gewohnt. Ob Salzburg, Innsbruck oder jetzt München – das macht von Graz aus nicht so einen großen Unterschied. Aber für Bens Familie ist es neu, ihren Sohn und Bruder nicht in der unmittelbaren Nachbarschaft zu haben." Katharina verstand. Sie war selbst Mutter und es war stets eine große Herausforderung für ihren Mann und sie gewesen, eins ihrer Kinder auf Studienreise oder Schulaustausch in die weite Welt ziehen zu lassen. Aktuell war sie heilfroh, dass Marie einen Studienplatz in München bekommen und über der Familiengarage eine kleine Ein-Zimmer-Wohnung bezogen hatte. Auch ihr Sohn studierte in München und pendelte zwischen Chiemsee und München hin und her. Die eine Stunde Fahrtzeit, die sie zu seiner Wohnung am Bauernhof brauchte, machte regelmäßige Treffen noch durchaus möglich.

„Du hast mir am Telefon geschildert, dass Karli laut und ungehalten am Telefon war." Katharina lenkte das Gespräch bewusst wieder in den beruflichen Kontext. Sie war neugierig, wie Susan Karlis Äußerungen wahrnahm. Susan sammelte sich kurz und begann dann, Karlis Anliegen zu schildern: „Es war gut zehn Tage vor Ostern, als er mich nachmittags angerufen und mir mitgeteilt hatte, er fühle sich von mir im Stich gelassen. Allein schon diese Wortwahl hat mich echt getroffen. In meiner Rolle als Programmmanagerin kümmere ich mich ja wirklich intensiv um ihn. Aber er versteht meine Rolle einfach nicht. Er war doch wirklich sauer auf mich, weil ich ihm seine eigenen operativen Arbeitspakete nicht abnehmen wollte. Kannst du dir das vorstellen, Katharina? Ich habe ihm versucht zu erklären, was der Unterschied zwischen einem Kernteammitglied ist, das er in seinem Wiener Projektteam hat, und mir als seine Programmmanagerin, aber er ist nur noch wütender geworden. Irgendwann hat er mir den Hörer aufgeknallt. Das ist jetzt über zwei Wochen her. Seitdem hat er alle meine Versuche, Kontakt aufzunehmen, blockiert oder ignoriert." Während sie über diesen Zwischenfall erzählte, machten sich die damit verbundenen Emotionen wieder in ihr breit. Ärger stieg erneut in ihr hoch und sie verspürte Unverständnis darüber, wie so ein erfahrener Eventmanager klar definierte Rollen einfach zu ignorieren schien. Sie konnte sich keinen Reim daraus machen.

Katharina beugte sich vor und goss Susan frischen Kräutertee nach. Dann hob sie den Teller mit Keksen hoch und bot Susan einen an. Susan bedankte sich und biss in einen Schokoladenkeks. Während sie kaute, merkte sie, wie sich ihr gerade noch durch die Erzählung angespannter Körper wieder etwas lockerte. Katharina goss sich selbst ebenfalls Tee nach, trank einen Schluck und erhob sich dann von ihrem Sessel. Sie ging auf die andere Seite ihres Büros zum dortigen Flipchart-Ständer und rollte diesen zu ihnen hinüber. Dann nahm sie ein paar Flipchart-Stifte in die Hand und setzte sich im Anschluss wieder zu Susan. Diese war gespannt, was Katharina vorhatte und blickte abwechselnd auf das leere Flipchart-Blatt auf dem Ständer und zu Katharina.

„Ich möchte dir heute gerne eine Geschichte erzählen, liebe Susan", begann Katharina und wählte jedes ihrer Worte mit Bedacht. Ihre Stimme war warm und wie jeher tief. Susan merkte, wie sich ihre Anspannung durch die Klangfarbe von Katharinas Stimme weiter lockerte, und bei dem Wort Geschichte kamen angenehme Kindheitserinnerungen in Susan hoch. „Sie handelt von einem ehemaligen Mitarbeiter von mir. Er arbeitete als Projektmanager in der Entwicklungsabteilung. Sein Chef, der dortige Abteilungsleiter, war ein guter Mann, der ihn aktiv in seiner Karriere förderte. Ich nenne diesen Mitarbeiter Herrn Mayr. Den Chef nenne ich Herrn Müller. Die Geschichte, die jetzt kommt, handelt im Wesentlichen von Herrn Mayr. Bitte merke dir alles ganz genau, was ich dir über ihn erzähle. Ich frage dich im Anschluss nach Details, okay?" Susan war verwirrt. Eine Geschichte – hier? Und sie sollte sich die

Details merken? Was hatte Katharina vor? Susan wusste nicht recht, wie sie reagieren sollte, also nickte sie, stellte sich aufs Zuhören ein und versuchte, sich zu konzentrieren. Katharina hingegen visierte ein konkretes Lernziel an und war sich sicher, dass der richtige Moment für Susan gekommen war, den nächsten Schritt auf der Torte zu gehen.

„Herr Mayr hatte bereits rund zehn Jahren in der Entwicklungsabteilung gearbeitet. Er war ein guter Mann und ein fähiger Entwickler. Meistens war er in der Rolle eines Kernteammitglieds tätig und das oft in zwei bis drei Projekten parallel. Sein großer Wunsch war es, einmal selbst ein Projekt zu leiten. Nach einer Level C Zertifizierung nach IPMA Standard, war es dann soweit. Er bekam sein erstes eigenes Projekt. Aufgrund des neuen Jobs bekam er zudem sein erstes Firmenfahrzeug, denn er musste für dieses Projekt häufig Kolleginnen und Kollegen in anderen Werken aufsuchen. Herr Mayr war auf diesen Schritt in seiner Karriere und sein neues Firmenauto sehr stolz. Er hatte lange darauf hingearbeitet. Du musst wissen, Susan, nur wer ein Firmenauto fährt, darf bei uns direkt am Fuße des Gebäudes auf dem kleinen Parkplatz parken. Alle unsere Mitarbeiter mit privatem PKW müssen zirka zehn Gehminuten entfernt in einem öffentlichen Parkhaus parken, den unsere Firma für sie angemietet hat. Herr Mayr hasste diese zehn Gehminuten, da er meist knapp dran war. Für ihn war der Parkplatz vor dem Haus und der Umstand, dass seine Kollegen, die aus dem Fenster blickten, sein neues Auto sehen konnten, wie ein Jackpot im Lotto. Herr Mayr war damals also Projektmanager für sein erstes eigenes Projekt und parallel war er noch Kernteammitglied in einem weiteren Innovationsprojekt im Haus. Zweiteres leitete ein Kollege aus der Nachbarabteilung, mit dem er sich gut verstand. Alles war also prima. Herr Mayr hatte sein Büro im 26. Stockwerk dieses Gebäudes. Dort waren auch die Besprechungsräume für die Entwicklungsprojekte angesiedelt, wo regelmäßig die Projektsitzungen stattfanden.“ Katharina hielt kurz inne, nahm einen Schluck Tee und blickte auf Susan. Diese war in ihrem Sessel nach vorne gelehnt und nach wie vor hochkonzentriert. Katharina musste innerlich schmunzeln, denn diese Geschichte funktionierte immer.

„Nun aber zu den anderen Ecken in Herrn Mayrs Lebensdreieck“, fuhr sie fort. „Herr Mayr wohnte etwas außerhalb von München in einem Vorort, ähnlich idyllisch wie dem deinen.“ Katharina nickte Susan zu und signalisierte ihr, dass auch sie die Gegend rund um den Starnberger See als eine besonders schöne Wohngegend empfand. „Herr Mayr war mit einer Lehrerin verheiratet und die zwei wohnten mit ihren beiden Kindern in einem Reihenhaus. Frau Mayr arbeitete zu der Zeit Teilzeit an einer Münchner Schule. Die Tochter, gerade 14 Jahre alt geworden, steckte mitten in der Pubertät. Zudem hatte sie vor kurzem das Schminken für sich entdeckt und stand morgens gefühlt stundenlang im einzigen Badezimmer des Hauses. Der Sohn, neun Jahre alt, war unkompliziert und interessierte sich ausschließlich für Sport." Susan machte sich gedanklich Notizen, um sich möglichst alle Fakten zu merken.

„Worum es uns heute geht", betonte Katharina, „ist der typische Morgen im Hause der Familie Mayr. Dieser läuft grundsätzlich folgendermaßen ab: Der Wecker läutet um 6.30 Uhr. Dieser steht auf dem Nachttisch von Herrn Mayr, der in der Familie den leichtesten Schlaf hat. Er wird stets als erster wach. Wenn der Alarm tönt, dreht er sich zu seiner Frau und streichelt mit seiner Hand ihren Arm. Dann schiebt er mit beiden Händen seine Frau sanft aus dem Bett, die sich morgens grundsätzlich beim Aufstehen etwas schwerer tut. Sobald sie steht, dreht er sich wieder um, kuschelt sich in seine Decke und schläft weiter." Katharina beobachtete an dieser Stelle Susans Reaktion auf diesen Teil der Geschichte. Junge Väter, die diese Geschichte hörten, mussten an dieser Stelle meistens ungläubig Lachen. Viele argumentierten, wie unrealistisch es sei, dass diese extra Portion Schlaf von einer Ehefrau toleriert werde. Ältere männliche Kollegen und Frauen schwiegen stattdessen meistens oder ein kurzes „Typisch!" legte sich in sichtbare Stirnfalten. Susan reagierte an dieser Stelle gar nicht. Sie war viel zu konzentriert darauf, sich das Alter der Kinder, die Uhrzeit und das Detail, wo genau der Wecker stand, zu merken.

„Einmal aufgestanden", beschrieb Katharina weiter, „weckt Frau Mayr umgehend die gemeinsame Tochter. Diese darf als erste ins Bad. Frau Mayr geht währenddessen in die Küche und macht das Frühstück für die Familie. Fertig angezogen und geschminkt ist es stets die Aufgabe der Tochter, ihren Bruder zu wecken. Dieser ist in wenigen Minuten im Bad fertig und holt im Anschluss zwei Häuser weiter frische Brötchen vom Bäcker. Zurück zu Hause ist nun auch Mama Mayr im Bad fertig und die beiden Damen sind bereit zum Frühstück. Der Sohn überreicht ihnen die Brötchen und geht noch schnell die Treppe hoch zu seinem immer noch schlafenden Papa." Katharina hielt erneut kurz inne und sah Susan eindringlich an.

„Jetzt kommt ein ganz wichtiger Teil in der Geschichte, Susan. Es ist nämlich der Sohn, der jeden Morgen seinen Papa mit folgenden Worten weckt:

‚Papa, es ist kurz nach sieben, Zeit zum Aufstehen.' Danach geht der Sohn nach unten in die Küche, um zu frühstücken. Papa Mayr hingegen steht auf, geht duschen und zieht sich danach im Schlafzimmer seinen Anzug an. Wenn er fertig ist und zu seiner Familie nach unten in die Küche kommt, erwischt er diese gerade noch zu einem Abschiedskuss. Alle wünschen sich einen schönen Tag und die Mutter fährt die Kinder in die Schule und dann weiter an ihre Schule, an der sie unterrichtet. Herr Mayr hat, sobald die drei außer Haus sind, ein ruhiges, entspanntes Frühstück. Für ihn ein besonderer Augenblick des Tages. Er setzt sich zu seinem Brötchen, liest ein paar Seiten der Morgenzeitung und genießt eine Tasse Kaffee, die er zum Munterwerden, so ist er überzeugt, dringend braucht. Gegen 7.35 Uhr verlässt er dann das Haus, steigt in sein neues Firmenauto und fährt zirka zwanzig Minuten zu unserem Büro hier. Jetzt, wo er ein Firmenfahrzeug hat, parkt er direkt am Fuße des Gebäudes, betritt dann die Lobby und fährt hoch in den 26. Stock in sein Büro."

Katharina, die immer noch die Flipchart-Stifte in Händen hielt, lehnte sich nun ebenfalls nach vorne und trank noch einen Schluck Tee. Dann lächelte sie Susan zu und fragte, ob sie soweit alles gut mitbekommen hatte. Susan, irritiert von der Frage, nickte unsicher und war gespannt, was als nächstes kam. Es folgte ein kurzer Moment des Schweigens. Dann erhob sich Katharina, öffnete den Stöpsel von ihrem schwarzen Flipchart-Stift und begann, etwas auf das Flipchart zu malen. Es war ein Männchen, Susan vermutete Herr Mayr, und ein leerer Topf daneben.

„Worum es mir heute geht ist ein ganz spezieller Morgen im Hause der Mayrs. Es war ein Arbeitstag wie jeder andere, aber anstelle der entspannten Stimme seines neunjährigen Sohnes, der Herrn Mayr kurz nach sieben weckte, war es die völlig hysterische Frau Mayr, die kurz vor acht aus dem Tiefschlaf hochschreckte. Sie schlug Herrn Mayr unsanft mit ihrer rechten Hand auf seinen Bauch und schrie lauthals: ‚Wir haben verschlafen!' Dann stürmte sie aus dem Zimmer, weckte hektisch die Kinder und wies diese an, sich in der Küche ihre Zähne zu putzen. Herr Mayr war wie benommen, sein Herz raste und sein Puls hämmerte in seinem Kopf. Er tat sich schwer, einen klaren Gedanken zu fassen. Er überlegte angestrengt, was denn eigentlich für ein Tag war. Nach gefühlten Minuten erkannte er, dass es sich um einen Donnerstag handelte. Und eine Sekunde später fiel ihm ein, dass er um acht Uhr eine Controllingsitzung in seinem zweiten Projektteam hatte, in dem er Kernteammitglied war. Der Projektmanager dieses Projekts war unglaublich auf Pünktlichkeit und Zuverlässigkeit bedacht. Es war sogar eine Spielregel im Team: Kam jemand zu spät, musste er beim nächsten Mal eine Brotzeit für alle spendieren. Bei dem Gedanken an diese Regel musste sich Herr Mayr an diesem Morgen so richtig ärgern."

Katharina griff nun zum blauen Flipchart-Stift und begann in den leeren Topf eine erste Füllmenge an Flüssigkeit einzuzeichnen. „Du wirst dir wahrscheinlich schon gedacht haben, Susan, dass mein Männchen unseren Herrn Mayr darstellen soll. Und dieser Topf neben ihm ist ein Bildnis für unseren – ich nenne ihn – Stresstopf. Jedes Mal, wenn etwas Ungewohntes passiert oder ein Ereignis Unlust hervorruft, fließt das alles in Form kleiner Tröpfchen in diesen Topf. Und das war an diesem Morgen schon eine ordentliche Portion Unlust für Herrn Mayr. Er ärgerte sich darüber, dass er so unsanft geweckt worden war, viel zu spät dran war und am aller meisten ärgerte er sich in

Abb. 6: Der Weg zum Mayr-Modus

Gedanken darüber, dass die blöde Kuh an seiner Seite gestern Abend vergessen hatte, den Wecker zu stellen.“

Susan war überrascht aus Katharinas Mund das Schimpfwort *blöde Kuh* zu hören. Zeitgleich konnte sie sich gut vorstellen, wie an jenem Morgen Herr Mayr seine Frau in Gedanken tatsächlich so uncharmant bezeichnete. Parallel merkte sie, wie die Geschichte, die immer eindrucksvoller und lebendiger von Katharina geschildert wurde, sie mehr und mehr emotional bewegte. Es fühlte sich etwas unangenehm an und leider auch äußerst vertraut. Sie griff instinktiv noch einmal nach einem Keks und signalisierte Katharina, weiterzusprechen. Katharina tauchte mehr und mehr in die Methode des Storytellings ein und begann nun, bei ihren weiteren Ausführungen körpersprachlich vorzuführen, was Herr Mayr erlebte.

„Wie von der Tarantel gestochen, sprang Herr Mayr aus dem Bett und lief um den Bettpfosten herum. Leider nahm er diese Kurve zu eng und blieb mit seinem kleinen Zeh am Bettpfosten hängen.“ Katharina spielte diese Szene nach und begann wie eine Schauspielerin für Herrn Mayr laut zu schreien. „AUA! Dann lief Herr Mayr ins Badezimmer. Eine kurze Dusche musste sein. Da war nichts zu machen. Herr Mayr stieg hastig in die Duschkabine, drehte den Hebel ruckartig nach links und stellte sich unter den Wasserstrahl. Keine dreißig Sekunden später schrie er erneut vor Schmerzen auf. AAAAUUUUUAAAA!“ Diesmal schrie Katharina so laut, dass Susan regelrecht zusammenzuckte. Völlig in ihrem Element spielte Katharina die geschilderte Szene weiter.

„Herr Mayr hatte das Wasser zu heiß gestellt und sich verbrannt. Raus aus der Dusche, trocknete er sich schnell ab und ging rüber ins Schlafzimmer. Er riss eine Anzughose vom Kleiderhaken und als er versuchte, seinen linken Fuß ins Hosenbein zu stecken, verlor er sein Gleichgewicht und knallte auf den Boden.“ Während Katharina den Haken, die Hose und den Versuch, ins linke Hosenbein zu kommen, pantomimisch darstellte, deutete sie den Fall auf die Seite zum Glück nur schauspielerisch an. Wieder stieß sie einen Schrei aus, stellvertretend für ihren Mitarbeiter Herrn Mayr, und beruhigte kurz ihren Atem, der aufgrund ihrer regen körperlichen Vorführung schon flach und schnell geworden war. Dann führte sie den blauen Stift erneut zum Flipchart und malte weitere blaue Tropfen in den Topf. Dieser war nun bereits zu einem Drittel mit blauer Flüssigkeit angelaufen. Der Stresspegel von Herrn Mayr hatte symbolisch schon einen ordentlichen Level erreicht.

„Endlich angezogen, lief Herr Mayr in die Küche. Seine Frau und seine Kinder waren bereits losgefahren. Sie hatten sich nicht einmal von ihm verabschiedet. Das Dringlichste, was Herr Mayr jetzt brauchte, war ein Schluck Kaffee. Aber die blöde Kuh hatte heute Morgen keinen Kaffee gemacht. An Brötchen oder Zeitung war sowieso nicht zu denken. Bei der Erkenntnis, gleich ohne sein geliebtes Heißgetränk ins Auto steigen zu müssen, schwappten erneut zahlreiche Tröpfchen in seinen Topf." Katharina hielt inne, führte den blauen Stift wieder zum Flipchart und malte die weiter ansteigende Flüssigkeit auf. Trotz der kurzen Unterbrechung blieb sie voll in ihrer Rolle und sprach nach wenigen Sekunden mit der gleichen intensiven Erzählweise weiter.

„An diesem Morgen musste sich Herr Mayr sogar über sein geliebtes neues Firmenauto ärgern. Eingestiegen, erinnerte er sich an den Umstand, dass die elektrische Sitzverstellung als Sonderausstattung von seinem Chef abgelehnt worden war. Als hätte er der Firma nicht schon genug Umsatz gebracht oder umgekehrt Kosten durch effizienten Arbeitseinsatz gespart. Es gab hier wirklich keinen Grund so knausrig zu sein. Herr Mayr öffnete das Garagentor und fuhr mit quietschenden Reifen los. An diesem Morgen waren, seinem Empfinden nach, nur Idioten auf der Straße unterwegs. Er wurde geschnitten, angehupt und es war enorm auffällig, dass jede Ampel auf seinem Weg ins Büro auf Rot stand. Als hätte sich das gesamte Verkehrssystem gegen ihn verschworen. Mehr als einmal ließ er sein Fahrerfenster hinunter und schrie den Fahrer des Nachbarautos zornig an. Bei der vorletzten Ampel – und natürlich musste er wieder bei Rot warten – spürte er plötzlich, wie er ein unangenehmes Druckgefühl im Magen hatte, und er spürte aufsteigendes Sodbrennen. Mit einem Auge zur Ampel schielend, kramte er mit seiner rechten Hand auf dem Beifahrersitz herum, wo seine Aktentasche stand. Im Vorderfach tastete er nach einer Tablettenschachtel gegen Sodbrennen. Er hatte diese Tabletten vor gut zwei Jahren regelmäßig gebraucht, als ihm ein Magengeschwür schwer zu schaffen machte. Bei dem Gedanken an die damaligen Schmerzen musste er sich erneut ärgern und hoffte inständig, dass es nicht wieder von vorne losging. Für so etwas hatte er jetzt wirklich überhaupt keine Zeit, wo er gerade die Leitung eines Projekts bekommen hatte. Er nahm sich eine Tablette aus der Schachtel und würgte diese ohne Flüssigkeit hinunter." Katharina, die merkte, dass durch das Erzählen ihr Mund schon wieder ausgetrocknet war, trank einen schnellen Schluck Tee und sprach dann im Erzählmodus weiter.

„Während der gesamten Autofahrt flossen konstant Tröpfchen in Herrn Mayrs Stresstopf. Jede rote Ampel, jeder andere Autofahrer und seine eigenen körperlichen Symptome nahm er in diesem Moment als Feinde wahr, die sich gegen ihn verschworen hatten. Die letzten Meter bis zu seinem Bürogebäude kamen schließlich noch stark negativ besetzte Bilder in seinem Kopf dazu. Diese kreisten wie Hubschrauber in seiner Gedankenwelt. Er dachte an die Controllingsitzung, die bereits seit 45 Minuten lief. Er stellte sich vor, wie er gleich von seinem Projektmanager von der Seite dumm angemacht werden würde. Bei dem Gedanken an diese Blamage wurde aus den vielen Tropfen ein Wall und der Topf war plötzlich zu 80 Prozent gefüllt. In Herrn Mayrs Kopf kreisten darüber hinaus noch allgemeine negativen Gedanken zum Projekt, zu seinen Arbeitspaketen und zu den nun als äußerst unangenehm empfundenen Projektumständen. Alle diese Gedanken hingen wie dunkle Wolken in seinem Kopf. Seine Mimik war ernst, die Falte zwischen seinen Augen wurde kontinuierlich tiefer und sein gesamter Rücken war verspannt. Endlich bog er in die Firmenzufahrt ein und wollte sein Auto auf seinem für ihn reservierten Parkplatz abstellen. Aber der Gipfel allen Übels war, dass ein neuer junger Mitarbeiter aus der Nachbarabteilung sein Auto – in Herrn Mayrs Augen eine alte Schrottkarre – auf seinem Parkplatz abgestellt hatte." Katharina betonte *seinem* besonders intensiv. Bei ihren Ausführungen von Herrn Mayrs Wahrnehmungen und Gedanken wurde ihre Stimme immer schneller und eindringlicher. Sie pointierte und überspitzte wo es nur ging, um die Dramatik in der Geschichte auf den Höhepunkt zu bringen.

„Herr Mayr war nun gezwungen, wieder in das altgediente Parkhaus zu fahren, das er so hasste. Die zehn Minuten Fußmarsch fühlten sich für ihn wie eine Ewigkeit an. Zudem hatte er beim hastigen Einparken zuvor fast ein Auto gerammt. Er eilte hektisch des Weges in Richtung Haupteingang unseres Bürogebäudes und stampfte dabei mit jedem seiner Schritte zornig gegen den Asphalt des Gehsteigs. Ich sah ihn an diesem Morgen von der anderen Straßenseite aus, winkte und rief ihm zu. Aber Herr Mayr hörte mich nicht. Sein Blick umklammerte die angezielte Tür und er nahm nichts wahr, was sich rechts oder links davon abspielte. Drinnen angekommen ging er ohne zu Grüßen am Empfang vorbei und zum Lift. An diesem Morgen drückte er sieben Mal hastig den Knopf des Aufzugs. Er war davon überzeugt, dass der Lift, der NATÜRLICH aus einem der obersten Stockwerke erst nach unten fahren musste, so schneller unten ankam. Er blickte auf das

Lichtfeld neben der Tür, das ihm anzeigte, wo sich der Aufzug befand. 24, 23, 22, 21, 20, 19, 18…"

„Mit seinem rechten Fuß trippelte er ungeduldig auf den Boden. Sein Blick war starr auf die Tür gerichtet. Für eine Sekunde warf er einen hastigen Blick auf seine Armbanduhr. Es war 8.50 Uhr. Als er die Uhrzeit ablas, spülte er noch einmal eine große Portion Tröpfchen in seinen Topf. Er fühlte sich wie ein Druckkochtopf kurz vorm Explodieren. Als der Aufzug endlich unten angekommen war, öffnete sich die Tür langsamer als jemals zuvor. Ungeduldig hechtete er förmlich ins Innere. Dort angekommen, drückte er acht Mal – fast schon gewaltsam – auf den Knopf des 26. Stockwerks. Dort befand sich der Besprechungsraum, in dem die Controllingsitzung stattfand. Als der Aufzug endlich losfuhr, atmete Herr Mayr zum ersten Mal erleichtert durch. Es war nicht sein Morgen gewesen und er war total froh, wenn dieser endlich zu Ende ging. Zu seiner Überraschung stoppte der Aufzug im 15. Stock."

Auch Katharina legt eine kurze Pause ein. „Frau Huber aus der Einkaufsabteilung stieg zu. Sie war seinem Empfinden nach übertrieben freundlich und grüßte Herrn Mayr herzlich. Dieser würgte ein ‚Guten Morgen' heraus und wich noch ein kleines Stück nach hinten, weil er den Duft ihres Parfums heute Morgen als besonders unangenehm wahrnahm. Zudem ärgerte ihn der Verlust wertvoller Minuten durch das erneute langsame Öffnen und Schließen der Lifttür. Ein paar Sekunden später waren sie im 26. Stock angekommen. Herr Mayr zwängte sich genauso schnell aus der Lifttür wie er hineingeeilt war und ging zügig und stampfend in Richtung Tür zum Besprechungszimmer. Sein Topf war nun randvoll. Es hatte kein einziges Tröpfchen mehr Platz. Sein gesamter Körper war angespannt. Seine Hände waren zu Fäusten geballt. Seine Stirn lag tief in Falten und seine Augen waren schmale Schlitze. Er war im vollen Angriffsmodus, bereit, dem Projektmanager seine Meinung zu geigen, sollte ihm dieser mit einem blöden Spruch kommen."

Dann wurde es ernst: „Ohne zu klopfen, öffnete er ruckartig die Tür und trat ein. Drinnen sah er vier Männer und eine Frau rund um den Besprechungstisch sitzen. Am Tischanfang saß der Projektmanager, der ihn verwundert ansah. Nach einer Sekunde des Schweigens ergriff der Projektmanager das Wort: ‚Hey Mayr, wir haben uns schon gewundert, wo du bleibst. Wir sind gerade bei deinem Arbeitspaket 3.4 und haben versucht nachzuvollziehen, warum du da 15.000 Euro über deinem Budget liegst. Setz dich und sag.' DAS war nun endgültig zu viel für Herrn Mayr. Er fiel dem Projektmanager ins Wort und begann zu kübeln."

Susan war irritiert. „Was meinst du mit kübeln?", unterbrach nun sie Katharina, die sich einen Moment sammeln musste, um im Anschluss mental aus der geschilderten Szene wieder auszutreten. Sie setzte sich zu Susan und trank ihren letzten Schluck Tee. „Kübeln bedeutet", begann sie zu erklären, „dass unser Herr Mayr, dessen Stresstopf durch die Wortwahl des Projektmanagers nun überlief, seinen Ärger rausließ. Symbolisch gesehen hat er im Anschluss den Inhalt seines Stresstopfs, seines gefüllten Ärger-Kübels, über den Projektmanager gekippt. Ein angriffsorientiertes Wortgefecht ereilte sich daraufhin und der Projektmanager kippte wiederum seinen überlaufenden Stresstopf zurück auf Herrn Mayr. Beide, Herr Mayr und sein Projektmanager, waren in diesem Moment keine Homosapiens mehr, sie waren HORMOSAPIENS. Geleitet von einem negativen Cocktail in ihrem Blut, der mit zahlreichen destruktiven Hormonen gefüllt war – allen voran Cortisol –, waren sie wie zwei Bullen in die Arena gezogen und ein Kontrollieren und Einhalten von Knigge-Regeln war damit für sie unmöglich geworden."

Susan schüttelte den Kopf. „Und so was in der Arbeit. Das geht aber gar nicht!", stellte sie kopfschüttelnd fest. „Privat ist es das eine, aber beruflich? Das kann dich echt den Job kosten!" Katharina nickte. „Du hast recht, beruflich haben wir eine viel höhere Hemmschwelle als privat. Deshalb bekommen oft die Menschen, die wir am meisten Lieben, diesen – ich nenne ihn MAYR-MODUS – öfter und heftiger ab als Kolleginnen und Kollegen im Job. Herr Mayr war an diesem Tag auch zum letzten Mal in seiner Rolle als Kernteammitglied für diesen Projektmanager im Einsatz. Eine Stunde später warf ihn der Projektmanager aus dem Projektkernteam und suchte sich einen Ersatz für ihn. Dann reichte er Beschwerde ein – bei mir. Ich habe mich aber für Herrn Mayr eingesetzt und von einer generellen Kündigung abgesehen. Stattdessen bekam er von mir ein Coaching zum Thema Stressmanagement."

Susan zog ihre Mundwinkel leicht nach oben. „Da hat er echt Glück gehabt." Jetzt stand Susan auf und ging ein paar Schritte im Zimmer auf und ab. Ihr Blick blieb auf Maries größtem Bild, dem mit der Spirale, hängen. Ihr kam die mit Steinen verzierte Spirale, je nachdem aus welcher Blickrichtung sie das Bild betrachtete, entweder als Aufwärts- oder als Abwärtsspirale vor. Die Steine darauf, waren wie Gedanken und Ereignisse, die den Weg bereiteten. Sie starrte wie in Trance auf das Bild.

Abb. 7: Maries Bild

Katharina beobachtete Susan. Bewegung im Körper war immer eine gute Möglichkeit, Bewegung in den Geist zu bekommen. Susan hatte sich die gesamte Geschichte über stark auf die Details konzentriert. Nun schien Susan, langsam Zusammenhänge zu reflektieren, und diese in einem größeren Kontext zu sehen. Das war ein wichtiger gedanklicher Prozess.

„In welcher Abteilung arbeitet Herr Mayr heute für dich?", fragte Susan schließlich Katharina und versuchte, damit wieder ihren Fokus einzufangen. Katharina schmunzelte. Susan war offenbar gedanklich noch nicht ganz da gelandet, wo sie sie hinlenken wollte. Sie stand auf, ging zu Susan rüber und blickte ihr direkt in die Augen. „Susan, ich habe in jeder Abteilung täglich mehrere Mayrs sitzen." Jetzt machte es bei Susan Klick. Sie verstand worauf Katharina hinaus wollte. Jeder einzelne Mensch hatte diesen Stresstopf in sich. Und jeder wurde mal vom Homosapiens zum Hormosapiens, wenn der Topf sich bis an den Rand füllte. Das war offenbar ein zu tiefst menschlicher Mechanismus, der hier ablief. „Soziales System", flüsterte Susan. „Wie bitte?", fragte Katharina nach, die Susans Worte akustisch nicht verstanden hatte. „Eine Firma, eine Abteilung, ein Staat, eine Familie, ein Verein oder mein Projekt – alles ist stets ein soziales System." Susan flüsterte immer noch, wenngleich etwas lauter, sodass Katharina ihre laut ausgesprochenen Gedanken nun hören konnte. „Jedes Projekt ist ein **soziales System** – das ist **die dritte Dimension des Projektmanagements**. Und jeder Projektmanager muss sich selbst fragen, ob er dazu bereit ist ein soziales System zu führen. So hatten wir es in der Projektmanagement-Ausbildung gelernt. Aber ich glaube, ich verstehe erst jetzt zum ersten Mal, was das wirklich bedeutet." Susan starrte erneut auf das Bild. „Wenn uns positive Gedanken triggern, wachsen wir über uns hinaus, sind motiviert, bemüht, hungrig auf Neues und können alles schaffen, was wir wollen. Aber wenn uns negative Emotionen und Gedanken in die Knie zwingen, uns in den Mayr-Modus stürzen, dann passiert das genaue Gegenteil. Wir sind destruktiv und in einer Opfer-Denke."

> Die **drei Dimensionen des Projektmanagements**:
> 1) Projekt als besondere Aufgabe in Abgrenzung zur Linientätigkeit, 2) Projekt als temporäre Organisationsform, 3) Projekt als **soziales System**
>
> Buchtipp: Christian Sterrer und Gernot Winkler, Let Your Projects Fly. Wien: Goldegg Verlag 2008.

Katharina lächelte zufrieden, denn diese Geschichte auf Anhieb in ihre beiden Richtungen zu reflektieren, schafften nicht viele. „Eine Aufwärtsspirale", sprach Susan weiter und fuhr mit ihrem Zeigefinger nun mit kleinem Abstand zum Bild den Spiralfluss entlang von innen nach außen, „oder eben eine Abwärtsspirale“, sprach sie weiter, als ihr Finger am äußersten Rand des Bildes angekommen war, und sie nun in umgekehrter Richtung der Spirale bis zum Zentrum des Bildes folgte. Katharina war verblüfft wie ähnlich Susans Gedanken den ihren waren. Als wären die beiden Frauen aus demselben Holz geschnitzt. „Genau diese Assoziation verknüpfe auch ich mit Maries Bild“, hörte Katharina sich selbst nun ebenfalls laut Denken. Einige Momente des Schweigens vergingen.

„Wie kann man sich selbst oder seine Mitarbeiter vor einer Abwärtsspirale schützen?“, fragte Susan nach einer Weile und durchbrach damit die Stille. Katharina lächelte zufrieden und blickte zurück zu Susan. „Das, meine Liebe, ist die Frage aller Fragen. Genau HIER beginnt der wichtigste Part von Führung.

9. WENN DAS CORTISOL UNS LEITET...

Susans Erwartungshaltung war groß. Sie saß aufrecht in ihrem Sessel und blickte zu ihrer Mentorin. Alles rundherum war wie ausgeblendet. Sie war hochkonzentriert und voller Neugierde. Das wahre Geheimnis zu hören, was gute Führung ausmachte, war für sie purer Eustress. „Wie du vorhin so treffend formuliert hast", begann Katharina, „arbeiten wir als Führungskraft, egal ob Linie oder Projekt, im sozialen System. Bevor wir darüber sprechen, wie du die Abwärtsspirale stoppen kannst, lass uns noch einmal genau hinsehen, was der zunehmende Anstieg von Cortisol in unserem Blut mit uns Menschen macht, okay?" Katharina blickte zu Susan. „Der Stresstopf ist also ein Synonym für unseren Körper, oder?", hakte Susan nach. Katharina nickte. Dann ging sie wieder zum Flipchart und malte zwei Linien in den mit Flüssigkeit gefüllten Topf. Die erste Linie war nur wenige Millimeter über dem Boden; die zweite Linie war etwas über der Hälfte. Susan war gespannt was die beiden Linien markieren sollten.

„Ich war in den 80er Jahren auf einem Kongress. Es war ein Kongress für Hersteller von Hörgeräten. Die Mehrheit der Teilnehmer waren Hörgeräteakustiker. Ich arbeitete damals für einen bekannten Hersteller von Hörgeräten. Deshalb war ich ebenfalls Teilnehmerin. Damals war **Vera F. Birkenbihl** eine der Vortragenden auf dem Kongress. Sie war die Keynote-Speakerin. Sagt dir ihr Name etwas?", erkundigte sich Katharina. „Machst du Witze? Vera Birkenbihl ist eine Ikone! Natürlich sagt sie mir was! Ihr Buch *Vom Gehirnbesitzer zum Gehirnbenutzer* habe ich in meinem Studium verschlungen. Erst durch sie habe ich verstanden, wie Lernen tatsächlich einfach und spielerisch klappt. Ich hätte sonst, da bin ich

> **Vera F. Birkenbihl** galt zu Lebzeiten als eine der besten Kommunikations-expertinnen Deutschlands. Ihr profundes Know-how über die Funktionsweise des menschlichen Gehirns und ihre Gabe des Storytellings machten sie weitreichend bekannt. Viele der von ihr entwickelten Lerntaktiken werden seither im Schul- und Trainingsbereich eingesetzt.
>
> Seminare, Infos und Buchtipps zu **Vera F. Birkenbihls Know-how Vermächtnis** unter www.brainmanagement-akademie.com.

mir sicher, meinen Abschluss nie geschafft. Die meisten Professoren haben die Inhalte alles andere als gehirngerecht – wie Vera Birkenbihl es ausdrücken würde – vorgetragen. Ich musste mir ganz viel selber logisch übersetzen."

Katharina war erfreut. Offenbar hatten sie noch eine Gemeinsamkeit. Sie beide schätzten die Art und Weise, wie Vera F. Birkenbihl komplexe, zusammenhängende Fakten in einfache Bilder übersetzte, die gehirngerecht und damit ohne zusätzlichen Lernaufwand sofort merkbar waren. „Vera erzählte damals die Geschichte von Herrn Mayr, einen Hörgeräteakustiker, der einen besonders schlechten Tag hatte. Ihm passierten all die Details, die ich zuvor auch in meiner Geschichte beschrieben habe. Ich werde niemals vergessen, wie gebannt der gesamte Saal auf sie starrte. Man hätte eine Stecknadel runterfallen gehört. Jede und jeder in diesem Saal konnte sich mit diesem Kollegen identifizieren, denn wir sind alle Profis in Sachen Mayr-Modus. Diese Geschichte hat mein Denken und meine Arbeitsweise nachhaltig geprägt." Katharina senkte bei ihren letzten Worten den Kopf nach rechts und holte sich die Bilder von damals vor ihr inneres Auge.

Vera F. Birkenbihl war eine ihrer wichtigsten Mentorinnen gewesen. Sie hatte unglaublich viel von dieser Frau lernen dürfen. Sie hatte sogar das Glück gehabt, sie mehrmals live zu erleben. „Stell dir vor", erzählte sie weiter, „Vera, eine der bekanntesten Kommunikationstrainerinnen der damaligen Zeit, pflegte nicht in Hotels zu übernachten, wenn sie durch Deutschland tourte, sondern war stets mit ihrem Büromobil – wie sie es liebevoll nannte – unterwegs. Das war ein Wohnwagen, umgebaut zu einem mobilen Büro, in dem sie auch schlafen konnte. Wenn sie bei einem Seminarhotel vorfuhr, bat sie lediglich um Strom, anstelle eines Zimmers. Sie brach viele Konventionen. Nicht zuletzt durch ihre Angewohnheit, in Jeans und Turnschuhen vorzutragen. Alle Angestellten, die ihren Vorträgen lauschten, kamen stets in Anzug und Kostüm." Katharina war traurig gewesen, als Vera F. Birkenbihl vor einigen Jahren verstarb. Sie war nicht wirklich alt geworden. Nur ein paar Jahre älter als sie selbst war. Aber sie hatte einen großen Schatz an Wissen hinterlassen und Katharina trug ihren Teil dazu bei, dass dieses geistige Vermächtnis am Leben erhalten wurde.

„Kommen wir zu den beiden Linien, die ich hier in den Topf eingezeichnet habe. Die erste Linie repräsentiert nach Vera den Wendepunkt zwischen Eustress und Dysstress." Susan nickte wissend. Eustress war positiver Stress. Sie fühlte ihn jedes Mal, wenn sie eine knifflige Situation vor sich hatte, die sie zwar forderte, aber nicht überforderte. Sie fühlte ihn stets unmittelbar vor

Durchführungsbeginn einer Veranstaltung, während des letzten Checks und vorm finalen Go. In diesem Moment lag stets ein Knistern der Vorfreude in der Luft, alle waren hoch konzentriert und wachsam. Dieser Augenblick war stets ein ganz besonderer. Ben hatte ihr einmal erzählt, dass er in seinem vollen Eustress-Modus sei, kurz bevor er mit seinem Mountainbike einen Parkour im Bikepark Innsbruck hinunterstürzt.

„Jeder von uns braucht eine gewisse Portion Tröpfchen in seinem Körper. Diese Hormontröpchfen sorgen für die nötige intrinsische Motivation, Lust und Vorfreude, etwas Kleines oder auch Großes zu vollbringen. Ohne diesen Schuss wären wir antriebslos und faul. Aber sobald etwas zu viel davon ausgeschüttet wird, verwandelt sich der Eustress in Dysstress. Bei unserem Herrn Mayr genügte folgende Kombination, um ihn in den Dysstress zu katapultieren: Der Schlag seiner Frau, ihre Stimme – statt die seines Sohnes –, die in unangenehmem Tonfall aufschrie, und seine Erkenntnis, dass es der Tag der Controllingsitzung war. Diese drei Informationen hatten ihn in einen Dysstress versetzt und damit nahm alles seinen Lauf."

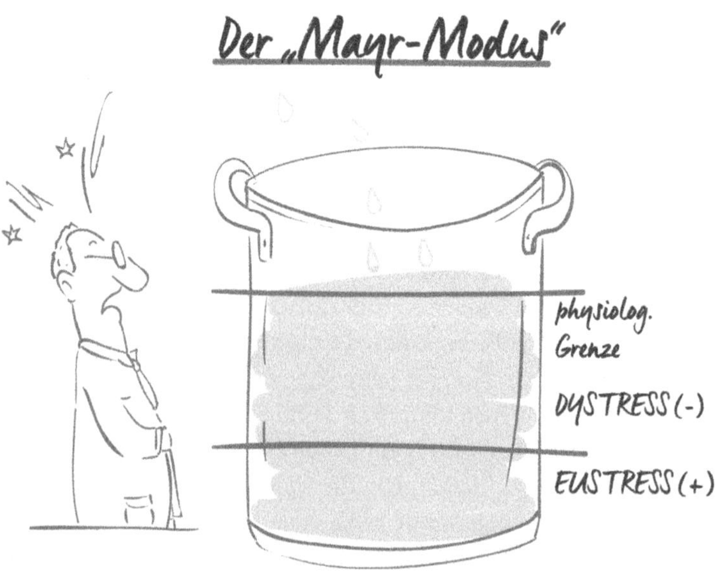

Abb. 8: Die drei Ebenen des Stresstopfs

„Ich hatte dich ja gebeten, gut auf die Details zu achten, Susan", begann nun Katharina, diesmal mit einem leicht lehrerhaften Touch in ihrer Stimme, Fragen zu stellen. „Was für Veränderungen konntest du in Herrn Mayrs Verhalten durch den Anstieg von Cortisol in seinem Blut erkennen?" Susan dachte nach. Es gab einige Punkte, die ihr aufgefallen waren. Sie versuchte die Reihenfolge der Symptome in ihrem Kopf zu ordnen.

„Als er aus dem Bett aufstand, schien seine Motorik beeinträchtigt zu sein. Er verbrannte sich in der Dusche und kam nicht in das Hosenbein seines Anzugs." Katharina nickte anerkennend. „Sehr gut erkannt, Susan. Wir erkennen Dysstress in seiner ersten Phase am besten durch unsere schwindende Fähigkeit zur Feinmotorik. Unsere Grobmotorik übernimmt. Daher sind unsere Bewegungen ruckartiger und tollpatschiger. Wir schmeißen Gläser um, machen Dinge kaputt, schneiden andere Autofahrer oder Fußgänger, lassen alles fallen oder sind grob, wenn wir versuchen, unsere Kinder im Stress anzuziehen." Jetzt musste Susan lachen, denn sie entnahm Katharinas letztem Beispiel, dass ihr dies als Mutter mehrmals passiert war. Katharina bemerkte Susans Reaktion und nickte. „Oh ja, diese Erkenntnis habe ich durch langjähriges Beobachten von meinem eigenen Mayr-Modus gewinnen können." Beide lachten. Susan war über die Erkenntnis erleichtert, dass auch Katharina den Mayr-Modus kannte. Sie machte immer so einen gefassten und ausgeglichenen Eindruck. Aber es gab wohl wirklich niemanden, der vom Mayr-Modus verschont blieb.

„Was hast du noch beobachtet?", bohrte Katharina weiter. „Er dachte schlecht von seiner Frau und konnte sich an diesem Morgen nicht über das neue Firmenauto freuen. Stattdessen sah er nur negative Facetten und unangenehme Details, wie eine fehlende Ausstattung beim Auto." „Das ist korrekt", entgegnete Katharina. Ab einem bestimmten Cortisolspiegel im Blut, wird unsere Wahrnehmung stark beeinträchtigt. Sind wir verliebt, wird unser Körper, also unser Topf, mit dem Stoff Oxytozin geflutet. Dieser macht alles rosarot und wir könnten die ganze Welt umarmen. Ist unser Körper aber voller Cortisol, ist es genau umgekehrt. Unsere Welt wird düster und grau. Je voller der Topf, desto dunkler wird alles um uns herum. Alles wird schlimmer, katastrophaler und desaströser in unserer Wahrnehmung. Ist der Topf bis oben hin voll, haben wir ungefähr den Cortisolspiegel im Körper, den auch ein schwer depressiver Mensch aufweist." Katharina hielt kurz inne, um Susan die Gelegenheit zu geben, diesen letzten Vergleich sickern zu lassen. Sie selbst fand diesen Vergleich ausgesprochen aussagekräftig und allein dieses Wissen half ihr jedes Mal enorm, wenn wieder einmal jemand mit hohem Cortisolspiegel im Blut in ihr Büro stürzte.

„Wir Menschen sind nicht dafür gemacht, diesen körperlichen Zustand lange auszuhalten. Temporär kann das unser Körper kompensieren, aber lediglich für Sekunden oder Minuten. Hält der Zustand zu lange an und steigt die Flüssigkeit im Topf konstant weiter an, haben wir schnell diese zweite Linie erreicht.“ Katharina zeigte mit ihrem Stift auf die zweite Linie, die etwas oberhalb der Mitte des Topfes skizziert war. „Das ist die physiologische Grenze“, erklärte Katharina. Jetzt schickt uns der Körper ein Signal dafür, dass er diesen Zustand als besorgniserregend empfindet. Das ist vergleichbar mit einem Rauchmelder, der piepst, wenn die Rauchentwicklung zu stark ist.“ Susan verstand. Sie musste an das Bild des Lebensdreiecks denken.

Das Wort Gesundheit stand dort in der Mitte. Ein Zustand also, den man hatte, wenn alle drei Ecken gut austariert waren. Aber im Mayr-Modus war nichts austariert und der Körper schlug Alarm. „Jeder von uns hat ein schwächstes Organ“, fuhr Katharina fort. „Der Erste bekommt Halsschmerzen, der Zweite Kopfschmerzen, der Dritte Rückenbeschwerden und der Vierte…“ „Sodbrennen!“, vollendete Susan Katharinas Aufzählung. „Ja genau, unser Herr Mayr hatte schon ein Magengeschwür und jedes Mal, wenn zu viel Cortisol in seinem Blut war, meldete ihm dies sein Körper mit Sodbrennen. Jetzt ist es extrem wichtig, dieses Signal nicht zu ignorieren, oder wie Mayr es tat, mit einer Tablette zu unterdrücken. Denn wenn ich das regelmäßig mache, anstelle von Ursachenbekämpfung – nämlich des vielen Cortisols, werden die Symptome beim nächsten Ärgeranfall noch heftiger. Über einen Zeitraum von vielen Jahren können die Symptome zu chronischen Leiden oder schwerwiegenden Diagnosen führen.“ Susan starrte Katharina mit großen Augen an. „Das ist die Ursache für unsere Zivilisationskrankheiten, oder?“ Katharina hielt Susan Blick stand und nickte, ohne ein Wort zu sagen.

Es war spät geworden. Katharina und Susan hatten bereits über zwei Stunden intensiv gearbeitet. Katharina hatte an diesem Abend noch eine private Verabredung, wollte aber Susan mit dieser Erkenntnis nicht vor die Tür setzen. Sie schlug vor, eine kurze Pause einzulegen, und ging in Richtung Toilette. Am

Gang draußen tippte sie schnell eine Kurznachricht an ihren Mann, dass sie sich verspäten werde. Susan nutzte die Pause, um das Bild am Flipchart zu fotografieren. Sie spürte mehr als deutlich, wie diese Geschichte von Herrn Mayr auch ihr Denken nachhaltig prägte. Sie musste an Karli denken. Vor gut zehn Tagen hatte er sie gekübelt. Sein Topf war voll gewesen. Seine Überforderung ließ ihn alles dunkelgrau sehen. Jedes rationale Argument war an ihm abgeprallt. Susan seufzte. Sie merkte, wie ein neues Gefühl in ihr aufstieg: Mitgefühl. „Susan", hörte sie plötzlich Katharinas Stimme hinter sich. Susan hatte gar nicht bemerkt, dass Katharina bereits zurück war und die Bürotür hinter sich geschlossen hatte. „Es ist schon spät geworden. Wollen wir aber dennoch die Symptome, die ein Zuviel an Cortisol hervorrufen, noch zu Ende besprechen?" Susan nickte dankend. Sie hätte auf keinen Fall an dieser Stelle aufhören wollen, hatte sie doch noch so viele Fragen zu diesem Mayr-Modus. „Warum war es nicht möglich, mit Karli ein rationales Gespräch zu führen, als er so zornig war?", platzte es aus ihr heraus. Katharina war froh, dass sie das SMS bereits verschickt hatte. Sie ging zum Flipchart, blätterte um und begann ein neues Bild zu malen.

Abb. 9: Der psychologische Nebel

„Wenn zwei Menschen miteinander sprechen, haben sie stets zwei Ebenen zur Verfügung. Eine über dem Tisch, eine unter dem Tisch." Katharina malte zwei Männchen und zwischen ihnen einen Tisch. „Über dem Tisch sprechen wir auf der SACHEBENE. Hier geht es um Zahlen, Fakten, Daten, die so genannten ZDF. Unter dem Tisch schwingt bei jedem Gespräch die BEZIEHUNGSEBENE mit. Also: Was denkt Person A über Person B und welche Gemeinsamkeiten gibt es zwischen ihnen? Wie hoch ist der Grad der Vertrautheit zueinander und ihre Wertschätzung füreinander?" Katharina blätterte auf das erste Bild mit dem Topf zurück und zeigte auf die erste Grenzlinie zwischen Eustress und Dysstress. „Sobald diese Linie passiert wird, beginnt – so nannte es Vera in ihrem Vortrag vereinfacht – sich EIN PSYCHOLOGISCHER NEBEL über unserem rationalen Denkvermögen auszubreiten." Katharina blätterte wieder zurück auf die zweite Seite, nahm eine schwarze Kreide aus dem Regal neben ihrem Sessel und malte damit eine graue Dunstwolke über dem Wort Sachebene. „Logisches, rationales oder kreatives Denken wird damit sprichwörtlich benebelt und damit temporär nicht nutzbar." Susan verstand. Kein Wunder also, warum ihre rationalen Erklärungen über Linienrollen versus Projektrollen ins Leere verliefen. Das wiederum brachte aber sie selbst in ihren Mayr-Modus und das Ende vom Lied war, dass zwei Hormosapiens am Telefon kübelten.

Abb. 10: Kübeln durch Überlauf

„Am besten kann man das Phänomen des psychologischen Nebels bei Kindern beobachten. Als meine Kinder noch klein waren, hatte ich immer das Gefühl, ihr Stresstopf war so groß wie ein Fingerhut. Es genügte, wenn die falsche Marmelade am Küchentisch stand, und schon konnten sie regelrecht ausflippen. Jede rationale Erklärung, dass das letzte Glas verbraucht war, oder dass heute Sonntag und ein Nachkaufen erst am nächsten Tag möglich war, machte den Topf nur noch voller und das Kübeln meiner Kinder umso energischer. Egal was man als Elternteil in so einem Moment sagt, logische Argument machen die Situation nur noch schlimmer. Es gab aber eine Sache, die funktionierte." Susan horchte auf. Jetzt wurde sie neugierig. Wenn es bei Katharinas Kindern eine Sache gab, die funktionierte, vielleicht war diese dann auch hilfreich in ihrem Diskurs mit Karli. „Wenn uns der psychologische Nebel die Ratio lahmlegt und damit die Ebene über dem Tisch wegfällt, bleibt die andere, die zweite Ebene, noch zugänglich." Katharina blickte zu Susan und signalisierte ihr, ihre Gedanken laut auszusprechen.

„Die Beziehungsebene", sprach Susan laut aus. „Genau darin liegt das Geheimnis, warum man in jedem guten Führungskräftetraining hört, dass ein Aufbau der Beziehungsebene bei seinen Mitarbeitern mit Abstand das Wichtigste ist. Wenn es zu einem Diskurs oder Ärgernis kommt und du einem Mayr gegenüberstehst, ist es von entscheidender Bedeutung, ob du zu diesem Menschen eine Beziehungsebene aufgebaut hast. Hast du keine, kannst du nur eine einzige Sache machen: Abwarten! Warten bis der Cortisolspiegel bei deinem Gegenüber wieder gesunken ist. Passend zum Spruch: Die Zeit heilt alle Wunden. Allerdings kann das mitunter sogar ein paar Tage oder Wochen in Anspruch nehmen. Im Kontext eines Projekts mit knapper Timeline kann dieser Umstand daher projektgefährdend sein." Susan wusste, worauf Katharina anspielte. Sie hatte schon viel zu lange Funkstille mit Karli. Die beiden hatten eigentlich eine Beziehungsebene gehabt, aber diese war offenbar nicht tief genug gewesen. Karli ging Susan aus dem Weg. Sie musste warten, bis er zu einem Gespräch bereit war. Wenn diese Funkstille länger andauern sollte als bis zum Ende des Monats, wäre dies in der Tat projektgefährdend für das Wiener ‚Spirit Event'.

„Bleiben wir noch bei dem Beispiel mit meinen Kindern am Küchentisch. Wenn hier Alarm war und meine Tochter wegen der falschen Marmelade zum Hormosapiens mutierte, waren es mein Tonfall und meine Gestik, die den entscheidenden Unterschied machten. Blieb ich in meiner Stimme ruhig, liebevoll und nahm sie in ihrem Problem ernst – auch wenn mir ihr Problem noch so nichtig oder ihre Reaktion übertrieben erschien, entspannte sich die Lage genauso schnell wie sie aufgekommen war und kombiniert mit einer Umarmung und einem ‚Ich verstehe dich', war das Marmeladenglas bald vergessen und es kam ein Blatt Schinken aufs Brot." Susan staunte.

Sie selbst war weder Mama noch Tante. Die Kinder von Bens beiden älteren Schwestern waren ihre ersten Berührungspunkte mit kleinen Kindern. Aber hier hatte sie einige ähnliche Szenen erlebt, sodass sie Katharinas Erzählungen nachvollziehen konnte. Allerdings reagierten Bens Schwestern meist nicht so entspannt, wie Katharina dies als notwendig schilderte. Nicole hatte die Angewohnheit, ihren beiden Jungs ein klares, lautes „Stopp!" zuzurufen, damit die Hotelgäste nicht gestört wurden. Hier war eindeutig klar, wer Priorität hatte. Das Wohlfühlen der Gäste sicherte die Finanzen der Familie. Die beiden Jungs mussten lernen, damit umzugehen, aber häufig klappte diese Strategie gar nicht und Nicoles Mann bekam den Auftrag, die beiden Jungs zur Vernunft zu bringen, während sie selbst in den Frühstückssaal ging, um nach dem Rechten zu sehen. Barbara war sicher die geduldigere Mutter, die ihren Kindern immer ewig erklärte, warum etwas so oder anders sein musste. Das langweilte oft nicht nur die Kinder, sondern auch die Erwachsenen, die gerade in der Nähe waren. Aber waren die Kids gut drauf, horchten sie zu und lernten. Waren die Kinder aber kleine Hormosapiens, gingen oft ewige Jammereien, dicht gefolgt von Weinattacken los. Das war meist der Zeitpunkt, an dem Ben und Susan das Weite suchten und Susan sich in ihrem ursprünglichen Vorhaben bestätigt fühlte, niemals Mutter werden zu wollen.

„In dem Moment, wenn jemand im psychologischen Nebel feststeckt, ist ein Argumentieren auf Sachebene zwecklos. Der Cortisollevel im Blut lässt diesen Menschen alles in einem negativen Licht sehen. In so einem Modus werden bereits kleine Aufgaben zu riesengroßen Arbeitspaketen und grundsätzlich einfache Aufgaben erscheinen schwierig bis unmöglich. Ein Mayr neigt zudem zur Dramatisierung. Aus einem Einmal wird ein Immer und aus einer gut gemeinten Kritik wird plötzlich ein Komplott. Aber das ist noch nicht alles. Hinzu kommt, dass wir in eine ego-zentrierte Denkweise verfallen. Alles dreht sich in dieser Denke um mich, denn ICH bin das Opfer. Und wenn ICH das Opfer bin, bedeutet das zugleich, dass alle anderen an meiner misslichen Lage schuld sind, nur nicht ich." Susan verstand. Jetzt ergab alles einen Sinn. „Und so wird die sonst geliebte Ehefrau zur blöden Kuh, die den Wecker nicht gestellt hat, der normalerweise respektierte Projektmanager zu einer unfähigen

Führungskraft und der neue Kollege, der ihm den Parkplatz geklaut hat, zu einem Übeltäter", ergänzte Katharina die fehlenden Puzzleteile.

„Es war noch ein letzter Hinweis in der Geschichte versteckt." Katharina sah wieder zu Susan, die angestrengt nachdachte. Sie ging die Geschichte noch einmal in allen Details durch. Nach wenigen Minuten des Nachdenkens, die Katharina für eine Keks-Auszeit nutzte, um ihr leise wachsendes Hungergefühl zu besänftigen, wusste Susan den letzten Aspekt. „Zeit!", rief Susan aufgeregt. „Es muss etwas mit der Wahrnehmung von Zeit zu tun haben! Die roten Ampeln, die langsame Aufzugtür, das Warten auf den Aufzug – alles fühlte sich für den Mayr nach einer Ewigkeit an." Susan starrte Katharina neugierig an und hoffte, den richtigen Riecher gehabt zu haben. Und tatsächlich, Katharina bejahte Susans Annahme. „Ja genau, die Wahrnehmung der Zeit ist es, die sich verändert. Die Zeit vergeht natürlich objektiv betrachtet immer gleich schnell. Aber wenn du verliebt bist und mit deinem Date einen schönen Abend verbringst, rast die Zeit viel zu schnell dahin, und ehe du dich versiehst, kommst du zu spät nach Hause. Wenn du hingegen beim Zahnarzt sitzt und er bohrt in einem deiner Zähne, kommt dir diese Folter wie eine halbe Ewigkeit vor. Wenn du dann aufstehst und die Zahnarztpraxis verlässt, könntest du schwören, es sei eine volle Stunde vergangen, aber deine Uhr zeigt nur zwanzig Minuten an." Susan musste lachen. Sie kannte beide Szenen aus ihrem Leben und genauso hatte es sich in beiden Fällen tatsächlich für sie angefühlt.

„Also, im Ärger dehnt sich Zeit irgendwie gefühlt aus, oder?", hakte Susan nach, die versuchte, die Logik hinter diesem Phänomen zu verstehen. „Ja genau. Wir leiden subjektiv gefühlt im Mayr-Modus immer besonders lange. Eine Minute fühlt sich an wie zehn Minuten, eine Stunde wie ein Tag und ein paar Tage wie ein ganzer Monat." Susan dachte sofort an Karli. Genauso fühlten sich die letzten Tage an – wie ein ganzer Monat. Und mit jedem weiteren Tag fühlte sie das Cortisol förmlich in ihrem eigenen Topf ansteigen.

„Katharina", begann Susan nach ein paar Minuten des Schweigens. „Ich weiß, es ist kein Zufall, dass du mir gerade heute diese Geschichte erzählst. Du hast wahrscheinlich an meiner Stimme am Telefon und meiner Stimmung, die leider gedrückter ist als sonst, sofort gemerkt, dass mein eigener Cortisolspiegel gerade zu hoch ist." Katharina war überrascht über Susans Offenheit. Aber diese Worte zeigten ihr zugleich, dass Susan und sie in den letzten Monaten eine stabile Beziehungsebene aufgebaut hatten, und dass genug Vertrauen vorhanden war, um gänzlich ehrlich zueinander zu sein. „Ja, ich habe es sofort gemerkt. Als du mich am Dienstag angerufen hast und damit zum ersten Mal von meinem Angebot Gebrauch gemacht hast, mich auf meinem Privathandy zu kontaktieren, war mir klar, du brauchst einen Ventilöffner." Susan war verwirrt. Schon wieder ein neuer Begriff. „Wie bitte?", fragte sie irritiert nach, nicht sicher, ob sie sich verhört hatte. „Einen Ventilöffner!", wiederholte Katharina. Susan hatte sich nicht verhört.

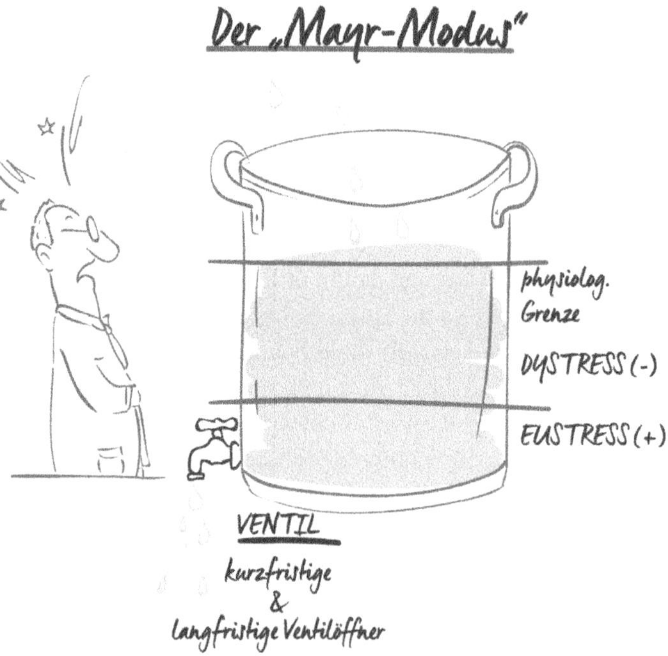

Abb. 11: Ventilöffner als Führungstool

„Siehst du, die sitzen hier!" Katharina skizzierte ein Ventil auf Höhe Eustress und schrieb zwei Arten von Ventilöffnern darunter. „Aber darüber unterhalten wir uns das nächste Mal, Susan. Es ist spät geworden und meine Familie wartet. Wir haben heute Abend Gäste zum Abendessen eingeladen." Jetzt fühlte sich Susan schuldig. Sie hatte total die Zeit übersehen und diese war wie im Flug vergangen. Ein deutliches Zeichen dafür, dass sie selbst zum ersten Mal seit Tagen aus ihrem Mayr-Modus ausgestiegen war. Sie fühlte sich tatsächlich viel besser als noch bei ihrer Ankunft und wieder viel mehr bei sich.

„Katharina, das tut mir sehr leid. Ich wollte dich nicht so lange aufhalten", begann Susan sich zu entschuldigen, aber Katharina gab ihr mit einer winkenden Geste gleich zu verstehen, dass alles gut war. „Ich habe meinem Mann vorhin Bescheid gegeben, dass ich später komme. Er weiß, dass wir dieses Thema heute besprechen, und hat dafür Verständnis. Die Geschichte von Herrn Mayr hat auch sein eigenes Leben im Job und unser Familienleben stark zum Positiven verändert." Katharina griff zu ihrem Kalender und sah sich ihre Termine der nächsten Tage an. „Wann hast du vor, zu Karli nach Wien zu fahren?", fragte sie schließlich Susan, immer noch den Blick auf ihren Kalender gerichtet. „Ich plane, heute in einer Woche zu ihm zu fahren. Dann kann ich Donnerstag und Freitag im Wiener Büro mithelfen und die Wogen glätten. Das anschließende Wochenende bleibe ich noch in Wien, um dort Freunde von mir zu besuchen", entgegnete Susan, die nun nach ihrem Handy griff und es einschaltete, damit auch sie ihre Termine checken konnte. „Bevor du zu Karli fährst, musst du das mit Abstand wichtigste Führungstool überhaupt lernen!" Katharina sprach langsam und eindringlich und Susan merkte, wie ihr eigener Atem plötzlich schneller wurde und eine leichte Nervosität in ihr hochstieg. „Ich möchte dir zeigen, wie du zu einem Ventilöffner für Karli wirst." Da war es wieder dieses Wort. Susans Nervosität stieg noch weiter an. Die Frage, was sich hinter dem Führungswerkzeug verbarg, versetzte sie in einen Zustand der Anspannung.

„Es gibt nur eine Möglichkeit", fuhr Katharina fort, „ich erzähle dir von den Ventilöffner-Strategien am Montag beim Mittagessen. Kannst du dir das Einrichten?" Susan nickte heftig mit ihrem Kopf und war erleichtert, dass Katharina zum zweiten Mal einen kurzfristigen Termin für sie frei machen konnte. Das bevorstehende Wochenende wollte Susan dafür nutzen, sich noch einmal alle Auswirkungen von Cortisol zu vergegenwärtigen. „Danke dir vielmals für deine Hilfe, Katharina!" Susan sprach ihr Dankeschön aus vollem Herzen, stand auf und umarmte Katharina. Diese war kurz überrascht, erwiderte dann aber die Umarmung, indem sie Susan fest an sich drückte. Als sie sich wieder aus der Umarmung lösten, hielt Katharina Susan noch an beiden Armen fest, blickte ihr in die Augen und sagte mit ihrer sanften, tiefen Stimme: „Du bekommst das hin, Susan. Ich weiß, dass du das schaffst!" Susan spürte, wie sich, ohne dass sie es wollte, ihre Augen mit Tränen füllten. Sie atmete tief ein und aus, versuchte ein selbstsicheres Lächeln aufzusetzen und schluckte ihre Selbstzweifel hinunter. „Auf zu deinen Gästen, Katharina. Sie warten auf dich!"

10. SUSANS BIG FIVE FOR LIFE

An diesem Wochenende genossen Ben und Susan die Zeit zu zweit. Nach den turbulenten letzten Wochen hatten beide das Bedürfnis, ohne fixe Termine und Verabredungen einfach nur gemeinsam die Tage zu genießen. Freitagabend gingen sie in ein kleines italienisches Restaurant mit romantischem Ambiente. Der Kellner, ein lang eingesessener Bewohner von Starnberg, erkannte sofort, dass die beiden nicht von dort waren. Es ergab sich ein nettes Gespräch mit ihm und er gab ihnen einige Freizeittipps und zwei Barempfehlungen für einen schnellen Drink am späteren Abend. Die Stimmung war gut. Susan spürte förmlich, wie sich nach und nach das Cortisol in ihrem Körper abbaute, das die letzten zwei Wochen hartnäckig seinen Platz einnehmen wollte. Sie war überrascht, wie locker und unbekümmert sie mit Ben sprach, obwohl ihr dies die Tage davor alles andere als leichtgefallen war. Sie machte sogar Witze über sich selbst und wie sie es die letzten zwei Wochen wohl ein bisschen übertrieben hatte. Ben war froh und erleichtert, dass diese Phase wieder zu Ende ging und er wieder mehr und mehr seiner Susanne Winter begegnete, die er geheiratet hatte. Susan hatte bei ihrer Hochzeit zwei Jahre zuvor beschlossen, Susanne würde sich nicht gut mit ihrem neuen Nachnamen Michaels vertragen. Daher hatte sie beschlossen, ab dem Zeitpunkt ihrer Hochzeit nicht nur ihren Nachnamen, sondern auch ihren Vornamen zu ändern. Die englische Form Susan stand seitdem sogar in ihrem Reisepass. Dass Susan jetzt ein interkulturelles Programm leitete, war fast schon eine Art Bestimmung. Als hätte sie sich mit ihrem neuen Namen für diesen Karriereschritt bereit machen wollen.

„Ich weiß, du sprichst nicht so gerne über dieses Thema, Susi, aber dein runder Geburtstag ist schon in zwei Wochen. Willst du ihn denn gar nicht feiern?" Ben hob sein Glas Rotwein, dass der Kellner ihnen gerade serviert hatte, und hielt es Susan zum Anstoßen entgegen. Susan nahm das ihre, rümpfte die Nase und schüttelte den Kopf. „Warum darf eine Frau nicht einfach 29 bleiben? Es ist doch alles wunderbar, so wie es ist.“ Ben lachte. Er wusste, dass Susan, so wie wahrscheinlich die Mehrheit der Frauen, einen inneren Kampf mit dem 30er austrug. Aber auch sie konnte dieses Ereignis nicht aufhalten und er wusste aus persönlicher Erfahrung, dass dieser Kampf keine Wunden hinterließ. „Komm schon, lass uns was Schönes unternehmen und feiern. Ich übernehme sogar die Planung, damit du deine Feier so richtig genießen kannst.“ Susan überlegte. Sie verspürte überhaupt keine Lust auf ein Fest. Was sie sich aber wünschte, war wieder einmal ein Wochenendtrip in ihre Heimatgemeinde nahe Graz.

Die beiden ließen ihre Weingläser wieder aufklingen und Susan sagte: „Dann auf nach Graz! Ich wünsche mir zum 30er einen Ausflug in die Stadt meiner Jugend.“ Ben war überrascht. Damit hatte er nicht gerechnet. Normalerweise verbrachten sie eine Woche im Sommer sowie die Tage zwischen Weihnachten und Silvester in Graz in Susans Elternhaus. Dort war genug Platz für die beiden und Ben verstand sich auch gut mit Susans Papa. Meistens starteten die beiden ein Heimwerkerprojekt im Haus oder im Garten, während Susan ihre Freundinnen besuchte. Susan wollte, wenn sie die 30 erreichte, unbedingt in Gesellschaft ihrer drei besten Freundinnen sein. Die drei sollten ihr Beistand leisten. Zwei ihrer Freundinnen hatten diesen Kampf im letzten Jahr hinter sich gebracht, eine war etwas jünger als Susan und ihr stand das dritte Jahrzehnt im Herbst bevor. Susan wusste, dass auch Bens Familie mit ihr feiern wollte, aber das konnte noch etwas warten. Sie hatte Bens Mutter schon signalisiert, dass sie das lieber im Juni auf Rosis Hütte nachholen würde. Bens Mutter war überrascht gewesen, als Susan sie sogar darum gebeten hatte, ihr die Organisation abzunehmen. Erleichtert hatte sie dies beim Osterbesuch bejaht und Susan versprochen, sie brauche sich um rein gar nichts zu kümmern. „Damit dem Genuss nichts im Wege steht“, hatte sie hinzugefügt und Susan auf die Wange geküsst.

„Vergiss nicht, Ben, das Wochenende dazwischen bin ich noch in Wien. Ich werde Donnerstag und Freitag im Wiener Büro nach dem Rechten sehen und dann bis Sonntag bleiben. Meine Wiener Freundin Judith, falls du dich noch an sie erinnern kannst, hat mir angeboten, dass ich bei ihr übernachten kann. Wir planen ein Mädelswochenende mit Musicalbesuch und Naschmarkt.“ Ben schmunzelte. Er war froh, dass Susan sich diese Auszeit gönnte. Nach so einem Wochenende würde Susan bestimmt gut erholt nach Hause kommen. In Gedanken plante er parallel einen weiteren Trip nach Innsbruck, wo er mit seinen Kumpels wieder den Innsbrucker Bikerpark unsicher machen würde.

„Davor muss ich aber noch die Hürde nehmen und das Vier-Augen-Gespräch mit Karli führen." Ben wurde augenblicklich wieder aus seinen Mountainbike-Fantasien gerissen und kam gedanklich zurück ins Hier und Jetzt. Er hatte mitbekommen, wie sehr das letzte Telefonat Susan aus der Bahn geworfen hatte, und war sich gerade gar nicht mehr so sicher, ob Susan das Wochenende zum Energietanken nutzen oder doch eher zum Ärgerabbau brauchen würde. „Hat Karli denn inzwischen auf deine Nachrichten reagiert?", erkundigte er sich vorsichtig, ohne an diesem lockeren Abend ein so angespanntes Thema anschneiden zu wollen. Susan schüttelte den Kopf. „Ich habe ihm heute Vormittag geschrieben, dass ich nächste Woche für die besagten zwei Tage nach Wien komme. Ich habe ihn gebeten, dass wir diese Gelegenheit nutzen, uns auszusprechen. Aber er hat auch darauf nicht reagiert – zumindest nicht heute." Ben verstand. „Er wird bestimmt Montag zurückschreiben, vielleicht ist er jetzt auch etwas kürzergetreten und lässt schon sein Team stärker an die Arbeitspakete ran." Susan runzelte die Stirn. Die Vorstellung, ihre Worte hätten eine positive Wirkung gezeigt, war durchaus verlockend. Aber sie schätzte die Wahrscheinlichkeit, dass es so war, als eher gering ein.

„Ich war gestern bei Katharina im Büro", begann Susan nach ein paar Minuten des Schweigens. „Gestern?", war Ben überrascht. „Ich dachte, der nächste Termin ist erst Anfang Mai." Susan nickte. „Eigentlich schon, aber ich habe Katharina am Dienstag, als es mir so schlecht ging, angerufen und um einen vorgezogenen Termin gebeten. Ich wollte mir von ihr Tipps holen, wie ich die Sache mit Karli regeln kann." Ben nickte. „Gute Idee, bei dem ist guter Rat teuer. Und? Hat sie dir Tipps geben können?", erkundigte sich Ben neugierig. Susan wollte gerade zu erzählen beginnen, als der Chef des Hauses die zwei Nudelgerichte und den gemischten Salat brachte, die sie bestellt hatten. Susan nickte also nur kurz und gab Ben zu verstehen, dass sie einiges zu berichten hatte.

Das Essen duftete herrlich und da beide bereits großen Hunger hatten, nahmen beide eine Gabel voll Nudeln und kosteten ihr Essen. Susan hatte kaum hinuntergeschluckt, da begann sie Ben von der für sie unglaublichen Geschichte über Herrn Mayr und seinen Stresstopf zu erzählen. Während Ben sein Essen genüsslich verspeiste, erzählte Susan die gesamte Geschichte aus ihrem Gedächtnis nach. Sie versuchte, die Intonation ihrer Stimme an die Dynamiken der Geschichte anzupassen, da sie es unpassend fand, beim Italiener ihre schauspielerische Leistung zur Schau zu stellen. Auch wenn die gespielten Szenen fehlten, erkannte Ben auch so, wie nachhaltig Susan diese Geschichte beeindruckt hatte. Während Susan erzählte, drängten sich Ben immer wieder Parallelen zur letzten Woche auf, wo er Susan in den Negativ-Symptomen des Cortisols wiedererkannte. Er hütete sich davor, dies laut auszusprechen. Aber er musste innerlich zugeben, dass das Bildnis des Stresstopfs auch für ihn viel Klarheit und Struktur in die menschlichen Verhaltensabläufe brachte.

„Ihre letzten Worte waren, dass es meine Aufgabe sei, für Karli ein Ventilöffner zu sein – was auch immer das genau bedeuten soll. Wir treffen uns am Montag gleich noch einmal auf ein gemeinsames Mittagessen und da will sie mir verraten, was sie damit meint." Ben war beeindruckt. „Das ist echt der Wahnsinn, dass sich Frau Mäkinen hier so viel Zeit nimmt." Susan nickte. „Ja, das ist es wirklich. Ich habe totales Glück. Sie ist eine klasse Mentorin. Am Donnerstagabend hatte sie Gäste zu Besuch, trotzdem hat sie sich über zweieinhalb Stunden Zeit für mich genommen. Ich glaube das ‚Spirit Event' ist ihr wirklich wichtig." Ben schüttelte den Kopf. „Nein, Susi, du bist ihr wirklich wichtig", widersprach er und strich mit seiner Hand über Susans Arm. Ein vertrautes Gefühl der Wärme und Sicherheit breitete sich in Susans Körper aus und sie lächelte.

„Es tut mir leid, dass ich in letzter Zeit meinen Mayr-Modus so wenig im Griff gehabt habe, Liebling", begann Susan und blickte leicht verlegen auf ihre Nudeln, die noch immer hübsch angerichtet, mittlerweile aber kalt, vor ihr lagen. Ben, der von Natur aus kein nachtragender Mensch war, schüttelte nur den Kopf. „Nein, mir tut es leid, dass ich dir kein besserer Ventilöffner war – was auch immer damit genau gemeint sein mag. Mein Stresspegel war auch ordentlich hoch. Mein Job füllt gerade schon vormittags meinen eigenen Topf mit einigen Tröpfchen und ich bin selbst ganz schön damit beschäftigt, ihn irgendwie wieder zu leeren. Das Wochenende in Innsbruck hat mir da echt gutgetan, auch wenn das schon gefühlt eine Ewigkeit her ist. Ich überlege, ob ich noch einen Trip in die Berge mache, nämlich dann, wenn du in Wien bist." Susan nickte zustimmend. „Ja, mach das. Das ist eine hervorragende Idee", kommentierte sie und nahm nun umgekehrt seine Hand und drückte sie fest. „Soll ich den Kellner rufen, dass er dir dein Essen noch einmal aufwärmt?“, erkundigte sich Ben. Susan verneinte. Es war spät geworden und sie wusste, sie würde nicht gut schlafen, wenn sie jetzt noch den ganzen Berg Nudeln in sich hineinstopfte. Sie beschloss, den Salat zu essen, und ließ sich die Nudeln für den nächsten Tag einpacken.

Mit einem Schälchen in der linken Hand und Bens Hand in ihrer rechten schlenderten die beiden noch ein Stückchen den Starnberger See entlang. Beide dachten unabhängig voneinander an den Stresstopf in ihrem Körper und waren erleichtert, dass die erste Linie an diesem Abend unterschritten war. Es war eine bereits angenehm warme Frühlingsnacht mit einer Temperatur an die 15 Grad. Beide waren entspannt. Ben, das musikalische Talent von beiden, summte sogar ein kleines Lied. „Kannst du dich noch an die beiden Buchempfehlungen von John Strelecky erinnern, die mir Katharina gegeben hat? Die mit dem ZDE und die Big Five for Life?“ Susan hielt an und blickte zu Ben. Er nickte, da er sich noch gut an ihre Erzählungen erinnern konnte.

Er hatte selbst schon einen Blick in das Buch *Big Five for Life* geworfen, nämlich am selben Abend als Susan das andere über den zentralen Zweck der Existenz gelesen hatte. „Klar, was ist damit?“, hakte er nach. „Ich habe ganz vergessen, zu erzählen, dass ich meinen ZDE für mich formuliert habe.“ Susan war stolz, dies berichten zu können, und Ben neugierig, mehr davon zu hören. Er spazierte langsam weiter und gab ihr zu verstehen, dass sie ihre Erkenntnisse mit ihm teilen sollte. „Ich glaube, mein ZDE ist es, wundervolle und inspirierende Events zu organisieren“, präsentierte Susan ihre errungene Erkenntnis. Ben lächelte und nickte. „Ja, das hört sich gut an. Und es trifft in all deinen Lebensbereichen zu.“ Susan freute sich. „Genau, das habe ich mir auch gedacht. Egal ob im Job, für Familie oder Freunde – mir liegt es im Blut und es macht mir Freude.“ Beide spazierten weiter und der angenehme Duft der Spagetti umhüllte sie.

„Wie geht es dir beim Nachdenken über deine Big Five?“, Ben hakte weiter nach. Er hatte selbst, inspiriert durch das Buch, darüber nachzudenken begonnen, hatte für sich aber erst drei wichtige Lebensziele festlegen können. Das Konzept, sich selbst seine fünf wichtigsten Lebensziele zu definieren, und all seine Tätigkeiten und Prioritätensetzungen daran zu messen, hatte ihn gefesselt. Er konnte diesem Ansatz viel abgewinnen und das Nachdenken über seine Big Five holte ihn immer wieder ein. „Ja, doch. An meinem goldenen Sonntag als du in Innsbruck warst, habe ich beim Laufen sogar vier Big Five für mich finden können." Ben lachte. „Dann hast du einen mehr als ich!"

Susan sah Ben überrascht an. Damit hatte sie nicht gerechnet. „Du denkst auch über deine Big Five nach, wirklich?" Ben war leicht beleidigt, dass Susan ihm das nicht zutraute, und schaute sie vorwurfsvoll an. „Ich meine", versuchte Susan sofort ihren Kurs zu korrigieren, „es ist wirklich eine super Sache, dass auch du deine Big Five für dich definierst. Ich bin gerade nur nervös geworden." Beide blieben wieder stehen und sahen sich an. „Wieso wirst du nervös, wenn ich über meine Big Five nachdenke?", hakte Ben nach. Susan atmete tief durch. Vom See her kam eine kühle Brise und sie spürte, wie ihre Haare im Wind wehten. Es wurde kühler und sie fröstelte. Aber die Stimmung war durch den Mond, der sich im See spiegelte, wundervoll romantisch und sie genoss es, dass sie so ein tiefgreifendes Gespräch führten. „Ich musste nur gerade daran denken, wie Katharina zu mir gesagt hat, ich solle versuchen, die Big Five meiner Projektkollegen herauszufinden. Und nur dann, wenn sich Teile dieser Big Five überschneiden oder ineinandergreifen, haben wir die Chance, langfristig erfolgreich zusammenzuarbeiten." Susan hielt inne. Sie nahm an, Ben wusste worauf sie hinauswollte, und in der Tat hatte dieser seine Frau gleich durchschaut. „Das gilt wohl auch für uns als Paar, oder?", stellte er nüchtern fest, ohne sich einen Funken Sorgen zu machen, dass sich ihre Big Five nicht überschneiden würden. Susan nickte und versuchte ebenfalls, so zuversichtlich wie Ben zu wirken.

Ben sah sich kurz um und zog Susan zu einer kleinen Parkbank, die nur wenige Meter von ihnen entfernt war. Sie setzten sich beide und Ben legte wärmend seinen Arm um Susan. „Na gut, los geht's", forderte er Susan auf, ihm ihre Big Five mitzuteilen. Diese zögerte kurz und begann dann mit ihrer Liste: „Erstens, ich möchte gerne alle fünf Kontinente bereisen." Susan hatte kaum fertig gesprochen, da freute sich Ben bereits lauthals und rief ein „Sehr gut!" in die Finsternis. Susan legte im Impuls ihre Hand auf seinen Mund, damit sie seine laute Stimme etwas dämpfte. „Das ist wirklich genial", sprach Ben durch Susans Finger flüsternd weiter. „Das will ich nämlich auch. Also, die erste Überschneidung haben wir schon mal!"

Ben war richtig gut gelaunt und bereit für das zweite Lebensziel seiner Frau. „Zweitens, ich möchte eine gute Eventmanagerin sein." Susan hielt wieder inne und blickte zu Ben. Er nickte zufrieden. „Auf meiner Liste steht ‚guter Projektmanager' – ich würde sagen, das ist ähnlich genug, um den anderen in seinen Themen zu verstehen, oder?" Susan nickte und küsste Ben zärtlich auf den Mund. Er erwiderte ihren Kuss und drückte sie fest an sich. „Dir ist kalt", flüsterte er in ihr Ohr. Susan zitterte zwar, wollte aber um nichts in dieser Welt diesen wundervollen Moment frühzeitig abbrechen und entgegnete nur kurz, dass alles gut war. „Jetzt zum dritten, ok?", fuhr sie fort und Ben nickte. „Mein nächstes Ziel ist – so finde ich – das wertvollste und schönste." Susan pausierte kurz, um die Spannung für Ben noch zu steigern. Er blickte sie erwartungsvoll an. „Ich möchte tiefe Beziehungen führen." Jetzt lächelte Ben und nickte. „Das ist eine wundervolle Formulierung. Einfach, aber absolut alles sagend", erwiderte Ben und küsste Susan leidenschaftlich.

Plötzlich hörten sie ein Geräusch am Gehweg. Es war dunkel, nur der Halbmond spendete etwas Licht. Sie schreckten hoch und blickten nach links. Ein Fahrradfahrer näherte sich und blendete sie mir dem Vorderlicht. Er fuhr an den beiden zügig vorbei. Ben sah auf die Uhr. Es war bereits 23.00 Uhr. Aber auch er wollte diesen Moment der Innigkeit noch auskosten und entgegnete Susan, dass sie ihm soeben geholfen hatte, einen weiteren seiner eigenen Big Five zu definieren. „Ich füge zu meiner Liste hiermit folgendes Ziel hinzu: ein guter Freund, Kollege, Sohn und Mann sein." Susan kicherte.

„Das klingt genauso wundervoll und ist ein sehr ehrenwertes Bestreben." Sie überlegte kurz, was sie noch als vierten Punkt reflektiert hatte. Dann fiel es ihr wieder ein. „Mein vierter und aktuell letzter Punkt hat etwas mit meiner körperlichen und geistigen Fitness zu tun. Ich möchte gerne beweglich und vital bis ins hohe Alter sein. Und dazu habe ich mir überlegt, dass ich echt Lust hätte, in meinem kommenden Lebensjahr bei einem Halbmarathon mitzulaufen. Das wäre doch ein guter Schritt in diese Richtung." Ben war beeindruckt. In der Vergangenheit war er es immer gewesen, der sich sportlichen Wettbewerben stellte. Meistens war Susan aber nicht so erfreut zu hören, wenn wer wieder einmal bei einem Mountainbike-Rennen mitmachen wollte. Es lag wohl daran, dass bei einem Rennen dieser Art Prellungen oder die ein oder andere angeknackste Rippe dazugehörten. „Das ist richtig cool, Susi!", betonte er anerkennend. „Wenn du magst, trainiere ich mit dir." Susan nickte, war aber zugleich nicht ganz sicher, worauf sie sich dabei einließ. „Nur damit du mich hier nicht falsch verstehst, Ben", ergänzte sie zügig, „Ich setzte mir nicht zum Ziel, diesen Marathon zu gewinnen. Es ist mir auch nicht wichtig, vorne mit dabei zu sein." Ben war leicht enttäuscht, verstand aber, worauf Susan hinauswollte. „Es geht mir nur darum, meine Grenzen zu erweitern und die Strecke durchzuhalten. Aber ich gebe zu, es würde auch keinen Spaß machen, die Letzte zu sein." Ben bejahte ihre Einschätzung. Für ihn war die Vorstellung, der letzte im Ziel zu sein, sein schlimmster Alptraum. Als Mann der Berge mit ausgezeichneter Kondition war ihm diese Erfahrung zum Glück bislang erspart geblieben.

„Lass mich raten, du hast auch ein sportliches Ziel auf deiner Liste, oder?", hakte nun Susan nach, der die Kälte immer mehr zu schaffen machte. „Ich habe tatsächlich einen langgehegten sportlichen Traum, den ich mir in den nächsten Jahren erfüllen möchte." Nun sah Susan ihren Mann gespannt an. Ben wich ihrem Blick aus. Er hatte Bedenken, Susan würde ihn für verrückt erklären oder ihm sein Vorhaben wieder ausreden wollen. „Na los, raus damit!", ermutigte ihn Susan und ließ nicht locker. „Ich bin scharf auf den Titel Ironman", flüsterte Ben in die Dunkelheit. Susan musste lachen, verzog aber gleichzeitig ihr Gesicht. „Nicht wirklich, oder?", entglitt es ihr unabsichtlich und sie merkte, wie Ben sich ein wenig ärgerte, ihr diesen Wunsch anvertraut zu haben. „Okay, okay. Ironman also. Sind das nicht die Irren, die sich stundenlang in drei unterschiedlichen Sportarten schinden?" Ben nickte mit einem breiten Grinsen und gab Susan zu verstehen, dass er dies richtig genial fand. „Wenn du das durchhältst, kannst du alles schaffen! Dann bringt mich im Projektalltag absolut nichts mehr aus der Ruhe!" Susan verstand. Das war ein Argument, das sie nachdenklich machte. Aber angesichts der Kälte fokussierte sie sich schnell wieder und zählte im Geiste die Anzahl der genannten Ziele nach.

„Wir haben vier. Mir fehlt mein fünfter, ich habe noch keinen gefunden. Wie ist das bei dir, hast du noch einen?", erkundigte sich Susan während sie aufstand und ein paar schnelle Laufschritte im Stand lief, um sich aufzuwärmen. Ben blieb sitzen und sah hoch zu Susan. „Anfänglich hatte ich nur drei, aber durch das Hinzufügen der Beziehungen und des Ironmans bin ich jetzt auf fünf." Susan rätselte. „Okay, dann sag mir noch dein fünftes Ziel und dann lass uns nach Hause gehen, mir ist mittlerweile eiskalt." Nun nahm Ben seinen ganzen Mut zusammen. Er war sich nicht sicher, wie seine Frau auf seinen fünften Punkt reagieren würde. Aber es war ihm schon seit einiger Zeit ein Anliegen, Susan diesen Wunsch mitzuteilen. „Ich möchte gerne ein guter Vater sein." Susan schwieg.

Mit diesem Ziel hatte sie nicht gerechnet. Sie wusste nicht, wie sie reagieren sollte, war sie selbst doch noch immer unschlüssig, ob sie überhaupt Kinder wollte. Sie hatte das auch immer offen kommuniziert und dachte, Ben ginge es ähnlich. Sie nahm Bens Hand, zog ihn hoch und umarmte ihn. „Danke für deine Offenheit, Ben. Gib mir ein bisschen Zeit, ich möchte in Ruhe darüber nachdenken. Am besten, wenn mein 30er überstanden ist." Ben drückte Susan fest an sich und strich mit seinen Händen auf ihrem Rücken auf und ab. Mit dieser Reaktion konnte er gut leben. Es war ein erster Schritt der Annäherung. Anstelle von Worten, küsste er Susan noch einmal in der Dunkelheit. Ihm war bewusst, dass Susan stets argumentiert hatte, keine Kinder haben zu wollen. Aber es war auch seine Frau, die eine Mentorin ausgewählt hatte, die selbst Mutter war. Er war sich sicher, das hatte etwas zu bedeuten.

11. DAS FÜNFTE TREFFEN: DIE KRAFT DER VENTILÖFFNER!

Susan und Ben verbrachten das restliche Wochenende damit, John Streleckys Bücher zu lesen. Ben hatte seine Big Five verschriftlicht, aber seinen ZDE zu definieren, fiel ihm noch sichtlich schwer. Susan wiederum hatte ihren ZDE gefunden, blieb aber vorerst bei ihren Big Four. Das Thema Mutterdasein war für sie noch viel zu weit weg, als dass sie es in ihre Liste aufnehmen konnte und wollte. Das Wochenende war trotz – vielleicht aber auch genau wegen – der intensiven Selbstreflexion erholsam. Sogar so sehr, dass Susan nicht einmal an Karli dachte. Es gelang ihr wie schon lange nicht mehr, völlig abzuschalten und einfach nur eine junge Frau zu sein, die Qualitätszeit mit dem Mann verbrachte, den sie liebte. Ganz nach Katharinas Prophezeiung verging das Wochenende genau deshalb viel zu schnell. Ehe es sich Susan versah, klingelte ihr Wecker und es war Montagmorgen. Beim Klang des Weckers musste sie im Halbschlaf an Herrn Mayr denken und war dankbar, an diesem Tag nicht sein Schicksal zu teilen.

Sie küsste Ben sanft auf die Schulter. Ein paar Minuten kuscheln waren noch möglich und dann machten sich beide fertig für die Arbeit. Ben wünschte Susan noch ein erfolgreiches Mittagessen und betonte, sie müsse ihm am Abend alle Details zu den Ventilöffner-Strategien verraten. Susan nickte, umarmte ihn zum Abschied, spazierte zum Auto und fuhr dann in die Arbeit. München am Morgen war immer ein einziger Stau und so stand sie auch an diesem Morgen Teile ihres Arbeitswegs an roten Ampeln oder in dicht gedrängten Autoreihen. Während sie an vielen Tagen dabei ungeduldig mit ihren Fingern auf das Lenkrad trippelte und leise vor sich hin fluchte, war Susan an diesem Morgen tiefenentspannt. Sie wählte einen Musiktitel, den sie mochte, und verweilte in Gedanken beim vergangenen Wochenende mit Ben. Mit einem sanften Lächeln im Gesicht genoss sie die Autofahrt und war sogar leicht enttäuscht, als sie früher als erwartet bei Spirit Events ankam. Sie grüßte alle

Kolleginnen und Kollegen überschwänglich und legte Michaela Schokolade auf ihren Tisch, als kleines Dankeschön für die letzte Woche, in der sie Susan so gut vertreten hatte. Dann ging sie zu Simone, Martins Frau, ins Büro und sah nach dem Rechten. Im gesamten Programm spielte das Marketing eine zentrale Rolle. Susan hatte in jedem Teilprojekt sowohl ein Arbeitspaket **Projektmarketing** als auch eine komplette Phase zum Thema **Produktmarketing** in die Leistungsplanung aufgenommen.

> Das **Projektmarketing** umfasst die projektbezogene Vermarktung der Firma Spirit Event. Sämtliche Stakeholdergruppen sollen darüber informiert werden, WER der Veranstalter des Events ist und WARUM.
>
> Das **Produktmarketing** umfasst alle Arbeitspakete zur Bewerbung des Events selbst. Von der Sponsorensuche bis zur aktiven Vermarktung bei den potenziellen Zielgruppen des ‚Spirit Events'.

Als Marketingverantwortliche hatte Simone damit jede Menge zu tun. Sie steckte gerade in einer heißen Phase, da vor allem die Sponsorensuche für das Event in München in Kürze abgeschlossen sein musste. Der Meilenstein nahte. Es gab zwar einen eigenen Kollegen für die Tätigkeit der Sponsorensuche im Münchner Kernteam, aber es war Simone, die ihn mit allen Marketingmaterialien für seine Gespräche ausrüstete. Zudem war Simone das Bindeglied zu Martin, der als Auftraggeber mithalf und auch selbst auf potenzielle Sponsoren und Geldgeber zuging. Für Martin war dies leichter als für jeden anderen in der Firma, da er in der Szene bekannt war und in den letzten Jahren ein stabiles Netzwerk aufgebaut hatte.

„Du bist ja heute gut drauf, Susan. Das ist prima. Lass mich raten: Du hattest ein erholsames Wochenende“, entgegnete Simone, während sie sich einen Kaffee herunterließ, ganz in der Hoffnung, mit dem Koffeinschub über die Müdigkeit zu siegen. Ihr kleiner Sohn hatte sie heute Nacht zwei Mal wegen Nasenbluten geweckt und sie war noch etwas neben der Spur. Susan war betroffen. Sie schämte sich dafür, dass ihre Anspannung der letzten Wochen offenbar auch ihre Arbeitsform beeinflusst hatte. Sie war wohl in letzter Zeit nicht nur Ben gegenüber unentspannt und merkbar weniger freundlich gewesen. „Es tut mir leid, Simone, dass ich in den letzten zwei Woche nicht ganz auf der Höhe war. Es waren in Summe einige Punkte, die hier zusammengekommen sind.“ Susan warf Simone einen entschuldigenden Blick zu. „Das weiß ich doch“, konterte diese wissend und gestikulierte Susan, sich keinen Kopf darüber zu machen.

„Schön, dass du wieder in deine Mitte gefunden hast. Das ist eine gute Basis für das Gespräch mit Karli." Da war er wieder – der Name, von dem sich Susans Gedanken erfreulich erfolgreich für zwei Tage verabschiedet hatten. Susan nickte. „Ja, das wird schon. Ich fahre am Donnerstag zu ihm nach Wien." Simone nickte zustimmend und wandte sich wieder ihrer Arbeit zu. Immer wenn ihr Mann nicht in München war – so wie auch an diesem Tag, denn er war von Montag bis Mittwoch bei Pierre in Paris – war Simone mit deutlich mehr Arbeit eingedeckt. Obwohl sie offiziell nicht die Rolle seiner Stellvertreterin trug, war sie als seine Frau immerhin die Frau des Chefs. Das war eine unausgesprochene Firmenkultur, die sich nicht so einfach verändern ließ.

Susan ging in ihr Büro und begann, ihre Mails zu checken. Plötzlich sah sie eine Antwort von Karli, geschrieben am Samstag um vier Uhr nachmittags. Es gab nicht viel zu lesen: „Ich glaube auch, dass es wichtig ist, dass wir persönlich sprechen. Bis Donnerstag also." Aber diese wenigen Worte gaben umso mehr Anlass zum Nachdenken. Susans spürte ihr Herz förmlich im Hals schlagen. Damit hatte sie nicht gerechnet. Sie stand auf und ging zum Fenster zu ihrer Rechten. Sie öffnete es, blickte in den Himmel und atmete tief ein. Die kühle Frühlingsluft sorgte auch in ihrem Kopf für eine angenehme Frische und sortierte ihre Gedanken. Unwissend nutzte sie bereits starke Ventilöffner, um aktiv gegen ihren erneut aufflammenden Mayr-Modus vorzugehen.

„Schön, dass du da bist, Susan. Du siehst gut aus. Deutlich entspannter", Katharina war schon ein paar Minuten früher in dem Restaurant eingetroffen, in dem sie sich schon einmal zum Gespräch getroffen hatten. Während sie nur einmal über die Straße gehen musste, hatte Susan eine längere Autofahrt im Mittagsverkehr unternommen. Mit minimaler Verspätung trudelte sie dort ein und wurde von Katharina herzlich begrüßt. Diesmal war es Katharina, die Susan umarmte und kurz drückte. Susan zögerte einen kleinen Moment, nahm dann aber die Umarmung dankend an und drückte Katharina zurück. Es war für sie immer noch surreal von einer Vorständin so viel Aufmerksamkeit und fast schon Fürsorge zu bekommen. Aber es fühlte sich echt an und sie hatte sich vorgenommen, diese Nähe zuzulassen. „Oh, danke dir, ja es war ein ruhiges, erholsames Wochenende. Nur Ben und ich. Das hat uns wirklich gutgetan", entgegnete Susan und nahm Platz.

Keine zwei Sekunden später stand schon der Kellner an ihrem Tisch, der sich noch gut an seine beiden Gäste erinnern konnte. „Schön, dass Sie wieder bei uns sind. Wir haben heute Lachs auf Rosmarinreis als Mittagsgericht und dazu einen kleinen Salat." Susan musste schmunzeln. Sie dachte an die Geschichte, die ihr Martin beim gemeinsamen Mittagessen vor ein paar Monaten erzählt hatte. Katharina und Susan stimmten sich kurz ab und bestellten beide das Mittagsmenü. „Martin hat behauptet, Simone hätte in ihrer Schwangerschaft Lachs mit Schlagsahne gegessen. Kennst du die Geschichte?", erkundige sich Susan und blickte zu Katharina. Diese konnte nun Susans Reaktion auf das Lachsgericht besser einordnen und lächelte ebenfalls. „Oh ja, ich kenne die Geschichte. Und ich kann sogar mithalten. Als ich mit Marie schwanger war, stand ich total auf eingelegte saure Gurken. Das Verrückte dabei war, ich kombinierte sie mit Milchschokolade." Beide Frauen lachten lauthals. Susan schüttelte den Kopf. „Sollte ich jemals schwanger sein, hoffe ich nur, dass ich von solchen kulinarischen Abnormitäten verschont bleibe."

Während Susan immer noch lachte, wurde Katharina plötzlich still und sah Susan aufmerksam an. „Was ist denn?", fragte Susan irritiert, die Katharinas Blick nicht ganz deuten konnte. „Darf ich mir die Frage erlauben, ob Ben und du denn einmal Kinder haben möchtet?", erkundigte sich Katharina vorsichtig, wohl wissend, dass sie mit dieser Frage den privaten Grenzbereich einer Frau um die Dreißig betrat, der entweder auf eine Blumenwiese oder in ein Mienenfeld führte. Es konnte sein, dass Begeisterung für dieses Thema aufkam. Ein einfaches Ja oder Nein war auch möglich. Abwehr und Ablehnung war die dritte Option, denn so eine Frage wirkt schnell aufdringlich und verletzend, vor allem, wenn das Paar schon länger vergeblich versuchte, schwanger zu werden. Susan verstummte und war unsicher, wie sie reagieren sollte. Sie hatte für sich selbst noch keine Antwort auf diese Frage gefunden. Sie spürte inneren Widerstand. „Aktuell nicht!", entgegnete sie knapp. „Jetzt will ich einfach mal gutes Programmmanagement machen." Susan hoffte, dass das Thema damit erstmal vom Tisch war.

„Ich habe Ben am Wochenende die Geschichte von Herrn Mayr erzählt. Er fand sie auch klasse und ist jetzt mindestens genauso gespannt wie ich, was sich hinter den Ventilöffner-Strategien verbirgt", Susan lenkte gekonnt auf das für diesen Mittag anvisierte Thema. Katharina nickte und öffnete einen

Notizblock, den sie mitgebracht hatte. „Lass uns als erstes das Wissen über den Stresstopf und die Auswirkungen von Cortisol noch einmal zusammenfassen." Sie skizzierte den Stresstopf mit seinen unterschiedlichen Levels in die linke obere Ecke eines weißen Blattes. Rechts daneben notierte sie die Frage: Wie verändert uns Stress?

Abb. 12: Die Auswirkungen von Cortisol im Körper

Dann schrieb sie die Zahlen 1-3 zwischen die beiden Linien und die Zahl 4 über der zweiten, physiologischen Grenzlinie. Als sie fertig war, blickte sie zu Susan und deutete ihr, die Zahlen mit Symptomen zu beschreiben. Susan überlegte nicht lange und begann zu reflektieren: „Also, die Stufe 1 hat etwas mit der Veränderung der Wahrnehmung zu tun. Alles wird düsterer, negativer. Menschen sowie Situationen. Und da sich beim Leiden die Zeit ausdehnt, hat der Gestresste noch länger etwas von seinem Zustand." Katharina musste, ob der Ironie in Susans Wortwahl und Stimme, lachen. Susan hatte ihren Cortisolhaushalt wieder spürbar im Griff, so gut sogar, dass sie darüber Witze machen konnte. Katharina notierte alle drei Wahrnehmungspunkte und schrieb noch das Wort RATIO dazu. Dieses strich sie durch, als Erinnerung daran, dass der psychologische Nebel die Ratio benebelte und diese bei hohem Stresslevel temporär nicht zur Verfügung stand.

„Steht die Zahl 2 für die Feinmotorik, die sich verabschiedet?“, vergewisserte sich Susan, als Katharina ihre Notizen finalisierte. Sie nickte und schrieb auch diesen Punkt auf. „Die Zahl 4, da sie über der zweiten Linie liegt, wird das körperliche Symptom bedeuten, das uns jetzt unsere Physis als spürbares Warnsignal schickt“, rätselte Susan weiter. Sie hatte Spaß an dieser Art des Lernens. Angestrengt dachte sie nach, was sich hinter der Zahl 3 verbergen konnte. Hilfesuchend blickte sie schließlich zu Katharina. Der Kellner brachte die Getränke und Katharina legte ihren Notizblock kurz beiseite. Kaum war er wieder weg, schob sie ihr Mineralwasser auf die linke Tischseite und brachte ihre Aufzeichnungen wieder in Position. Dann blickte sie zu Susan und entgegnete: „Punkt 3 ist der Hinweis auf das so genannte Dramadreieck, das hier seinen Anfang nimmt. Ein Mayr ist egozentrisch in seinem Denken, Reden und Handeln. Das heißt, ein Mayr ist deshalb in der eigenen subjektiven Wahrnehmung immer das Opfer. Alle um ihn herum werden damit zu Tätern. Das Verrückte ist, wenn ein Mayr schließlich kübelt, wird er wiederum selbst zum Täter. Und wenn ein Helfer dazu kommt, um zu deeskalieren, und nicht gut auf sich selbst aufpasst, wird dieser ebenfalls bekübelt und das Dramadreieck beginnt sich im Kreis zu drehen.“ Susan seufzte. Sie hatte schon mehrfach das psychologische Prinzip hinter dem Dramadreieck gehört, aber erst im Kontext der Mayr Story entwickelte sie Verständnis dafür, wie real das Ping-Pong Drama dieser drei Rollen tatsächlich war.

Katharina sah, wie sich der Kellner gerade mit dem Mittagsmenü ihrem Tisch näherte. Sie nahm ihr Notizheft hoch und reichte es Susan. Sie nahm es entgegen und blickte auf die gemeinsame Zusammenfassung. Sie holte ihr Handy aus der Tasche und machte ein schnelles Foto. Dann legte sie ihr Telefon und Katharinas Notizheft auf den leeren Stuhl neben sich und widmete sich ihrem Lachsgericht. Auch Katharina war hungrig und der Lachs duftete herrlich. Katharina hatte an diesem Morgen bereits um sieben Uhr zu arbeiten begonnen. Das war über eine Stunde früher als sonst. Sie hatte viel zu tun und wusste, dass sie mittags sicher mehr als eine Stunde mit Susan verbringen

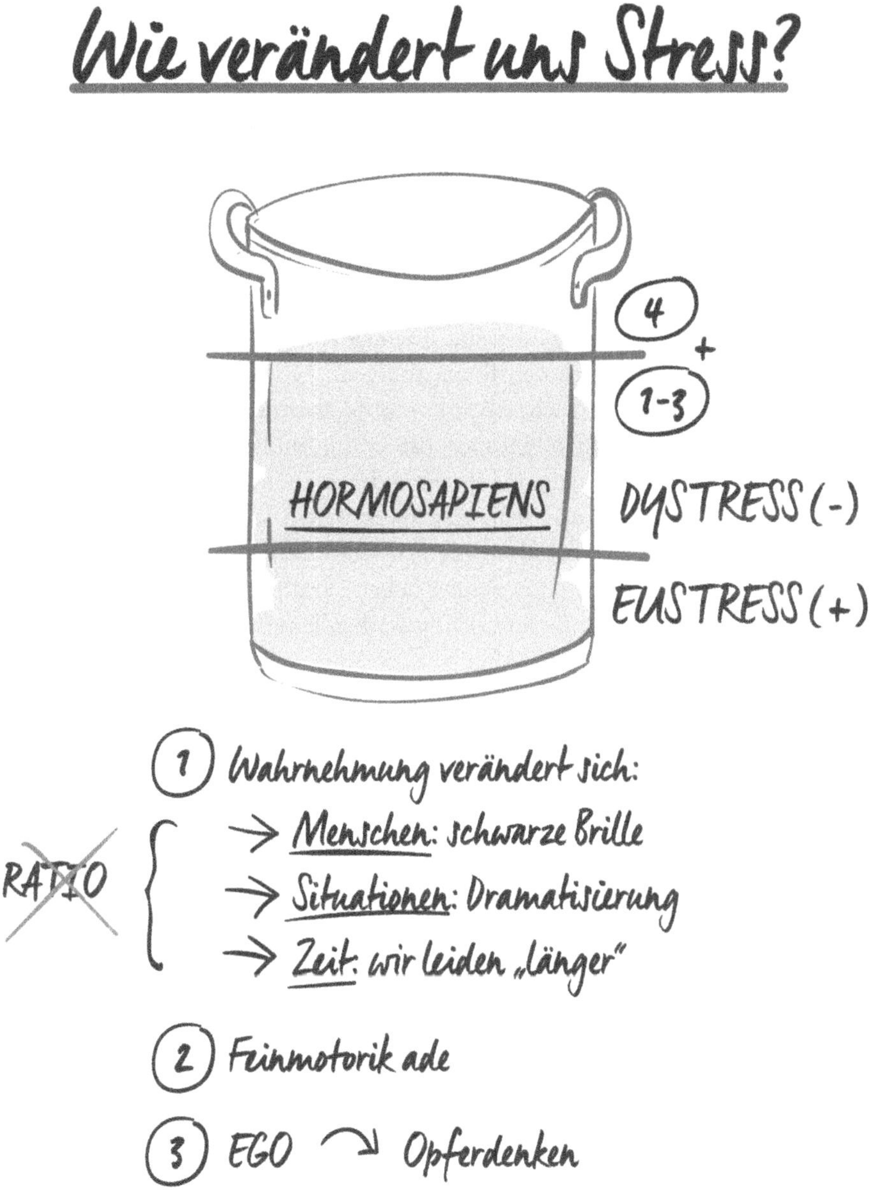

Abb. 13: Wie uns Stress verändert

würde. Deshalb hatte sie bereits vorgearbeitet und war nun nicht ganz so gefährdet, selber aufgrund zu vieler unerledigter Aufgaben zu einem Hormo-sapiens zu werden, wenn doch genau das ihr Mittagsthema war.

Nachdem beide Frauen ein paar Bissen gegessen hatten, fragte Katharina Susan, was ihr denn die letzten Tage geholfen hatte, das Cortisol in ihrem Blut abzubauen. Susan überlegte. „Ich hatte am Wochenende keine Termine. Ben und ich konnten entspannt in den Tag hineinleben. Wir waren viel draußen an der frischen Luft und wir haben beide deine Buchempfehlungen von John Strelecky gelesen." Katharina nickte anerkennend und freute sich sichtlich darüber, dass Susan und Ben offenbar an ihren Big Five feilten. „Das ist wunderbar. Was du mir hier erzählst sind Beispiele für – ich nenne sie – langfristige Ventilöffner. Dazu gehören unter anderem: genügend Schlaf, freie Zeit, entspannende und Freude bereitende Hobbies, wohltuender Sport, Treffen mit Familie und Freunden, gesunde Ernährung und natürlich Urlaub. Fällt dir hier ein Zusammenhang mit einem anderen Tool auf, dass wir schon hatten?" Susan überlegte kurz, schluckte einen Bissen Reis mit Lachs hinunter und rief dann siegessicher: „Das Lebensdreieck!" Katharina nickte. „Ja genau, es sind die Inhalte der unteren beiden Ecken Familie/Freunde sowie Freizeit/Hobbies und ICH-Zeit, die die richtig starken langfristigen Ventilöffner beherbergen." Susan verstand. „Aber warum sprichst du hier von langfristigen Ventilöffnern?", bohrte sie weiter nach. „Diese Aktivitäten haben alle eine Gemeinsamkeit. Wenn du jede Woche – im Idealfall jeden Tag – die Ecken in deinem Lebensdreieck so ausbalancierst, dass auch die unteren beiden Ecken genügend Platz erhalten, dann bist du in deiner Mitte. Du hast eine gute, stabile Gesundheit und du hast eine hohe **Resilienz.**" Katharina hielt kurz inne und genoss wieder einen Bissen ihres Essens. Susan ließ derweilen Katharinas Worte auf sich wirken.

„Das richtig Gute daran ist: wenn du ausreichend Zeit in den unteren beiden Ecken verbringst, dann erhöht sich damit automatisch die erste Linie deines Topfes. Die Konsequenz daraus ist, dass dein Eustress-Level steigt und es muss viel mehr zusammenkommen, bis du eine Situation als

> **Resilienz** ist die innere Widerstandskraft, mit schwierigen Situationen fertig zu werden. Wenn wir an uns selbst glauben, optimistisch sind und uns guter, stabiler Beziehungen erfreuen, haben wir eine hohe Resilienz. Ereilt uns ein Schicksalsschlag oder ein Projektrisiko tritt ein, fällt es uns bei einer hohen Resilienz leichter, dieses Risiko anzunehmen, lösungsorientiert zu denken und schneller wieder in unseren persönlichen Bestzustand zurückzukehren.

Dysstress empfindest." Susan war fasziniert. „Das ist wahrscheinlich umgekehrt dasselbe Prinzip, oder?", erkundigte sie sich zögerlich. „Bist du zu einseitig unterwegs und arbeitest zu viel, kannst du über eine gewisse Dauer hinweg beobachten, wie die Zündschnur kürzer wird und schon das kleinste, zusätzliche To-Do am Schreibtisch den Mayr-Modus auslöst." Susan presste ihre Lippen aufeinander. Sie verkniff sich ein „Mist" als Reaktion auf ihre Erkenntnis. Sie verstand mit einem Mal, warum ihre mindestens zehn-Stunden-Arbeitstage nicht hilfreich waren. Warum sie häufig, ohne rational nachvollziehbarem Grund, schlechte Laune hatte und warum Ben recht hatte, wenn er sie fast schon ermahnte, sie solle öfter mal tagsüber eine Pause einlegen. Sie musste an Katharinas Torte denken.

Sie war gerade auf Stufe zwei, dem Verstehen, angekommen. Und es war wohl an der Zeit, tatsächlich sich selbst und allen anderen Mitgliedern ihres Projekts einzugestehen, dass der Mensch eben tatsächlich keine Maschine ist. In ihrer Familie war Leistung immer großgeschrieben worden. Ihr Papa hatte immer zu ihr gesagt, sie könne alles im Leben erreichen, wenn sie sich nur genug anstrengen würde. Und genau das hatte sie stets getan: sich angestrengt. Das war sicherlich richtig und wichtig, nur eben auch hart, und mit diesem neuen Wissen, nicht immer effizient. Mit einem Mal musste Susan an Karli denken. Sein Lebensdreieck war alles andere als ausbalanciert. Er hatte ihr vergangenen Samstag um 16.00 Uhr eine Mail geschrieben. Das bedeutete, er hatte wieder am Samstag gearbeitet. Sie musste zugeben, sie wusste gar nicht, den wievielten in Folge. Seit sie bei Spirit Events zu arbeiten begonnen hatte, hatte sie auch noch nicht erlebt, dass er sich mal einen Urlaub gegönnt hätte. Stattdessen konnte sie davon ausgehen, dass er mittlerweile sicher auch zu Hause Stress mit seiner Familie hatte. Und dann war sie es auch noch, die die letzten Tropfen in seinen Topf schüttete, als sie ihn zum zehnten Mal um seine adaptierten Projektpläne gebeten hatte.

Susan war in Gedanken versunken. Katharina beobachtete sie, während sie langsam ihr Mittagessen zu Ende aß. Sie konnte sich vorstellen, dass Susan inzwischen Karlis Lebensumstände in Zusammenhang mit seinen Äußerungen brachte. Ihr war es wichtig, Verständnis füreinander zu generieren, denn nur so würde eine Deeskalation am Donnerstag möglich sein. Unweigerlich musste sie an ihr eigenes Lebensdreieck denken und wie es sie jede Woche aufs Neue forderte, die drei Ecken auszubalancieren. Das war gerade in ihrem Job kein Leichtes. Es gab immer mehr zu tun, als es möglich war zu bewältigen.

Es waren immer mehr Gespräche zu führen, als es die Zeit zuließ. Und es waren immer mehr Risiken vorhanden, als man allesamt überblicken konnte. Sie hatte Jahre dafür gebraucht, durch ihre Erfahrung und den Einsatz ihrer persönlichen Ventilöffner ihre Stressresistenz so zu steigern, dass sie wie ein Fels in der Brandung diese Umstände zulassen konnte. Zulassen und Loslassen waren stets ihre beiden wichtigsten Lernthemen gewesen.

„Es gibt noch einen wichtigen, langfristigen Ventilöffner, Susan, den ich dir unbedingt mitgeben möchte", sprach Katharina schließlich weiter und unterbrach damit auch Susans Gedanken. Diese sammelte sich kurz und war wieder offen für neue Erkenntnisse. „Ich habe diesen langfristigen Ventilöffner vor rund zwanzig Jahren für mich entdeckt und er hat mein Leben nachhaltig verändert." Jetzt hatte Katharina es geschafft, Susans Neugier zu wecken. Was auch immer es war, Susan musste es ausprobieren. „Meditation. Mein kraftvollster Ventilöffner ist die Meditation." Susan war enttäuscht. Jeden anderen Ventilöffner hätte sie sofort in ihr Leben integriert, aber an dem Versuch zu meditieren, war sie schon mit Anfang zwanzig kläglich gescheitert. Katharina entging Susans enttäuschter Gesichtsausdruck nicht und sie konnte sich ein Lachen nicht verkneifen. „Entschuldige bitte, aber als ich zum ersten Mal erfolglos probierte zu meditieren, hatte ich mit Sicherheit den gleichen Gesichtsausdruck wie du eben." Das mochte zwar stimmen, heiterte Susan in diesem Moment aber nur bedingt auf. Ein unangenehmes Gefühlt der Überforderung machte sich in ihr breit und sie spürte förmlich wie ein paar Unlusttropfen in ihren Topf liefen.

„Du hattest wohl auch versucht an nichts zu denken, oder?", fragte Katharina nach ein paar Minuten der Stille. Jetzt war Susan irritiert. Natürlich hatte sie bei ihren Meditationsversuchen probiert, an nichts zu denken. Darum ging es doch beim Meditieren. Aber sich die Dunkelheit oder auch das Nichts vorzustellen, war viel schwerer als es ihr lieb war, und daher hatte sie das Thema wieder für sich abgehakt. Susan sah zu Katharina und nickte zustimmend. „Das musste schiefgehen, Susan", erklärte Katharina. „Es ist nämlich unserem Gehirn gar nicht möglich, an nichts zu denken!" Diese Information war neu für Susan. Wenn es nicht möglich war, nichts zu denken, was war dann die Absicht von einer Meditation? Susan war irritiert und ihr restlicher Lachs kalt geworden. Sie schob den Teller ein Stück weg und beschloss, ihr Mittagessen damit zu beenden. Sie trank stattdessen einen Schluck ihres Eistees und blickte erwartungsvoll zu Katharina.

„Bei Meditation geht es darum, seinen Geist auf ein so genanntes Meditationsobjekt zu fokussieren. Und du kannst wählen, was dieses Meditationsobjekt sein soll. Eine Frage, ein Thema, ein Ort, ein Gegenstand, eine Beziehung, eine Farbe oder ein Gefühl – alles ist möglich, alles ist erlaubt. Wichtig ist, dass du während einer Meditation bei dem gewählten Objekt bleibst und wenn deine Gedanken abschweifen – und glaub mir Susan, sie werden abschweifen – dann stoppst du sanft diese Ablenkungsversuche deines Geistes und kommst immer wieder auf das ursprüngliche Thema zurück. Und mit der Zeit und viel Übung lernst du, die Herrin über deine Gedanken zu sein. Und bist du Herrin über deine Gedanken, herrschen deine Gedanken nicht mehr über dich. Und damit kannst du die Opferdenke im Keim ersticken und läufst nicht mehr Gefahr, zu einem Hormosapiens zu werden!"

Während Susan diese logische Argumentationskette erst einmal für sich reflektieren musste, hing auch Katharina ihren Gedanken nach. Katharina meditierte selbst bereits seit zwanzig Jahren. Sie begann, als ihre Kinder noch klein waren und intensiv mit ihr das Thema Hormosapiens und die Ventilöffner-Strategien trainierten. Sie hatte viele Abende gehabt, an denen sie völlig erschöpft ihre Kinder angebrüllt hatte, weil sie einfach keine Kraft mehr hatte, beim fünften „Ich brauche noch dies und das zum Einschlafen" ruhig und geduldig zu bleiben. Aber das viele Üben hatte sich ausgezahlt. Sie konnte von sich behaupten, dass es aktuell nur noch ganz wenige Situationen in ihrem Leben gab, die ihren Stresstopf zum Druckkochtopf werden ließen. Ein bis zwei Mal pro Jahr gab es diese Situation und meist hatte es dann etwas damit zu tun, dass ihr Beschützerinstinkt getriggert wurde. In allen anderen Fällen konnte sie – sobald sie ein Überschreiten der ersten Linie spürte – sofort wirkungsvoll gegensteuern.

„Das Thema Meditation ist ein eigenes, sehr aufwendiges Fachgebiet. Ich würde Vorschlagen, wir nehmen es einfach auf unsere Liste der langfristigen Ventilöffner mit auf und du weißt und verstehst hiermit – wir sind also auf Stufe zwei der Torte, dass es sich hierbei um einen starken Ventilöffner handelt. Aber du hast hier ja ganz viele zur Auswahl und du kannst vorerst jene Ventilöffner einsetzen, von denen du weißt, dass sie gut bei dir greifen. So, wie du viele davon letztes Wochenende praktisch angewendet hast. Du hast also einige langfristige Ventilöffner im Einsatz, die bereits auf Stufe fünf oder sechs deiner Torte und damit gut geübt oder sogar etabliert sind. Fokussiere dich fürs Erste einfach mal auf diese." Susan nickte. Dennoch blieb bei ihr die

Erkenntnis, und vor allem eine neu gewonnene Motivation, sich dem Thema Meditation noch einmal völlig unvoreingenommen widmen zu wollte. Offenbar hatte sie hier bei ihren ersten Versuchen entweder einen falschen oder zu schwierigen Ansatz verfolgt oder nicht den für sie passenden Lehrer an ihrer Seite gehabt.

„In Hinblick auf das Gespräch mit Karli, ist jetzt vor allem die zweite Kategorie der Ventilöffner wichtig", erörterte Katharina, die mit Blick auf die Uhr erkannte, dass die eingeplante Zeit schon etwas knapp wurde. „Es handelt sich hier um die kurzfristigen Ventilöffner, also jene Ventilöffner-Strategien, die in weniger als drei Minuten deine Cortisolmenge auf Eustress-Niveau runterregulieren können." Susan blickte verblüfft zu Katharina. „Geht das überhaupt?", erkundigte sie sich ungläubig. Katharina nickte zuversichtlich.

„Ja, natürlich. Aber es braucht etwas Übung und für sich selbst erprobte Taktiken. Kleinkinder beispielsweise, haben noch keine kurzfristigen Ventilöffner im Einsatz. Wenn beim Frühstück die falsche Marmelade auf dem Tisch steht oder ein anderes Kind in der Sandkiste ein Spielzeug wegnimmt, folgt der Wutausbruch unmittelbar. Ab dem Kindergarten erwartet aber ihre Umwelt mehr und mehr, dass sich Kinder anpassen, zurücknehmen oder in diverse Gruppen integrieren. Sie werden also sprichwörtlich gezwungen, ihre eigenen, schnell greifenden Ventilöffner-Strategien zu entwickeln. Wenn sie die Eltern dann aus sozialen Einrichtungen wie Kindergärten oder Nachmittagsbetreuungen abholen, sind die Kinder die ersten ein bis zwei Stunden danach oft völlig neben der Spur. Die gesamte tagsüber aufgestaute Cortisolmenge wird jetzt auf die Eltern geküblelt. Ich kann mich noch gut daran erinnern, wie schwierig es als junge Mutter für mich im Alltag oft war, meinen eigenen Topf zu schützen, wenn eines meiner Kinder seinen eigenen bei mir gekübelt hatte. War meiner davor von der Arbeit schon gut gefüllt, saßen oft gleich drei Hormosapiens im Auto. War mein Topf leer und ich entspannt, war ich der viel bessere Ventilöffner für meine Kinder. Dasselbe gilt wieder für unsere Projektteammitglieder, okay?" Susan nickte.

„Wenn eines deiner Kernteammitglieder mit hohem Arbeitsdruck, schwierigen Kundensituationen oder Problemen innerhalb des Subteams kämpft, füllt sich der Topf nach und nach. Nach außen hin erwarten wir von ihnen, dass sie die Contenance bewahren. Aber innerlich steigt der Druck oft an, wie in einem Druckkochtopf. Von einem Erwachsenen kann man, anders als von einem Kind, davon ausgehen, dass sie ein gewisses Maß an Cortisol eigenständig regulieren. Das ist wesentlich für die Teamfähigkeit und noch viel wesentlicher, wenn man als Sandwichführungskraft ein Teilprojekt oder ein Subteam innerhalb eines Projekts leiten möchte. Aber jeder Mensch hat so zwei bis drei rote Knöpfe. Wenn man die drückt, läuft der Topf in einer Sekunde von Null auf Hundert voll. Diese roten Knöpfe haben eine Geschichte, meist keine einfache. Und wenn solche Knöpfe getriggert werden, werden wir als Projektmanager schon mal gekübelt. Es sei denn, wir machen proaktiv einen guten Führungsjob, kümmern uns um unsere Kernteammitglieder und sind immer wieder gute Erspürer der Füllmenge im Topf. Wenn du dann die Ventilöffner deines Gegenübers gut kennst, weil ihr im Vorfeld Vertrauen zueinander aufgebaut habt, dann kannst du deinen wichtigsten Job im Projektmanagementprozess **Koordination** gut ausüben, nämlich Ventile zu öffnen, damit keine Arbeitspakete im Mayr-Modus erledigt werden."

Susan verstand. Im Mayr-Modus zu arbeiten, hieß, grobmotorisch und mit schwarzer Brille zu agieren. Das konnte mehr Schaden verursachen als Nutzen stiften. Und genau das würde dann für sie selbst, als Programmmanagerin, viel mehr Arbeit bedeuten, wenn sie Dinge im Nachhinein wieder geradebiegen musste.

> Es gibt folgende fünf Teilprozesse des Projektmanagements: Starten, Koordinieren, Controllen, Abschließen und optional Marketing.
>
> Im Teilprozessschritt der **Koordination** ist es die Aufgabe der Projektleitung, Arbeitsfähigkeit herzustellen. Dies gilt in zwei Dimensionen: bei den Hard Facts sowie den Soft Facts. Letzteres referenziert auf dem Punkt Stress-, Beziehungs- und Stakeholdermanagement.

„Karli hatte wahrscheinlich schon seit Wochen keine Zeit für Sport oder Hobbies. Die wenige Freizeit, die er hatte, verbrachte er mit Sicherheit mit seiner Familie und diese Zeit war für sie gefühlt auch noch zu wenig. Also, seine rechte untere Ecke wird wahrscheinlich aktuell auf Null sein. Und an den beiden anderen Ecken ist der Druck hoch." Katharina lächelte. Susan zeigte ihr durch ihre Wortwahl, dass sie gerade tiefgreifende Empathie zeigte. Empathie war eine für Führungskräfte essenzielle Eigenschaft, die es zu Üben galt. Es gab Menschen, die hatten eine natürliche Veranlagung dafür und taten sich leicht, sich in die Gefühlswelt anderer hineinzuversetzen. Es gab aber noch viel mehr Menschen, die darin nur wenig Übung hatten. In Katharinas Technologiekonzern war vor allem letzteres die Regel. Aber mit viel Zeit und Geduld hatte sie bei Unzähligen ihrer Führungskräfte eine Offenheit für diese Soft Facts bewirken können. Sie war davon überzeugt, dass dies ihr größter und am meisten sinnstiftender Beitrag war, den sie für ihr Unternehmen leistete. „Liebe Susan, jetzt lebst du gerade Empathie. Und das ist möglich, weil zwei Faktoren zusammenkommen: Erstens, dein Topf ist gerade schön leer und dein Ego funkt damit nicht dazwischen und zweitens, du sorgst dich ernsthaft um deinen Wiener Projektmanager. Und ich meine damit den Menschen Karli und nicht seine Rolle.“ Susan sah Katharina mit großen Augen an. Sie spürte zum ersten Mal hautnah und bewusst, den Unterschied zwischen Verständnis und **Empathie**. Und ihr wurde klar, dass ihr Mayr-Modus sie der Fähigkeit für beides beraubte.

Empathie bezeichnet die Fähigkeit und Bereitschaft, Empfindungen, Emotionen, Gedanken, Persönlichkeitsmerkmale und Motive einer anderen Person zu erkennen, zu verstehen und nachzuempfinden. Empathie, auch Einfühlungsvermögen genannt, umfasst damit weit mehr als Verständnis. Man spürt vielmehr, wie es einem Mitmenschen geht.

„Es gab Situationen, wo ich meine Führungskräfte im größten Stress bat, sich ein verlängertes Wochenende zu nehmen. Den Einen habe ich in die Berge geschickt, den Nächsten ans Meer, den Dritten zum Sport. Ich kenne ja meine Leute und weiß in vielen Fällen, was sie am besten erdet und nach vier Tagen entspannt zurückkommen ließ. Diese vier Tage notfalls sogar für sie einzuspringen, ist immer das kleinere Übel, als wenn ich sie noch weitere Stunden oder Tage als Hormosapiens im Projekt agieren lasse.“ „Karlis Worte, die mich so getroffen haben, waren also ein lauter Schrei nach Hilfe. Das ist mir klar. Aber es kann doch auch nicht sein, dass ich als Programmleiterin dann seine Arbeitspakete übernehme. Tatsache ist, dass er einfach noch mehr Kernteammitglieder braucht. Aber dafür war er überhaupt nicht offen!“ Susan merkte, wie im gleichen Atemzug ihr Cortisol anstieg und eine ihr bestens vertraute Wut erneut aufflackerte.

„Zurück zu den kurzfristigen Ventilöffnern“, lenkte Katharina das Gespräch, um mit Susan gleich den Praxistest zu machen. „Was hilft dir in der Regel, um den aufkommenden Ärger, den du gerade spürst, loszulassen?“ Susan dachte nach. „Meistens stehe ich auf und gehe ein paar Schritte. Am liebsten zu einem Fenster, um hinauszuschauen. Manchmal öffne ich das Fenster auch und atme die frische Luft tief ein.“ Katharina nickte zustimmend. „Ja, das ist schon ein gutes Bündel, mit diesem können wir arbeiten. ***Bewegung*** im Körper – und wenn es nur ein paar Schritte sind – sorgt auch immer für Bewegung im Geist. Das ist übrigens auch ein heißer Tipp für Besprechungen, die hoch hergehen und bei denen keine Einigung in Sicht ist. Der Blick aus dem Fenster ist ebenfalls stark. Es ist der ***Blick in den Himmel,*** in die Weite, die die vorhandene Engstirnigkeit im Kopf wieder weitet und Freiheit und grenzenlose Möglichkeiten suggeriert. ***Tiefes Atmen*** ist nachgewiesenermaßen auch eine sichere Methode, um den Geist zu beruhigen und die Gedanken wieder einzunorden."

Bereits der Gedanke an diese kurzfristigen Ventilöffner wirkte. Susan war wieder aufmerksam und frei von Wut. „Bei deinem Gespräch mit Karli, Susan, als er im Mayr-Modus war, war seine Ratio benebelt. In so einem Moment kannst du ihm die tollsten Vorträge über Rollen und Aufgaben halten, er kann sie aber nicht annehmen. Niemand kann das in diesem Modus, verstehst du? Im Mayr-Modus hat auch Ben keine Chance, wenn er versucht, dich mit rationalen Argumenten zu überzeugen." Dieser Vergleich hatte gesessen. Susan war mit einem Mal klar, das Katharina recht hatte. Wenn Ben in so einem Zustand damit kam, sie solle sich entspannen, denn es sei ja alles halb so schlimm oder gar kein Thema, brachten diese Aussagen ihren Topf erst recht zum Überlaufen. „Es gibt eine goldene Regel, die du nie vergessen darfst: Wenn du einem Hormosapiens gegenüberstehst, ist in diesem Moment die einzige Verbindung die Beziehungsebene. Deine Aufgabe ist es also, auf der Beziehungsebene die Ventile deines Gegenübers zu öffnen. Und erst wenn der Druck raus und der Pegel gesunken ist, kannst du mit rationalen Argumenten beginnen. Wenn du das vergisst und zu früh auf der Sachebene kommunizierst, erntest du Widerstand, das ist fix."

Nachdem der Kellner kam, um die Teller abzuräumen, griff Katharina wieder zu ihrem Notizheft und begann ein neues Bild. Sie teilte das Blatt in zwei Spalten und schrieb in jede Spalte eine Überschrift. Links: kurzfristige Ventilöffner. Rechts: langfristige Ventilöffner. Dann begann sie, die Spalten mit den bisher erwähnten Ventilöffner-Strategien zu befüllen. „Lass uns bei den kurzfristigen noch weitere Ventilöffner sammeln. Was hilft dir noch? Du hast nur wenige Minuten Zeit und möchtest wieder das Beste deiner selbst sein." Katharina blickte zu Susan und hielt ihren Stift zum Schreiben bereit. „Rückzug. Es würde mir helfen, wenn ich für ein paar Minuten allein sein kann, um meine Gedanken zu sortieren. Wenn nicht anders möglich, dann gehe ich zur Toilette." Katharina schrieb ***Alleinsein*** auf ihre Liste. „Weißt du Susan, es gibt zwei Sorten von Menschen: introvertierte und extrovertierte. Ich meine damit aber nicht den Charakterzug. Ich meine damit, dass ein introvertierter Mensch seine Energietanks ausschließlich durch Alleinsein auftanken kann. Danach ist genug Kraft getankt, um wieder unter Menschen zu gehen. Bei Extrovertierten ist es genau umgekehrt. Sie ziehen Energie aus der Gesellschaft mit Menschen und tanken sich durch Geselligkeit auf. Im Anschluss haben sie dann wieder Kraft für die Zeit mit sich selbst. Extrovertierte fühlen sich allein schnell einmal einsam, was ihren Cortisolspiegel steigen lässt." Susan fand diese Hinweise spannend. Sofort überlegte sie, zu welcher Kategorie sie selbst zählte. Aber die Beantwortung dieser Frage war gar nicht so einfach.

„Ich finde mich hier selbst nicht wieder, Katharina. Ich denke schon, dass ich ein extrovertierter Mensch bin. Aber wieso ist es mir dann so wichtig, im Stressgefühl allein zu sein?" Susan war verwirrt. Sie hätte sich niemals selbst als introvertiert eingestuft. „Verwechsle nicht das Leeren des Topfes vom Cortisol mit dem Befüllen des Topfes mit Oxytozin und Dopamin. Oxytozin ist ein Bindungshormon und Dopamin ein Glückshormon – vereinfacht gesagt. Ein extrovertierter, empathischer Mensch wie du, möchte keinesfalls im unpassenden Moment sein Cortisol einem Arbeitskollegen drüber kübeln. Oder?" Katharina blickte zu Susan und forderte sie mit einer Geste auf, ehrlich zu antworten.

„Nein, ich bin da wirklich bestrebt, niemals unfair zu sein. Was kann denn ein anderer dafür, wenn ich schlecht gelaunt bin?" Katharina nickte bestätigend. „Dein Instinkt lässt dich also, entgegen deiner Natur, einen Rückzug antreten. Du ziehst dich in dein Büro, in einen freien Raum oder notfalls auf die Toilette zurück, um dich kurz zu sammeln. Erst danach suchst du wieder die Gesellschaft. Stimmt's?" Susan bejahte Katharinas Einschätzung. „Wenn es dir allerdings gut geht, ist es die Gesellschaft anderer Menschen, die dir Freude bereitet und jede Menge Kraft und Energie gibt. Du gehst dann gezielt auf Menschen zu, verabredest dich mit ausgewählten Personen oder verbringst deine freie Zeit mit Freunden und Familie." Susan nickte. Genau das war ihr Muster. Sie war mit dem Thema Einsamkeit auf Kriegsfuß. Es war die Gesellschaft, die ihr Kraft gab und Freude bereitete. Vielleicht organisierte sie auch deshalb so gerne Feste, wo sich viele Menschen trafen.

Susan fand Katharinas Analyse spannend. Den Topf zu leeren, war die eine Herausforderung; ihn dann bewusst mit guten Inhalten zu befüllen, die andere. „Aber um das Befüllen geht es heute nicht", lenkte Katharina die Richtung und konzentrierte sich wieder auf ihre angefangene Liste. „Heute fokussieren wir uns auf die Ventilöffner. Welche fallen dir noch ein?" Susan überlegte.

„Manchmal sage ich mir selbst, dass mein Problem im Vergleich dazu, dass täglich tausende Kinder in der dritten Welt verhungern, gänzlich unbedeutend ist." Sie blickte zu Katharina und hoffte, dass diese ihre Bemerkung nicht albern fand. Dies war keineswegs der Fall. „Diese Technik nennt sich *Reframing*. Sie kommt vom englischen *frame*, was ‚der Rahmen' bedeutet." Susan nickte, sie kannte den Begriff und war mit der Technik vertraut. „Wenn du im Mayr-Modus bist, dominiert dein Problem deinen Geist. Das bedeutet, du denkst die ganze Zeit an dieses Problem und durch die schwarze Brille dramatisierst du dessen Bedeutung. Durch den Vergleich mit einem noch viel größeren Problem, rückst du das deine in einen neuen Rahmen. Es relativiert sich und bekommt wieder eine mehr der Realität entsprechende Größe." Katharina blätterte um und skizzierte dazu ein Bild.

Abb. 14: Reframing als kurzfristige Ventilöffner-Strategie

„Weißt du, ich hatte einmal einen Mitarbeiter, der alle zwei Jahre, in Summe drei Mal hintereinander, eine Krebsdiagnose bekommen hatte. Der Krebs war untypisch für einen Erwachsenen. Es war eine Krebsart, die eigentlich nur ein Jugendlicher haben konnte. Hier handelte es sich aber um einen Familienvater von 55 Jahren. Nach jeder Diagnose sagten ihm die Schulmediziner, dass seine Chance zu überleben, hoffnungslos gering sei. Aber jedes Mal, nachdem er alle Behandlungsprozeduren überstanden hatte, war er wieder im Büro. Und in seiner Freizeit genoss er die Zeit mit seiner Frau und seinen Söhnen und als extrovertierter, geselliger Mensch, war er gerne mit Freunden unterwegs. All diese Menschen in seinem Leben gaben ihm Kraft, Mut und vor allem seinen Lebenssinn, weiter zu kämpfen. Ich erzähle dir das, weil dieser Mensch oft in meinem Büro war, um sich mit mir über berufliche Themen auszutauschen. Er hatte eine Tätigkeit, wo er viel mit Beschwerdemanagement zu tun hatte. Aber in Bezug auf seinen Gesundheitszuständen beschwerte er sich nie und jammerte nicht. Es gab keinen Kunden, mit dem er nicht klarkam, und keine berufliche Situation, der er nicht gelassen gegenübertrat. Er war immer optimistisch und seine Prioritäten im Leben waren immer klar kommuniziert. Niemand beneidete ihn um seinen Gesundheitszustand, aber alle bewunderten ihn für seine hohe Resilienz und für seinen Automatismus zum Reframing, den er durch seine Krebsdiagnosen entwickelt hatte. Denn im Vergleich zu einer weiteren Diagnose, erschien ihm alles andere völlig banal." Susan nickte. Sie selbst hatte erlebt, wie eine ihrer Schulfreundinnen ihr erstes Baby verloren hatte. Sie würde niemals vergessen können, wie sehr ihre damalige Freundin unter diesem Schmerz gelitten hatte. Im Vergleich dazu kam ihr jetzt gerade der Streit mit Karli wie eine Nichtigkeit vor.

„Die Methode des Reframings hat einen Haken", fuhr Katharina fort. „Diese Technik benötigt ein wenig Ratio-Anteil. Das bedeutet, wenn ich merke, dass ich leicht in den Dysstress-Bereich abdrifte, kann ich diese Methode noch relativ erfolgreich einsetzen. Aber sobald der Dysstress zu viel meines rationalen Denkens benebelt hat, ist es vorbei. Dann brauche ich zuerst einen anderen Ventilöffner und kann erst nach Senkung meiner Cortisolmenge wieder diese Technik einsetzen." Susan verstand. „Meine Tante, sie leitet eine Bäckerei, sagt immer, sie sei für zahlreiche ihrer Kundinnen im Ort eine nicht wegzudenkende Psychohygiene. Sie verkaufe nicht nur Brötchen, sondern immer auch eine Botschaft oder einen Ratschlag dazu. Ich denke, deshalb hat sie so viele Stammkunden. Ist sie selbst dann ein kurzfristiger Ventilöffner?" Susan lächelte bei dem Gedanken an ihre Tante, die ihren Job wirklich mit Hingabe machte.

„Viele Menschen lieben den kurzfristigen Ventilöffner des – ich nenne es – ***Abredens***. Der Unterschied zwischen Kübeln und Abreden ist dabei entscheidend. Kübeln bedeutet, jemand anderen gestresst und unkontrolliert negative Aussagen an den Kopf zu werfen. Abreden bedeutet, du suchst dir eine neutrale, dritte Person und erzählst ihr von deiner Situation, in der du gerade steckst. Gedanken laut auszusprechen, ist vor allem extrovertierten Menschen ein Bedürfnis. Aber Achtung! Es ist für niemanden dienlich, dabei über eine dritte Person schlecht zu reden. Das wäre kontraproduktiv und ungerecht. Abreden dient dazu, sich seiner eigenen Empfindungen und Emotionen bewusst zu werden und diese zu artikulieren." Susan nickte. „Damit das möglich ist, braucht es Menschen wie meine Tante, die zuhören." „Ja genau", bestätigte Katharina. „Diese Zuhörer sind meistens Menschen, die einen großen Helferanteil in sich haben. Diese Menschen sind ganz wichtige Ventilöffner für unsere Gesellschaft insgesamt. Das sind Menschen mit großer Empathie."

Katharina griff nach ihrem Getränk. Es war spät geworden. Sie wurde bereits im Büro erwartet und obwohl sie Susan am liebsten noch zehn weitere Ventilöffner verraten hätte, wusste sie, es würde nicht mehr in dieser Coachingeinheit passieren. „Bevor ich losmuss, möchte ich dir noch zwei letzte, ganz wichtige Ventilöffner mitgeben. Sie sind sehr stark und funktionieren in wenigen Minuten: der ***Happy-Song*** und das ***Happy-Picture***." Katharina pausierte und winkte dem Kellner zwecks der Rechnung. Susans Neugierde war erneut geweckt.

„Du brauchst einen Happy-Song griffbereit am Handy, den du dir in jenem Moment, wenn du merkst dein Cortisolspiegel steigt gerade, anhörst. Am besten dann, wenn du dich für einen Augenblick zurückziehst, um allein zu sein. Der Song muss dich an etwas aus deinem Leben erinnern, dass dir Freude bereitet. Umso mehr Freude du mit diesem Song verknüpfst, umso besser seine Ventilöffner-Qualität. Du wirst merken, in den ersten Sekunden regt sich noch Widerstand gegen dieses Lied. Denn dein Ego meldet dir – jetzt nicht! Aber sobald du dich entschließt nicht auf dein Ego, sondern auf den Song zu hören, hast du gewonnen. Am Ende deines Happy-Songs ist dein Topf leer und deine Stimmung aufgehellt. Probiere es aus, das wirkt jedes Mal!"

„Ja, ich erinnere mich", lenkte Susan ein. „Es gab schon einige Momente in meinem Leben, wo ein Lied, das zufällig im Radio gespielt wurde, meine Stimmung nachhaltig verbessert hat. Da muss genau dieser Mechanismus stattgefunden haben. Und das Happy-Picture funktioniert dann wohl ganz ähnlich, oder?" Katharina nickte. „Genau deshalb habe ich mein Büro mit Maries Bildern ausgestattet. Diese Bilder helfen mir, in schwierigen Situationen immer einen kühlen Kopf – oder in unserer Metapher einen leeren Topf – zu behalten." Beide Frauen lachten. Katharina erhob sich und blickte noch einmal zu Susan. „***Lachen*** ist übrigens auch ein verdammt guter kurzfristiger Ventilöffner. Versuch mal Karli zum Lachen zu bringen, das bricht häufig noch so hartes Eis." Susan nickte und bedankte sich für die vielen guten Tipps.

„Weißt du Susan, es gibt noch unglaublich viele weitere Ventilöffner. Such sie und probiere sie aus. Umso mehr du sie als solche erkennst, sie in ihrer Funktion akzeptierst und übst, sie im richtigen Moment einzusetzen – wir sind wieder bei deiner Torte, umso gelassener und ruhiger wirst auch du in deinem Alltag. Beruflich wie privat. Es ist eine Frage des Stressmanagements. Und bei unserem nächsten Treffen bin ich gespannt, welche Ventilöffner du noch alle für dich entdeckt hast."

Katharina verabschiedete sich und eilte zurück ins Büro. Susan blieb noch einen Moment sitzen. Katharina hatte ihr die Seiten aus dem Notizheft, die sie zusammen ausgefüllt hatten, dagelassen. Susan nahm sich einen Stift und schrieb unter die Rubrik der kurzfristigen Ventilöffner noch ein paar ergänzende Punkte: ***Humor, Kaffee, Schokolade*** und ***Gummibärchen***.

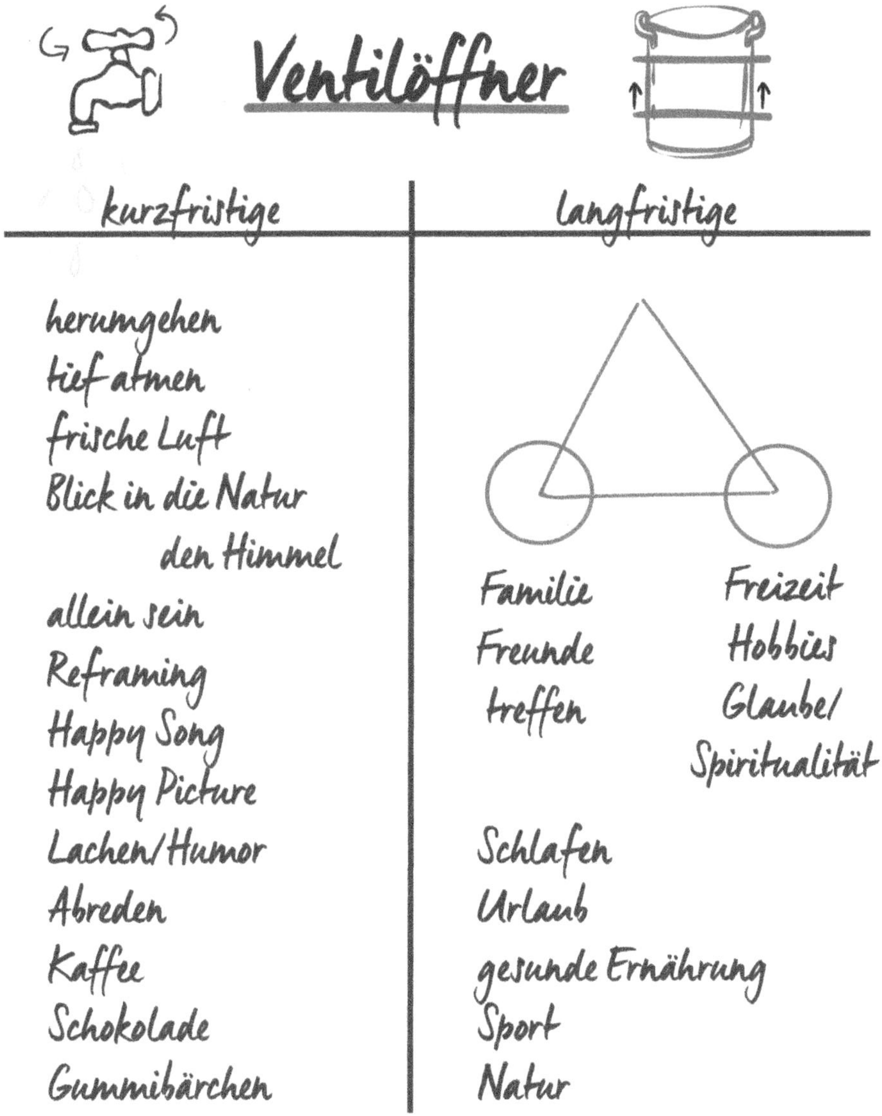

Abb. 15: Ventilöffner-Strategien

12. VENTILÖFFNER-TRAINING MIT KARLI

Es war Mittag, als Susan in Wien ankam. Sie hatte sich mit Karli in einem Steakhouse unweit vom Wiener Büro zum Mittagessen verabredet. Sie ging davon aus, dass Karli immer noch wütend war, und hatte daher einen für ihn positiv besetzten Ort für ihr Treffen gewählt. Susan wusste, dass Karli zu einem guten Steak nicht Nein sagen würde. Er liebte gutes Fleisch mindestens genauso wie eine Rippe Schweizer Schokolade als Nachspeise. Karlis Begrüßungsworte vor dem Restaurant waren allessagend: „Wieso treffen wir uns hier? Willst du mich mit einem Essen besänftigen?“ Susan blieben ihre Worte im Hals stecken. Sie spürte sofort ihren Cortisol-Level ansteigen und atmete bewusst tief durch. „Das war mein Plan, Karli. Du hast mich erwischt“, entgegnete sie ehrlich und blickte ihm in die Augen. „Gibst du dem Essen und mir eine Chance? Falls wir uns nicht einigen, wirst du zumindest ein leckeres Steak gegessen haben.“ Karli wandte den Blick ab und ging zielgerichtet an Susan vorbei ins Restaurant. Susan seufzte und folgte ihm zum Tisch.

Innerlich bereitete sie sich auf weitere verbale Attacken vor. Kaum hatten sie Platz genommen, stand bereits der Kellner bei ihnen, um die Getränkebestellung aufzunehmen. Karli bestellte alkoholfreies Bier und Susan Eistee. Susan wusste nicht recht, was sie sagen sollte. Sie wollte gerne, ganz nach Katharinas Empfehlung, über private Themen mit Karli plaudern, aber nach diesem Gesprächseinstieg am Parkplatz schien ihr das nicht mehr passend. „Es ist zwar nett von dir, dass du nach Wien gekommen bist, aber es wäre mir deutlich mehr geholfen, du würdest mir ein paar Telefonate und Listen abnehmen, anstatt hier zu sitzen.“ Da war sie, die nächste Attacke. Susan holte sich das Bild vom Stresstopf in Erinnerung und fragte sich innerlich, wie voll wohl Karlis Topf war. Die Antwort war eindeutig. Randvoll, denn ansonsten hätte Karli nicht schon zweimal hintereinander gekübelt. Aber Susan war darauf vorbereitet gewesen. In ihrer Vorstellung hatte sie ihren eigenen Topf mit einem schützenden Deckel geschlossen. Dieses Bild half ihr in diesem Moment enorm. Denn als Karli sie mit spitzer Zunge herausforderte, sah sie innerlich das Bild vor sich, wie sein gekübelter Topfinhalt seitlich an ihrem Stresstopf hinunterlief.

„Karli", begann Susan, „ich kann mir vorstellen, wie es dir geht." Das war die falsche Wortwahl. Karli lief feuerrot im Gesicht an. Es schien so, als würde er jeden Moment explodieren. Im letzten Moment hielt er sich gerade noch zurück, blickte sich im Restaurant um und sprach leise, aber energisch zu Susan: „Du willst wissen, wie es mir geht? Wie viele Kinder hast du? Wie lange bist du schon bei Spirit Events? Und was tust du sonst noch, außer mir auf die Nerven zu gehen?" Jetzt hatte es Karli übertrieben. Susan konnte ihren Cortisolanstieg nicht mehr bremsen. Ihr Deckel hob ab. „Stopp jetzt! Sofort! Karli du bist hochgradig unfair!", konterte Susan mindestens ebenso energisch zurück und blickte ihn tadelnd an. „Ich bin nicht eine deiner Töchter. Ich bin erwachsen, organisiere seit über zehn Jahren beruflich Events und ich bin deine Programmmanagerin. Und", fuhr sie fort, „ich bin hierhergekommen, um mit dir nach einer gangbaren Lösung zu suchen. Und jetzt reiß dich zusammen."

Karli war überrascht und ein wenig perplex. Er wollte schon zum nächsten Konter ansetzen, da brachte der Kellner die Getränke. Susan war in diesem Moment mehr als dankbar, dass sie in einem Umfeld waren, das Karli von lauten Kübelszenarien abhielt. Er blickte auf sein Bier und dann zu Susan. Sie griff zu ihrem Glas und hob es an. „Ich mache dir einen Vorschlag. Wir zwei bestellen jetzt was Gutes und bis das Essen kommt werden wir die Zeit nutzen, uns noch besser kennenzulernen. Ich möchte verstehen, was du dir wünschst und was du brauchst. Ich bin daran interessiert, dir zu helfen. Genau deshalb bin ich da. Ich schweige, du redest." Karli rümpfte die Nase und die Falte zwischen seinen Augenbrauen deutete Susan, dass er immer noch einen überaus vollen Stresstopf hatte. Aber ein Stückchen leerer musste dieser schon geworden sein, denn es folgte kein weiterer direkte Kübelangriff. Karli nahm sich die Speisekarte vom Tisch und wählte ein Steak aus. Susan merkte deutlich, dass er aktiv damit beschäftigt war, seinen Dysstress unter Kontrolle zu halten. Wenige Minuten später hatten beide bestellt und Susan blickte ihn fordernd an. „Ich bin ganz Ohr", entgegnete sie noch einmal und blickte ihm direkt in die Augen. Karli zögerte. Er vertraute Susans Bereitschaft nicht, sich plötzlich seiner Themen anzunehmen. Aber jetzt waren sie nun einmal hier und eine Veränderung der aktuellen Situation war längst überfällig.

„Ich habe die letzten neun Samstage durchgearbeitet. Mein Team in Wien ist zu klein. Ich kann aber nicht noch jemanden vom Tagesgeschäft abziehen. Das geht nicht! Ich brauche also mehr Unterstützung. Es ist ganz einfach!" Susan nickte. „Okay, das habe ich verstanden", bestätigte sie und fokussierte ihren Blick weiter auf Karli. „Ich kann es nicht ausstehen, wenn du mich jede Woche nach den Projektfortschritten fragst. Ich muss manche Dinge einfach anders Priorisieren. Für mich geht bis zum Sommer das Tagesgeschäft einfach vor." Karli merkte, dass es ihm guttat, seine Anliegen so klar auf den Punkt zu bringen. In den letzten Gesprächen hatte er häufig Andeutungen gemacht, die bei Susan nicht angekommen waren. Jetzt schien sie ihn zu verstehen. „Wie viele Stunden oder Tage pro Woche brauchst du eine Unterstützung, damit du fürs Event gut klarkommst?", bohrte Susan weiter nach. Karli überlegte. „Mindestens 30 Stunden die Woche! Ansonsten haben wir hier keine Chance!", entgegnete er ruppig.

Er war gespannt, wie Susan nun reagieren würde. Seine Stundenschätzung würden ihr jedenfalls aufzeigen, dass er gerade wirklich für zwei arbeitete. Susan nahm die Zahl zur Kenntnis und nickte. „Alles klar, Karli. Dann siehst du jetzt auch, dass ich es nicht sein kann, die dich operativ in Wien unterstützt. Ich arbeite schon knapp 50 Stunden die Woche und ich kann beim besten Willen nicht auch noch 30 Stunden drauflegen. Auch dann nicht, wenn ich noch keine Kinder habe, wie du richtigerweise betont hast." Susan hielt Karlis irritiertem Blick stand. In diesem Moment fühlte sie, wie das überschüssige Cortisol wieder aus ihrem Körper verschwand. Sie griff zum Eistee und trank einen Schluck, um symbolisch auch noch den letzten Cortisolrückstand auszuspülen. Karli überlegte. Er hatte nicht gedacht, dass Susan auf eine 50-Stunden-Arbeitswoche kam, waren es doch die Projektmanager der einzelnen Städte, die seiner Meinung nach, die ganze Arbeit erledigten.

„Was tust du in diesen 50 Stunden eigentlich?", fragte er leicht ungläubig seine Programmmanagerin. Susan atmete tief durch. Diese Frage hätte sie noch vor wenigen Tagen mit Sicherheit enorm wütend gemacht. In diesem Augenblick war das aber anders. „Interessiert dich das wirklich, Karli? Denn wenn ja, kann ich dir gerne auch einen Einblick in meinen Alltag geben damit du – umgekehrt – auch mich besser verstehst." Karli räusperte sich. Er verstand Susans Hinweis und nickte. „Ich versuche den gesamten Überblick zu bewahren und koordiniere die Programmplanung. Ich bin in enger Abstimmung mit allen Projektmanagern sowie mit Martin als Auftraggeber des Programms. Und es sind nicht alle Projektmanager in den Städten so erfahren wie du, Karli. Paul braucht beispielsweise im Projektmanagement intensiv meine Hilfe. Daher fliege ich oft nach Berlin. Wie du weißt, leite ich darüber hinaus selbst das Münchner Projekt. Du siehst also, ich habe auch ein bisschen was zu tun, auch wenn ich, zugegeben, nicht noch wie du die Geschäftsführung einer Region verantworte."

Der Kellner brachte das Essen und Susan war froh über diesen Moment der Gesprächspause. Sie wusste, dass es jetzt entscheidend war, dass Karli endlich aus seinem Dysstress-Modus rauskam. Sie setzte ihre ganze Hoffnung auf das Steak. Tatsächlich sah es für einen Fleischliebhaber appetitlich aus und als Karli auf seinen Teller blickte, legtes sich ein kleines Lächeln auf seine Lippen. Er schnitt das Fleisch und aß den ersten Bissen. Er schloss für eine Sekunde die Augen und genoss sowohl Duft als auch Geschmack seines Filetsteaks. Susan schwieg und widmete sich währenddessen ihrem Salat. Sie wollte die Wirkung des Essens als Ventilöffner abwarten. Sie selbst hatte schon vor fünfzehn Jahren aufgehört Fleisch zu essen. Sie hatte als junges Mädchen mit ihrem Vater in Graz einen kleinen, süßen Kater namens Nico gehabt. Sie liebte dieses Tier wie einen kleinen Bruder. Er war grau-weiß und eine richtige Schoßkatze, die stundenlang auf ihrem Schoß schlief und schnurrte. Als Nico mit gerade mal sechs Jahren an einem Nierenleiden starb, war es Susan unmöglich geworden, Fleisch zu essen. Sie hatte ihren kleinen Kater eine Woche lang gepflegt, bis er eingeschläfert werden musste. Sie war sich seither einer Tatsache absolut bewusst: Tiere fühlen und leiden.

Nachdem Karli zirka die Hälfte seines Steaks gegessen hatte, entspannte sich seine Körperhaltung deutlich. Die Falte auf seiner Stirn wirkte deutlich flacher und seine Gesichtszüge wurden weicher. Er spülte mit einem Schluck Bier seinen Bissen hinunter. „Meine Frau hat mir gestern Abend ein Ultimatum gesetzt. Wenn sich die Situation nicht spätestens Ende Mai signifikant ändert und ich wieder mehr Zeit für sie habe, dann verlässt sie mich mit den Mädchen." Susan blieb fast ihr Salatblatt im Hals stecken. Mit dieser großen Portion Offenheit hatte sie nicht gerechnet. „Ich habe zwei wichtige Fußballtourniere meiner älteren Tochter Rebecca verpasst und bei drei Vorspielabenden meiner kleinen Yvonne mit Abwesenheit geglänzt. Das war wirklich keine väterliche Meisterleistung." Susan merkte, dass Karlis Art zu sprechen eine Wendung nahm. Er war nicht mehr egoistisch und selbstbezogen in seiner Wortwahl. Und er sprach auch nicht mehr aus der Opferperspektive heraus.

Susan spürte, dass der Moment gekommen war, sich Karlis Vertrauen tiefer zu erarbeiten. „Karli“, begann Susan leise und eindringlich, „ich möchte mich dafür entschuldigen, dass ich dir die letzten Wochen keine größere Stütze war. Ich weiß, wie unglaublich viel du für das Event gearbeitet hast. Und ich verstehe wirklich auch, dass es so nicht weiter gehen kann.“ Karli schwieg und starrte auf sein restliches Steak. Zum ersten Mal seit gut drei Monaten fühlte er eine Erleichterung. Nicht weil sich sein Arbeitspensum bereits verringert hatte, sondern weil er sich nicht mehr so im Stich gelassen fühlte. „Wie wäre es Karli, wenn wir nach dem Essen ins Büro gehen und gemeinsam einen Plan ausarbeiten, wie wir deine Zeit besser schützen können? Und ich verspreche dir, ich fahre erst dann wieder nach Hause, wenn uns das gelungen ist.“ Karli atmete tief durch, blickte zu Susan und nickte. „Das Steak schmeckt wirklich köstlich“, entgegnete er zu Susans Überraschung und hatte deutlich mehr Leichtigkeit in seiner Stimme. „Ich gebe zu, dein Plan hat funktioniert.“ Beide schmunzelten.

Die restliche Zeit im Restaurant sprachen Karli und Susan ausschließlich über private Themen. Susan erzählte ihm von ihrer Einweihungsfeier der neuen Wohnung am Starnberger See und da Karli selbst schon viele Umzüge in seinem Leben mitgemacht hatte, entwickelte sich schnell eine anregende Unterhaltung über Umzugsfirmen, alte und auseinanderfallende Möbel und die Freude des Neubeginns in einer aufregenden Stadt. Karli kannte den Starnberger See, da ein Verwandter von ihm dort in der Nähe ein Haus hatte. Die Gegend gefiel ihm und er wusste dank seines Cousins sogar ein paar Geschichten zu Susans neuem Heimatsee. Welche historischen Figuren hatten sich dort verliebt, getrennt oder sind ertrunken – er rief sich alle spannenden Erzählungen ins Gedächtnis und berichtete sie Susan. Die beiden saßen über zwei Stunden in dem Restaurant. Erst nach einem Espresso und einer Kugel Schokoeis verließen sie das Restaurant und spazierten zusammen ins Wiener Büro.

An diesem Nachmittag hatten sie ein konstruktives und lösungsorientiertes Meeting. Nach zirka zwei Stunden holten sie sich die beiden Kernteammitglieder des Wiener Projektteams dazu und zu viert arbeiteten sie bis zum späten Nachmittag an möglichen Szenarien. Sie hatten vereinbart, erstmal ohne Bewertung alle möglichen Lösungen aufzuschreiben, und jede in ihren Vor- und Nachteilen so neutral wie möglich zu durchdenken. Eines dieser Szenarien war, dass Karli seine Geschäftsführerrolle in Wien zurücklegte, um sich auf die Rolle des Projektmanagers zu fokussieren. Susan hielt für einen kurzen Moment den Atem an, als eines der Projektteammitglieder dieses Szenario laut ausgesprochen hatte. Aber da eine klare Vereinbarung für diesen Nachmittag galt – keine Wertungen – schrieb Karli selbst dieses Szenario mit auf das Flipchart und begann, die Vor- und Nachteile dazu aufzulisten.

An diesem Abend fiel Susan zufrieden, aber völlig erschöpft in ihr Hotelbett. Sie spürte förmlich, wie die emotionale Last langsam von ihrem Körper abbröckelte, und sie füllte ihre Brust viele Male mit einer großen Portion Luft, die sie danach kräftig durch den Mund wieder ausatmete. Es war nicht einmal 21.00 Uhr, als sie einschlief. Am nächsten Morgen erwachte sie fünf Minuten bevor ihr Wecker den Tagesanbruch lautstark signalisieren konnte und fühlte sich richtig energiegeladen. Sie war voller Tatendrang und freute sich aufs Büro. Für den zweiten Tag hatten sie sich vorgenommen, alle Lösungsszenarien zu priorisieren und sich auf einen Weg zu einigen. Gegen Mittag hatten sie dieses Ziel erreicht. Das Zielszenario, auf das sie sich geeinigt hatten, sah vor, eine neue Stelle für Wien auszuschreiben. Gesucht wurde die Rolle Projektassistenz für Karli. Diese sollte Karli bei der Dokumentation, im Projektmarketing und bei der Projektkoordination administrativ unterstützen. Bei Arbeitspaketen, die fremdvergeben waren, sollte diese zudem die Beauftragung und Abnahme unterstützen. Susan verkniff sich an diesem Tag darauf hinzuweisen, dass die Assistenz dieses ‚Spirit Events' vielleicht als Projektmanagerin oder Projektmanager für das nächste aufgebaut werden könnte. Aber sie nahm sich auch vor, es bei nächster Gelegenheit einmal anzusprechen.

Als Susan Freitagnachmittag das Wiener Büro verließ, verabschiedete sie sich herzlich von den dortigen Kolleginnen und Kollegen. Karli und sie waren ausgesöhnt und das tat der gesamten Stimmung im Team gut. Als Karli an diesem Tag mal zum Telefonieren nach draußen gegangen war, bedankten sich beide Teammitglieder bei ihr und wirkten sichtlich erleichtert. Susan war stolz darauf, diese Situation gemeistert zu haben, freute sich aber zeitgleich mehr als zuvor, auf das nun vor ihr liegende Wochenende mit ihrer Freundin in Wien. Sie hatte von ihren Kolleginnen und Kollegen noch zahlreiche Tipps bekommen, wo sie abends unbedingt hingehen und was sie am nächsten Morgen alles anschauen sollten. Susan bedankte sich höflich für all die guten Hinweise, freute sich aber insgeheim nur darauf, mit ihrer Freundin das schöne Wetter, den Wiener Flair und viele gute Gespräche zu genießen – allesamt megastarke Ventilöffner für Susan.

13. PARTYREIGEN

Ben beugte sich über Susan, die noch tief und fest schlief. Er küsste sie sanft auf ihre Schultern. Zwischen seinen Küssen begann er leise und liebevoll „Happy Birthday“ zu singen. Susan lächelte verträumt, als sie seine Berührungen spürte und seine Stimme hörte. Sie war noch zu müde, um die Augen zu öffnen, und eigentlich hatte sie auch gehofft, es würde noch lange dauern, bis dieser Tag gekommen war. Aber nun war es soweit. Sie war 30 Jahre alt. Und die Bilanz konnte sich eigentlich zeigen. Sie hatte einen liebevollen Partner an ihrer Seite, einen tollen Job, lebte in einer der schönsten Städte der Welt mit nur wenigen Gehminuten zu einem See und war gesund. Susan drehte sich, immer noch die Augen geschlossen, langsam auf den Rücken und umarmte Ben. „Guten Morgen Liebling“, flüsterte er ihr ins Ohr. „Dein Geburtstagsfrühstück ist schon bereit.“ „Welches?“, scherzte Susan und beide mussten lachen. Ben nahm Susan zärtlich in den Arm und legte sich noch einmal zu ihr ins Bett. Er war bereits angezogen und hatte sich Mühe gemacht, Susan einen schönen Geburtstagsmorgen zu bereiten. Es war ein Donnerstag und beide mussten in gut einer Stunde zur Arbeit.

Ben griff in seine Hosentasche und holte ein kleines Geschenk hervor. Er überreichte es Susan und küsste sie noch einmal. Diese schmunzelte und nahm das kleine Paket entgegen. Susan liebte Geschenke. Sie setzte sich auf und packte es aus. Es war ein kleiner, silberner Zapfhahn, den man in ein Bierfass schlagen konnte. Susan war verwirrt und blickte zu Ben. „Das ist ein Ventilöffner“, erklärte er mit sanfter Stimme. „In Zukunft brauchst du mir nur diesen Zapfhahn auf den Tisch zu legen, wenn du dich ärgerst. Dann weiß ich, was zu tun ist. Ich glaube, ich habe auch schon herausgefunden, wie ich ein guter Ventilöffner für dich sein kann.“ Ben zwinkerte, drückte Susan fest an sich und küsste sie auf den Mund. Susan freute sich über das Geschenk. Sie kuschelte sich fest in Bens Arme und bedankte sich. „Der ist wirklich schön. Und wie hübsch der glänzt“, stellte sie fest. „Komm, auf zum

Frühstück! Ich habe dir einen Pancake gemacht, nach Nikis neuem Rezept. Den musst du probieren!"

Jetzt war Susan erst recht überrascht. Normalerweise hatte sie nur sonntags das Vergnügen, von Ben ein Frühstück gezaubert zu bekommen. Er war zwar geschickt in der Küche, hatte aber meist wenig dafür übrig, dort viel Zeit zu verbringen. Sie krabbelte auf allen Vieren aus dem Bett und verschwand ins Badezimmer. Ben machte währenddessen Milchkaffee, presste frischen Orangen aus und servierte die Pancakes am Küchentisch. In der Wohnung hatte es einen angenehmen, süßlichen Duft. Es war der 9. Mai und laut Wetterbericht sollten es zwanzig Grad werden. Susan schlüpfte in ein Kleid mit kurzen Ärmeln, legte sich dezenten Schmuck um und setzte sich zu Ben an den Tisch. „Die duften herrlich!" Ben lächelte. Er kramte noch eine kleine Kerze aus der Schublade hervor, steckte sie in Susans Pancake und zündete sie an. „Alles Gute!", flüsterte er noch einmal und deutete ihr, die Kerze auszupusten. „Vergiss aber nicht, dir etwas zu wünschen, Liebling." Susan überlegte kurz. Sie schloss ihre Augen, pustete die kleine Kerze aus und schickte damit ihren Wunsch auf Reisen – auf dass er sein Ziel bald erreichte.

Der Pancake schmeckte herrlich. Er war mit einer Art Bananenmus mit Rosinen bestrichen und mit vier unterschiedlichen Beerensorten verziert. Oben drauf war noch ein Hauch von Zimt. Susan hatte ihre Portion schneller aufgegessen als Ben und das mochte was heißen. „Lecker, oder?", erkundigte er sich zufrieden. Susan nickte. „Den wird Nicole bei ihrem Brunch im Hotel super verkaufen!" Ben nickte. „Das glaube ich auch." Als sie fertig waren, räumten sie gemeinsam den Tisch ab und machten sich bereit zum Losfahren. „Wann kommst du heute Abend nach Hause? Ich habe heute Abend Pläne für uns zwei. Ich möchte dich ausführen." Ben versuchte sich möglichst nicht anmerken zu lassen, dass er schon seit Wochen ein großes Geheimnis hüten musste. Er wollte in den letzten Stunden vor der Überraschung kein falsches Wort verlieren oder riskieren, dass Susan Verdacht schöpfte. „Du möchtest mich ausführen?", hakte sie neugierig nach. „Heute bin ich dran und morgen fahren wir dann nach Graz. Da bekommst du deine Familien- und Freundesfeierlichkeiten", versprach Ben und hoffte, Susan würde nicht weiter nachbohren. Sie gab sich aufgrund der Uhrzeit tatsächlich damit zufrieden, schnappte sich ihren Autoschlüssel und verabschiedete sich von Ben. „Ich versuche, um 18.00 Uhr da zu sein", rief sie ihm noch zu und dann war sie weg. Ben drehte noch alle Lichter ab und schloss ein Fenster.

Danach musste auch er losgehen, um die S-Bahn zu erwischen. Da Parkplätze in seiner Firma immer zur Mangelware zählten, hatte er sich angewöhnt, mit öffentlichen Verkehrsmitteln in die Arbeit zu fahren. Am Anfang hatte er das Eilen zur S-Bahn noch als stressig empfunden, aber da die Taktung morgens rund um München so engmaschig war und er Gleitzeit hatte, konnte er dieses Mayr-Gefühl bald ablegen. Stattdessen nutzte er seither die Zeit im Zug dafür, Bücher zu lesen. An diesem Morgen griff er zu *Das Café am Rande der Welt*, denn er wollte an seinem ZDE weiterarbeiten.

Susan war gut gelaunt. Sie hatte ihren neuen Ventilöffner neben sich auf den Beifahrersitz gelegt und lächelte bei dem Gedanken, dass er sie ab sofort stets sichtbar daran erinnern würde, ihren Topf möglichst im Eustress-Level zu halten. Nach der halben Strecke hielt sie bei einem Bäcker. Sie hatte zwanzig Muffins vorbestellt. Nach dem Mittagessen hatte sie alle Kolleginnen und Kollegen vom Standort München zu Kaffee und Kuchen eingeladen. Martin war ein großer Fan von Geburtstagen. Er versuchte an den Ehrentagen seiner Mitarbeiterinnen und Mitarbeiter immer vor Ort zu sein. Klappte das nicht, wurde nachgefeiert. Er selbst brachte dann zur Feier des Tages drei große Flaschen Sekt zum Anstoßen mit. Obwohl es zeitgleich bei ‚Spirit Event' ein striktes Alkoholverbot gab, erlaubte er als CEO an Geburtstagstagen eine Ausnahme.

Susan verbrachte den gesamten Vormittag telefonierend in ihrem Büro. Obwohl sie selbst nicht einmal aktiv eine Nummer wählte, klingelte erneut ihr Firmenhandy, kaum hatte sie ein Telefonat beendet. Judith, die Geschäftsführerin aus London, war die Erste, die um 8.30 Uhr anrief. In elegantem britischem Englisch wünschte sie Susan alles Gute zum Geburtstag. Obwohl Judith in Deutschland geboren war, war Englisch zu ihrer zweiten Muttersprache geworden. Sie behielt es sich bei, auch in Besprechungen mit ihren Kolleginnen und Kollegen englisch zu sprechen. Judith überbrachte zudem Geburtstagsgrüße von Maggy, Susans Londoner Teilprojektmanagerin, die zwei Tage frei genommen hatte, und vom Rest des dortigen Projektteams. Nachdem die beiden Damen ein paar Minuten über private Themen geplaudert hatten, erkundigte sich Judith, wie zufrieden Susan denn mit der Projektleitung von Maggy war. Susan war überrascht, da Judith im Tagesgeschäft meist eng mit Maggy zusammenarbeitete. Aber wahrscheinlich ließ der geschäftige Arbeitsalltag wenig Raum für Gespräche rechts und links von typischen Linienthemen und so erzählte Susan, wie sehr sie Maggy als Projektmanagerin schätzte. Maggy und Susan hatten in vielen Dingen eine ähnliche Arbeitseinstellung und das Gute war, das Maggy dem ‚Spirit Event' zwei volle Tage die Woche widmen konnte. Das brachte Fokus und Beständigkeit. Das Team in London war aufeinander eingespielt und Judith half bei den Themen Sponsorensuche und Genehmigungen auch aktiv in der Rolle als **Projektmitarbeiterin** mit.

> Ein*e **Projektmitarbeiter*in** unterstützt ein Projektteammitglied beim Abarbeiten von Arbeitspaketen. Diese haben keine strategische Verantwortung. Sie sind meist nur temporär eingebunden.

Judith war erfreut zu hören, dass alles im grünen Bereich war und wünschte Susan noch einen schönen Geburtstag. Sie kündigte zudem an, wenn Susan das nächste Mal im Londoner Büro vor Ort sein würde, würde Judith sie zu einem Geburtstagsessen einladen. Kaum hatte sich Susan verabschiedet und aufgelegt, nahm sie schon Pierres Anruf aus Paris entgegen. Pierre verständigte sich gut auf Deutsch, mischte aber auch ab und an eine englische Phrase unter. Da Susan kein Französisch sprach, war dieses Deutsch-Englisch-Gemisch ihre Verständigungsbasis.

Auch Pierre gratulierte ihr herzlich zum Geburtstag und erkundigte sich, wie es ihr gehe. Pierre war stets bemüht, die Beziehungsebene zu pflegen. Er war ein leidenschaftlicher Netzwerker und ein guter Redner. Er konnte sein Publikum mit Anekdoten aus seinem Leben fesseln. Susan bewunderte ihn dafür. Er hatte noch diese Extra-Portion Bühnen-Gen, das sie manchmal bei sich selbst vermisste. Pierre hatte es tatsächlich mit seinem Pariser Team geschafft, die Eventaufträge im politischen Umfeld fristgerecht und professionell zu meistern. Die Vorlaufzeit war extrem kurz gewesen und die Projektplanung zum Pariser ‚Spirit Event' hatte aus diesem Grund auch deutlich länger gedauert. Aber nachdem die beiden politischen Testläufe erfolgreich abgeschlossen waren, priorisierte er den Startprozess für sein Teilprojekt und holte auf. An diesem Morgen erzählte er Susan, dass es im Sommer drei weitere große Politevents geben würde, die sie ausrichten durften. Er wusste also schon jetzt, dass von Juni bis September ein ziemlicher Ressourcenengpass drohen würde, und bei der nächsten Controlling Sitzung würde er Susan ein paar Lösungsvorschläge präsentieren, wie sie die Abwicklung des ‚Spirit Events' vor Ort dennoch gewährleisten könnten. Susan war wegen dieser Ankündigung zwar leicht besorgt, zugleich aber beeindruckt, dass Pierre sich seiner Rolle und seiner Verantwortung bewusst war und selbständig Lösungsvorschläge erarbeiten wollte. Er hatte einfach die Erfahrung, die Paul in Berlin noch fehlte. Dieser würde in so einem Moment sofort Susan darum bitten, zur Unterstützung nach Berlin zu kommen. Sie schmunzelte und dachte an die erste Linie im Stresstopf und wie die Erfahrungen, die einem das Leben manchmal bot, die Höhe der ersten Linie beeinflussten.

Sie konnte sich noch gut an einen Arbeitskollegen aus Salzburg erinnern, mit dem sie die ein oder andere Hochzeit gemeinsam plante. Umso größer das Problem war, dass sich ihnen gerade in den Weg stellte, umso gelassener war er. Er war sprichwörtlich der Fels in der Brandung. Er hatte Susan einmal erzählt, er hätte folgendes Motto für sich verinnerlicht: „Äußere Hektik braucht das Pflanzen innerer Ruhe." Susan hatte bereits viel darüber nachgedacht, was genau er mit *Pflanzen* gemeint haben könnte. So ganz hatte es sich für sie bis heute nicht erschlossen. Dennoch erinnerte sie Pierre in seinem Verhalten manchmal an ihn. Vor allem jetzt, mit dem Bild des Stresstopfs im Hinterkopf, war sie immer offener dafür, Pierre und ihren ehemaligen Kollegen in diesen Verhaltensaspekten als Vorbilder anzunehmen.

In der Vormittagspause hatte Susan alle Hände voll zu tun, die in der Küche herrlich duftenden Muffins vor den Münchner Kolleginnen und Kollegen zu verteidigen. Martin kam erst mittags ins Büro und Susan hatte ihm versprochen, sie würden erst nach der Mittagspause feiern. Sie klopfte allen liebevoll auf die Finger, die nicht länger auf die Naschereien warten konnten, und verwies jedes Mal auf den späteren Zeitpunkt. Gegen elf Uhr vormittags meldete sich Karli. Susan lächelte, als sie seinen Namen am Display sah, und ging sofort ran. Karli wünschte Susan alles Gute zu ihrem Geburtstag und die beiden sprachen kurz über ihre Familien und private Angelegenheiten. Dann schwenkte Susan um und fragte Karli, ob er denn schon ein Stellenprofil für die Projektassistenz aufgesetzt hatte, oder ob sie ihn dabei noch unterstützen sollte. Karli lehnte dankend ab. Das Gute an seiner Doppelführungsrolle war, dass er als Geschäftsführer bereits seiner Kollegin aus Wien, die für den Bereich Personal verantwortlich war, diese Aufgabe delegiert hatte. „Führt ihr die Gespräche zusammen?", fragte ihn Susan an diesem Morgen, wohlwissend, dass er bejahen würde. „Was hältst du von der Idee, die Bewerber auch dahingehen anzuschauen, wer sich eventuell künftig zu einer Projektmanagerin beziehungsweise einem Projektmanager entwickeln könnte? Die Rolle Projektassistenz ist oft ein erster Schritt, der später in einer Projektmanagerrolle mündet. Ich bin davon überzeugt, du bist ein super Lehrer und ein gutes Vorbild und es sind ja noch eineinhalb Jahre Zeit, bis die Planung des übernächsten Spirit Events beginnt." Susan hielt kurz inne. Dann ergänzte sie ihr letztes Argument. „Ich könnte mir vorstellen, das würde deine Frau bestimmt begrüßen." Karli schwieg.

Sie befürchtete bereits, dass sie zu weit gegangen war und ihn wieder in den Mayr-Modus katapultieren würde. Aber wenig später hörte sie, wie er tief atmete und entgegnete: „Diesen Gedanken hatte ich auch schon. Jetzt müssen wir erst mal schauen, wer sich bewirbt. Ab Morgen ist die Stellenanzeige online." Susan war erleichtert. Das war ein guter erster Schritt der Öffnung. Sie musste unweigerlich an die Kommunikationstorte denken. Ihre Bemühungen der letzten Woche hatten Früchte getragen. Karli war, was dieses Thema anging, auf Stufe 4 – ein erstes Probieren – vorgedrungen. Er hatte damit eine für seine Verhältnisse enorme Öffnung gezeigt. Er setzte sich bereits aktiv mit seinem inneren Perfektionisten auseinander. Susan hingegen – vor kurzem noch über die Ablehnung dieser kleinen Schritte verärgert – war aktuell von den sichtbaren Fortschritten in Karlis Verhalten beeindruckt. Zwei Tortenstufen in zwei Wochen – damit war sie zufrieden. Und obwohl ihr ihr Ego zeitgleich wieder zu suggerieren versuchte, dass es doch wirklich leichter gehen müsste, vergewisserte sie ihr Bauch, dass sie alles richtig gemacht hatte. Sie hatte bewusst den Menschen Karli in den Mittelpunkt gestellt und nicht die Leistung, die sie aus seiner Rolle heraus erwartete. Und sie spürte noch etwas. Seit ihren Gesprächen in Wien, hatte sich in Karlis Einstellung zu Susan etwas verändert. Sie spürte, ohne dass es einer von ihnen beiden aussprechen musste, dass Karli sie nun als Führungskraft akzeptierte.

Als Susan das Telefonat mit Karli beendet hatte, klopfte es an ihrer Tür. Martin kam herein. Sie begrüßten sich mit einer kurzen Umarmung und Martin wünsche Susan alles Gute zu ihrem Geburtstag. Es war mittlerweile Mittagszeit und er fragte, ob er sie spontan zum Essen einladen durfte. Susan hatte schon damit gerechnet. Sie lächelte und nahm die Einladung an. Sie hatte sowohl Ben als auch ihrer Münchner Freundin bereits im Vorfeld abgesagt, damit sie flexibel war. Martin kam an diesem Morgen von Berlin zurück.

Sein Flieger war um 11.00 Uhr am Münchner Flughafen gelandet und er war sich nicht ganz sicher gewesen, wie schnell er es ins Büro schaffen würde. Da es sich gut ausging, spazierten nun beide zusammen in ein Restaurant um die Ecke, von dem Martin wusste, dass Susan es wegen seiner vegetarischen Vielfalt mochte.

Sie bestellten sich beide ein Mittagsmenü und als der Kellner weg war, begann Susan gleich die Gelegenheit beim Schopf zu packen. „Ich habe ein paar wirklich gute Fortschritte in Wien erzielen können. Du weißt ja, es war nicht leicht mit Karli einen Nenner zu finden. Das forderte uns beide ganz schön heraus. Aber wir haben aktuell einen Lösungsweg gefunden, der hoffentlich auch in deinem Sinne ist." Martin hörte interessiert zu. Er hatte die letzten Wochen einige Male gehofft, Susan würde mit ihrem Problem zu ihm kommen. Er war auch mehrmals kurz davor gewesen, selbst das Gespräch bezüglich des ‚Spirit Events' in Wien mit Karli zu suchen. Die beiden Männer kannten sich viele Jahre und hätten das Problem sicher schneller und mit weniger emotionalem Druck lösen können.

Aber Susan bat ihn nicht um Hilfe und Martin hatte respektiert, dass sie offenbar selbst die Situation lösen wollte. Simone hatte ihm mehrmals deutlich zu verstehen gegeben, dass Susan in diese Führungsrolle hineinwachsen musste. Und wenn er als Programmauftraggeber ihr den Raum nicht ließe, ihre Themen selbst zu lösen, wie würde sie dann Karli jemals in ihrer Führungsrolle respektieren lernen? Martin hatte in der Vergangenheit gelernt, bei solch sensiblen Themen auf Simone zu hören. Sie hatte einen siebten Sinn für Beziehungssysteme und damit hatte er abgewartet und sich ruhig verhalten. Dass Susan an ihrem 30. Geburtstag nun energiegeladen von Fortschritten erzählte, freute ihn besonders und er hörte sich gespannt an, was sie ihm aus ihrem Arbeitsalltag erzählte.

Martin begeisterten zwei Dinge. Erstens, dass Susan und das Wiener Team eine gangbare Lösung gefunden hatten, und zweitens, wie sie zu dieser Lösung gekommen waren. Diese Herangehensweise beeindruckte ihn und er war stolz auf Susan. Er gratulierte ihr zu ihrem Vorgehen und bestätigte, dass der erarbeitete Lösungsweg auch für ihn in Ordnung ging. Martin fand die Idee, die Rolle der Projektassistenz zu ergänzen, einen genialen Ansatz. Er wusste, dass Karli diese Lösung gut annehmen konnte. Des Weiteren wurde noch Martin selbst eingeteilt. In seiner Rolle als Auftraggeber bekam er die Aufgabe, Karli stärker im Projektmarketing und im Stakeholdermanagement zu unterstützen. Er hatte seine Mitwirkung bei diesen Themen auch für München zugesagt und nun war Wien die zweite Destination, die hier noch stärker auf ihn zählen würde. Obwohl er die Knappheit seiner eigenen Ressource im Blick hatte, sagte er seine Unterstützung zu. Was für ihn nur wenige Telefonate bedeutete, waren für seine Mitarbeiterinnen und Mitarbeiter unzählige Stunden Arbeitsaufwand. Und die Erfolgswahrscheinlichkeit in punkto Sponsorensuche, wäre deshalb nur marginal größer. Er wusste allerdings auch, dass er in anderen seiner Tagesthemen dadurch selbst mehr Entlastung brauchen würde. Er wollte die darauffolgende Woche nutzen, um eine Prioritätensetzung mit Umverteilung in seinen eigenen Tätigkeiten vorzunehmen.

„Was mir wichtig wäre, Susan", begann Martin gegen Ende des gemeinsamen Essens, „ist, dass wir im Mai einen gemeinsamen Workshop im Kreis der Projektmanagerinnen und Projektmanager abhalten. Im Sommer beginnen ja die Projektphasen zur Ausarbeitung des Eventmottos ‚Diamond Thoughts' und ich möchte euch bereits im Vorfeld ein paar Inspirationen dazu geben. Könntest du bitte so einen Workshop im Zuge unseres nächsten Programmcontrollings organisieren, wenn alle zusammenkommen?" Susan nickte. Sie war neugierig, was Martin für Vorstellungen zu diesem Motto hatte. Sie fand die Wortwahl des Mottos wundervoll und auch eine super Nachfolgeidee zum letztjährigen Eventmotto ‚Move on'. Aber natürlich gab es eine Vielzahl an Möglichkeiten, sich diesem Thema zu nähern und die einzelnen Projektteams hatten hier regional unterschiedliche Ideen gesammelt. Der Sommer war dazu da, diese Ideen zu konsolidieren und eine gemeinsame Linie zu fixieren. Martin hielt sich hier in der Vergangenheit stets zurück und überließ seinen Teams die Details. Aber irgendetwas sagte Susan, dass es bei diesem Motto anders werden würde.

Gegen 13.30 Uhr kamen Martin und Susan zurück ins Büro, wo sich gerade alle in der Küche versammelten und die Kaffeemaschine einen Kaffee nach dem anderen herunterließ. Susan eilte zu dem Tablett mit den Muffins und stellte erleichtert fest, dass noch keine abhandengekommen waren. Sie stellte das Tablett mittig auf den Tisch. Martin und Simone ließen parallel die ersten beiden Sektkorken knallen und schenkten das prickelnde Getränk in ihre Gläser. Als alle 14 durstigen und ungeduldigen Anwesenden ein Sektglas in Händen hielten, erhoben sie dieses auf ihr Geburtstagskind. „Liebe Susan", setzte Martin zu einer kleinen Rede an, „wir sind dankbar und froh, dich in unserer Runde zu wissen. Du machst hier nicht nur einen tollen Job, du bist auch ein großartiger Mensch, der unser Team in jeder Hinsicht bereichert. Zu deinem runden Geburtstag wünschen wir dir jetzt alles erdenklich Gute."

Ein lautes „Happy Birthday" der gesamten Runde und feierliche Klirrgeräusche der anstoßenden Gläser folgten. Susan fühlte, wie ihre Wangen sich röteten und ihr Puls schneller wurde. Da sich diese Ereignisse bereits vor ihrem ersten Schluck Alkohol zutrugen, wusste sie auch nur zu gut, dass die Ursache dieser Reaktionen eher in ihrer emotionalen Rührung zu finden war, nicht ihrem Sektglas. Die gesamte Situation fühlte sich für sie stimmig und harmonisch an. Sie hätte in diesem Augenblick nirgendwo anders sein wollen. Genau dieser Moment war es, der sie spüren ließ, dass sie ihre Arbeit, und vor allem die Menschen darin, unglaublich gerne mochte. Sie war einfach nur glücklich. Martin und Simone warfen sich einen kurzen Blick zu, den niemand sonst bemerkte. Beide nickten dezent und freuten sich mit Susan. Kurz darauf waren die ersten 14 Muffins vom Servierteller verschwunden. Die folgenden zwanzig Minuten wurde geplaudert und gelacht. Gegen 14.00 Uhr ging es für alle zurück an die Arbeit und dank der positiven Energie und Laune, verging der Nachmittag für alle wie im Flug.

Um 16.30 Uhr verließ Susan an diesem Nachmittag das Büro. Sie war stolz, dass sie es geschafft hatte, einige ihrer organisatorischen Aufgaben an diesem Tag liegen zu lassen, um diese am nächsten Tag abzuarbeiten. Das widerstrebte zwar ihrer Leistungsorientierung, aber sie übte fleißig das Loslassen und Ausbalancieren ihres Dreiecks. Und da ihr Geburtstag war und sie diesen Abend von ihrem Mann schön ausgeführt werden würde, wollte sie sich auch noch gebührend in Schale werfen. Sie kam als erste nach Hause und holte das kleine Schwarze aus ihrem Kleiderschrank. Es war eine ihrer drei besten Freundinnen aus Graz, die ihr einmal erklärt hatte, dass jede Frau ein kurzes schwarzes Cocktailkleid in ihrem Schrank haben sollte. Kurz darauf bereicherte ein solches ihren Kleiderschrank. Als sie es vor sich auf dem Bett liegen sah, musste sie an ihr bevorstehendes Wochenende in Graz denken. Sie vermisste ihre Freundinnen – alle drei – und freute sich schon auf den Trip in ihre Heimat.

Am darauffolgenden Tag, Freitagnachmittag, wollten sie losfahren. Sie überlegte kurz, ob sie den Augenblick noch zum Kofferpacken nutzen sollte, nachdem Ben noch nicht zu Hause war. Doch genau im selben Moment hörte sie das Öffnen der Eingangstür. Den Zeitpunkt hätte Ben nicht treffender erwischen können: Susan stand in ihrer Unterwäsche im Schlafzimmer, als er sie dort entdeckte. Seine Augen weiteten sich bei diesem Anblick und er begann zu grinsen. Susan musste schmunzeln und war sich nicht ganz sicher, ob sie tatsächlich gleich wieder wegkämen. Ben ging auf sie zu, strich mit seinen Händen über Susans Körper, umarmte und küsste sie. „Was für ein schöner Empfang, Liebling", flüsterte er in ihr Ohr. Susan erwiderte seinen Kuss und legte ihre Arme um ihn. „Na, wie geht es dir?" Ben hatte seine Augen geschlossen und genoss den Moment. „Jetzt wunderbar!", betonte er und küsste sie erneut. Nach ein paar Minuten der Nähe hörte sie Ben seufzen. „Zu schade, dass ich auf sieben Uhr den Tisch reserviert habe. Ich befürchte, wir müssen unser Vorspiel unterbrechen." Jetzt seufzte auch Susan. „Ah, das kleine Schwarze", stellte Ben freudig fest, als er seine Augen öffnete und über Susans Schulter zum Bett sah. „Wie passend. Dann hole ich doch gleich mal mein schönstes Hemd aus dem Schrank." Ben küsste Susan noch einmal auf die Schulter, drehte sich um und ging zu seinem Kleiderschrank. Susan nahm währenddessen ihr Kleid hoch und zog es über. Dann ging sie ins Bad und verwandelte ihr Tagesmakeup in einen schicken Abendlook. Sie steckte ihre lockigen Haare im Nacken hoch und griff zuletzt noch nach silbernen, oval-förmigen Ohrringen aus ihrem Schmuckkästchen. Als beide umgezogen und gestylt waren, gingen sie zum Auto und fuhren in die Innenstadt.

Susans Neugierde stieg mit jedem gefahrenen Kilometer an. Sie hatte keine Ahnung wo Ben sie hinbringen würde. Eigentlich hasste sie Überraschungen. Sie war eben eine Frau der Planung und Vorbereitung. Aber irgendwie war das an diesem Tag anders. Vielleicht hatte es etwas mit der Drei zu tun, die ab sofort ihr Alter schmückte. Es war ihr egal. Sie öffnete das Fenster einen Spalt und genoss die kühle Abendluft. Als sie mitten in der Münchner Innenstadt an einer roten Ampel standen, wendete sich Ben ihr zu und bat sie, ihre Augen zu schließen. Diese Bitte überforderte Susan ein wenig. Aber schließlich gab sie ihr nach und tat worum Ben sie gebeten hatte. Wenn sie jemandem Vertrauen konnte, dann wohl ihm. „Aber hüpf mir jetzt ja nicht aus dem Auto!", hatte sie ihm noch scherzhaft zugerufen.

Die nächsten fünf Minuten dauerten für Susan gefühlt eine Ewigkeit. Sie spürte, dass Ben nur ein bis zwei Querstraßen weiter in eine Tiefgarage abbog. Dann parkte er, stieg aus und öffnete Susans Tür. Er nahm ihre Hände, bedankte sich dafür, dass sie sich auf dieses Spiel einlasse, und führte sie durch die Garage zu einem Fahrstuhl. Es roch leicht muffig und sie hörte ein paar Stimmen und zuschlagende Autotüren in ihrer Nähe. Susan stieg zusammen mit Ben ein und sie fuhren nach oben. Noch im Aufzug küsste er sie. „Du darfst jetzt deine Augen öffnen, Susan." Sie blickte auf die Schalttafel. Der 30. Stock leuchtete auf. Drei Sekunden später öffnete sich mit einem Ping die Lifttür. Susan traute ihren Augen nicht. Sie hörte und sah eine kleine Gruppe von Menschen, die laut „Überraschung" rief, und blickte in etliche, vertraute Gesichter.

Vor ihr waren ein gehobenes Restaurant, mit wundervollem Ausblick auf die Stadt München und rund 15 Personen, versammelt nahe der Aufzugstür, die offenbar mit ihr heute Abend feiern würden. Susan hatte einen Ort wie diesen erwartet, aber sie ging felsenfest davon aus, diesen Abend in der Gesellschaft von Ben zu verbringen. Eine Überraschungsparty zu organisieren, war nicht Bens Art. Sie konnte sich nicht vorstellen, dass er der Drahtzieher dieser Feier war. Aber dies war ihr in diesem Moment auch egal. Sie freute sich einfach über die viele Aufmerksamkeit und betrat den Raum, wo ihr auch schon die ersten Überraschungsgäste um den Hals fielen. Und die größte Überraschung bescherten Susan ihre drei Freundinnen aus Graz, die sie am Wochenende besuchen wollte. Sie staunte nicht schlecht, dass ihr die Mädels zuvorgekommen waren. Kaum hatte sie sich aus ihrer Umarmung gelöst, standen Barbara und Nicole vor ihr. Die beiden waren aus Innsbruck angereist. Susan hatte Nicole, die die Einweihungsparty zu Ostern verpasst hatte, lange Zeit nicht mehr gesehen und freute sich, dass sie an diesem Abend mitfeierte.

Ben drückte Susan ein Sektglas in die Hand und deutete nach rechts. Im hinteren Teil des Restaurants wartete die nächste Gästegruppe darauf, begrüßt zu werden. Martin und ihr Münchner Projektteam waren gekommen. Susan lachte und war begeistert, dass ihr 30er Anlass war, die Menschen der verschiedenen Ecken ihres Lebensdreiecks zusammen zu führen. Sie umarmte alle und genoss sichtlich das schnelle Wiedersehen. „Was sagst du zu dieser Location?", fragte Simone, als sie sich umarmten. Susan löste sich aus der Umarmung und blickte sie fragend an. „Hast du das eingefädelt?" Simone schmunzelte und blickte zu Ben. „Ich würde sagen, das war Teamwork", erwiderte diese gut gelaunt und Ben und Simone prosteten ihre Sektgläser.

Susan, leicht verlegen, begrüßte währenddessen schon ihre nächsten Gäste. Ihre Freundin aus München, mit der sie sich des Öfteren zum Mittagessen traf, und ihre Freundin aus Wien, bei der sie vor wenigen Tagen noch übernachtet hatte, waren auch gekommen. „Und du hast am Wochenende noch zu mir gesagt, dass du hoffst, es dauert nicht wieder so lange, bis wir uns wiedersehen!", rief ihr Susan zu und lachte herzlich. Die Stimmung war gut, denn niemand hatte sich verplappert und die Überraschung war zweifelsohne gelungen. Susan hatte nichts davon geahnt. Diese Tatsache war für alle an diesem Abend sichtbar und alle freuten sich mit dem Geburtstagskind über das Gelingen. Als sich Susan ihren beiden letzten Überraschungsgästen zuwendete, staunte sie nicht schlecht darüber, wen sie hier erblickte. Katharina Mäkinen stand begleitet von einer jungen Frau vor Susan. Katharina lächelte, ging auf Susan zu und umarmte sie zur Begrüßung. „Alles Gute zu deinem Geburtstag, Susan. Ich wünsche dir in jeder Hinsicht ganz viel Glück, Liebe und Gesundheit."

Susan war perplex, Katharina hier zu treffen, und es verschlug ihr für einen Moment die Sprache. Katharina nutze diese Gelegenheit und stellte Susan ihre Tochter Marie vor, die sie mitgebracht hatte. Marie reichte Susan die Hand und gratulierte ihr ebenfalls zum Geburtstag. Sie war eine bildhübsche junge Frau mit langen braunen Haaren und einem sanften Lächeln – ganz die Mutter. Zu Susans Überraschung war Marie rund 15 Zentimeter größer als Katharina. Offenbar ein Geschenk aus Herrn Mäkinens Genpool. „Du bist also die Künstlerin, die das Büro ihrer Mutter mit so wundervollen Bildern ausgestattet hat. Ich muss dir sagen, das große Bild mit der Spirale ist einfach faszinierend. Katharina und ich haben schon viele Gespräche darüber geführt." Marie lächelte und Susan bedankte sich für ihr Mitkommen.

Nach einer kleinen Weile endete der Sektempfang im Eingangsbereich und die Gruppe begab sich in den hinteren Teil des Restaurants, wo zwei große Tische am Fenster auf sie warteten. Sie waren geschmackvoll dekoriert und etwas abgelegen von den anderen Restaurantbesuchern, damit sich die Gruppe ungestört unterhalten konnte. Susan nahm am Rande des rechten Tisches Platz, um jederzeit zwischen den beiden Tischen wechseln zu können. Neben ihr saßen ihre Arbeitskollegeninnen und Arbeitskollegen, Katharina und Ben und zu ihrer Linken ihre fünf Freundinnen, Marie und Bens Schwestern. Marie hatte sich zwischen Susans Freundinnen aus Graz gesetzt und die vier unterhielten sich bestens. Der Abend entwickelte sich für alle zu einem geselligen und angenehmen Miteinander mit vielen netten Gesprächen, gutem Essen und einer großen Portion Spaß. Susan fühlte sich wohl in der Runde und genoss auch die Atmosphäre des Restaurants, die elegant, aber unaufdringlich war.

Nach dem Essen begannen sich die Gäste der beiden Tische zu vermischen. Katharina rückte auf zu Ben, Martin zu Marie, Simone zu Susans Freundin aus Wien und so weiter. Es entstanden neue Kontakte und interessante Gespräche. Susan setzte sich aus einem Impuls heraus zu Katharina und Ben und hörte den beiden zu, als sie begannen, von ihren Konzernerfahrungen zu sprechen. Ben bemühte sich locker und ungezwungen zu sein, aber Susan kannte ihn gut genug, um zu merken, dass er leicht nervös war. Er wollte sowohl bei Katharina als auch bei Susans Arbeitskolleginnen und Arbeitskollegen einen guten Eindruck hinterlassen. Er traf alle bis auf Martin zum ersten Mal und wusste, dass diese Menschen seiner Frau viel bedeuteten. Er erzählte Katharina gerade von seinen neuen Projektaufgaben, als er instinktiv seine Geldbörse öffnete, um Katharina seine Visitenkarte zu geben.

In seiner beruflichen Tätigkeit war dies eine so gängige Angewohnheit, dass er erst beim Überreichen der Visitenkarte darüber nachdachte, ob in diesem feierlichen Augenblick überhaupt der passende Moment dazu war. Katharina nahm diese aber dankend an, las sich seine Daten aufmerksam durch und steckte diese im Anschluss in ihre Handtasche. Daraufhin zog sie ihre eigene Visitenkarte heraus und überreichte sie Ben. Ihre Karte hatte ein ungewöhnliches Format. Sie war doppelt so groß wie übliche Visitenkarten, und auf beiden Seiten bedruckt. Ben las sie aufmerksam durch. Als er zur Rückseite kam, begann er zu schmunzeln. Susan war verwirrt und blickte fragend zu Katharina. Diese nahm eine zweite Karte aus ihrer Tasche und schenkte sie Susan. Auf der Vorderseite standen Katharinas Name, Rolle im Konzert und Kontaktdaten. Also genau das, was man üblicherweise auf einer Visitenkarte erwartete. Als Susan die Karte umdrehte, verstand sie Bens Reaktion. Folgendes war zu lesen: „Mein ZDE: Potentiale entdecken und fördern." Und gleich darunter standen Katharinas Big Five: „1) Meine Mitmenschen unterstützen, 2) fremde Kulturen kennenlernen, 3) vier Sprachen fließend sprechen, 4) eine gute Mutter sein, 5) sich für Gleichberechtigung einsetzen."

Ben und Susan blickten sich an. Dann sahen sie zu Katharina. „Wir haben deine beiden Buchempfehlungen von John Strelecky gelesen und sind auch schon gut dabei, unsere Big Five zu formulieren", entgegnete Susan. Katharina freut sich und war besonders angetan zu hören, dass sowohl Susan als auch Ben zeitgleich an ihren Lebenszielen arbeiteten. Katharina selbst

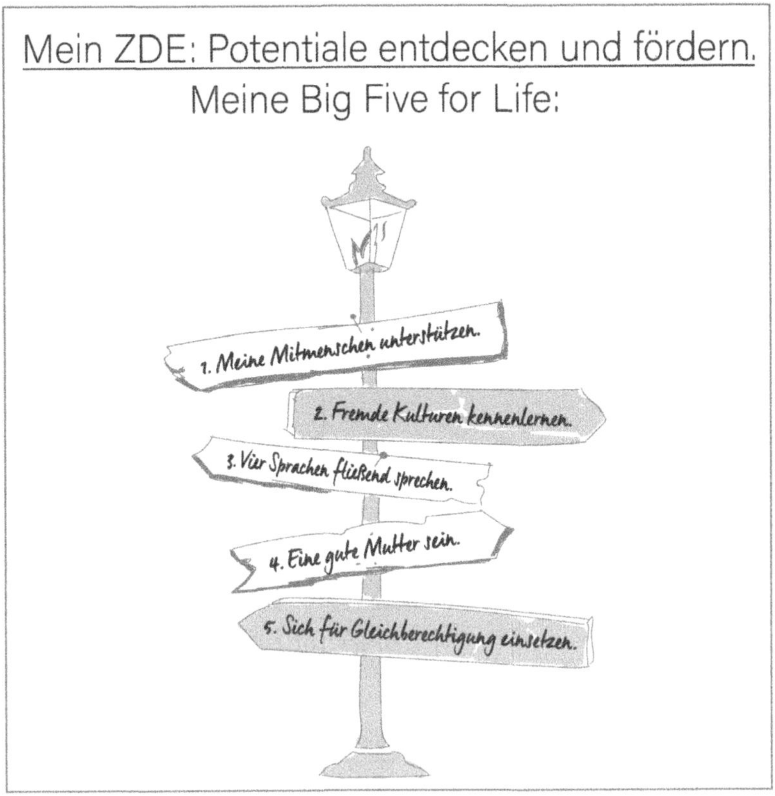

Abb. 16: Katharinas Big Five und ZDE

musste viele Jahre warten, bis sich ihr Mann für diese Themen öffnete, und es war für sie eine harte Geduldsprobe gewesen. Dies geschah erst, als ihre beiden Kinder bereits in der Pubertät und auf ihrer ersten Sinnsuche waren und einschlägige Ideen und Werkzeuge zu anregenden Diskussionen bei gemeinsamen Abendessen führten.

Susan hatte diesen Abend und die vielen Gespräche genossen. Sie hatte es geschafft, mit jedem der anwesenden Gäste zu plaudern. Bei Veranstaltungen, die sie selbst organisierte, hatte sie stets den Vorsatz, dies zu tun. Oft fühlte sie sich dabei aber gestresst und Gespräche verliefen oberflächlich. An diesem Abend war das anders. Alles war im Fluss, fühlte sich leicht und locker an. Als Nicht-Gastgeberin bei ihrer eigenen Geburtstagsfeier spürte sie kein Verantwortungsgefühl, das ihr suggerierte, für das Wohlergehen der Gäste sorgen zu müssen. Dieser kleine Aspekt machte einen enormen Unterschied, der nicht den kleinesten Funken eines Druckgefühls entstehen ließ.

Susan, Ben und Susans Freundin aus Wien waren die letzten, die an dem Abend das Restaurant verließen. Alle drei hatten die Hände voller Geschenke, die Susan an diesem Abend von ihren Gästen bekommen hatte. Blumen, guter Wein, Wellnessgutscheine und ein Bild, gemalt von Marie, waren nach dem Essen überreicht worden. Das Bild von Marie freute Susan am allermeisten. Katharina, Martin und das Münchner Team hatten es bei Marie in Auftrag gegeben. Es zeigte wundervolle, abstrakte Formen und Farben. Ein paar düstere Farben wurden von einem hellen Hintergrund aufgebrochen und durchleuchtet. Die Gelb- und Orangetöne, die sich ihren Weg in den Vordergrund bahnten, hatten Kraft und Energie. Als sie alles im Auto verstaut hatten, fuhr Ben die beiden müden Frauen in Richtung Starnberger Wohnung. Ben und Susan wollten von dort aus zusammen mit den Grazerinnen am Freitagnachmittag Richtung Graz aufbrechen. Nicole und Barbara fuhren bereits nach dem Frühstück los. Beide mussten mittags ihre Kinder von Kindergarten und Schule abholen.

14. DAS SECHSTE TREFFEN: REFLEXION VIA TORTENCHECK!

Von Mitte Mai bis Mitte Juni hatten Susan und ihre fünf lokalen Projektteams eine arbeitsintensive Zeit. Ende Mai mussten alle Genehmigungen für die Events in den einzelnen Städten vorliegen und spätestens zum 14. Juni die Hauptsponsoren fixiert sein. Beides waren zentrale **Stage-Gates** des Programms, die nicht nur den Erfolg des gesamten europäischen ‚Spirit Events', sondern dessen Austragung an den einzelnen Standorten maßgeblich beeinflussten. So war es 2010 beispielsweise nicht gelungen, in Berlin das notwendige Kapital einzusammeln. Das Berliner ‚Spirit Event' konnte dadurch 2010 nicht stattfinden. Ein Ereignis, das die Firma nachhaltig prägte. Teams wurden damals entzweit und viele Arbeitsstunden umsonst investiert. Martin war es immens wichtig, nie wieder eine Region beim ‚Spirit Event' zu verlieren.

> Ein **Stage-Gate** ist ein wesentlicher Meilenstein des Programms. Alle Teilprojekte müssen ein Programm-Stage-Gate durchlaufen. Erst wenn das letzte Teilprojekt dieses erfolgreich und zeitgerecht bewältigt hat, ist der Enderfolg des Programms gesichert. Ein Programm hat meist mehrere Stage-Gates.

Das Wochenende in Graz hatte Susan viel Energie und Kraft gegeben. Nicht nur, dass ihr Stresstöpfchen danach auf Eustress-Niveau gesunken war; es kam ihr so vor, als hätte sie durch die intensiven Feierlichkeiten sogar einen Vorrat an positive Tröpfchen in ihrem Topf gesammelt. Katharina hatte Oxytocin als Bindungshormon und Dopamin als Glückshormon erwähnt. In Susans Vorstellung war ihr Körper, durchspült von diesen Botenstoffen, in die nächste Hochphase im Programm gestartet. Mit geballter Power war sie nun im Volleinsatz.

Bis Ende Mai konnten tatsächlich alle städtischen Zusagen eingesammelt werden. Es war viel Bürokratie notwendig, da die Veranstaltungen an gängigen, öffentlichen Plätzen stattfinden sollten. In jeder Stadt gab es etliche Auflagen einzuhalten und damit es abwechslungsreich blieb, waren es in jeder

Austragungsstätte zusätzliche andere Auflagen, die befolgt werden wollten. Susan versuchte, die Unterschiede der einzelnen Regionen im Überblick zu behalten, um für Martin im Nachgang eine realistische Aufwandsschätzung nach Eventstandort erstellen zu können.

Kurz vor Stage-Gate-Termin waren sowohl bei ihr selbst als auch bei ihren einzelnen Teammitgliedern die Stresstöpfe des Öfteren vollgelaufen. Das Gute daran war, dass Susan das Öffnen ihrer eigenen Ventile mindestens ebenso häufig üben konnte, wie das unterstützende Öffnen der Ventile ihrer Münchner Teamkolleginnen und -kollegen und ihres Programmteams. Ein besonders schönes Highlight ergab sich zeitgleich bei Karli, der seine neue Projektassistentin ausgesucht und eingestellt hatte. Ab 1. Juni war er damit tatkräftige durch sie unterstützt und konnte dadurch mehr Zeit mit seiner Familie verbringen. Es handelte sich um eine junge Frau mit einem wirtschaftlichen Studienabschluss, die gerade ihren ersten Job antrat. Karli betonte, er könne sich durchaus vorstellen, dass sie in die Rolle der Projektleitung hineinwachse; wenn nicht in zwei, dann sicher in vier Jahren. Susan freute sich über dieses Zugeständnis und fuhr in der ersten Juniwoche zur Begrüßung sogar nach Wien.

Es war Freitag, der 7. Juni, als Susan und Katharina ihr sechstes Treffen bei Susan im Büro hatten. Freitag war nie viel los, da die meisten Kolleginnen und Kollegen bereits gegen 14.00 Uhr ins Wochenende starteten. Als Katharina ankam, waren nur Simone, Michaela und eine Kollegin aus der Buchhaltung noch im Haus. Auf dem Weg in Susans Büro machten sie noch kurz Station in der Küche und Susan bereitete zwei Cappuccinos zu. Sie plauderten über Susans Geburtstagsfeier, bei der sie sich zuletzt getroffen hatten. Katharina und ihre Tochter Marie hatten die Feier ebenfalls genossen. Es war für sie eine schöne Gelegenheit gewesen, abends zusammen auszugehen.

Katharina hatte an diesem Nachmittag unter ihrem rechten Arm eine Flipchart-Rolle eingeklemmt und links trug sie eine Aktentasche, in der sie für ihren Coachée Unterlagen mitgebracht hatte. Im Eckbüro angekommen, legte sie alles auf die Coachingbar und setzte sich mit Schwung auf den grünen Hocker. Sofort fiel ihr Blick auf die Wand über Susans Schreibtisch.

Dort hing das Bild, das Marie zu Susans Geburtstag gemalt hatte. „Oh wie schön, dass passt ja wundervoll in diesen Raum“, strahlte Katharina und war sichtlich stolz auf die Künstlerin. Susan stellte die beiden Kaffeetassen ab und offerierte Katharina zudem ein großes Glas Wasser. „Ja, das finde ich auch. Und soll ich dir was sagen, es dient mir jetzt schon als Ventilöffner.“ Katharina lächelte. „Was siehst du, wenn du das Bild ansiehst?“ Susan nahm gegenüber ihr auf einem Hocker Platz und trank einen Schluck vom noch heißen Cappuccino. „Weißt du“, begann sie zu erzählen, „die hellen Farbtöne scheinen sich ihren Weg durch die Dunkelheit zu bahnen. Die dunkle Farbe kommt mir vor wie Cortisol; die hellen Farben wie die beiden anderen guten Stoffe, die uns Energie geben.“ Katharina nickte. „Oxytocin und Dopamin!“ Susan nickte. „Habe ich ein kniffliges Telefonat, blicke ich auf dieses Bild und versuche ebenfalls stets die positiven Aspekte in den Vordergrund zu holen.“

„Wie ist es dir die letzten drei Wochen ergangen, Susan?“, fragte Katharina nach einer kleinen Pause. Sie nippte ebenfalls an ihrem Kaffee. Ihr war die Zeitspanne zwischen der Geburtstagsfeier und diesem Coaching lang vorgekommen. Sie musste zugeben, Susan bereits vermisst zu haben. „Es war eine intensive Zeit, in der ich die zusammen erarbeiteten Ansätze und Tools wirklich gut üben konnte“, begann Susan zu berichten. Katharina schmunzelte, blickte erneut auf Maries Bild und konnte sich gut vorstellen, wie Susan den Umgang mit dem Mayr-Modus und den Ventilöffnern trainierte. „Ich würde heute gerne mit einem kleinen Rückblick auf die bereits besprochenen Tools beginnen und eine Art Bilanz ziehen, wo du dich bei den einzelnen Tools auf der Kommunikationstorte aktuell wiederfindest.“ Katharina stand auf, nahm ihre Flipchart-Rolle und hängte die Blätter auf. Als erstes Bild war die Torte in leicht adaptierter Form zu sehen. Jeder Begriff war als Zeitpunkt formuliert. Susan erkannte diese Formulierung sofort als typische Meilensteinformulierung des Projektmanagements.

„Beginnen wir mit dem Lebensdreieck. Wo hast du hier im März begonnen und auf welcher Stufe siehst du dich mit Anfang Juni?“ Susan überlegte kurz. „Mit diesem Bild hast du mich auf Stufe zwei abgeholt. Ich kannte bereits die einzelnen Ecken der Lebensbereiche, aber bis zu unserem Treffen war mir nicht bewusst, dass meine reale und meine empfundene Zeit in den Ecken unterschiedlich waren. Erst durch unser Gespräch habe ich diesen Unterschied realisiert. Seither reflektiere ich das viel intensiver im Alltag. Ich sehe mich aktuell auf Stufe 5. Ich übe wöchentlich aktiv und bewusst, meinen

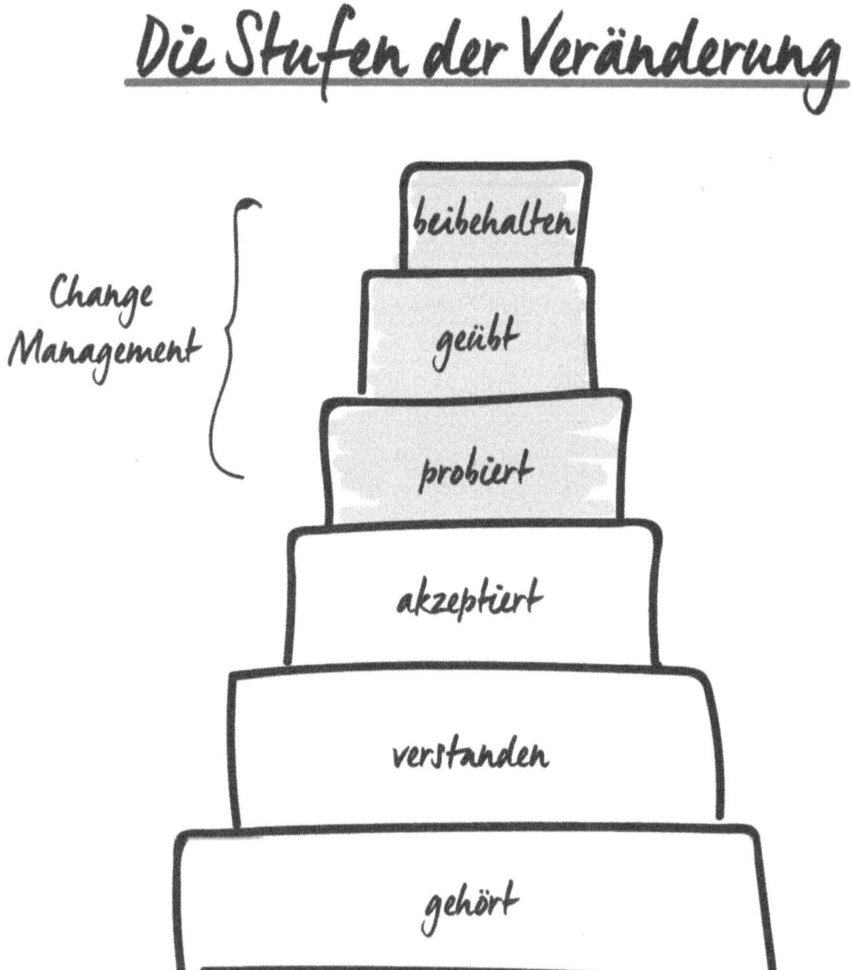

Abb. 17: Die Torte: Stufen im Veränderungsprozess II

Kalender gut auszubalancieren, und achte darauf, dass meine Gedanken in der gleichen Ecke sind, in der ich mich in meinem Kalender gerade befinde. Aber das klappt nicht immer, wie du dir denken kannst. Es gibt Momente, in denen ich schon im Bett liege oder gemütlich mit Ben frühstücke und plötzlich kommen Ereignisse der Firma in meinen Kopf. Das Gute ist, ich erkenne das meistens nach ein paar Minuten und lasse diese Gedanken dann vorbeiziehen." Katharina hörte beeindruckt zu und freute sich mit Susan über die Fortschritte. „Wie geht es deinen Projektmanagern beim Ausbalancieren?", erkundigte sich Katharina weiter.

„Maggy und Paul haben das Austarieren ihres Dreiecks am Besten im Griff. Ich habe lange darüber nachgedacht, ob das auch etwas damit zu tun hat, dass sie beide noch relativ jung sind. Maggy hat aufgrund ihres Kindes eine große Familienecke und Paul ist seine Freizeitecke wichtig. Bei beiden musste ich bislang nur wenig als Ventilöffner fungieren." Katharina nickte. „Ich finde die Beobachtung des Alters spannend. Ich denke schon, dass Maggy aufgrund ihres kleinen Kindes gerade eine besonders stressige Lebensphase hat. Andererseits dient bei jungen Müttern und Vätern oft sogar die Jobecke als Ventilöffner, da sie die Zeit genießen, auch einmal vom Kind wegzukommen." Das klang für Susan absolut nachvollziehbar. Wenn sie sich vorstellte, zwischen Babysitting und Büro wählen zu können, würde sie sofort das Büro wählen. Pierre hat den zeitlichen Vorteil, eine beruflich engagierte Frau und keine Kinder zu haben. Seine Familienecke fordert daher wenig Zeiteinsatz von ihm. Ich konnte zudem beobachten, wie er auch mit besonders stressigen Situationen aufgrund seiner jahrelangen Erfahrung gekonnt zurechtkam. Folglich waren es eigentlich Karli und ich, die in den letzten zwei Monaten am heftigsten mit dem Mayr-Modus zu kämpfen gehabt haben." Katharina nickte. „Du kannst stolz auf dich sein, wie du mit Karli wieder eine gute Gesprächsbasis hergestellt und zusammen mit ihm eine sinnvolle Lösung entwickelt hast. Das war richtig gute Führungsarbeit, Susan", lobte Katharina und sah sie dabei eindringlich an.

„Martin hat mich darauf angesprochen und mir erzählt, wie beeindruckt er von deiner Vorgehensweise war." Susan fühlte ein wohliges Gefühl in ihr aufsteigen. „Das ist mir dank deiner Hilfe gut gelungen. Die Geschichte mit Herrn Mayr hat wirklich viel bei mir bewegt." Katharina lächelte. „Zu diesem Thema kommen wir gleich. Lass uns zuvor die Ansätze aus unserem dritten Treffen noch einmal anschauen. Da ging es um effizientes Zeitmanagement.

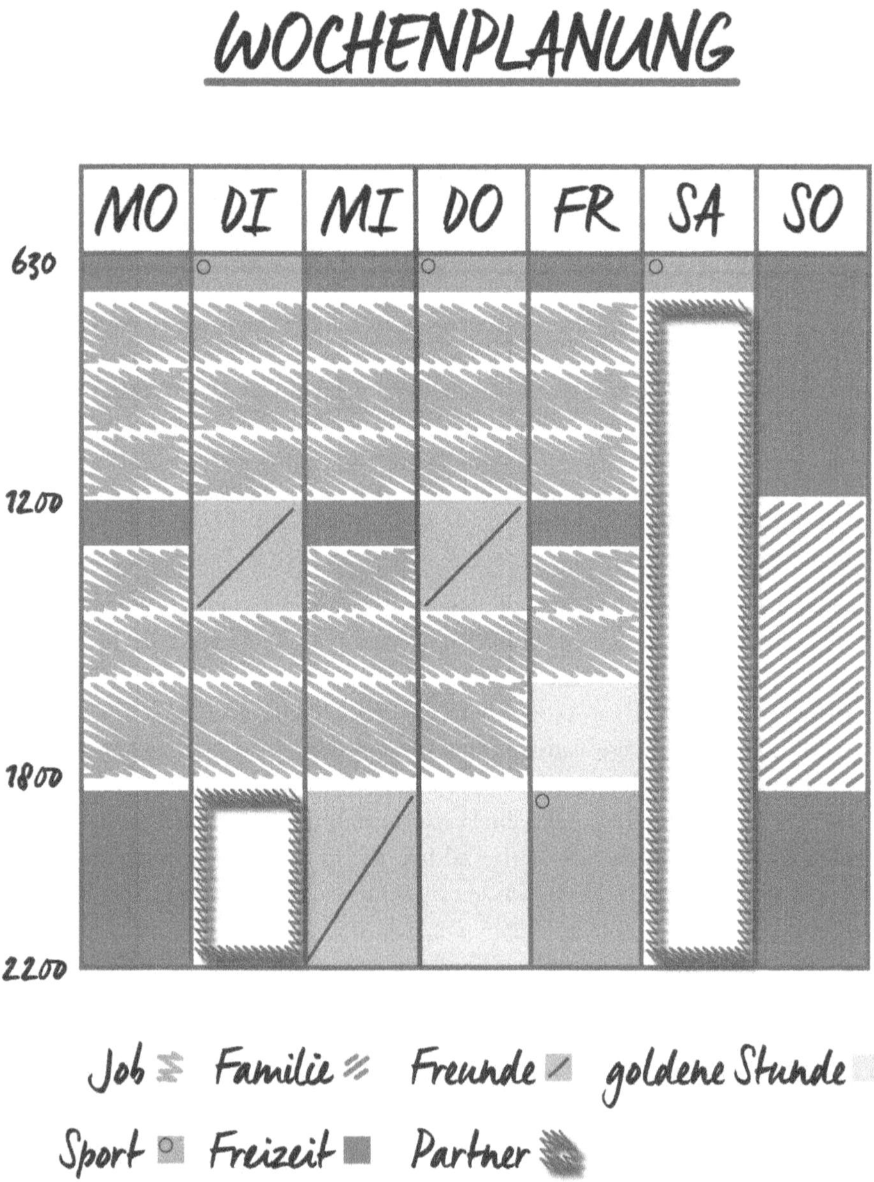

Abb. 18: Wochenplanung inklusive goldener Stunden

Was hast du seither in deinem Kalender optimieren können?", fragte Katharina. „Weißt du", begann Susan, „der Begriff *Transferzeit* hat mich gedanklich viel beschäftigt." Susan trank einen Schluck Cappuccino und öffnete ihr bereitliegendes Notizbuch, um Katharina eine Skizze zu zeigen.

„Ich habe einige Wochen gebraucht, um bei meiner Wochenplanung stets die 3-stündigen Blöcke hinzubekommen. Das war schwieriger als vermutet. Nicht unbedingt die Planung dessen, sondern vielmehr durch den praktischen Alltag im Büro, wenn jemand spontan zu dir kommt, weil er etwas braucht, oder das Telefon dich aus deiner Konzentration reißt. Ich habe irgendwann begonnen, einen wöchentlichen Detailplan für meine Arbeitstage an meine Bürotür zu hängen und daruntergeschrieben: ‚Ich bin jedem zutiefst dankbar, der mich in meinem Fokus unterstützt.' Dann ist etwas Spannendes passiert. Meine Kollegen haben begonnen, sich mehr und mehr nach meinem Zeitplan zu richten. Von dringenden Ausnahmen abgesehen, haben sie meine Planung berücksichtigt. Umgekehrt habe ich versucht, jeden Tag mehrere Zeiträume zu definieren, an denen ich für sie da war. Ich habe den Plan digital auch an meine Projektmanager in den anderen Städten versendet. In Summe kam damit viel mehr Struktur in meinen Tagesablauf." Katharina nickte. „Das war eine schlaue Idee! Hat es Nachahmer deiner Aktion gegeben?" Susan lachte.

„Ja, der Erste war Paul – du weißt, der junge Projektmanager aus Berlin. Wir haben unsere Berlin-Zeitblöcke so synchronisiert, dass wir zwei gemeinsame Slots pro Woche haben. Seither sind wir in einem guten Rhythmus füreinander erreichbar. Wenig später ging ich aktiv auf Pierre und Maggy zu, um ihnen das gleiche anzubieten. Beide wollten nur einen fixen Slot pro Woche und darüber hinaus die Information, wann und wie sie mich am besten erreichen konnten, falls etwas sein sollte." Susan pausierte und nippte wieder an ihrem Kaffee. „Wie hast du das mit Karli geregelt?" Susan runzelte die Stirn und suchte nach den richtigen Worten. „Aufgrund seines zeitlichen Engpasses haben wir uns darauf geeinigt, dass wir einmal die Woche abends telefonieren. Abends ist es ruhig bei ihm im Büro und er kann sich ungestört dem Projekt widmen. Mehr als dieses Telefonat wollte er nicht." Susan wurde in dem Augenblick, in dem sie Katharina von dieser Abmachung berichtete, bewusst, dass Karli und sie seit ihrer Aussprache tatsächlich aber fast jeden zweiten Tag telefonierten. Karli kam viel öfter auf sie zu, um ihr seine Fortschritte zu berichten. Wahrscheinlich war es einfach das Gefühl der Freiheit und Selbstbestimmtheit, das ihm wichtig war. Ohne Zwang und Druck war die Bindung sogar enger geworden.

„Was ist dir nun bezüglich der **Transferzeit** aufgefallen?", hakte Katharina nach. Susan nickte selbstbewusst. „Ich habe in Summe fünf Auslöser gefunden, die Transferzeit notwendig machen." Susan blätterte auf eine neue Seite in ihrem Notizbuch und skizzierte ihre fünf Punkte.

> **Transferzeit** ist jene Zeit, die man zwischen einem Termin und dem nächsten benötigt, um sich wieder zu 100 Prozent auf die neue Tätigkeit bzw. Person einlassen zu können.

„Erstens: Pierre, Paul, Karli und Maggy müssen zwischen ihren Aufgaben des Tagesgeschäfts und den Aufgaben des Projekts switchen. Wenn man diese unterschiedlichen Tätigkeiten zu Blöcken bündelt, ist eine *gedankliche* Pause dazwischen wichtig, um bewusst von einer Rolle in die andere zu wechseln." Katharina verstand, trank ihren letzten Schluck Cappuccino und deutete Susan an, den zweiten Punkt zu erklären. „Der zweite Auslöser ist *physisch*. Darunter verstehe ich, dass man zwischen den Blöcken und auch nach jeweils 90 Minuten Arbeitszeit eine Pause für seine Grundbedürfnisse einplanen sollte. Karli und ich sind hier am meisten gefährdet, auf notwendige Pausen zu vergessen. Die Pausen sind aber wichtig. Meine Beobachtung ist: Wenn ich zu lange keine Pause mache, dann fällt es mir merklich schwer, im Eustress-Level zu bleiben." Katharina bestätigte Susans Reflexion.

„Das ist eine wirklich wichtige Erkenntnis! Vergiss nicht: Beziehung vor Leistung. Und das schließt auch die Beziehung zu dir selbst und deinen Bedürfnissen mit ein." Beide Frauen schwiegen für einen kurzen Moment. Die Theorie war einfach und klar, aber die praktische Umsetzung enorm komplex und facettenreich. „Die dritte Art der Transferzeit ist die *örtliche*. Damit ist die Fahrt zu einem anderen Ort gemeint. Und die vierte, die *zeitliche*, wenn man seine Kleidung wechseln oder sich frischmachen möchte." Katharina nickte. „Die fünfte und letzte ist die *soziale*. Unter sozialer Transferzeit verstehe ich das Einstellen auf einen neuen Gesprächspartner und das Einlassen auf diesen." Katharina lächelte. „Sehr gut. Hier hast du fünf Gründe, warum du Weißräume in deinem Kalender brauchst. Einerseits innerhalb einer Ecke deines Dreiecks, andererseits auch wenn du zwischen den Ecken wechseln möchtest. Du wirst sehen, genau diese Weißräume werden dir auch helfen, gedanklich im Hier und Jetzt zu bleiben. Innerhalb der Transferzeiten kannst du dich bewusst auf das was kommt ‚einnorden'."

Susan schmunzelte. „Das Wort muss ich mir merken – *einnorden* – das finde ich super treffend."

Warum Transferzeiten im Kalender notwendig sind:

a. Gedanklich
(Rollentausch/Aufgabenswitch)
b. Physisch
(Pause für Grundbedürfnisse)
c. Örtlich
(Fahrtzeiten zwischen Terminen)
d. Zeitlich
(Zeit zum Umziehen)
e. Sozial
(Auf neuen Gesprächspartner einstellen)
f. Psychisch
(ggf. Ventilöffner einsetzen)

Abb. 19: Formen von Transferzeit

„Eines fällt mir bei deiner Liste noch auf. Ich würde unter *zeitlicher* Transferzeit die körperliche Pause sehen. Also, den Gang zur Toilette, das Stillen von Hunger oder Durst. Ergänzen würde ich noch als letzten und wichtigen Punkt: die *psychische* Transferzeit. Darunter würde dann deine Beobachtung fallen, dass Transferzeiten auch dazu genutzt werden sollten, die Flüssigkeit im Stresstopf zu überprüfen. Genau in solchen Übergängen sollten in Falle eines erhöhten Pegels Ventilöffner sofort zum Einsatz kommen." Susan stimmte Katharina zu und ergänzte diesen Punkt noch in ihrer Liste.

„Was mir bei deinem Wochenplan positiv auffällt, ist die goldene Stunde. Du hast sie sogar zweimal die Woche drinnen – zwei Dates mit dir selbst. Wie geht es dir dabei?" Susan überlegte. „Ob ich diese Zeit tatsächlich einmal als Date betrachten kann, weiß ich noch nicht. Aber ich habe weder Angst davor, noch stresst mich diese Vorstellung, hier bewusst Zeit allein zu verbringen. Die goldene Stunde ist absolut bereichernd, weil ich viel über mich nachdenke und lerne. Das ist aber manchmal auch ziemlich anstrengend." Katharina nickte. „Ja, das kenne ich gut. Man geht oft mit sich selbst ganz schön kritisch um. Vorsicht – das kann auf den Selbstwert gehen. Wichtig ist, dass du dich hier immer auch genügend lobst und den Fokus auf deine Lernfortschritte richtest. Die Vergangenheit kannst du nicht mehr ändern, aber die Zukunft sehr wohl. Und du pflanzt im Hier und Jetzt den gedanklichen Samen für alles Bevorstehende." Susan nickte. Sie wusste, sie war oft mit sich selbst viel zu kritisch. Der Hinweis, sich selbst für seine Fortschritte zu loben, war ein wichtiger, den sie versuchen wollte, umzusetzen.

„In Hinblick auf die Kommunikationstorte: Wo habe ich dich beim Thema Zeitmanagement abgeholt und bis wohin bis du aktuell gekommen?" Katharina deutete wieder auf ihr Flipchart und blickte zu Susan. „Ich würde sagen, hier bin ich bei Stufe 1 eingestiegen und bin auch hier inzwischen bei Stufe 5, dem Üben, angekommen." Katharina nickte. „Sehr gut!" „Ganz ähnlich ist es auch beim ZDE und bei den Big Five for Life. Hier hast du mich ganz an der Basis abgeholt. Ich hatte von den zwei Begriffen und dem Konzept dahinter noch nichts gehört. Jetzt habe ich meinen ZDE für mich definiert und immerhin vier meiner Big Five fixiert." Katharina grinste.

Mein ZDE: wundervolle und inspirierende Begegnungen ermöglichen.

Meine Big Five for Life:

1. Tiefe Beziehungen führen.
2. Alle fünf Kontinente bereisen.
3. Eine gute Eventmanagerin sein.
4. Beweglich und vital bis ins hohe Alter sein.
5. tba

Abb. 20: Susans Big Four und ZDE

„Siehst du, so viele Stufen der Torte in so kurzer Zeit. Du kannst echt stolz auf dich sein, Susan!“ Ein kurzer Moment des Schweigens folgte. Susan war tatsächlich selbstsicherer und gefestigter geworden. Und sie war dankbar und glücklich über ihre Veränderung. Erst jetzt, wo sie all ihre Errungenschaften und neuen Denkansätze mit Katharina reflektierte, war ihr Abstand zum Alltag groß genug, um die eigenen Fortschritte tatsächlich zu erkennen. „Möchtest du deine Big Four mit mir teilen?“, hakte Katharina nach. Susan zögerte nur kurz, holte sich dann eine Karte aus ihrem Schreibtisch und streckte sie Katharina entgegen. Susan gefiel der Ansatz, die eigenen Big Five wie Katharina auf eine Visitenkarte zu schreiben. Sie hatte eine händische Skizze angefertigt, die sie von einer Kollegin aus dem Marketing gerne grafisch umsetzen lassen wollte. Sie überreichte ihrer Mentorin die Karte, die diese aufmerksam las.

„Das sind ganz wundervolle Ziele, Susan“, entgegnete Katharina fast schon gerührt. Es bereitete ihr unglaublich viel Freude zu sehen, wie diese junge Frau immer mehr Klarheit und Fokus gewann. „Es wird nicht mehr lange dauern, dann hast du auch deinen fünften Punkt gefunden. Da bin ich mir sicher.“ Katharina lächelte Susan zu. „Zum dritten Punkt möchte ich dir noch einen Gedanken mitgeben, okay?“. Susan nickte. Sie war wie immer offen für die Ratschläge ihrer Mentorin. „Es wird der Zeitpunkt kommen, an dem du das Wort ‚Eventmanagerin‘ austauschen wirst.“ Katharina sprach langsam und bedacht. Als Susan den Begriff *austauschen* hörte, zuckte sie kurz zusammen. Sie spürte deutlich inneren Widerstand, war es doch das Managen von Events, dass ihr die größte Freude bereitete. Katharina erkannte anhand von Susans Körpersprache sofort, was in ihr vorging, und deutete mit ihren Händen an, dass Susan abwarten solle.

„Dein ZDE: *wundervolle und inspirierende Events*, verrät mir, dass es immer um Events in deinem Leben gehen wird. Das ist deine Bestimmung – keine Frage!“ Susan spürte, wie ihr Topf sich wieder leerte und ein dezentes Lächeln auf ihren Lippen zurückkehrte. „Aber frage dich selbst, wie lange du noch dazu bereit bist, jedes Detail selbst zu organisieren. Oder ob es nicht wichtiger ist – so wie es mittlerweile ja beruflich schon der Fall ist – eine gute Führungskraft zu sein, damit dein Team diese Vorbereitungen gut machen kann.“ Susan schwieg. Katharina hatte den Nagel auf den Kopf getroffen. Plötzlich musste sie an Karli denken, der am liebsten alles selbst machen wollte. War sie in Wirklichkeit wie er? Wie schwer fiel es ihr tatsächlich, sich operativ rauszuhalten? Katharina hatte einen wunden Punkt getroffen und Susan merkte am erneuten Ansteigen ihrer Cortisolmenge, dass sie über diesen Zusammenhang in Ruhe in ihrer nächsten goldenen Stunde nachdenken sollte.

„Lass uns jetzt zum Mayr-Modus und zu den Ventilöffnern kommen", wechselte Katharina zum nächsten inhaltlichen Punkt und ließ Susan auch hier einschätzen, wo sie aktuell auf der Torte stand. Susan überlegte diesmal länger. Sie wollte die beiden Tools getrennt voneinander betrachten, auch wenn sie sicherlich ganz eng zusammenhingen. „Die Geschichte von Herrn Mayr war für mich wirklich lebensverändernd", betonte Susan und unter-

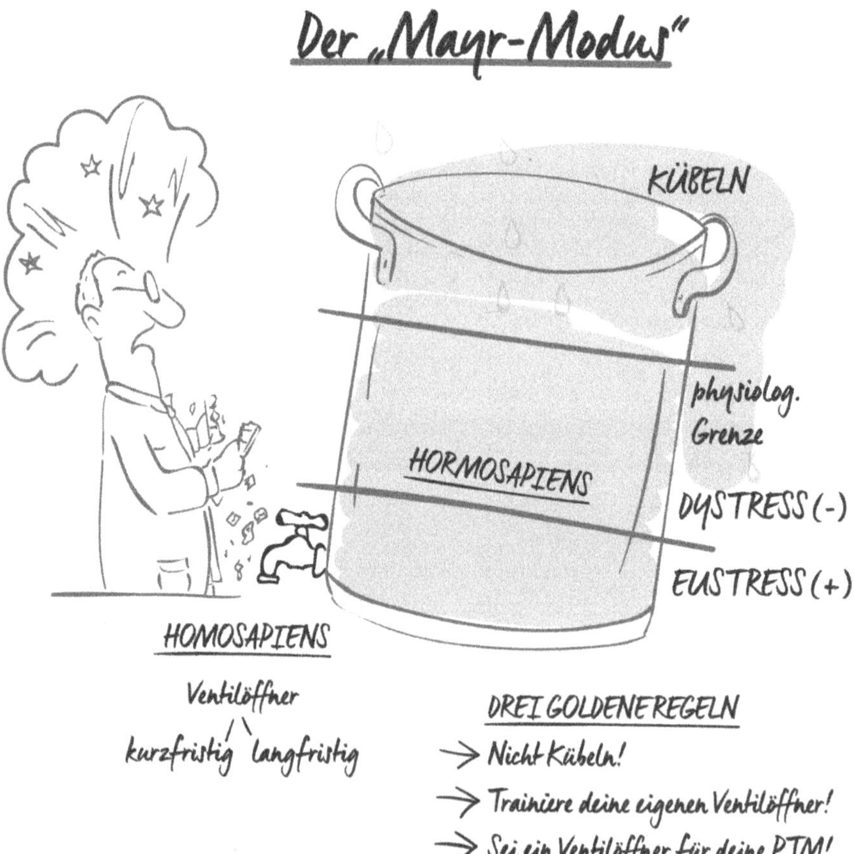

Abb. 21: Drei goldene Regeln der Führung

strich damit erneut die Bedeutung, die sie diesem neuen Wissen beimaß. „Ich versuche, die von dir genannten Tipps wirklich im täglichen Leben zu berücksichtigen. Erstens: niemals kübeln. Zweitens: meine eigenen Ventilöffner trainieren. Und drittens: die Ventile meiner Teamkollegen öffnen." Susan holte einen Ausdruck von Katharinas Flipchart-Zeichnung aus ihrem Notizheft hervor, auf der sie diese drei Regeln ergänzt hatte.

Katharina war erfreut festzustellen, dass auch die Reihenfolge der Regeln richtig war. Denn nur wenn Punkt eins und zwei funktionierten, war es überhaupt möglich, sich auf Punkt drei – ein Ventilöffner für andere zu sein – zu fokussieren. Dieser letzte Punkt machte aber den entscheidenden Unterschied, ob eine Führungskraft gut war oder nicht. „Im Punkt eins – nicht kübeln – bin ich bei Stufe 5 in unserer Torte. Ich übe fleißig. Es gelingt mir meistens, aber es gibt trotzdem Momente, in denen ich meinen Ärger nicht mehr ganz abfange. Wenn ich küble, dann meistens privat. Ben ist dann derjenige, der meine Wut abbekommt." Susan ging zu ihrem Schreibtisch und griff in die erste Schublade. „Schau mal, was mir Ben zu meinem Geburtstag geschenkt hat", Susan hielt Katharina den silbernen Zapfhahn entgegen. „Das darf ich als Symbol dafür verwenden, wenn ich seine Unterstützung beim Öffnen meiner Ventile brauche."

Katharina war verblüfft. Sie hatte Ben bei Susans Überraschungsparty als offenen und umgänglichen jungen Mann kennengelernt. Dass er sich zusammen mit Susan dem ZDE und den Big Five stellte, hatte sie damals schon tief beeindruckt. Mit Blick auf diesen Öffner schien es ihr, als wäre Ben für Susan wirklich in jeder Hinsicht ein Partner fürs Leben. „Ich gratuliere dir zu deinem Mann, ihr seid wirklich ein tolles Team!" Susan nickte und legte ihr Geschenk auf die Theke. „In der Arbeit habe ich mich kurz vor dem letzten Meilenstein selbst beim Kübeln erwischt. Ich hatte an diesem Tag den gesamten Vormittag die Ängste und Zweifel meiner Projektkollegen ab- und aufgefangen. Am Nachmittag kübelte ich dann Simone voll. Nicht aggressiv, sondern eher verzweifelt. Mein Topf war einfach voll und ich war im totalen Opfermodus." Katharina lachte. „Mach dir keinen Kopf, das geht jedem einmal so. Simone ist ein guter Ventilöffner. Sie ist es gewöhnt, dass Kolleginnen und Kollegen ihre Sorgen bei ihr ‚abreden'. Sie hält Martin damit den Rücken frei." Susan wusste, was Katharina meinte. Simone war wie die gute Seele der Firma. Es gab kaum einen Vorfall, über den sie nicht Bescheid wusste.

„Mein Fazit", schloss Susan ab, „beim Kübeln übe ich noch. Damit Stufe 5." Katharina nickte bestätigend. „Was das Training meiner Ventilöffner angeht, habe ich ein paar bereits auf Stufe 6. Nämlich jene Aktivitäten, die ich schon seit Jahren für mich kultiviert habe. Ich habe hier nichts verändern müssen, sondern mir nur bewusst gemacht, dass dies meine Ventilöffner sind. Laufen und Freunde treffen gehören hier beispielsweise dazu. Aber um möglichst viele Ventilöffner zu haben, probiere ich gerade auch ein paar neue Sachen aus: Kuchen backen, Surfen, Gedichte schreiben und jüngst habe ich sogar versucht, ein Bild zu malen. Letzteres hat leider gar nicht geklappt." Beide Frauen lachten und dachten zeitgleich an Marie, die so ein großes Talent dazu hatte.

„Es gibt also Ventilöffner auf allen Stufen der Torte – manche trainiere ich bis Stufe 6 und behalte sie bei, andere verwerfe ich auf Stufe 4 nach einem ersten Probieren wieder." Susan trank ihr Wasser aus und richtete ihren Oberkörper auf. Sie spürte, wie ihr Körper nach einer kleinen Pause verlangte und wollte den letzten Aspekt aber noch zu ende reflektieren. „Für meine Kollegen und Mitmenschen ein Ventilöffner zu sein, macht mir große Freude. Es ist einfacher als gedacht und ich denke, ich habe hier mittlerweile mindestens Stufe 5 erreicht. Aber wie du es prophezeit hast, man muss selbst einen leeren Stresstopf haben, damit man Zeit und Muße dafür hat. Kämpfe ich mit mir selbst, klappt das gar nicht." Katharina applaudierte. „Du kannst wirklich stolz auf dich sein, Susan. Du legst hier ein immenses Tempo hin. Das ist Veränderungsmanagement vom Feinsten!" Susan bedankte sich bei Katharina und beide machten eine kurze Pause.

„Lass uns eine Sommerplanung machen", begann Katharina, als beide wieder bereit waren, ihr Coaching fortzuführen. „Ich werde heuer im Sommer sechs Wochen unterwegs sein. Mein Mann und ich nehmen eine Auszeit und werden im Juli und August viel reisen." Susan strahlte. „Wirklich? Das klingt ja wundervoll. Wo geht es denn hin?" Katharina blickte nach oben, lächelte und versuchte sich der Reihe nach die einzelnen Zielstädte ins Gedächtnis zu rufen. „Wir machen eine Tour durch Asien. Wir wechseln immer zwischen Städten, die wir spüren und erleben möchten, und dazwischen verbringen wir kurze Einheiten zum Erholen an schönen Stränden." Susan seufzte. Das war einer der Lebensträume, den auch Ben und Susan hatten. „Wie bekommst du das mit deinem Job als Vorständin hin, sechs Wochen nicht vor Ort zu sein?"

Katharina beugte ihren Oberkörper leicht über den Tisch zwischen ihnen und flüsterte Susan zu: „Das ist eines der Privilegien, die ich genießen darf, weil ich schon so viele Jahre für meine Firma tätig bin. Für mich sind 10 Wochen Urlaub im Jahr unerlässlich für meine Psychohygiene und daher nehme ich mir zusätzlich vier Wochen unbezahlten Urlaub jährlich dazu. Dafür verzichte ich auf einen kleinen Teil meiner Bonuszahlung. Weißt du, Susan, Zeit ist so viel kostbarer als Geld." Susan nickte und hatte schon zahlreiche Asien-Bilder im Kopf. Sie war beruflich vor drei Jahren eine Woche in Singapur gewesen. Die Kultur, das Ambiente, das Stadtbild und die vielen Menschen hatten sie gefesselt. Sie wusste nur zu gut, dass Singapur mit Abstand die europäischste aller asiatischen Städte war. Umso mehr hatte sie Lust, das tatsächliche Asien zu erleben.

„Ich habe einen Vorschlag bezüglich unseres Coachings für dich. Ich möchte heute gerne wieder ein neues, diesmal altes Tool mit dir beginnen. Alt deshalb, weil du es bestimmt schon kennst. Neu deshalb, weil meiner Erfahrung nach selten jemand tatsächlich aktiv damit arbeitet. Wir werden das Tool heute beginnen und dann bekommst du von mir einen kurzen Test mit nach Hause. Ich würde dich bitten, diesen bis zum nächsten Mal auszufüllen. Ich schlage vor, wir treffen uns bereits Ende Juni wieder. Zu diesem Termin finalisieren wir dieses Tool zusammen. Danach machen wir eine Pause bis Anfang September. Wie findest du diesen Plan?" Susan lächelte zustimmend. „Wenn du im Sommer mal dringend einen Tipp brauchst, kannst du mir eine E-Mail schicken. Ich werde unterwegs einmal pro Woche meine Mails checken. Allerdings nicht öfter. Telefonisch werde ich nicht erreichbar sein."

Susan verstand und freute sich über diesen Backup. Sie hatte aber nicht vor, Katharina während ihrer Reisen zu stören. „Das Führungstool, das ich heute mit dir reflektieren möchte, heißt: vier Seiten einer Nachricht." Susan runzelte die Stirn. „Du meinst das Modell mit den vier Ohren von Schulz von Thun?" Katharina nickte. „Genau das. Wunderbar, du kennst es." Susan war leicht enttäuscht, dass es kein aktuelleres oder spannenderes Tool war, das ihre Mentorin ausgewählt hatte. Allerdings musste sie zugeben, dass Katharina Führungsmodelle auf eine ganz besonders tiefgehende Weise betrachtete. Sie verinnerlichte diese und nutzte sie als Werkzeuge für ihre Weiterentwicklung als Managerin. Susan ermahnte sich also innerlich selbst, offen und interessiert zu sein, für das was kam. Katharina stand auf, ging zum Flipchart-Ständer und blätterte auf die nächste Seite. Zum Vorschein kam eine von Katharina leicht adaptierte Skizze von besagtem Modell.

4-Ohren-Modell

Abb. 22: Die vier Seiten einer Nachricht (vgl. Schulz von Thun)

„Bitte erzähl mal, was du über dieses Modell schon gehört hast, damit ich weiß, wo wir beide zusammen einsteigen", forderte Katharina Susan auf. Diese erhob sich ebenfalls, ging zur anderen Seite des Flipcharts und blickte auf die Zeichnung. „Das ist ein altbekanntes Kommunikationsmodell. Soweit ich mich erinnern kann, geht **Schulz von Thun** davon aus, dass jeder Mensch grundsätzlich vier ihm zur Verfügung stehende Kommunikationskanäle hat. Diese Kanäle dienen uns zum Senden als auch zum Empfangen von Nachrichten." Katharina nickte zustimmend. „Ja, genau! Das ist ein wesentlicher Aspekt. Das Modell impliziert das Hören und das Sprechen in diesen Kanälen." „Ist es nicht so", fuhr Susan fort, „dass seine Annahme lautet, dass die meisten Menschen einen dominanten Kanal haben? Sozusagen einen Lieblingskanal, mit dem sie kommunizieren?" Katharina bestätigte.

Das Vier-Seiten-Modell oder auch Nachrichtenquadrat genannt ist ein berühmtes Modell der Kommunikationspsychologie, entwickelt von Friedemann **Schulz von Thun** und publiziert in seiner **Miteinander reden** Buchserie in den 1980ern.

„Es gibt zwei Kanäle, die evolutionstechnisch bestimmt mehrheitlich Männer nutzten: den SACH-Kanal und den APPELL-Kanal. Demgegenüber gibt es vertikal zwei, mehrheitlich den Frauen zugeschriebene Kanäle: den ÜBER-MICH- und den ÜBER-DICH-Kanal." „Wunderbar, soweit die Theorie", pointierte Katharina. „Lass uns bitte für den ÜBER-MICH-Kanal synonym den Begriff ICH-Ohr verwenden. Den ÜBER-DICH-Kanal möchte ich gerne WIR-Ohr nennen. Horizontal sprechen wir sinngemäß vom SACH-, und vom APPELL-Ohr. Passt das so für dich?" Susan nickte. „Sind denn die Zuschreibungen von männlich und weiblich überhaupt noch zeitgemäß?", hakte sie gleich daraufhin nach, ohne zu verschleiern, dass sie mit diesen nicht ganz glücklich war. „Die Frage ist gut", begann Katharina. „Es handelt sich hier um erhöhtes Aufkommen – nicht mehr und nicht weniger. Ich habe in meiner Karriere unzählige Frauen mit dominantem SACH-Ohr kennengelernt, aber auch genauso viele Männer, die im ICH-Ohr mit mir kommuniziert haben. Die Grundformel ist also: JEDER und JEDE hat diese vier Kanäle zur Verfügung. Wie stark die einzelnen Kanäle ausgeprägt sind, ob einer dominant oder ein Ohr verstopft ist, ist individuell unterschiedlich."

„Was meinst du mit verstopft?", fragte Susan verwirrt nach. „Das ein Ohr überhaupt nicht benutzt wird. Es ist nicht in Verwendung. Du sprichst weder mit diesem Kanal, noch hörst du damit." Susan überlegte. „Was ist die Konsequenz, wenn jemand ein Ohr gar nicht benutzt?" Katharina freute sich, dass Susan gleich eine der wesentlichen Fragen stellte. „Mit jenen Mitmenschen – beruflich wie privat – die einen Kanal benutzen, der bei dir verstopft ist, sind Kommunikationsschwierigkeiten und Missverständnisse bis hin zu Konflikten wahrscheinlich." Susan war interessiert. Mit einem Mal waren ihre Vorurteile vergessen und sie begann, sich Stufe 2 auf ihrer Torte zu erarbeiten. Sie wollte es wirklich verstehen. „Die Regel lautet: Wenn du willst, dass deine Nachricht ankommt, benutze den Kommunikationskanal deines Gegenübers. Als Führungskraft ist das wichtiger denn je!", betonte Katharina und freute sich innerlich über den Verlauf des Gesprächs. „Wie erkenne ich, wer in welchem Kanal kommuniziert? Ist das einfach und schnell möglich oder braucht es dafür immer eine Austestung?" Susan füllte zwei Gläser mit Wasser aus einer Karaffe auf. Während sie einen großen Schluck trank, hörte sie Katharina aufmerksam zu.

„SACH-Ohren erkennst du ganz einfach. Ich nenne sie den ZDF-Typus. ZDF steht hier aber nicht für den deutschen Fernsehsender, sondern für

Zahlen, Daten und *Fakten,* die bei diesem Typ jedes Gespräch dominieren. Ihre Mails sind kurz und bündig, sie hassen Smalltalk, sie kommen stets sofort zur Sache und ärgern sich über jeden, der ihrer Auffassung nach nicht so effizient tickt wie sie selbst. Ich würde schätzen, zirka 70 Prozent meiner Kolleginnen und Kollegen im Konzern haben ein dominantes SACH-Ohr antrainiert beziehungsweise antrainiert bekommen." Katharina zwinkerte Susan zu, damit diese die Implikationen ihrer Aussage richtig deuten konnte. Während Katharina den ZDF-Typus beschrieb, fiel Susan auf, wie zahlreiche Namen und Bilder von Kolleginnen und Kollegen vor ihrem geistigen Auge aufpoppten. Sie schnappte sich ihren Notizblock, der immer noch neben ihr am Tisch lag, blätterte um und begann alle Menschen zu notieren, die sie in der Kommunikation so erlebte. Darunter waren unter anderem Karli, sofern er gut gelaunt war, Maggy, Judith, Martin und ein paar Kernteammitglieder der einzelnen Projektteams. Katharina registrierte Susans Namensliste, ging aber nicht darauf ein. Stattdessen ging sie zum nächsten Kanal über.

„APPELL-Ohren haben zwei Gesichter. Es gibt hier den APPELL-Geber und den APPELL-Nehmer. Ein APPELL-Geber geht in einen direkten Führungsstil. Er gibt klare, kurze Anweisungen, die zu befolgen sind. Er erklärt kein *Warum*, er delegiert das *Was*. Typische Führungsstile, die hier benutzt werden, sind autoritär, autokratisch oder patriarchalisch. Wie es im **Drama-Dreieck** heißt, findet jeder Täter auch sein Opfer. Daher kommt jetzt der APPELL-Nehmer ins Spiel. Ein APPELL-Nehmer hört überall eine Arbeitsaufforderung heraus. Selbst wenn eine ganze Runde Mitarbeiter am Besprechungstisch sitzen und der Chef nur sagt: ‚Das gehört gemacht.' Was der APPELL-Nehmer aber hört, ist: ‚DU musst das machen.' Gedanklich legt der Nehmer die Aufgabe schon auf den eigenen Tisch. Und nicht zu selten liegt genau auf diesem Tisch bereits ein hoher Stapel." Susan stockte der Atem. Sie hatte das APPELL-Ohr bislang nur in seinem fordernden Naturell reflektiert. Der Aspekt mit dem Nehmer gab ihr nun zu denken. Sie erkannte sofort einige ihrer Kolleginnen und Kollegen, zahlreiche ihrer Freundinnen und zum Teil auch sich selbst darin wieder. Sie machte sich eine kurze Notiz für ihre nächste goldene Stunde.

> Das **Drama Dreieck** der Transaktionsanalyse beschreibt drei mögliche Verhaltens positionen, die Menschen einnehmen können: Retter, Verfolger (Täter) und Opfer. Infos: www.transaktionsanalyse-online.de

„Eine Sache frage ich mich allerdings dabei", grübelte Susan und wandte sich an Katharina. „Wir haben doch festgestellt, dass ein dominanter Kanal immer in beide Richtungen geöffnet ist. Also beim Sprechen genauso wie beim Empfangen. Das ist dann aber hier im APPELL-Kanal anders. Hier ist man entweder Geber oder Nehmer, stimmts?" Katharina schüttelte den Kopf. „Jeder, der in einem – ich sage jetzt bewusst – übertriebenen APPELL-Kanal direkte Befehle *gibt*, ist in einer anderen Situation oder in einer anderen Ecke seines Lebensdreiecks ein Nehmer. Viele von den heute dominanten APPELL-Gebern waren in Kindertagen Söhne oder Töchter von autoritären Vätern oder hatten einen Lehrherrn, der sie dominant führte. Manche meiner gleichaltrigen Kollegen im Führungskreis, die im beruflichen Alltag für ihren dominanten Führungsstil bekannt sind, sind zu Hause bei ihrer Ehefrau APPELL-Nehmer. Und viele Sandwichführungskräfte und Projektmanager haben die Tendenz, nach oben hin APPELL-Nehmer und nach unten in ihre Teams APPELL-Geber zu sein." Susan verstand. Sie kannte Täter-Opfer Theorien aus ihrem Studium und fand es spannend, diese auf das praktische Wirtschaftsleben zu übertragen. Ein befreundeter Psychologe hatte ihr mal erzählt, dass jeder Verbrecher selbst Opfer war. Mit Katharinas Worten ausgedrückt, beginnt man als APPELL-Nehmer und wenn man nicht lernt *Nein* oder *Stopp* zu sagen, ist die Gefahr wohl die, in anderen Lebensbereichen zum APPELL-Geber zu werden.

„Lass uns nun zum WIR-Ohr kommen", entgegnete Katharina und holte Susan aus ihren Gedanken. „Jedes Projekt braucht mindestens eine Person, besser noch zwei Personen im Kernteam, die einen dominanten WIR-Kanal haben. Du erkennst diese Menschen daran, dass sie nicht sofort etwas fordern, sondern zuerst einmal fragen, was denn gebraucht wird. Sie sind teamfähig, kooperativ und unterstützen immer ihre Kollegen, wenn Hilfe gebraucht wird. Sie haben einen natürlichen Hang zur Empathie und versetzen sich instinktiv in ihre Kollegen hinein, um zu spüren, wie es dem anderen gerade in einer Situation geht. Da große WIR-Ohren immer die Beziehung vor die Leistung stellen, sind ihnen persönliche Gespräche und eine gute Vertrauensbasis wichtig. Wenn du mit einem WIR-Ohr kommunizierst, ohne Interesse an dem Menschen und der gemeinsamen Beziehung zu zeigen, ist der WIR-Typ schnell beleidigt. Er nimmt es dir übel, dass dir nicht wichtig ist, wer er ist und wie es ihm geht, sondern nur zählt, was er leistet. Das verletzt das WIR-Ohr."

Susan notierte sich die Punkte so schnell sie konnte. Zeitgleich merkte sie, wie viel Sympathie in ihr aufstieg, als sie die Verhaltens- und Denkweisen des

WIR-Typus aus Katharinas Mund hörte. „Besonders wichtig für das WIR-Ohr ist, dass es eine schöne Balance zwischen konstruktiv-formulierter Kritik und Lob gibt“, beschrieb Katharina weiter, verlangsamte aber ihr Sprechtempo, da sie sah, wie wichtig Susan gerade das Mitschreiben war. „Du kannst grundsätzlich einem WIR-Ohr alles sagen, wenn es im selben Gespräch auch genug Lob und Anerkennung gibt. Stell dir das wie eine Waage vor. Ständiges einseitiges Nörgeln und Kritisieren kann ein WIR-Ohr gar nicht aushalten. Hier ist sofort das Gefühl da, nicht wertgeschätzt zu werden. Und genau dieses fehlende Gefühl der Wertschätzung ist ein roter Knopf für diesen Kommunikationstyp, der ihn ganz schnell in einen Mayr-Modus katapultiert.“

Katharina schwieg. Sie wusste, das war gerade viel Info auf einmal. Sie verschaffte Susan eine Pause zum Nachdenken, indem sie zum Tisch ging und ein paar Schluck Wasser trank. Es war bereits 17.00 Uhr und auch Simone und Michaela waren schon nach Hause gegangen. Da sie nicht stören wollten, verzichteten sie auf eine Verabschiedung. In Susans Kopf schwirrten derweilen wieder viele Namen von Personen, die in ihrem Umfeld ein großes WIR-Ohr hatten. Ben fiel ihr ein, ihre Tante aus Graz, drei ihrer engsten Freundinnen, Paul und Pierre sowie Simone und Michaela. Sie notierte alle in ihrer Liste beim entsprechenden Ohr und blickte zu Katharina. „Kann es sein, dass Menschen auch zwei oder drei Ohren benutzen? Ich habe bei ein paar das Gefühl, ich würde sie gerne mehrfach aufschreiben.“ Katharina nickte. „Auf jeden Fall. Erinnerst du dich an Schulz von Thuns Empfehlung für Führungskräfte?“ Susan überlegte. „Ehrlich gesagt, nein. Aber wenn die Regel lautet, dass ich in den dominanten Kanal meines Gegenübers switchen soll, muss ich ja eigentlich alle Kanäle parat haben und flexibel sein, oder?“ Katharina lächelte und deutete Applaus an.

„Wir arbeiten uns gerade auf Stufe 2 deiner Torte hoch. Ja genau! Diese Erkenntnis ist maßgeblich. Aber wir sind immer noch bei der Theorie. In der Praxis haben wir nun mehrere Schritte vor uns. Erstens, wir müssen herausfinden, welche der vier Kanäle du selbst aktuell am häufigsten benutzt. Ich vergleiche das gerne mit Sport. Wenn du häufig auf deinem rechten Bein hüpfst, dann bekommst du dort gute Muskeln und ein gutes Gleichgewicht. Wenn jetzt ein Kollege zu dir kommt, der ebenfalls gerne mit seinem rechten Bein hüpft, dann hast du ein Heimspiel. Ihr habt zufällig ein gleiches Muster. Mit diesem Kollegen eine Runde um das Haus zu hüpfen – auf dem rechten Bein versteht sich, strengt euch beide wenig an. Vielleicht macht es euch sogar Spaß und ihr trefft euch gerne und oft. Dieses Bein ist also gut trainiert und dein Gegenüber bestätigt dir indirekt deine Gewohnheit als eine gute Gewohnheit. Ihr seid beide auf Stufe 6 auf euren Torten." Susan musste über die Vorstellung lachen, wie sie fröhlich auf einem Bein um das Gebäude von Spirit Events hopste. An ihrer Seite sah sie Simone, die ihr zurief, noch einen Zahn zuzulegen. Katharina lachte ebenfalls. Ihr war bewusst, dass der Vergleich komisch war, aber dennoch machte er deutlich, worauf sie hinauswollte.

„Stell dir vor, jetzt kommt ein weiterer Kollege, der es liebt, auf seinem linken Fuß zu hüpfen. Er möchte gerne, dass du auch mit ihm eine Runde ums Haus hüpfst. Diese Aufgabe wird dir deutlich schwerer fallen. Dein linker Fuß ist nicht so trainiert wie der rechte. Du hast weniger Muskeln und dein Gleichgewichtssinn ist mehr gefordert. Du wirst diese Runde schaffen, aber die Anstrengung war deutlich höher. Kannst du dir das vorstellen?" Susan nickte. „Der linke Fuß in dieser Metapher", erklärte Katharina weiter, „referenziert auf das am zweithäufigsten benutzte Ohr. Ein Wechsel in diesen Kanal ist möglich, erfordert aber mehr Energie und Konzentration." Susan dachte an ein paar Menschen in ihrem Umfeld, bei denen sie sich im Anschluss an ein Gespräch immer müde und ausgelaugt fühlte. Kein Wunder, denn in diesen Situationen hüpfte sie offenbar auf einem noch wenig trainierten Bein. „Und jetzt stell dir vor, es kommt ein dritter Kollege, der immer auf seinen Händen rund ums Bürogebäude läuft." Susan runzelte die Stirn. Diese Vorstellung war ihr jetzt doch zu weit hergeholt. Aber sie musste zugeben, auf den Händen zu gehen, wäre keine Option für sie. „Mit so einem Teammitglied wäre die gemeinsame Runde wohl unmöglich machbar", konterte sie Katharina. „Und damit die Eskalation in Sicht", beendete Katharina den Satz. Susan dachte nach.

„Kommen wir zurück zum Kommunikationsmodell. Schritt eins ist es also, seine gut trainierten, *muskulösen* Kanäle zu erkennen und gleichzeitig herauszufinden, welche Kanäle weniger trainiert oder vielleicht sogar verstopft sind. In Schritt zwei geht es dann darum, sich Strategien zu überlegen, wie man etwaige verstopfte Ohren wieder freibekommt oder ungeübte Kanäle öfter benutzt, um die Muskeln zu stärken. Sollte dann der Linksfuß-Hüpfer oder der Hände-Läufer an meiner Projekttür klopfen, bin ich bereit und schaffe eine Runde mit dieser Person." „Es sei denn", prustete Susan lachend los, „dieser erwischt mich auf dem falschen Fuß!" Beide lachten herzhaft und Katharina musste sich sogar eine Träne aus dem linken Augenwinkel tupfen.

Als sich beide wieder beruhigt hatten, sah Katharina Susan mit ihrem eindringlichen Blick an. „Da steckt eine große Wahrheit dahinter. Wenn du selbst gerade mit deinem Hormosapiens kämpfst, hast du nämlich weder Lust noch Energie, deinen Kanal – sprich, deine Fortbewegungsart – an ein Projektteammitglied anzupassen. Im Mayr-Modus würdest du dir denken: ‚Der soll sich nicht so anstellen. Dann muss halt er sich meiner Gangart anpassen!' Vielleicht bewertest du sogar die andere Art der Fortbewegung als schlecht oder ungut und bist alles andere als offen dafür. Ein Ansatz, der jegliche Bemühungen des Beziehungsaufbaus sofort im Keim ersticken würde." Susan dachte nach.

„Uns fehlt noch das ICH-Ohr", begann Katharina nach einer Weile weiter auszuführen. „In seiner extremsten Ausprägung nenne ich es das DIVA-Ohr." Beim Wort *Diva* wurde Susan aus ihren Gedanken gerissen, sammelte sich aber schnell wieder und blickte ihre Mentorin aufmerksam an. „Ich empfinde diesen Kanal als den interessantesten, da er die meisten inneren Konflikte auslöst." Susan wusste nicht, worauf Katharina hinauswollte. Sie blätterte in ihrem Notizblock um und machte sich wieder bereit für ihr geistiges „Wer bin ich?" - Spiel. „Menschen, die diesen Kanal benutzen, argumentieren in der ICH-Perspektive. Beispiele dafür sind: ich habe getan, ich habe gekauft, ich habe übernommen, mir ist wichtig, durch mich war es möglich, wegen mir, wie ich schon sagte, und so weiter. Die Gemeinsamkeit ist immer das Wort ICH. Im Vergleich dazu würde jemand im WIR-Kanal folgende Worte benutzen: wir haben gemacht, gemeinsam ist es uns gelungen, zusammen haben wir, dank unseres Einsatzes haben wir, wir sind, wir machen, wir haben es geschafft, und so weiter." Susan schmunzelte. Die Unterscheidung der Kanäle war in der Tat einfacher als gedacht. Sie schrieb die ersten Namen, die ihr zu diesem Ohr einfielen, auf ihr Blatt. Darunter waren Kollegen aus ihrer Zeit bei der Messefirma, einige Bräute, deren Hochzeiten sie organisiert hatte, und ein paar Kunden und Lieferanten, die sie als besonders ich-bezogen wahrnahm. Sie zögerte für einen Moment, ob sie Karli dazuschreiben sollte. Schließlich ergänzte sie seinen Namen, setzte ihn aber in Klammern.

„Weißt du Susan, keiner der vier Kanäle ist schlecht oder unnütz. Jeder ist wichtig und hat seine Berechtigung. Der SACH-Kanal fördert Effizienz, der APPELL-Kanal gibt Klarheit und Geschwindigkeit, der WIR-Kanal verbindet und im ICH-Kanal achte ich auf mich selbst und meine eigenen Bedürfnisse." Katharina sah eindringlich zu Susan rüber. Diese schrieb noch fleißig an ihren

Namen. Plötzlich senkte sie den Stift und blickte zu ihrer Mentorin. „Was war der letzte Satz?" Katharina hob ihren rechten Mundwinkel an und lehnte ihren Oberkörper wieder vor zu Susan. „Du hast richtig gehört, die Benutzung des ICH-Kanals ist wichtig, um unsere individuellen Bedürfnisse nicht zu vernachlässigen." Susan verstand. Und ihr war auch klar, warum Katharina das so deutlich betonte. „Ich habe dir einen **Test** mit zwölf Fragen mitgebracht. Bitte fülle diesen Test aus. Zugegeben, es handelt sich hier um eine starke Vereinfachung, aber er zeigt dir dennoch deine trainierten Ohren auf. Finde heraus, mit welchen der vier Kanäle du selbst mehrheitlich kommunizierst. Das ist der erste Schritt und final relevant für Stufe 2, dem wirklichen Verstehen, auf der Kommunikationstorte." Katharina streckte Susan den Test entgegen und diese legte ihn in ihr Notizheft. Sie konnte es kaum erwarten den Test auszufüllen, hatte aber zugleich Respekt vor der Reflexion der dadurch entstehenden Erkenntnisse.

> Wenn Du den **Test** zum 4-Ohren-Modell ausprobieren möchtest, findest Du diesen auf meiner Website www.diamond-thoughts.com zum Download.

Es war kurz vor 17.30 Uhr als sich die beiden Managerinnen voneinander verabschiedeten. Der nächste Termin für Ende Juni war vereinbart. Während Katharina das Büro verließ und in ihr Wochenende startete, eilte Susan noch zum Bürokopierer, um den 4-Ohren-Test zu vervielfältigen. Im Anschluss fuhr sie nach Hause zu ihrem Mann.

15. AUS EINS MACH VIER

Als Susan an diesem Abend nach Hause kam, stand Ben in seinen Laufsachen in der Küche und trank gerade ein großes Glas Orangensaft. Sie legte ihre Sachen ab, ging zu ihm und küsste ihn. „Hattest du einen schönen Tag?", fragte sie ihren Mann und drückte sich fest an ihn. Ben, der einen Kopf größer als Susan war, küsste sie auf die Stirn und erwiderte Susans Umarmung. Susan wusste, dass dies Ja bedeutete, und blickte zu ihm hoch. „Wolltest du gerade zum Laufen aufbrechen?" Ben nickte. „Wie wäre es mit einem gemeinsamen Ab-ins-Wochenende-Lauf?", erkundigte er sich liebevoll und ermunterte Susan, mit ihm zu kommen. Das musste er nicht zweimal fragen. Susan lächelte und eilte ins Schlafzimmer, um auch ihre Sportsachen anzuziehen. Zehn Minuten später gingen sie die Treppe ihrer Wohnung hinunter und liefen los. Susan merkte, wie wortkarg sie während der ersten fünfzehn Minuten ihres Lauftrainings war. Sie war in Gedanken noch bei den vielen Führungstools, die sie zuvor mit Katharina diskutiert hatte. An ihre eigene Analyse angelehnt, steckte sie gedanklich noch in ihrer Transferzeit. Ben merkte dies. Er lief neben Susan und blickte gelegentlich zu ihr rüber. Da ein Versuch, ein Gespräch zu beginnen, scheiterte, beschloss er, das Laufen und die Umgebung zu genießen und einfach darauf zu warten, bis Susan im Hier und Jetzt ankam. Als die beiden das Seeufer erreichten, spürte Susan, wie ihre Gedankenhubschrauber im Kopf sich senkten und sie durch die Schönheit des Starnberger Sees plötzlich tief durchatmete.

„Entschuldige bitte, Ben", begann Susan zu erzählen, „ich komme gerade vom Coaching mit Katharina und mein Kopf ist noch voll." Jetzt verstand Ben, mehr brauchte sie gar nicht zu sagen. Er blieb kurz stehen und streckte seine Arme in die Luft, um sich zu dehnen. Susan folgte seinem Vorbild und machte ebenfalls ein paar Dehnübungen. „Worüber habt ihr diesmal gesprochen?", fragte Ben neugierig, der wie immer gespannt war, welches neue Tool gerade an der Reihe war. „Wir haben begonnen, mit dem Vier-Ohren-Modell zu arbeiten“, erzählte Susan. „Du meinst dieser Typ, wie hieß er doch gleich, Thun? Schulz von Thun und sein Kommunikationstool?“ Seine Frau nickte. Dann begann Susan zu erzählen, was sie an diesem Nachmittag gelernt hatte. Spätestens bei der Beschreibung der vier einzelnen Kanäle hatte auch Ben seine Skepsis abgelegt und hörte interessiert zu. Susan schmunzelte, als Ben fast die gleichen Fragen stellte, mit denen auch sie zuvor Katharina bombardiert hatte.

„Katharina hat mir einen Test mitgegeben, mit dem wir unsere dominanten Ohren herausfinden können.“ Ben war erfreut und wollte schon zur nächsten Frage ansetzen, als ihm Susan ins Wort fiel: „Ja, natürlich habe ich auch einen für dich mitgebracht.“ Er lachte und gab Susan einen Kuss. Sie waren inzwischen gut 40 Minuten gelaufen und kurz vor Beendigung ihrer Runde. „Wollen wir wieder zu unserem Italiener zum Abendessen gehen oder lieber was bestellen?“, erkundigte sich Ben. „Ich würde sagen, wir gehen zu unserem Freund und ich nehme die Tests einfach dorthin mit.“ Ben nickte und kurz darauf waren sie schon bei ihrer Wohnung angekommen. Nach einer erfrischenden Dusche zog Susan ein Sommerkleid über und Ben ein kurzärmeliges Hemd mit Jeans. Es war ein milder Abend und sie hofften auf einen Platz im Gastgarten.

Sie hatten tatsächlich den letzten Außentisch im Restaurant bekommen. Es war ein kleiner Tisch etwas abseits von den anderen Gästen. Genau das, was sie sich erhofft hatten. Ihre Bestellung war bereits vom Kellner aufgenommen und die Getränke standen schon auf dem Tisch. Es war gegen 20.00 Uhr, als beide mit ihrem Vier-Ohren-Test dort saßen und Kreuzchen setzten. Es waren zwölf Situationen auszufüllen. „Welche Reaktion entspricht am ehesten Ihrer natürlichen Reaktion?“, hieß es in der Beschreibung. Interessant für beide war, dass der Test sowohl private als auch berufliche Szenen vermischte. Jeder arbeitete still vor sich hin. Susan nippte an ihrem Mineralwasser und kreuzte amüsiert die Antwort zur Situation elf an. Ben blickte kurz zu ihr, fokussierte sich dann aber wieder auf seinen eigenen Test. Nach zehn Minuten hielten beide eine Skizze in Händen, die die Gewichtung ihrer vier Ohren aufzeigte. Susan überlegte. Sie hatte ein anderes Ergebnis erwartet und war überrascht. Ihr dominantes Ohr was das SACH-Ohr.

Ben merkte, dass Susan irritiert über ihr Ergebnis war. „Zeigst du es mir?“, fragte er seine Frau und bot ihr umgekehrt auch seine Auswertung an. Susan zögerte einen kurzen Moment, griff dann nach Bens Auswertung und streckte ihm ihr Bild entgegen.

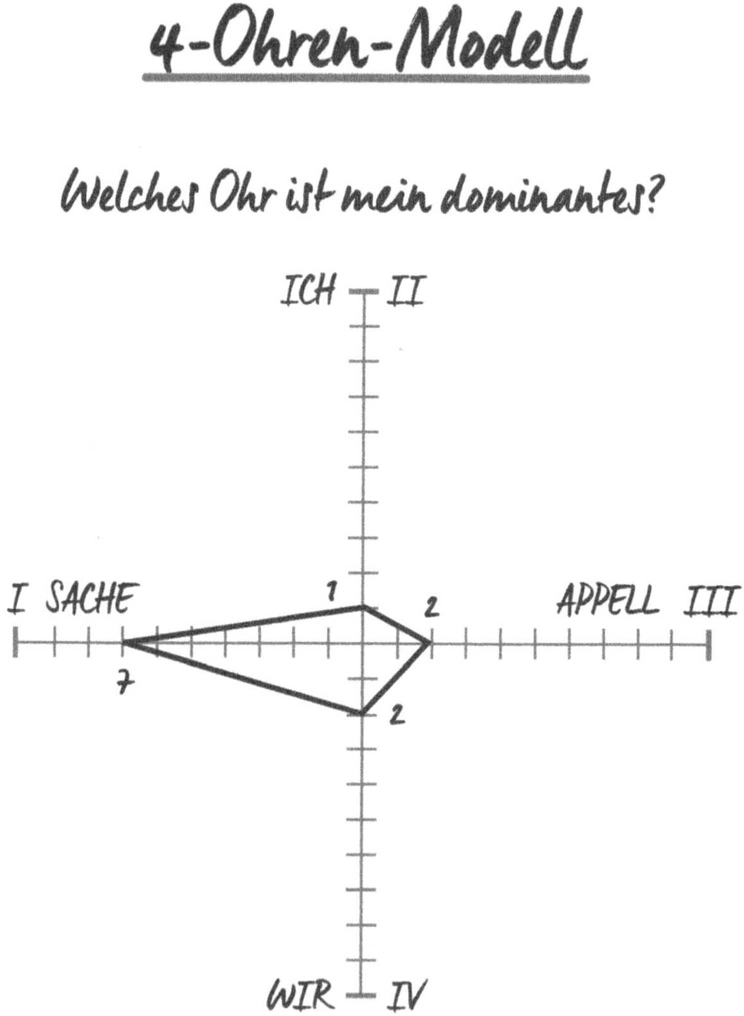

Abb. 23: Susans dominantes Ohr

Ben studierte Susans Auswertung eingehend. Es zeigte sich ein Bild eines etwas unförmigen Drachens. Das SACH-Ohr war mit sieben Punkten dominant. Ihn überraschte dieses Ergebnis keineswegs. Susan argumentierte gerne über Fakten und Daten. Und sie bemühte sich auch immer, Dinge effizient umzusetzen. Es sei denn, ihr Ehrgeiz wurde getriggert, wie an dem Wochenende, als ihre Einweihungsparty stattgefunden hatte. Damals waren einige ihrer Tätigkeiten in seinen Augen ineffizient und übertrieben. Aber das lag bestimmt am Mayr-Modus, in dem sie damals steckte. Ihr WIR-Ohr zweigte zwei Punkte. Ebenso das APPELL-Ohr. Ben wusste aus eigener Erfahrung, dass Susan, was die gemeinsame Freizeit anging, auch gerne mal den Ton angab. Wenn Gäste bei ihnen waren, gestaltete sie gerne die Programmpunkte. Sie führte liebevoll, aber bestimmt durch das Programm. Ben hatte sich angewöhnt, dies meist laufen zu lassen. Es gab nur wenige Momente, in denen er einen Programmpunkt ablehnte. Er nahm an, dass er diesen Charakterzug seiner Tiroler Herkunft verdankte. In Tirol nahm man vieles entspannter oder wunderte sich eher, als dass man sich ärgerte. Was Ben spannend fand war, dass sowohl Susan als auch er selbst nur jeweils einen Punkt beim ICH-Ohr hatten. Eine Gemeinsamkeit, die Susan sicherlich gefallen würde.

„Was hat denn Katharina dazu gesagt? Ist es gut oder schlecht, wenn ein Ehepaar unterschiedliche Ohren benutzt?" Susan überlegte. „Als Faustregel gilt, dass man bei Gesprächen den gleichen Kanal benutzen soll. Die Führungskraft ist grundsätzlich dafür verantwortlich in den Kanal seines Teammitglieds zu switchen. Je weniger die Führungskraft den benötigten Kanal benutzt, desto mehr Energie und Aufwand ist dafür notwendig." Ben nickte. „Dann wäre es wohl am besten, wenn zwei Ehepartner die gleichen Ohren trainiert haben." Susan lachte. „Am einfachsten bestimmt. Aber in der Realität ist es ja der berühmte kleine Unterschied, der Beziehungen oft herausfordernd macht. Ich gehe also nicht davon aus, dass das die Regel ist."

Susan blickte auf Bens Auswertung. „Ich bin ziemlich überrascht, dass du nur fünf Punkte auf deinem SACH-Ohr hast und ich sieben. Wir zwei entsprechen damit wahrhaftig nicht dem typischen Muster." Ben schmunzelte. „Mit fünf Punkten ist auch mein SACH-Ohr gut im Einsatz. Also, ich würde sagen, wir verstehen uns." Susan lächelte ebenfalls, beugte sich zu Ben und küsste ihn zärtlich. Dann wendete sie sich wieder seiner Auswertung zu. „Wie kommt es, dass du auch fünf Punkte bei deinem WIR-Ohr hast und ich nur zwei. Das ist mir wirklich ein Rätsel." Im Gegensatz zu Susan war Ben dieser

Umstand völlig klar. „Hey!“, rief er fast schon durchs Lokal. „Du hast wohl vergessen, dass ich drei Schwestern habe. Ich kann dir sagen, die haben mein Beziehungsohr trainiert. In der Pubertät hatte ich unter meinen Kumpels den Spitznamen Frauenversteher. Jeder hat sich bei mir Rat geholt, wenn die Freundin mal durchgedreht ist.“ So lustig sich diese Erklärung anhörte, Susan spürte, dass darin viel Wahrheit steckte. Als Einzelkind war es für sie in ihrer Kindheit sicher entspannter, zeitgleich aber auch einsamer als für Ben. Mit ihrem Vater allein im Haushalt waren sicher andere Kommunikationskanäle gefragt als bei Ben, der gemeinsam mit Ben Senior in der Unterzahl war. Mit vier Frauen zusammen – und Susan würde jeder einzelnen ein großes WIR-Ohr zuschreiben – war Ben tatsächlich der Geschultere von beiden.

„Hast du bemerkt“, entgegnete nun Ben, „wir haben beide nur eine Eins beim ICH-Ohr. Glaubst du, das ist unseren Jobs geschuldet?“ Susan dachte nach. „Naja, als Projektmanager wollen meistens viele Menschen gleichzeitig etwas von einem: Projektteammitglieder, Stakeholder, Projektmitarbeiter. Ich versuche es oft allen recht zu machen, aber zeitweise habe ich das Gefühl, dass mir die Puste ausgeht.“ Ben stimmte zu. „Genau! Mir geht es da ganz ähnlich. Und bei unserer immensen Standortgröße mit tausenden Kollegen vor Ort, habe ich manchmal den Eindruck, die von dir genannten drei Personengruppen verdoppeln sich noch durch Linienführungskräfte, Kollegen der Projektteammitglieder und nicht zu vergessen: Gewerkschaft und Betriebsrat. Manchmal sehe ich vor lauter Menschen, die mitreden wollen, mein Ziel gar nicht mehr.“ Beide lachten. Galgenhumor war eine der positiven Charakterzüge von Ben, die Susan ganz besonders liebte. Er konnte immer noch eins draufsetzen und brachte die Pointe so trocken und nüchtern rüber, dass man schnell merkte, hinter der betonten Übertreibung verbargen sich Quellen der Wahrheit.

„Katharina hat mir deutlich gemacht, dass ein zu kleines ICH-Ohr in der Praxis darauf hindeutet, dass man zu wenig auf sich selbst achtet. Ich glaube, ihr war bereits klar, dass mein ICH-Ohr etwas zu klein ausfallen würde.“ Ben schmunzelte. „Sie kennt dich schon echt gut, oder?“ Susan zuckte mit den Schultern. „Wenn du dein ganzes Leben lang mit Menschen zu tun hast, bekommst du wahrscheinlich ein gutes Gespür für solche Dinge. Ich hoffe, ich werde auch einmal so gut, dass ich eine Person in meinem Team schon nach wenigen Minuten einschätzen kann.“ Ben nickte. „Ja, das wäre echt hilfreich in unserem Beruf. Manchmal passiert es mir auch bei meinen Kollegen, dass ich mich ziemlich in ihnen täusche. Andererseits habe ich in letzter Zeit auch ein paar positive Erfahrungen dazu gemacht." Susan war neugierig. „An wen denkst du?", bohrte sie nach. „An meinen Kollegen aus dem Einkauf", erläuterte Ben. „Die Einkäufer sind so eine ganz besondere Spezies bei uns im Konzern. Grundsätzlich sind sie unkompliziert und kollegial. Es ist auch immer wichtig, einen von ihnen im Kernteam dabei zu haben, vor allem dann, wenn du deine Teile rechtzeitig geliefert haben möchtest. Vergisst du nämlich, sie fristgerecht zu informieren, dann musst du manchmal lange warten. Sei's drum. Ich schau in meinen Projekten immer, dass ein Einkäufer von Anfang an dabei ist und halte ihn gut über die Projektfortschritte informiert. Also wie gesagt, es sind alles ganz angenehme Jungs." Susan protestierte. „Hm! Und Mädels, hoffe ich." Ben schüttelte den Kopf. „Unsere Einkaufsabteilung beherbergt 18 Männer." Susan bekam große Augen. „Nicht dein Ernst! Nicht eine Kollegin?" Ben verneinte. „Ich glaube, das hat etwas mit dem Punkt zu tun, auf den ich hinauswill." Susan war gespannt. „Um sich als guter Einkäufer zu positionieren, ist es das oberste Credo, dem Lieferanten das letzte Hemd auszuziehen. Nur wenn du finanziell das Bestmögliche rausholst, bist du der Held der Abteilung." Susan schüttelte den Kopf. „Und was ist mit Lieferantenbeziehung, langfristiger Stabilität oder gegenseitigem Stützen?" Ben zuckte mit den Schultern. „Ich weiß, es ist, wie wenn die gesamte Abteilung auf einer alten, schimmligen Torte auf Stufe 6 festsitzt. Diese Kultur sitzt wirklich tief."

Susan verstand. Sie fand Bens Tortenmetapher absolut stimmig. Und sie fragte sich selbst, wie schimmlig eine bewährte Torte werden musste, damit man die Bereitschaft einer Gruppe erweckte, ein Stück einer neuen, frischeren Torte zu probieren. „Gestern hatte ich ein Gespräch mit einem richtig atypischen Einkäufer. Er erzählte mir beim Mittagessen, dass er auf langfristige Lieferantenbeziehungen fokussiert war und immer bestrebt war, eine offene und transparente Kommunikation mit ihnen zu führen. Aber er betonte auch, er würde das nie vor seinen Kollegen in der Abteilung zugeben. Er hätte Angst, der volle Außenseiter zu sein – oder schlimmer noch, die Abteilung wechseln zu müssen." Susan wurde nachdenklich. „Glaubst du er ist der einzige Einkäufer, dem es so geht?" Ben wurde nachdenklich. Es konnte gut sein, dass bereits mehrere anders agierten, aber wenige laute Kollegen am alten Ruf festhielten und diesen intern vermarkteten. Eines war jedenfalls offensichtlich: Das Bedürfnis nach Systemerhaltung siegte aktuell noch über das Bedürfnis nach Veränderung. Ben nahm sich aber vor, Susans Ansatz weiter nachzugehen. Es konnte nicht schaden, noch ein paar Freunde im Einkauf zu finden.

Ben wurde aus seinen Gedanken gerissen, als der Kellner die beiden bestellten Nudelgerichte auf den Tisch stellte. Sie wurden heute nicht vom Chef des Hauses persönlich bedient. Im Gastgarten sowie im Inneren des Restaurants waren alle Tische belegt und es herrschte geschäftiges Treiben. So hatte es auch einige Zeit gedauert, bis das Essen kam. Susan und Ben war das egal. Sie waren so in ihr Gespräch vertieft, dass sie erst als das Essen vor ihnen lag, bemerkten, wie hungrig sie eigentlich schon waren. Beide begannen genussvoll zu essen und nippten zudem am Rotwein, den sie sich noch dazu bestellt hatten.

„Wieso habe ich zwei Punkte bei meinem APPELL-Ohr und du bloß einen?“, fragte Susan Ben nach einer Weile. Ben kaute besonders lange an seinem Bissen Nudeln, um noch mehr Zeit für eine gut gewählte Antwort zu bekommen. „Ich kann dir jedenfalls sagen, warum ich denke, dass dieser Kanal bei mir fast nicht benutzt – oder wie nannte es Katharina – verstopft ist.“ Susan war neugierig. Sie wusste nur zu gut, dass Ben mit autoritären Charakteren so seine Schwierigkeiten hatte. Ben war zwar höchst teamfähig, aber Augenhöhe war ihm dabei unerlässlich. Wenn ihm jemand das Gefühl gab, über ihn bestimmen zu wollen, konnte er ganz schnell zu einem Mayr werden. Das verdankte er wohl auch seinem dominanten WIR-Kanal. „Erzähl mal“, bat Susan und aß weiter, während sie ihrem Mann zuhörte.

„Zu der Zeit, als meine Eltern noch selbst das Hotel leiteten und wir vier Kinder noch klein waren, waren sowohl mein Vater als auch meine Mutter ziemlich autoritär in ihrem Erziehungsstil. Mir ist klar, dass es eine immense Belastungsprobe gewesen sein musste, Gäste und Kinder parallel und im selben Haus zufrieden zu stellen. Ich war aber lange Zeit ziemlich zornig, weil ich immer den Eindruck hatte, dass das Wohl der Gäste über unserem Wohl als Kinder lag. Für den Gast machten sie alle Verrenkungen und bei uns hieß es oft, du bist alt genug, mach dir das selbst. Der Standardspruch, den ich zehn Mal am Tag hörte, lautete: ‚Geh zu einer deiner Schwester, wenn du was brauchst.‘ Genau das war es aber, was ich überhaupt nicht wollte. Die hätten mich ja bloß wieder zu irgendwelchen Mädchenspielen verdonnert. Darauf hatte ich so gar keine Lust.“ Susan wurde schweigsam. „So hätte ich deine Mutter überhaupt nicht eingeschätzt. Sie kam mir immer so fürsorglich vor.“ Ben überlegte. „Ich empfand das damals alles als sehr ungerecht. Wenn ich ein Fußballspiel hatte, dann schickten sie meistens Barbara oder Nicole, um mich anzufeuern. Sie selbst nahmen sich dafür keine Zeit.“

Jetzt ging Susan ein Licht auf. Bens Wahrnehmung fußte auf Beobachtungen und Interpretationen, die er in seinem kindlichen Mayr-Modus gemacht hatte. Es gab zwei Themenbereiche, die Bens Topf in nur wenigen Sekunden volllaufen ließen: soziale Ungerechtigkeit und Unzuverlässigkeit. Ihr schien es so, als wären beide Knöpfe hier über viele Jahre von seinen Eltern gedrückt worden. Mehr noch: Die beiden Knöpft hatten hier sogar ihren Ursprung. Beide schwiegen und aßen ihren Teller leer. Ben kämpfte sichtlich mit einem kleinen Cortisolschub in seinem Blut, denn die Erzählungen über seine Eltern hatten nicht nur die damaligen Bilder in seinem Kopf, sondern auch die damit verbundene Unlust geweckt. Er atmete tief durch, trank noch einen großen Schluck Rotwein und betrachtete die schöne Abenddämmerung. Die Sonne war bereits untergegangen und eine kühle Brise kam auf. Er stand auf und zog sich seinen Pullover über. Er streckte sich kurz durch, blickte zu Susan und fühlte sich plötzlich durchschaut. „Bist du wieder im Eustress-Level, Liebling?“, fragte sie vorsichtig. Sie hatte seine Aneinanderreihung an kurzfristigen Ventilöffnern bemerkt und bewusst verfolgt. „Fast“, entgegnete Ben. Er beugte sich über den Tisch und küsste sie. „Jetzt ist wieder alles entspannt“, beruhigte er sich und Susan dann mit einem Lächeln. Susan freute sich. Es erfüllte sie mit Liebe, dass ihre Küsse für Ben Ventilöffner waren. Genauso, dachte sie, sollte es auch sein.

„Ich habe den Eindruck, dass ich manchmal eine ganz schöne APPELL-Nehmerin bin“, begann Susan nach einer Weile. „In Kombination mit meinem zu kleinen ICH-Ohr ist das wahrscheinlich nicht besonders vorteilhaft. Ich kann mich noch gut an meine Kindheit erinnern, als mein Vater in die Politik ging. Ich hatte damals das Gefühl, dass ich meine Selbstbestimmtheit, die ich mir als Teenager so gerne erweitern wollte, fast aufgeben musste. Und für wen? Die Wähler. Mein Papa und ich hatten kein eigenes Privatleben mehr. Von da an bestimmten die Wähler, auf welches Dorffest wir gehen und in welchem Kindergarten wir Hände schütteln und wen wir begrüßen mussten. Es war nur eine kleine Vorstadtgemeinde, aber ich hatte damals das Gefühl, die Bewohner hätten uns im Griff. Und egal wie ich mich im Inneren fühlte, nach außen hin hieß es stets ‚Bitte Lächeln!‘.“ Ben blickte Susan staunend an. Obwohl sie schon einige Jahre zusammen waren, hatten sie über diesen Teil aus Susans Vergangenheit bislang wenig gesprochen. Ben kannte durchaus Erzählungen aus der Sicht von Susans Vater, der mittlerweile in Pension war. Wenn er über seine Jahre als Lokalpolitiker sprach, klang alles immer aufregend und positiv. Er mochte die Erinnerungen an diese Zeit und war stolz auf seine Bekanntheit im Ort. Ben war gerade nicht sicher, ob ihrem Vater überhaupt klar war, wie es Susan damals mit seiner beruflichen Entscheidung ging.

An diesem Abend hatten beide keinen Appetit auf eine Nachspeise. Sie zahlten und schlenderten Arm in Arm zurück nach Hause. Beiden war nicht nach Reden zumute. Jeder von ihnen bemühte sich innerlich, den Moment zu genießen und die harmonische Zweisamkeit zu spüren. Als sie an jener Parkbank vorbeikamen, an der sie einige Wochen zuvor ihre Big Five for Life reflektiert hatten, blieb Ben stehen. „Hattest du eigentlich seit deinem Geburtstag mal Zeit, über das fünfte deiner Big Five nachzudenken?“ Susan blieb ebenfalls stehen und blickte Ben mit großen Augen an. Sie wusste worauf er hinaus wollte, was er hören wollte. Susan war aber nach wie vor unschlüssig, ob Kinder einen Platz in ihrem Leben hatten. Susan atmete tief durch und blickte zum See. „Weißt du Ben, ich kann mich kaum noch an meine eigene Mutter erinnern. Ich habe Fotos und kann mich an Erzählungen meiner Familie über sie erinnern. Aber bei mir selbst ist alles verblasst.“ Susans Stimme wurde leise und zittrig. „Ich habe Angst“, fuhr sie traurig fort, „selbst keine gute Mutter zu sein, weil ich überhaupt nicht spüren konnte, wie es sich anfühlt, eine gute Mutter zu haben.“ Noch während ihrer Worte spürte Susan wie Tränen in ihr hochstiegen und über ihre Wangen kullerten. Sie war in diesem Moment wahrscheinlich noch überraschter von ihrem Eingeständnis als Ben. Manchmal verstand man Ängste erst, wenn man sie in Worte fasste. Genauso kam es Susan in diesem Moment vor. Ben wusste nicht, was er sagen sollte, also nahm er seine Frau einfach nur liebevoll in den Arm. Sie setzten sich zusammen auf die Parkbank und Susan weinte still und leise alle Tränen, die notwendig waren, um ihre Ängste zu lösen.

16. DAS SIEBTE TREFFEN: EIN EISBERG VOLLER OHREN

Am Freitag, den 14. Juni, planten Susan und Martin abends eine große Stage-Gate Party. An diesem Tag reisten alle Projektmanagerinnen und Projektmanager zum gemeinsamen Programmcontrolling nach München. Allen waren unglaublich gespannt, die finalen Zahlen zu hören. Die Frage, ob genug Geld zusammengekommen war, um in allen fünf Städten das Event austragen zu können, brannte allen unter den Fingernägeln. London, so wusste Susan, war eine Woche zuvor noch die einzige Region gewesen, die sich dank Judiths Einsatz zu 100 Prozent eigenständig finanzieren konnten. Mit einem Mix aus Kulturförderung, Sponsoring und Einnahmen durch Kooperationspartner, die sich am Event beteiligten, war das notwendige Kapital eingesammelt. Judith und Maggy hatten daher schon vor einer Woche im Londoner Büro die Sektkorken knallen lassen. In Wien war bis zuletzt die Zusage einer Kulturförderung im Ausmaß von 25 Prozent des Budgets unklar. Martin war daraufhin noch in der letzten Woche persönlich nach Wien gereist, um Karli zu unterstützen.

Susan wiederum war nach Berlin gefahren, um Paul und seinem Kernteam unter die Arme zu greifen. In Berlin fielen die Förderungen ungleich niedriger aus und es war notwendig gewesen, mehrere kleine Sponsoren an Land zu ziehen. Paul hatte dafür sogar ein eigenes Subteam gebildet, das alle potenziellen Sponsoren – Unternehmen sowie Privatpersonen – angesprochen hatte. Das Ergebnis konnte sich sehen lassen: Sie schafften damit eine Eigenfinanzierung von 70 Prozent. Pierre hatte seine neuen einflussreichen Kontakte zur Politik genutzt. So gelang es ihm einerseits, die Genehmigungen schneller zu bekommen, andererseits empfahlen ihm seine neuen Auftraggeber weitere Geldgeber, die den Sinn und Zweck des ‚Spirit Events' uneigennützig unterstützen wollten. Wie hoch die Eigenfinanzierung in Paris ausfiel, war bis zum Schluss unklar. Pierre machte es bewusst spannend. Susan war sich aber sicher, dass eine gute Quote erreicht worden war, ansonsten würde Pierre sicher nicht die Aufmerksamkeit so stark auf sich lenken.

Susan war nervös. Ihre Aufgabe war es, das Programmcontrolling zu moderieren. Das Münchner Team war durch Simone und Michaela repräsentiert. Darüber hinaus waren die regionalen Projektmanagerinnen und Projektmanager und Martin vor Ort. Wenn alles glatt ging – so der Plan – folgte abends die Party. Pierre, Karli, Maggy und Ben hatte jeweils einen Slot von 20 Minuten, um den aktuellen Projektstatus in ihrer Stadt zu präsentieren. Berichtet wurden immer zwei Aspekte: Erstens, wie die Teamkultur vor Ort war und wie es dem Team mit dem Stakeholdermanagement ging und zweitens, wie es um die Ecken des magischen Dreiecks *Leistung, Termine* und *Kosten/Ressourcen* stand. Da Susan die Moderation übernahm, präsentierte Michaela, Susans Münchner Kernteammitglied und ihre Stellvertreterin, den aktuellen Stand vor Ort. Sie war auch die Erste, die drankam.

Bis zuletzt blieb unklar, ob für den Standort München eine Finanzierung gelingen würde. Da einer der drei Hauptsponsoren weggebrochen war, musste ein neuer Großsponsor gefunden werden. Da mit den beiden verbliebenen Sponsoren vertraglich fixiert war, dass in Summe nur drei große und nicht mehrere kleine Sponsoren für München an den Start gehen durften, war zwar die Vorgabe eindeutig, die Umsetzung aber, anders als in Berlin, knifflig. Martin hatte sich die letzten vier Wochen stark auf München fokussiert und tatkräftig bei der Suche unterstützt. Er hatte viele potenzielle Interessenten aufgetan. Bis zu dem Zeitpunkt, als Michaela in ihrer Präsentation bei der Finanzierung angekommen war, war aber allen Anwesenden unklar, ob eine Sponsorenzusage gelungen war. Genau in diesem Moment blickten alle anwesenden Augenpaare gebannt auf Martin. Dieser wetzte verlegen auf seinem Stuhl hin und her und gab sich unsicher. Er wusste nicht, wie er Susan und dem Rest seiner Mitarbeiterinnen und Mitarbeiter sagen sollte, dass er vor erst einer Stunde die letzte Absage erhalten hatte. Er war sich so sicher gewesen, dass es klappen würde.

„Wir bekommen das fehlende Geld!“, rief nun Simone freudestrahlend in die Gruppe und alle blickten verwundert von Martin zu Simone. Dieser war wohl am meisten überrascht. Seine Frau hatte ihm nicht verraten, dass sie ebenfalls auf Sponsorensuche gegangen war. In wenigen Sekunden hätte er zugeben müssen, dass er keinen dritten Sponsor aufgetan hatte. Und da er den Termin für dieses Stage-Gate, die Deadline der Finanzierungszusagen, selbst gesetzt hatte, wäre ihm das mehr als unangenehm gewesen. „Wisst ihr“, begann Simone zu erzählen, „ich habe eine ehemalige Schulkollegin und Freundin, die Assistenz der Geschäftsführung ist. Sie arbeitet für den Hauptkonkurrenten unseres ehemaligen Sponsors. Sie hat mir erzählt, dass sie sich die letzten Jahre immer geärgert hatten, dass nicht sie selbst unser Sponsor gewesen waren, sondern ihr Mitbewerber. Also habe ich ihnen über Nadine, meine Freundin, ein Angebot zukommen lassen. Ich weiß, das war nicht mein Aufgabenbereich und ich dachte auch nicht wirklich, dass die Aktion einen positiven Ausgang nehme würde – aber heute Mittag hat mich Nadine angerufen, dass sie es machen wollen. Und da sie in ganz Deutschland Filialen haben, übernehmen sie auch die restlichen 30 Prozent des Berliner ‚Spirit Events‘.“

Susan blickte zu Martin. Martin blickte zu Simone. Bis endlich alle realisiert hatten, was das für alle bedeutete, vergingen einige Sekunden. Dann sprang Martin auf, ging zu seiner Frau ans andere Ende des Besprechungstisches und küsste sie leidenschaftlich vor allen Mitarbeiterinnen und Mitarbeitern. Pierre begann zu pfeifen, Paul schrie so laut er konnte „YEAH!“ und Karli und Maggy applaudierten. Susan grinste über beide Ohren und freute sich zutiefst über die interaktive und proaktive Teamarbeit, die ihr Projektteam gezeigt hatte. Die Veranstaltungen in München und Berlin waren damit gesichert. In bester Laune präsentierten im Anschluss die nächsten ihren aktuellen Status. Pierre verkündete – wie es Susan schon geahnt hatte – ebenfalls eine 100-Prozent-Finanzierung für Paris. Er hatte eine Stiftung empfohlen bekommen, die sämtliche Aktivitäten rund um das Thema geistige Gesundheit unterstützte. Das aktuelle Event-Motto ‚Diamond Thoughts‘ war für die Inhaber der Stiftung eine Punktlandung. Und auch Karli erzählte wenig später freudestrahlend, dass er am Tag zuvor die Finanzspritze der österreichischen Kulturförderung bestätigt bekommen hatte.

An diesem Abend lud Martin alle Anwesenden zur Feier in ein schönes Restaurant in München ein. Diese Stage-Gate Party stellte sich bald als wertvolle Teambuilding-Maßnahme heraus. Es wurden Beziehungsbande gefestigt, das gegenseitige Vertrauen gestärkt und das Verständnis füreinander vertieft. Während des Essens erzählte Karli Susan von seiner neuen Projektassistentin. Sie war, seiner Wahrnehmung entsprechend, schnell, zuverlässig und genau. Alles Eigenschaften, die er zutiefst schätzte. Es gab allerdings eine Sache, die er nicht gut einschätzen konnte. Ihre Antworten waren immer kurz, ihre Mails ohne Umschweife auf den Punkt gebracht und sie hielt sich nie mit

Smalltalk auf. Das war für ihn ungewohnt. Er legte großen Wert darauf, eine stabile Vertrauensbasis aufzubauen. Deshalb vermisste er Informationen zwischen den Zeilen. Ihn beschlich das Gefühl, dass die junge Frau hier mauerte, und er war sich unsicher, wie er darauf reagieren sollte. Susan fühlte sich geehrt, dass Karli mit seiner Frage zu ihr kam.

Mit Simone und Martin waren zwei erfahrene Führungskräfte im Raum, die ihm sicher ebenso gute Tipps geben konnten. Aber er fragte seine Programmmanagerin. Susan lächelte und dachte an den Vier-Ohren-Test von Katharina. „Ich schicke dir am Montag einen Test rüber, den ihr beide machen könnt“, entgegnete ihm Susan. „Ich kann mir vorstellen, ihr sprecht noch in unterschiedlichen Kommunikationskanälen miteinander. Da ihr euch erst zwei Wochen kennt, müsst ihr euch erst aufeinander einstellen. Das ist ganz normal. Und mit Vertrauen ist das so eine Sache. Das muss man sich erst erarbeiten. Dass dauert einfach. Wenn sie noch mauert – wie du es nennst – dann hat das vielleicht etwas mit ihrer Vergangenheit zu tun.“ Karli verstand, worauf Susan hinauswollte. Er dankte ihr für den Rat und versprach ihr, sich den Test anzusehen. Susan wusste, dass die beiden die darauffolgende Woche wieder mehrfach telefonieren würden, und beließ es vorerst dabei. Ihr gefiel die Beziehung und die Vertrautheit, die sich allmählich zwischen ihnen entwickelte, und in Gedanken klopfte sie sich selbst auf ihre Schulter.

Ende Juni waren Katharina und Susan an einem neuen Treffpunkt verabredet. Susan hatte Katharina am Telefon von ihrem neuen Lieblingsitaliener vorgeschwärmt. Katharina wohnte selbst unweit vom Starnberger See und fuhr auf ihrem Heimweg praktisch dort vorbei. Sie bot an, sich dort zu treffen, und beide Frauen verließen am letzten Donnerstag im Juni nachmittags etwas früher ihre Büros. Gegen 17.30 Uhr trafen sie sich auf ein Risotto mit Bella-Italia-Flair. Susan war aufgeregt. Sie war bereits zehn Minuten vor Katharina vor Ort und wählte den kleinen Tisch im Abseits, um in Ruhe mit ihrer Mentorin sprechen zu können. Die Auswertung von ihrem Vier-Ohren-Test hatte sie mitgebracht. Katharina verspätete sich leicht, da der Verkehr stadtauswärts um diese Zeit immer unberechenbar war. Nach einer herzlichen Umarmung setzten sich beide. „Es ist wirklich wunderschön hier, Susan“, betonte Katharina, die selbst überrascht darüber war, hier noch nie mit ihrem Mann gegessen zu haben. Sie bestellten Getränke und Susan erzählte zu Beginn über die erfolgreiche Einhaltung des letzten Stage-Gates. „Simone ist ja wirklich… mir fehlen die Worte!“, staunte Katharina nicht schlecht, als ihr Susan von Simones Auftritt beim Meeting erzählte. Katharina freute sich für Martin und darüber, dass damit die Austragung an allen Standorten sichergestellt war. Zur Feier dieses Ereignisses bestellte sie spontan zwei Gläser Sekt und prostete nachträglich mit Susan auf den Erfolg des Stage-Gates.

„Nach unserem letzten Coaching bin ich abends zusammen mit Ben an genau diesem Tisch hier gesessen. Wir haben beide einen Vier-Ohren-Test ausgefüllt und den ganzen Abend über unsere Auswertungen gesprochen“, begann Susan in einem passenden Moment. „Wie viele Punkte hat Ben bei seinem WIR-Ohr?“, erkundigte sich Katharina wie aus der Pistole geschossen und überrumpelte damit Susan. „Woher weißt du...?“, fragte diese leicht perplex. Katharina winkte ab. „Susan, du hast einen Ehemann, der mit dir stundenlang tiefgreifende Gespräche führt. Er schenkt dir einen Ventilöffner zum Geburtstag und bietet dir an, dir mit deinem Stressmanagement zu helfen. Er ist reflektiert, offen für Neues und hat zu alledem – Wie viele? – zwei Schwestern.“ Jetzt musste Susan lachen. „Er hat sogar drei Schwestern.“ Katharina nickte selbstbewusst. „Na siehst du – drei Schwestern. Sein Beziehungsohr kann also nur gut entwickelt sein. Du kannst seinen Schwestern für dieses Training echt dankbar sein.“ Susan war verblüfft.

„Weißt du, er hat genau das zu mir gesagt. Dass er sein großes Beziehungsohr seinen Schwestern verdankt. Als Einzelkind komme ich beim WIR-Ohr leider nur auf zwei Punkte. Ben hat fünf!“, betonte Susan fast schon etwas neidisch. „Weißt du“, erklärte Katharina, „eigentlich ist das fair für beide Seiten. Schulz von Thun betont, dass es wichtig ist, jeden Kanal offen zu haben und flexibel zu sein. Das Idealbild wäre also nach ihm eine Raute – drei Punkte auf jeder Achse.“ Susan holte ihr Bild aus der Tasche und streckte es Katharina entgegen. „Ich habe einen schlanken, leicht unförmigen Drachen. Und sieben Punkte beim Sachohr! Das hat mich echt umgehauen.“ Katharina sah sich die Skizze an und legte sie vor sich auf den Tisch. „Weißt du, das ist auch ein Phänomen aus dem Projektmanagement. Wir werden so auf das magische Dreieck gedrillt, dass wir uns oft nur noch auf die Spitze des Eisbergs fokussieren. Da geht es Frauen wie Männern im Projektmanagement oft gleich“, betonte Katharina. „Du kennst sicher die Metapher vom Eisberg. Die ist zwar alt, aber ich finde sie immer noch spitze." Susan lächelte freundlich und war gespannt, was Katharina nun aus ihrer Führungskiste rauskramte.

Katharina griff in ihre Tasche, holte ein weißes Blatt Papier hervor und begann einen Eisberg zu malen. „Du kennst das Bildnis. Pareto gilt! 20 Prozent sind über Wasser zu sehen, 80 Prozent darunter. Die Spitze über Wasser zeigt alles Sichtbare. Da gehören die Zahlen, Daten, Fakten dazu sowie das Verhalten deiner Teammitglieder und Projektmanager. Wenn jemand Freude hat oder umgekehrt, sich ärgert und dich anschreit, ist das sichtbares Verhalten. Wenn das Projekt im Zeitplan hinterherhinkt, ist das auch sichtbar. Die oberen 20 Prozent zeigen uns immer das WAS und das WIE." Katharina schrieb die beiden Fragewörter über die Eisbergspitze und begann daneben ein Boot mit Männchen zu malen.

„Weißt du, der berühmte Spruch, dass wir doch alle zusammen im selben Boot sitzen, leitet uns völlig in die Irre. Wenn du mit deinen Projektmanagern in so einem Boot bist und ihr rudert zusammen rund um die Eisbergspitze, dann seht ihr doch wieder nur Zahlen, Daten und Fakten. Euer Fokus ist auf eine einzige Ebene fixiert anstatt auf vier." Susan horchte auf. „Vier Ebenen?", fragte sie nach, um nichts falsch verstanden zu haben. „Ja genau. Es sind vier. Aber wir sind viel zu häufig mit dem Herumpaddeln um die Eisbergspitze und dem sichtbaren WAS und WIE beschäftigt, die uns magere 20 Prozent offenbaren." Susan verstand. „Weißt du wie viele Projekte pro Jahr genau daran scheitern?" Susan war kurz irritiert. „Woran scheitern?" Katharina bekam wieder ihren eindringlichen Blick und beugte sich nach vorne. „Daran, dass sie nicht unter die Wasseroberfläche schauen, wo das WARUM zu Hause ist. Daran, dass sie nur die Zahlen, Daten und Fakten fokussieren und damit drei von vier Ebenen unbeachtet lassen." Susan blickte auf Katharinas Zeichnung. Also sind die Ebenen zwei bis vier unter Wasser?" Katharina griff wieder zu ihrem Stift und skizzierte weiter. „Nicht ganz. Ebene zwei ist links unten und Ebene drei rechts unten."

„Um die Ebene zwei zu erobern, braucht es eine gute Portion Vertrauen. Umso mehr Vertrauen zwischen dir und deinen Projektmanagern besteht, umso stabiler und besser eure Beziehung – beruflich und vielleicht sogar privat. Jetzt kommt das WARUM ins Spiel. Es ist wichtig, bei jedem deiner Projektmanager zu wissen, WARUM sie diesen Job machen. Was ihre Bedürfnisse, Wünsche, Ziele und Erfahrungen sind. Diese werden geprägt von ihrer Herkunft, ihrer Kultur, ihrer Sprache, ihren Werten und Normen sowie ihren

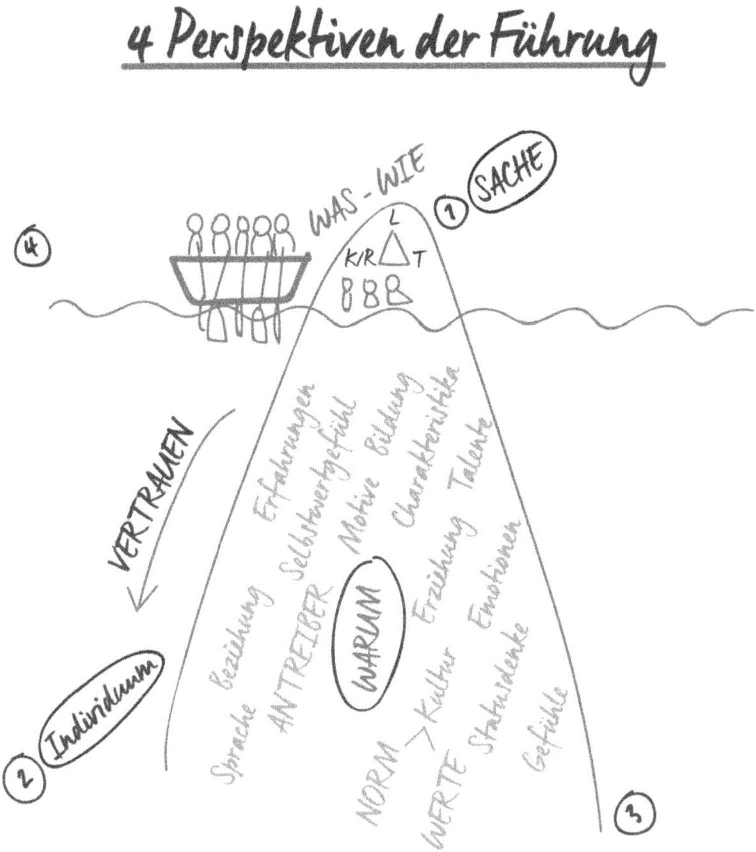

Abb. 24: Das Rudern um die Eisbergspitze

Charaktereigenschaften. Jeder Mensch hat sein eigenes WARUM. Und genau dieses WARUM erklärt dir, warum er vor zwei Tagen, so wie Karli, in einen Mayer-Modus geschlittert ist." Katharina ergänzte ihre Grafik.

„Die Ebene rechts unten gilt dem WIR. Während es bei der ICH-Ebene darum geht, dass du ein Vertrauensband zu jedem einzelnen deiner Teammitglieder knüpfst, geht es bei der WIR-Ebene darum, dass die einzelnen Mitglieder auch untereinander diese Bande knüpfen. Und die besten und stabilsten Bande entstehen immer noch beim informellen Austausch an den beiden unteren Ecken des Lebensdreiecks." Katharina pausierte und nippte an ihrem

Glas Sekt. Sie war es eigentlich nicht gewöhnt, Alkohol zu trinken, und so spürte sie bereits nach einem halben Glas eine gewisse Wärme in sich aufsteigen. „Du meinst die Familie/Freunde Ecke und die Freizeit/Hobby Ecke, oder?", erkundigte sich Susan, die sich schnell das bereits besprochene Tool ins Gedächtnis rief. Katharina nickte. Dann griff sie erneut zum Stift und malte eine Art Gitternetz im tiefen Teil des Wassers.

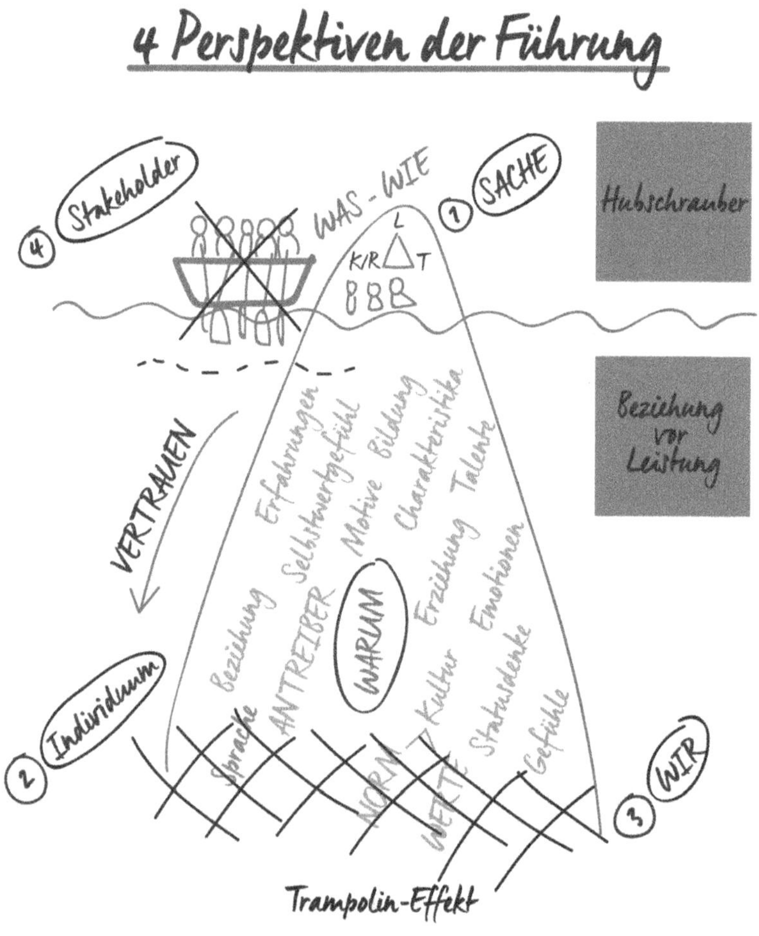

Abb. 25: Der Trampolin-Effekt

„Weißt du, das Gitter in den Tiefen des Eisbergs, nenne ich den Trampolin-Effekt eines Projektteams." Katharina lehnte sich in ihrem Sessel zurück und Blicke zu Susan. „Ich kann dir versichern, ein intaktes Trampolin meistert jede Krise. Es federt zurück und nach einem Tief kommt das nächste Hoch. Wenn aber das Trampolin löchrig ist, weil sich zwei in deinem Projekt nur zanken, dann ist die Gefahr groß, dass das Trampolin beim nächsten unerwarteten Risiko durchbricht und das Projekt im Meer versinkt." Susan nickte. Sie wusste worauf Katharina hinauswollte. Ihr war die Wichtigkeit von Teambuilding absolut klar und sie war in allen ihren Projekten bemüht, möglichst viel Raum zum informellen Austausch anzubieten. Aber es war bislang immer schwer gewesen, vom Auftraggeber Verständnis oder gar Budget dafür zu bekommen. Ben hatte sich einmal darüber aufgeregt, dass sein Team ein Projekt in Millionenhöhe abwickelte, aber er nicht einmal das Geld für ein Weißwurstfrühstück genehmigt bekam. Das war für ihn so unverständlich, dass er kurzerhand selbst das Frühstück spendierte.

„Die vierte und letzte Ebene ist wieder über Wasser. Es sind die von außen einwirkenden Stakeholdergruppen, die die Aufmerksamkeit des Projektteams verlangen. Die Regel lautet nun: Konzentriere dich auf alle vier Ebenen in deinem Führungsalltag. Das ist ganz besonders für den ZDF-Typus wichtig. Das SACH-Ohr liebt die oberste Spitze des Eisbergs, weil dort alles sichtbar und damit einfach und klar ist. Es verliert sich zudem oft in Details oder neigt nicht zu selten zum Perfektionismus. Das Rudern ist aber anstrengend und da man nicht besonders weit nach unten sieht, wenn du rechts aus dem Boot schaust, schlitzt du dir manchmal dein schönes Projektboot am WARUM auf und sinkst ehe du dich versiehst. Ergo, dein Projekt wird in der zweiten Phase abgebrochen und du verstehst auf der Sachebene noch nicht einmal den Grund dafür." Susan runzelte die Stirn. Genau das war ihr vor ein paar Jahren passiert. Eine Braut hatte die Agentur gewechselt, weil sie sich von Susan herablassend behandelt fühlte. Für Susan war diese Empfindung bis heute nicht nachvollziehbar – und dennoch zog es damals die harte Konsequenz des Projektabbruchs mit sich.

Katharina stand auf und ging ein paar Schritte vor und zurück. Sie versuchte einen direkten Blick auf den Starnberger See zu erhaschen. „Weißt du, das Boot ist einfach das falsche Fortbewegungsmittel, um alle vier Perspektiven parallel betrachten zu können." Susan sah sich währenddessen Katharinas Bild genauer an. „Hast du deshalb *Hubschrauber* rechts oben notiert?" Katharina nickte. „Ja genau! Aus einer gewissen Höhe kannst du zeitgleich alle vier

Perspektiven betrachten. Und das machst du im Projekt auch nicht allein. Das ist einer der zentralen Unterschiede zwischen einer Linienführungskraft und einem Projektmanager. Der Projektmanager sitzt mit seinem Kernteam im Hubschrauber. Die drei Ecken des magischen Dreiecks und die Stakeholdereinflüsse werden gemeinsam betrachtet. Das ist entscheidend für die Projektqualität!" Susan nickte. Genau dieser Teamgedanke auf strategischer Ebene war einer der Gründe, warum sie Projektmanagement so schätzte.

„Welcher Kommunikationskanal eignet sich am besten zum Tauchen?", erkundigte sich Susan nach einer Weile. Katharina schaute sie auffordernd an. „Sag du es mir. Das weißt du", argumentierte sie und Susan kannte tatsächlich die Antwort. „Das WIR-Ohr." Katharina nickte. „Aber wie du weißt, es ist nicht das Ziel, sieben Punkte beim Beziehungsohr zu erarbeiten. Laut Schulz von Thun ist es das Ziel, alle vier Kommunikationskanäle gleichermaßen zu trainieren und sich wendig und flexibel seinem Gegenüber anpassen zu können." Susan verstand. „Noch was", fuhr Katharina fort. „Wenn ein Kanal zu stark ausgeprägt ist, wenden sich die Vorteile eher in seine Nachteile. Ein zu starkes SACH-Ohr bekommt außer den Zahlen, Daten und Fakten gar nichts mehr mit und vergisst, auf sein Herz zu hören; ein zu großes WIR-Ohr ist dann rund um die Uhr beleidigt und fühlt sich von allen im Stich gelassen; ein zu dominantes APPELL-Ohr ist innerlich zwischen den Geber- und Nehmer-Situationen seines Lebens zerrissen; und ein zu vordergründiges ICH-Ohr wird zur Diva, die einzig und allein sich selbst in den Fokus stellt und gleichzeitig innerlich von Selbstzweifeln gequält wird." Susan konnte alle Aspekte und Ausprägungen gut nachvollziehen, mit Ausnahme des letzten Punktes. „Wieso Selbstzweifel? Eine Diva glaubt doch, dass sie die Schönste und Beste von allen ist." Katharina schüttelte den Kopf. „Wenn eine Person im Außen so stark nach Applaus trachtet, diesen so dringend verlangt, dann kommt das immer daher, dass diese Person sich selbst im Inneren zu wenig Anerkennung gibt." Susan dachte nach. Das hatte sie anders eingeschätzt und warf jetzt auch ein anderes Bild auf so manchen Lieferanten oder Kollegen, mit dem sie in der Vergangenheit zu tun hatte.

„Ich hatte mal einen Sales-Mitarbeiter, der in seinen 40ern einen Erfolg nach dem anderen feierte. Er verschaffte der Firma Umsätze in Millionenhöhe. Er war der Held der Abteilung", erzählte Katharina. „Irgendwann war seine Glückswelle vorbei und er stürzte ab. In seinen 50ern brachten andere Kollegen den Umsatz und er kassierte ein Nein nach dem anderen." Katharina pausierte, um sicherzustellen, dass Susan ihr folgten konnte. „Hieß der auch Mayr?", witzelte Susan und beide mussten lachen. „Nein, aber sein Frust wurde mit jedem Nein größer und damit auch seine Punkte im ICH-Kanal." Susan überlegte. Katharina konnte ihr ihre Ratlosigkeit ansehen und erklärte weiter. „In jedem Team, in dem man ihn zu integrieren versuchte, prahlte er über die Erfolge einer längst in Vergessenheit geratenen Zeit. Er erzählte ständig von den beeindruckenden Verkaufszahlen, die er gebracht hatte, und wärmte die alten Hits immer wieder auf. Die Konsequenz war, dass die Kollegen begannen, mit den Augen zu rollen und wegzugehen. Oder sie waren genervt und baten mich, ihnen jemand anderen zuzuteilen. Das Einzige, was sie nicht taten: dem Kollegen für seine damaligen Erfolge Anerkennung zu zollen." Susan war irritiert. „Aber das ist doch verständlich. Mich würde das auch ziemlich nerven, wenn ich mir fünf Mal die Woche eine aufgewärmte Geschichte anhören müsste." Katharina bekam wieder ihren eindringlichen Blick. „Verlass jetzt mal für einen Moment deinen SACH-Kanal und wechsle in das ICH-Ohr. Und dann versetzt dich hinein in den Kollegen und sag mir, wie es ihm geht und was er denkt – aber bitte in der ICH-Sprache. Du bist jetzt in der Übung im dementsprechenden ICH-Kanal."

Susan fühlte sich überfordert. Das war keine leichte Aufgabe. Sie hatte nur einen Punkt auf der ICH-Achse und wenn sie ehrlich war, nervten sie diese Selbstdarsteller, die schon seit Jahren keine Erfolge mehr vorweisen konnten, ganz besonders. „Ich könnte mir vorstellen, diese Person würde sagen: ‚Ich habe für die Firma so viel getan. Dank mir, haben wir diese und jene Kunden gewonnen und ich war es, der die Firma groß gemacht hat!'" Katharina stoppte Susans Ausführungen indem sie ihre Hand hob und zu ihr streckte. „Und jetzt sag mir als Diva, was du innerlich denkst." Impulsiv und ohne eine Sekunde darüber nachzudenken, flossen nun die Worte ganz spontan aus Susan heraus: „Wieso sieht hier niemand, wie gut ich bin? Niemand schätzt, was ich all die Jahre geleistet habe. Ich habe mich für diesen Laden aufgeopfert und ich hasse es, wenn alle die Augen verdrehen. Ich fühle mich so herablassend behandelt." Susan schwieg. Katharina blickte zum See und ließ das wunderschöne Panorama auf sich wirken. Nach einer Weile wandte sie sich Susan zu. „Das hast du sehr gut gemacht. Verstehst du jetzt besser, was in einer Diva vorgeht?" Susan nickte. „Ich gehe davon aus, dass es genau die Diven und Selbstdarsteller sind, die im Alltag oft am meisten deinen Mayr-Modus triggern, stimmt's?", erkundigte sich Katharina. Susan war verblüfft. „Woher weißt du das?" Katharina lachte. „Das ist ganz einfach. Die Faustregel ist: Weil du selbst so wenig ICH-Anteil hast, nerven dich jene am meisten, die zu viel ICH benutzen." Susan fand diese Aussage äußerst spannend. „Dann stimmt hier offenbar der Spruch nicht, dass sich Gegensätze anziehen." Nun überlegte Katharina. Dieses Sprichwort hatte sie im Zusammenhang mit dem Vier-Ohren-Modell bislang noch nicht reflektiert.

Es dauerte aber nicht lange, bis sie auch zu dieser Frage eine Antwort parat hatte. „Dieser Spruch ist komplett richtig. Das Leben dient dir immer als Spiegel. Alles was du im Außen anziehst, spiegelt dein Inneres. Entweder es zeigt dir verstärkt dein eigenes Verhalten im Außen auf oder es zeigt dir deine Lernaufgabe." Susan schwieg und starrte auf Katarina. „Was soll ich bitte von Selbstdarstellern lern…", sie brach ihren Satz ab. Sie kapierte, worauf sie Katharina sanft hinführen wollte. Katharina nickte. „Du darfst lernen, mehr auf dich selbst zu achten. Du darfst lernen, dich selbst und deine Bedürfnisse in den Mittelpunkt deines Lebens zu stellen und diese auch ernst zu nehmen. Und du darfst öfter mal das Wort ICH benutzen. Ich möchte, ich brauche und mir ist wichtig. Und in Wahrheit, liebe Susan, steigt dein Cortisolspiegel bei Diven nur deshalb an, weil sie viel zu viel von dem haben, was du bei dir selbst insgeheim noch vermisst." Katharina pausierte und trank einen Schluck ihres Wassers. Katharina wusste, dass Susan immer noch auf Stufe 2 der Torte war. Verstehen brauchte in diesem Fall tiefere Erkenntnis. Erst wenn die Qualität des Verstehens gut war, war es möglich, den nächsten Tortenschritt zu gehen.

„Danke Katharina, dass du mir diesen Spiegel so aufgezeigt hast. Das hilft mir enorm", entgegnete Susan nach einem Augenblick der Stille. „Damit weiß ich jetzt, was ich tun darf, um meinen eigenen ICH-Kanal auszubauen. Und ich habe auch verstanden, dank deiner Empathie-Übung des Rollentauschs, wie ich meinen WIR-Kanal stärken kann. Soll ich auch gleichzeitig noch meinen APPELL-Kanal stärken?" Katharina schüttelte den Kopf. „Fokussiere dich im ersten Schritt mal nur auf den WIR- und den ICH-Kanal. Am besten du übst im Privatleben mit Ben den WIR-Kanal und im Job weiterhin den ICH-Kanal. Das ist für den Anfang ausreichend." Susan notierte sich ihre Aufgaben und Katharina reichte ihr ihre Auswertung zurück. Genau in diesem Moment kam der Kellner mit dem Essen und beide Frauen schmunzelten, wie perfekt dieser Zeitpunkt für eine Pause der Stärkung war.

Beide genossen ihr Essen schweigend. Susan reflektierte Katharinas Worte und dachte über ihren ICH-Kanal nach. Katharina war in Gedanken bei ihrem kommenden Urlaub, den sie und ihr Mann schon herbeisehnten. Sie hatte die letzten Monate viel gearbeitet und war reif für eine Auszeit. Sie freut sich auf die neuen Eindrücke, die fremde Kultur, den Perspektivenwechsel und sogar auf die Bilder der Armut, die ebenfalls Teil einer solchen Reise waren. Aber genau letzteres brachte ihr wieder viele Bilder zum Reframen ihrer Alltagsthemen.

„Susan", begann Katharina, als sie ihren letzten Bissen gegessen hatte, „es gibt noch einen Aspekt, den Schulz von Thun überhaupt nicht bedacht hat. Ich finde diesen Aspekt aber extrem wichtig und daher möchte ich diesen abschließend mit dir reflektieren." Susan war auf der einen Seite neugierig, auf der anderen Seite aber bereits tief in Gedanken, über das bisher Gehörte. Sie atmete tief durch, aß ihren letzten Bissen Risotto und richtete ihren Oberkörper auf. „Bist du bereit?", fragte Katharina und spiegelte Susan in ihrer Haltung. „Versuch jetzt bitte, dein Wissen über den Mayr-Modus mit dem Wissen zum Vier-Ohren-Modell miteinander zu verknüpfen. Ich möchte nämlich von dir wissen, was mit den vier Kanälen passiert, wenn dein Cortisol-Level steigt und du in den Dysstress gerätst?"

Mit dieser Frage hatte Katharina Susans volle Aufmerksamkeit. Obwohl die Zusammenführung dieser beiden Tools realistisch betrachtet auf der Hand lag, hatte Susan noch keine Verbindungen durchdacht. Susan begann laut zu denken: „Sobald im Stresstopf zu viele Unlust-Tröpfchen enthalten sind und man in den Dysstress-Modus eintritt, beginnt der psychologische Nebel, die Sachebene zu benebeln." Katharina nickte und freute sich über die Richtung, die Susan einschlug. „Gleicht vielleicht der benebelte Sachkanal einem verstopften SACH-Ohr?" Sie blickte ihre Mentorin fragend an. Diese applaudierte leise und nickte dabei mit ihrem Kopf. „Sehr gut! Der SACH-Kanal ist der Kanal, der im Mayr-Modus nicht mehr benutzbar ist. Unsere Ratio ist ja lahmgelegt. Es gibt aber in Summe zwei Kanäle, die einen hohen Ratio-Anteil haben. Was glaubst du, ist der zweite Kanal?" Susan überlegte. „Eigentlich kann das nur der APPELL sein, oder?" Katharina bestätigte. „Korrekt. Es sind also die Kommunikationskanäle der horizontalen Achse, die durch den psychologischen Nebel während eines erhöhten Cortisolspiegels im Blut verstopfen." Katharina holte eine Skizze vom Vier-Ohren-Modell aus ihrer Aktentasche, die am Tischbein lehnte, und zeigte sie Susan.

„Weißt du Susan, ich arbeite in einer Firma, in der 70 Prozent aller Ohren SACH-Ohren sind. Und die meisten von ihnen glauben, dass man alle Prob-

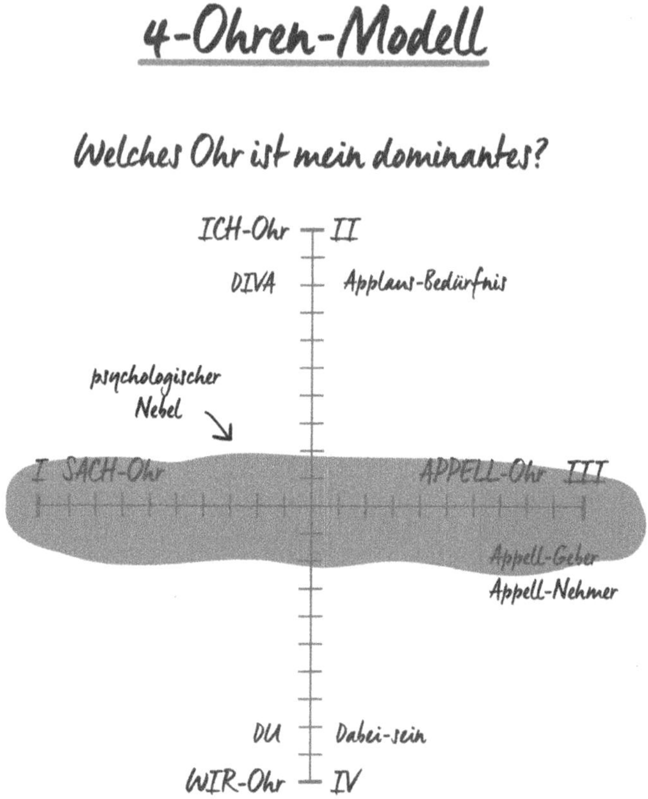

Abb. 26: Kommunikationskanäle im Mayr-Modus

leme und Konflikte sachlich ausdiskutieren kann. Vor allem meine Techniker sind zutiefst davon überzeugt. Und dabei vergessen sie eines: Wir bauen zwar technische Produkte, aber wir tun das mit Menschen und für Menschen. Und wie du in einer unserer letzten Einheiten sagtest: Der Mensch ist ein soziales System. Und auch eine Firma ist ein soziales System. Ich versichere dir eins, Susan, wenn ein soziales System von Cortisol in den Mayr-Modus katapultiert wird, ist ein sachliches Betrachten oder eine objektive Analyse schlichtweg nicht möglich. Werden in so einem Moment Entscheidungen getroffen, sind diese nie im Wohle der Firma oder im Wohle aller. Denn sie sind aus Zorn oder Opfer-Denke heraus getroffen." „Das bedeutet also, meine Vier-Ohren-Auswertung, die ich hier in Händen halte", Susan deutete auf ihr

Notizheft neben sich, „zeigt ausschließlich die Gewichtung meiner Kanalnutzung im Eustress-Level. Sobald ich in einem Dysstress-Level bin, benebelt es mir die horizontale Ebene.“ Katharina nickte.

„Was passiert dann mit meinen sieben Punkten im SACH-Kanal?“, erkundigte sich Susan ungläubig. „Ganz einfach, die wandern auf eines der freien Ohren.“ Susan überlegte kritisch. „Du meinst entweder in den ICH- oder WIR-Kanal?“ „Richtig – entweder ICH oder DU. Das hängt davon ab, ob du im Stress zu einem Kampf-Muster oder zu einem Flucht-Muster neigst.“ Susan dachte nach. Kampf oder Flucht waren natürliche Reaktionsmuster, die sich in Projektkrisen zeigten. „Die Diva ist ja dann wohl die Kämpferin und das WIR-Ohr flüchtet, oder?“ Katharina nickte. „Derjenige, der zur 8-Punkte-Diva wird, beharrt auf sein Recht, ist egoistisch oder beklagt sich lautstark darüber, so nicht mehr weitermachen zu wollen. Der 8-Punkte-Fluchttyp leidet im Stillen, zieht sich zurück und ist oft tagelang nicht ansprechbar. Nicht selten melden sich diese Mitarbeiter auch krank oder lassen sich versetzen, wenn die Situation für sie nicht aushaltbar ist.“

Katharina beobachtete Susan. Sie machte sich erneut Notizen. Sie hatte eine schnelle Auffassungsgabe und war gut im Analysieren. All diese Talente halfen ihr beim Einordnen und Klarheit schaffen. Aber das alles funktionierte nur, wenn sie selbst im Eustress-Level war. Eine Balance im Lebensdreieck und viele einsatzbereite Ventilöffner waren die Basis dafür. „Glaubst du, ich tendiere in meinem Mayr-Modus zu einem Kampf- oder zu einem Fluchttyp?“ Katharina überlegte, ob sie Susan diese Frage beantworten sollte. Sie beschloss es nicht zu tun. „Es ist das Beste, du findest das selbst heraus. Und du hast Ben an deiner Seite, mit fünf Punkten am WIR-Ohr; der ist beim Herausfinden sicher der perfekte Sparringpartner.“ Susan lächelte und nickte. „Das stimmt, aber ich bin mir nicht sicher, ob ich das gerade von ihm hören will“, entgegnete Susan spontan. Beide Frauen lachten.

Katharina verabschiedete sich an diesem Abend von Susan in die ersehnte Sommerpause. Susan war dankbar, dass sich Katharina noch die Zeit genommen hatte, mit ihr die Tiefen der Kommunikation zu erarbeiten. Sie kannte ihre Hausaufgaben und nahm sich fest vor, den Sommer zum Üben und Reflektieren zu nutzen. Auch ihr war klar, dass sie sich gerade mal auf Stufe 2 auf ihrer Torte befand, was die bewusste Kommunikation im richtigen Kanal betraf. Aber mit dem Wissen und dem Handwerkszeug, das sie heute mitbekommen hatte, war sie bereit für die nächsten beiden Stufen – akzeptieren und probieren.

17. TARZAN UND DER STIFT

Susan hatte den von Martin gewünschten Workshop zum Eventmotto ‚Diamond Thoughts' von einem Donnerstag bis Freitag Mitte Juli angesetzt. Es grenzte fast schon an Glück, dass zu diesem Datum alle Projektmanagerinnen und Projektmanager zur Verfügung standen, schließlich war Hochsommer und Urlaubssaison. Susan mietete für diese zwei Tage einen großen Seminarraum in einem schönen Hotel etwas außerhalb von München, der auch einen Zugang ins Freie hatte. Sie konnten damit sowohl innen als auch außen arbeiten, wenn einmal die Gedanken den freien Himmel über ihnen brauchen würden. Es war geplant, dass das gesamte Team, inklusive Martin und Susan, auch vor Ort übernachteten. Martin hatte Susan lediglich die Eckdaten zum Workshop gegeben, aber keine inhaltliche Agenda. Beginn war Donnerstag um 11.00 Uhr vormittags, damit Pierre, Paul, Maggy und Karli eine entspannte Anreise hatten. Ende war für Freitag gegen 14.00 Uhr nach einem abschließenden gemeinsamen Mittagessen geplant.

Die Tatsache, dass sie für den Zeitraum des Workshops keine klare Agenda von Martin bekommen hatte, stimmte Susan im Vorfeld leicht nervös. Er machte fast schon ein Geheimnis daraus, was an diesen eineinhalb Tagen passieren würde. Dass die restlichen Teammitglieder Susan die Tage davor löcherten, was denn alles auf sie zukommen würde, machte es für sie nicht leichter. Susan versuchte, mehrmals bei Martin nachzufassen, aber bekam stets nur als Antwort, dass es Zeit und Raum brauche, um ‚Diamond Thoughts' zu entwickeln. Die Antwort war für Susan nur wenig greifbar gewesen. Aber vielleicht war es auch ihre Lernaufgabe, sich auf so ein Experiment einzulassen. Da sie Martin und seiner Führungskompetenz volles Vertrauen schenkte, machte sie das Beste daraus und verkaufte ihrem Team diese zwei Workshoptage als eine Art **Thinktank** zum Eventmotto ‚Diamond Thoughts'.

Susan war am besagten Donnerstagvormittag schon gegen 9.00 Uhr im Hotel. Sie bereitete die Räumlichkeiten vor und stimmte sich noch einmal mit dem Hotelpersonal ab. Martin hatte ihr erst zwei Tage zuvor gesagt, dass Simone als Tagesgast mit dabei sein würde. Martin wollte Simone mit dieser Einladung seinen Dank und seine Wertschätzung ausdrücken, da aufgrund ihrer Eigeninitiative das Programm ‚Spirit Event' an allen fünf Standorten ausgetragen werden konnte. Susan freute sich über die Teilnahme von Simone. Eine Frau mehr in der Runde verbesserte die Balance zwischen den anwesenden Geschlechtern und Simone war durch ihre Art und ihr Talent für das WARUM ein echter Gewinn für die Runde.

Als **Thinktank** – oder auch Denkfabrik – bezeichnet man Treffen, bei denen durch Entwicklung, Diskussion und Bewertung von politischen, wirtschaftlichen und sozialen Konzepten und Strategien auf die öffentliche Meinungsbildung Einfluss genommen wird.

Martin und Simone kamen gegen 10.00 Uhr ins Hotel. Susan hatte gerade alle Vorbereitungen abgeschlossen und konnte noch ein paar kleine Sonderwünsche für Martin realisieren. Ihr Auftraggeber war vom ausgewählten Hotel und vom Ambiente angetan und sowohl Martin als auch Simone waren energiegeladen und bester Laune. Beide freuten sich auf diese zwei Workshoptage und es dauerte nicht lange, da hatten sie Susan mit ihrer positiven Grundstimmung angesteckt. Zu dritt setzten sie sich in die Hotellobby und tranken noch einen Cappuccino während sie auf die anderen warteten. Sie unterhielten sich über die Geschehnisse der letzten beiden Wochen. Da nun alle Rahmenbedingungen genehmigt und organisatorische Details abgeklärt waren, konnte die Organisation von Details und Feinheiten des Events begonnen werden. Simone würde hier als Marketingverantwortliche auf Programmebene eine große Rolle spielen. Noch ein Grund, warum ihre Teilnahme an diesem Workshop mehr als sinnvoll war.

In diesen letzten Minuten an der Bar versuchte Susan noch einmal, aus Martin eine Agenda herauszubekommen. Diesmal blickte Martin tief in ihre Augen, lächelte und erwiderte: „Susan, du hast das großartig gemacht. Alles ist bestens vorbereitet. Deine Aufgabe ist nun das Loslassen. Versuche bitte ganz bewusst, im Hier und Jetzt zu sein, und lass geschehen, was die zwei Tage geschehen wird. ‚Diamond Thoughts' erreichen uns nur, wenn wir die Kontrolle auch einmal abgeben. Vertrau darauf, wir werden mit einem großen Koffer voller neuer Ideen morgen Mittag nach Hause gehen." Susan schwieg. Sie spürte einen kleinen Schub Cortisol in ihr aufsteigen, da sie sich über sich selbst ärgerte. Natürlich war ihr ihre Tendenz bewusst, gerne alles unter Kontrolle zu haben. Sie konzentrierte sich auf einen ihrer schnellen Ventilöffner, lächelte Martin und Simone zu und nickte entschuldigend. „Du hast völlig recht, Martin. Ich versuche loszulassen, versprochen", Martin lächelte zurück und klopfte Susan auf die Schulter. „Das weiß ich doch! In den meisten Fällen ist deine Struktur absolut wichtig und notwendig. Nur eben nicht heute." In diesem Moment hörten sie die Stimmen ihrer Teammitglieder, die sich durch die Hotellobby näherten.

Die Begrüßung war herzlich. Alle umarmten sich und die Stimmung war ausgelassen. Karli und Pierre wollten das gesamte Wochenende bleiben und hatten privat noch zwei Nächte im Hotel dazugebucht. Sie hatten vor, am Samstag zusammen die Münchner Biergärten zu erobern. Da Karli die drei Samstage davor mit seiner Familie zusammen verbracht hatte, war auch seine Frau wieder deutlich entspannter. Einem Männerwochenende stand damit nichts im Weg, immerhin waren Karli und Pierre auch privat seit einigen Jahren befreundet. Paul hatte vor, am Freitagnachmittag weiter zu seiner Familie zu reisen und Susan hatte Maggy eingeladen, noch eine Nacht bei Ben und ihr zu bleiben. Maggy war das erste Mal seit sie Mutter geworden war zwei Nächte auswärts und deshalb leicht nervös, ob ihr Mann mit dem Baby drei Tage allein zurechtkommen würde. Aber sie gab zu, diese Auszeit ausgiebig zu genießen. Der Ausblick auf zwei Nächte durchschlafen und entspannte Mahlzeiten ohne Geschrei beflügelte sie zur Höchststimmung.

An diesem Vormittag verlief alles entspannt und niemand hatte die Uhrzeit im Blick. Susan schreckte beim Blick auf die Uhr kurz auf, denn es war schon 11.20 Uhr, als sie erstmals den Seminarraum betraten. Aber Martin und alle anderen waren gut gelaunt und locker und so versuchte auch sie erneut Martins Bitte zu beherzigen und sich einfach auf den Tag einzulassen.

Martin startete den Workshop, als alle auf ihren Stühlen platzgenommen und etwas zu trinken neben sich hatten. Die Stühle standen in einem großen Kreis. Martin erhob sich schweigend, griff zu einem Flipchart-Stift und ging damit in ihre Mitte. Er legte den Stift auf den Boden und setzte sich wieder auf seinen Stuhl. Die Gruppe blickte abwechselnd zu Martin und zu dem Stift am Boden. Martin lächelte und stellte seine erste Frage: „Was ist das?" Mit seiner rechten Hand deutete er zum Stift. Sein Team blickte ihn lächelnd, aber leicht ratlos an. Karli war der Erste, der das Schweigen brach und rief: „Ein Stift!" Dann meldete sich Paul: „Ein Flipchart-Stift." Susan ergänzte, dass es sich um einen blauen Flipchart-Stift handle. Martin schwieg. Es vergingen ein paar Sekunden des Schweigens. „Was wäre", sprach Martin weiter, „wenn dort drüben bei der Tür ein kleines Hündchen in unseren Seminarraum reinlaufen würde. Was wäre dieses Objekt für das Hündchen?" Maggy, die in ihrer Kindheit einen Dackel hatte, war die Erste, die reagierte: „Der würde zum Stift laufen, ihn beschnuppern und dann damit spielen." Paul ergänzte: „Wenn er ihn für einen Kauknochen hält, nimmt er ihn vielleicht auch in den Mund."

Zur Überraschung aller Beteiligten ging Martin nun auf die Knie und spielte ein Hündchen. Er kroch auf allen Vieren am Boden herum, schnupperte mit seiner Nase am Stift, stupste ihn an und biss dann mit seinen Zähnen nach dem Stift. Er richtete seinen Oberkörper auf, den Stift immer noch zwischen den Zähnen, und hechelte. Die gesamte Gruppe konnte sich vor lauter Lachen nicht mehr halten. Der Überraschungseffekt war gegeben und Martins Hundeschauspiel wirkte einfach unglaublich komisch. Als das Lachen wieder verstummte und Pierre und Karli sich die Tränen aus den Augenwinkel gewischt hatten, stand Martin auf und nahm den Stift in seine Hand. „Für uns Menschen hier im Raum ist das also ein blauer Flipchart-Stift, für einen Hund wäre es ein Kauknochen. Stimmt das so?" Er blickte zu allen in die Runde und holte sich ein Nicken ab. Danach machte er weiter. Er legte den Gegenstand zurück auf den Boden und stieg mit den Füßen auf seinen Stuhl. Simone hielt sich den Bauch vor lauter Lachen, ihren Mann so im Volleinsatz zu erleben. Sie war einiges von ihm gewohnt, war er doch ein umtriebiger Mann, ein Optimist durch und durch und brauchte, anders als sie, nur wenig Schlaf. Aber als er im nächsten Moment einen Tarzan-Schrei durch den Raum tönen ließ und an einer pantomimisch angedeuteten Liane vom Stuhl sprang, konnte auch sie die Tränen nicht mehr zurückhalten.

Susan wusste nicht, was hier eigentlich gespielt wurde. Es war ihr aber inzwischen egal. Sie hatte großen Spaß und hoffte nur, Martin würde nicht von ihr erwarten, es ihm als Jane des Programms nachzumachen. Ihr eigener Gedanke brachte sie noch mehr zum Lachen und es dauerte wieder eine Weile bis Ruhe eingekehrt war. Martin war inzwischen knieend am Boden und begann, Objekt so zu untersuchen, als hätte er diesen Gegenstand noch nie in seinem Leben zu Gesicht bekommen. Er nutze den Stift zum Zerdrücken von

Früchten, als wäre dieser ein Stein mit scharfer Kante oder eine Waffe, um sich zu verteidigen. Dann tat er überrascht, als er den Stöpsel abtrennte, und malte sich wie aus Versehen an seinen Fingern an. Er tat erschrocken und versuchte, die Farbe von seinen Händen wieder abzurubbeln. Als er schließlich Kriegsbemalung spielen wollte und ansetzte, mit dem Stift in seinem Gesicht Striche zu malen, schrie Simone laut: „Stopp! Wir haben verstanden worauf du hinaus willst!“ Martin hielt inne.

„Jakob, unser Sohn, hatte sich, als er vier Jahre alt war, mal mit seinem Freund nackt ausgezogen und von oben bis unten mit zwei Flipchart-Stiften aus unserem Homeoffice bemalt. Wir haben die Farbe knapp eine Woche nicht runterbekommen“, erklärte Simone den lachenden Anwesenden. Die Erinnerung an seinen Sohn brachte auch Martin zum Lachen. Nach einer Weile stand Martin auf und hielt den Stift wieder in seinen Händen. „Was hat das Objekt für Tarzan dargestellt?“, fragte er in die Runde. Susan meldete sich: „Ein unbekannter Gegenstand, den du auf seine Nützlichkeit hin überprüft hast.“ Martin nickte ihr zu. „Was für ein Sinn hat sich für Tarzan erschlossen?“, bohrte Martin weiter nach. „Es war für ihn ein Werkzeug“, rief Paul in die Runde. „Und ein Instrument zur Bemalung“, ergänzte Pierre. Martin war mit den Antworten zufrieden. Dann legte er erneut den Stift in die Mitte des Raumes und bat alle Anwesenden, mit ihm zusammen den Raum zu verlassen.

Als alle im Gang vor der Tür zum Seminarraum standen, stellte Martin seine nächste Frage. „Jetzt ist gerade niemand in diesem Raum. Keiner sieht, erkennt oder nutzt das Objekt, das da drinnen am Boden liegt. Was ist es jetzt?“ Paul wurde die Metapher in diesem Augenblick zu surreal und er zuckte mit den Schultern. Pierre und Karli schwiegen. „Ein Gegenstand ohne Bedeutung“, meldete sich Maggy zu Wort. Susan dachte angestrengt nach. „Ein dunkles, hartes Objekt mit einer länglichen Form“, ergänzte sie. „Das Experiment geht weiter“, kündigte Martin an. „Wir betreten jetzt dreimal den Raum, blicken zu diesem Gegenstand und gehen im Anschluss wieder nach draußen.“ Martin öffnete die Tür einen Spalt breit, blickte noch einmal zu seinem Team und sagte: „Wenn wir jetzt reingehen, ist jeder von uns er oder sie selbst. Martin öffnete die Tür und alle traten nacheinander in den Raum ein. Als alle freie Sicht zum Objekt hatte, fragte Martin erneut: „Was seht ihr hier am Boden liegen?“ Die Gruppe antwortete in unterschiedlicher Geschwindigkeit: „Einen Flipchart-Stift.“ Martin nickte und winkte die Gruppe wieder vor die Tür. Draußen mussten alle in die Hocke oder auf die Knie gehen. „Was sind wir jetzt?“, fragte er in die Runde. „Hündchen!“, rief Pierre in die Runde, den diese Aufgabe sichtlich amüsierte. Er kannte Martin lange genug und mochte ihn für seine anschaulichen Übungen. Er hatte mit ihm schon einige Kuriositäten erlebt und umso größer diese waren, umso mehr hatten sie seine Denk- und Arbeitsweisen ins Positive verändert. Während alle auf Knien oder in der Hocke durch die Tür krochen, kam eine Mitarbeiterin des Hotels um die Ecke. Sie wollte die Getränke im Raum nachfüllen. Beim Anblick der verdutzten Hotelangestellten brach die Gruppe erneut in Gelächter aus. Nur diesmal klang das Lachen eher nach einem Bellen in unterschiedlichen Tonhöhen. Offenbar gab es Schäferhunde, Dackel und mindestens einen Chihuahua im Team. Als Hunde im Raum hatten tatsächlich alle den Drang, den Stift mit ihren Pfoten zu berühren und ihn sich gegenseitig zuzuspielen. Es war Karli, der nach drei weiteren Stiften neben sich am Tisch griff und ein Pfoten-Match eröffnete. Die Gruppe war plötzlich wie eine Horde Kinder am Kindergeburtstag und aufgrund der hohen Vertrauensbasis zwischen den einzelnen Personen, machten alle mit. Als Karli sich vor Martin auf den Rücken rollte und am Bauch gekrault werden wollte, beendete Martin, immer noch lachend, die Übung und bat alle, aufzustehen. „Ich denke, ihr habt alle gespürt, was dieser Gegenstand für uns dargestellt hat. Hat sich das für euch real und richtig angefühlt – so als Hunde?“ Alle nickten und gingen wieder nach draußen.

„Kommen jetzt Tarzan und Jane?“, fragte Simone, die inzwischen lieber schon in die Auflösungsphase der Übung gegangen wäre. „Sagen wir, wir sind alle Ureinwohner im Dschungel und haben noch nie so ein Objekt gesehen. Jeder schnappt sich einen dieser Gegenstände, es liegen ja mittlerweile mehrere davon rum, und ihr findet heraus, wie ihr sie nützen könntet.“ Martin öffnete wieder die Tür. Sie betraten alle den Raum und jeder untersuchte einen der Stifte in ähnlicher Form, wie es Martin im Vorfeld vorgemacht hatte. Paul deutete so realistisch die Bemalung an, dass er tatsächlich einen kleinen, blauen Strich auf seiner Stirn hinterließ. Susan musste so lachen, dass sie ihm nicht einmal helfen konnte, den Strich wegzuwischen. Das wäre auch vergeblich gewesen, denn die Stifte waren wasserfest.

Nach ein paar weiteren Minuten bedankte sich Martin bei der Gruppe für das Einlassen auf diese Empathie-Übung. „Wie real habt ihr in dieser Rolle den Zweck und die Bedeutung des Gegenstandes empfunden?“, erkundigte sich Martin und blickte sich um. „Der Stift war eindeutig ein Werkzeug!“, brachte es Karli auf den Punkt. Martin schmunzelte. Er bat die Gruppe zurück auf ihre Plätze. Dann sah er nachdenklich jede einzelne und jeden einzelnen hintereinander an. „Was stimmt denn jetzt? Was ist dieses Objekt nun tatsächlich?" „Alle drei", prustete Paul heraus. „Alle drei gleichzeitig." Martin blickte zu Paul. Er war beeindruckt, zumal er Paul angesehen hatte, dass er mit dieser Art des Gedankenspiels so seine Schwierigkeiten hatte. „Aber das kann nicht sein", entgegnete nun Maggy. „Für den Hund ist und bleibt es ein Kauspielzeug und für den Ureinwohner ist und bleibt es ein Werkzeug. Das Objekt ist also für den Betrachter niemals alles zur gleichen Zeit." „Aber alle drei Betrachter könnten zur gleichen Zeit auf so ein Objekt treffen und jeder sieht das, was es für ihn ist. Paul hat damit erneut recht. Es ist all das Beschriebene und vielleicht kann es auch unendlich viel zur gleichen Zeit sein", argumentierte Susan.

Die Gruppe schwieg und Martin applaudierte innerlich, denn Susan hatte eine essenzielle Erkenntnis in Worte gefasst. Martin stand immer noch, den Stift nach vorne gestreckt in der Hand, vor der Gruppe. Er drehte nun seinen Oberkörper nach rechts. Den Stift hielt er ebenfalls in der rechten Hand auf Augenhöhe, zirka einen Meter von seinem Kopf entfernt. Dann schwenkte er seine freie, linke Hand zwischen seinen Augen und dem Stift hin und her. „Und nun die alles entscheidende Frage", begann er und hatte damit die volle Aufmerksamkeit seiner Mitarbeiterinnen und Mitarbeiter. „Wer gibt diesem Objekt seine Bedeutung? Hat das Objekt von sich heraus eine Bedeutung und diese Bedeutung strahlt zum jeweiligen Betrachter hinüber?" Er machte bei dieser Erklärung eine Handbewegung vom Stift zu seinem Kopf, um die Richtung der Bedeutungsbildung anzudeuten. „Oder ist es genau umgekehrt, dass egal wer diesen Raum betritt – ob diese Person oder dieser Hund oder dieser Urbewohner – dem Gegenstand seine Bedeutung verleiht?" Pierre und Simone nickten energisch.

Susan und Karli begannen langsam zu verstehen, worauf Martin hinauswollte. Paul und Maggy schienen noch unschlüssig. Martin fuhr also fort. „Wenn das Hündchen den Raum betritt, ist dieses Objekt ein Kauspielzeug. Das ist die volle Realität. Die Realität des Hündchens. Und sie ist richtig. Wenn der Urwaldbewohner dieses Objekt findet, ist es ein Werkzeug und ein Instrument zur Bemalung und wenn du" – er deutete auf Paul – „dieses Objekt am Boden findest und aufhebst, freust du dich, einen Flipchart-Stift gefunden zu haben. Für alle ist die jeweilige Bedeutung real, weil sie real ist.

Versteht ihr das?“ Martin wandte sich zu Maggy und fragte: „Welche Richtung stimmt also?“ Er deutete wieder mit seiner linken Hand zwischen dem Stift und seinen Augen hin und her. „Hat nun der Gegenstand an sich eine Bedeutung, die er ausstrahlt, oder befüllt der Betrachter diesen Gegenstand mit seiner eigenen Bedeutung?“ Martin gestikulierte zu Maggy. Sie nickte. „Ich verstehe… Würde der Gegenstand tatsächlich eine eigene Bedeutung innehaben, dann würde diese Bedeutung für alle Betrachter immer die gleiche sein. Das ist aber nicht der Fall. Also muss es umgekehrt sein.“ Martin lächelte und nickte. „Das ist pure Logik!“ Er blickte zu Paul und auch dieser nickte. Er verstand, worauf Martin mit seinem Experiment hinauswollte.

„Ich stelle mir das so vor“, fuhr Martin fort, „dass alles auf dieser Welt – so auch dieser Stift – eine Art *leeren Raum* in sich hat. Dieses Bild hilft mir für mein Verständnis. Und dieser leere Raum wird erst durch den Betrachter gefüllt. Versteht ihr? Denn wenn dieses Objekt hier drinnen liegt und niemand reinkommt, ist es bloß ein bedeutungsloses Objekt mit diesem leeren Raum, also ohne Sinnzuschreibung. Diese Sinnzuschreibung passiert erst, wenn jemand oder etwas das Objekt erblickt und diesen Raum individuell befüllt. Und wenn das Hündchen, Paul und der Urwaldbewohner gleichzeitig hereinkommen, ist das Objekt auch gleichzeitig alles, wofür es die drei halten.“ Martin sah zu Paul. „Du hattest also völlig recht mit deiner Annahme.“ Schweigen lag im Raum. Jeder versuchte, diese neue Betrachtungsweise gedanklich an seiner Realität zu messen.

Karli war der Erste, der wieder das Wort ergriff. „Ich verstehe es noch nicht, Martin. Was hat das alles nun zu bedeuten? Warum erzählst du uns das?“ Martin atmete tief durch, blickte in die Runde und hob erneut den Stift an, den er dazwischen kurz gesenkt hatte. „Alles in eurem Leben ist ein Stift. Ein Kollege, euer Partner, die Stadt in der ihr wohnt, die Beziehung eurer Eltern, euer Vater, eure Mutter, der Bäcker ums Eck, jeder Gegenstand, jede Situation und jede Tat.“ Paul seufzte. Das gerade erlangte Aha-Erlebnis drohte schon wieder zu bröckeln. „Nein, das ist voll logisch“, konterte Susan. „Das ist die Pipi Langstrumpf Wahrheit!“ Paul und Simone blickten Susan verwirrt an. „Ihr kennt doch Pipi?“, erkundigte sich Susan ungläubig. Alle nickten. Natürlich kannte jeder das mutige, kleine Mädchen mit den roten Zöpfen und den Sommersprossen aus Kindertagen. „Ihr Motto war: ‚Ich mach mir die Welt, wie sie mir gefällt!‘“ Alle lachten und Martin nickte. „Ja, Pipi versteht den Stift.“ „Moment mal“, unterbrach nun Karli entschlossen. „Wenn der Stift von mir kommt, dann würde das doch bedeuten, ich kann alles sehen, wie ich es sehen will. Dann schließe ich jetzt meine Augen, stelle mir vor, der Stift wären 200 Euro und wenn ich sie öffne, dann…“, Karli schloss demonstrativ die Augen und summte ein lautes „Ohm“ in die Runde. Dann öffnete er seine Augen wieder und der Stift in seiner Hand war immer noch ein Stift. „Seht ihr“, schlussfolgerte er, „der Stift kommt doch nicht so ganz *von mir*, oder? Und drei mal drei ist halt auch für die Mehrheit der Menschen nicht sechs, sondern neun – um bei Pipi zu bleiben.“ Die Runde schwieg.

„Karli“, begann Martin nach ein paar Minuten. „Du hast hier eine wesentliche Erkenntnis eingebracht. Danke dafür!“ Karli blickte ihn verwirrt an, freute sich aber zugleich über den positiven Zuspruch. „Positives Denken allein reicht nicht aus, um aus diesem Stift 200 Euro zu machen. Optimismus ist wundervoll, aber er erklärt die Stift-Befüllung nicht ausreichend.“ Simone stand auf und ging ein paar Schritte im Raum herum. Sie brauchte geistige Bewegung für diese tiefgründigen Gedanken und ein paar Schritte halfen ihr dabei, in ihrem Geist offen und wendig zu bleiben. „Die zahlreichen Bücher über das *Gesetz der Anziehung oder Wünsche ans Universum* greifen damit eindeutig zu kurz, nicht wahr? Da fehlt ein Stück an Information, oder Martin?“ Martin bejahte Simones Einschätzung. Jetzt standen auch Pierre und Paul auf und bewegten sich im Raum. „Raus damit, was fehlt uns hier für ein Zusammenhang? Wie befüllen wir unsere Stifte – wovon hängt es ab?“, drängte nun Susan und griff nach Notizblock und Bleistift. Martin blickte in die Runde.

„Unsere eigenen *Absichten*, unsere *Gedanken über Mitmenschen und Situationen* und unsere *Taten für andere* sind die Ursache. Sie sind wie Samen, die jeder von uns in seinem geistigen Garten pflanzt. Jeder von uns steckt sich sozusagen gute oder auch schlechte Samen in seine Lebenserde, je nachdem wie er über seine Mitmenschen denkt, was er vorhat, oder wie er sie behandelt. Wenn du jetzt dieses Objekt im Raum erblickst“, Martin hob erneut den Stift in die Höhe, „siehst du, was auch immer du selbst zuvor gepflanzt hast.“

„Man erntet also, was man säht“, wiederholte Simone nach einer Weile, blieb stehen und blickte zu ihrem Mann. Martin erkannte, dass Simone die Weisheit dieses Satz, den sie sicher schon tausend Mal als Redewendung benutzt hatte, nun wirklich tiefer verstand. „Genau so steht es als Universalgesetz in den alten Schriften“, bestätigte Martin. „Und das hat nichts mit Religion zu tun. So und nicht anders funktioniert die Welt.“ „Wow“, prustete nun

Karli, „diese Idee stellt gerade mein komplettes Weltbild auf den Kopf. Das ist mir echt zu steil." „Kein Wunder, Karli", gab ihm Martin recht. „Weil es genau so ist. Nach dieser Denke sind wir nämlich keine Opfer mehr. Wir haben alles um uns herum selbst durch kleine, wirkungsvolle Samen aus Gedanken über und Handlungen für oder gegen andere erschaffen. Das ist ein 180 Grad Perspektivenwechsel und ich habe selbst viele Jahre dieses Prinzip kritisch hinterfragt, ausprobiert und getestet, bis ich schließlich von seiner Richtigkeit überzeugt war." Erneut kehrte Stille ein.

„Ich möchte euch von meinem Schlüsselerlebnis berichten, das mich dieses Prinzip wirklich nachhaltig und spürbar verstehen ließ", begann Martin nach einer kurzen Weile. „Am Beginn meiner Karriere war ich Angestellter einer Cateringfirma und hatte die Aufgabe, innerbetriebliche Catering Aufträge für unsere Kunden durchzuführen. Damals hatte ich einen Chef, der ein absoluter Perfektionist war. Egal was ich machte, egal wie gut ich mich vorbereitete, egal wie gewissenhaft und genau ich alles erledigte, es war niemals gut genug. Immer fand er einen Aspekt, den er noch beanstanden konnte. Ich war jung und hätte dringend Lob und Bestätigung gebraucht, aber ich erntete ausschließlich Kritik." Martin griff zu seinem Wasser und trank einen Schluck. Damit gab er den anderen die Zeit, sich diesen perfektionistischen Vorgesetzten vorzustellen.

„Dieser Chef ist auch ein Stift, versteht ihr? Und ich habe diesen Stift befüllt", er machte erneut eine kurze Pause, damit seine Worte reflektiert werden konnten. „Für mich war mein Chef furchtbar. Mehr noch, er war unausstehlich. Ich bin jedes Mal wütend geworden, wenn ich nur an ihn dachte. Ich habe sogar ernsthaft vorgehabt zu kündigen, obwohl ich die Tätigkeit an sich und auch die Kollegen dort – eine Kollegin habe ich später sogar geheiratet – wirklich mochte." Martin zwinkerte Simone zu, die diese Geschichte aus seinem Leben gut kannte. „Viele Male verließ ich wütend das Büro, schrie in meiner Verzweiflung meine Kollegen oder Freunde an und saß abends frustriert am Küchentisch und dachte mir, wie er nur so sein konnte. Doch dann ist etwas passiert." Martin machte erneut eine kurze Pause und blickte in die Runde. Er hatte ihre volle Aufmerksamkeit.

„Bei einer Firmenfeier, bei der wir alle zusammen mit unseren Partnern und Kindern kamen, erlebte ich diesen Mann als Vater und Ehemann. Er hatte einen Sohn und eine Tochter, die noch klein waren, und er war auf diesem Fest unglaublich liebevoll und geduldig zu ihnen. Auch im Umgang mit seiner Frau war alles entspannt und vertraut. Seine Frau sah ihn nach all den Jahren der Ehe immer noch mit einem wirklich verliebten Blick an. Dann betrachtete ich, wie ihm meine Kollegen begegneten. Sie waren freundlich und offen und alles war locker und entspannt. Das war für mich eine entscheidende Erfahrung, weil ich zum ersten Mal wirklich verstanden habe, dass *ich* es bin, der den Stift befüllt. *Ich* habe ihn befüllt mit meinen Vorurteilen, meinen subjektiven Erfahrungen und allem, was ich so an Mustern und Prägungen *gesät* hatte." Simone nickte, als Martin zu ihr sah.

„Es gab in meinem unmittelbaren Umfeld zahlreiche Personen, die diesen Mann anders erlebten und dementsprechend auch eine andere Kommunikation mit ihm pflegten. In diesem Moment auf der Feier passierte etwas in mir. Ich habe mir gedacht: Wenn *ich* es bin, der dem Stift seine Bedeutung gibt, dann kann es wohl auch nur *ich* selbst sein, der eine unangenehme Befüllung löschen und durch eine angenehme Befüllung ersetzen kann." „Aber er war doch so perfektionistisch!", wandte nun Paul ein, der leicht verzweifelt versuchte, auch in diesem Beispiel die Logik zu finden. „Richtig Paul, aber nur in meiner Stift-Befüllung. So wie der Hund im Stift ein Spielzeug sieht, sah ich in meinem damaligen Chef einen gemeinen Perfektionisten. Ja, das war real, aber es war einzig und allein meine Realität. Das ich meinem Chef diese Attribute zuschrieb, sagte letztlich mehr über mich selbst aus als über meinen Chef." Paul schwieg.

„Und deshalb sah seine Frau ihn als den Mann an, den sie liebte, und seine Kinder sahen in ihm einen tollen Vater – jeder befüllte diesen Stift auf seine Weise. Und jede dieser Befüllungen ist real für den Befüller", ergänzte Susan und brachte es damit auf den Punkt. „Im Grunde ist das eine anschauliche Erklärung für **systemischen Konstruktivismus**", erklärte Simone, die sich in ihrem Studium der Kommunikationswissenschaften in Salzburg intensiv mit dieser Thematik befasst hatte. „Die Welt ist immer das, was wir in ihr sehen. Realität ist subjektiv und hängt von all unseren Einflüssen ab." Susan dachte an Katharinas Bild vom Eisberg. Jeder Mensch war wohl so eine Art Eisberg. Ein paar Eckdaten waren auf Facebook und in der Arbeit sichtbar, aber das große

> Nach Niklas Luhmann, einem der bekanntesten deutschen Experten für **Systemtheorie**, erkennen wir durch Beobachtung. Jede Beobachtung ist wiederum eine Eigenleistung (= **Konstruktion**) des Beobachters. Wir konstruieren unsere Realität daher selbst. (Buchtipp: Luhmann, Erkenntnis als Konstruktion, 1988.)

WARUM war unter Wasser. Dieses WARUM beeinflusste intensiv unsere Absichten und Gedanken, die dann im oberen, sichtbaren Teil zu Taten für oder gegen andere wurden. Alles Samen, die eine Stift-Befüllungen verursachten.

„Wie kann man... Uhm... wie sagt man *stylo* auf Deutsch? Zut alors! En anglais: Wie kann man ein pen that is filled with the wrong association neu füllen?“, fragte schließlich Pierre, der trotz seines gebrochenen Deutschs voll dabei war. „Wie man einen falsch befüllten Stift neu befüllen kann, ist eine wirklich gute Frage“, betonte Martin. „Geshe Michael Roach hat zu diesem Zweck die sogenannte 4mal4 Methodik aus den alten Schriften herausgefiltert. Ich versuche das an dieser Stelle mal ganz einfache auf drei Schritte herunterzubrechen.“ Susan griff sofort zu ihrem Notizblock und war bereit, wie ein Schwamm diese drei Schritte aufzusaugen. „Schritt 1: Es braucht ein tiefes Verständnis dafür, dass man es selbst ist, der dieser Person, dieser Situation oder diesem Gegenstand dessen Bedeutung und auch Bewertung gegeben hat. Denn wir selbst sind es, die die Samen dafür in der Vergangenheit gesät haben. Es gibt damit keine absolute Realität, sondern alles ist subjektiv. Das bedeutet auch, wir sind keine Opfer! Wir sind Schöpfer unserer Stift-Befüllungen!“ Susan musste unweigerlich an den Mayr-Modus denken. Einem Modus, dem man offenbar die nicht so schönen *Ernten* seines Lebens zu verdanken hatte.

„Schritt 2: Spiele Detektiv in deinem eigenen Leben und finde heraus, mit welchem deiner Gedanken oder Taten anderen gegenüber du diese Ernte verursacht hast. Wenn du einen Samen für eine Wassermelone pflanzt, wird auch eine Wassermelone wachsen! Keine Kiwi und kein Apfelbaum – eine Wassermelone. Das ist eine sogenannte Korrelation. Nebenbei bemerkt“, ergänzte Martin, „da wo diese Weisheiten herkommen, gibt es Beschreibungen zu Tausenden von Korrelationen und Erkenntnis darüber, was der Dünger ist, um das Wachstum von Samen zu beschleunigen.“ Martin dachte fasziniert an die typischen und untypischen Samen-Ernte-Korrelationen, die er in den letzten Jahren studiert hatte. „Nun zum letzten Schritt“, finalisierte er die Methode.

„Schritt 3: Pflanze neue und gute Samen, die deine Stift-Befüllung langsam, aber sicher verändern werden. Wie das geht? Indem du zuerst jemandem hilfst, das zu erreichen, das auch du dir wünschst. DAS wäre, den alten Schriften zufolge, der Same, damit auch du – wenn der Samen gereift ist – das Gewünschte erntest.“ Martin hielt inne. „Stellt euch nur mal vor, alle Menschen

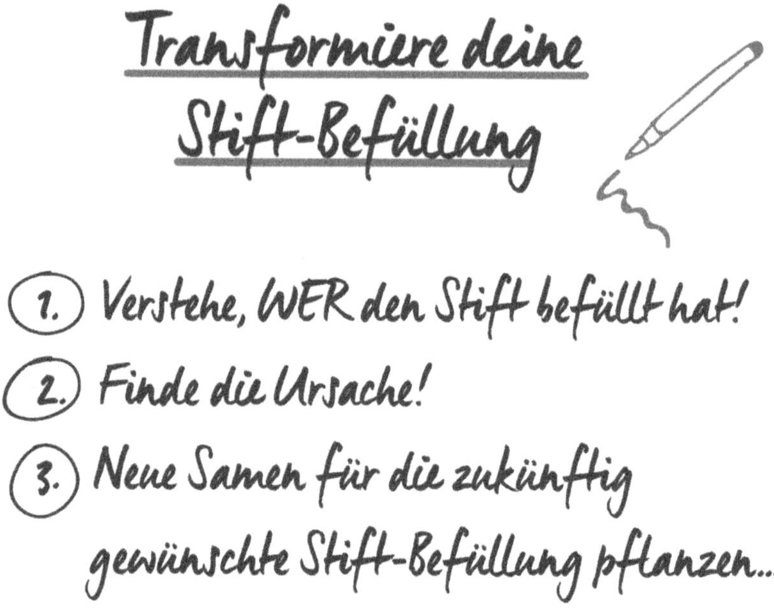

Abb. 27: Transformiere deine Stift-Befüllung

dieser Welt würden dies für sich verinnerlichen. Das würde unseren Umgang miteinander auf unglaublich schöne Art und Weise nachhaltig verbessern." Er ging zum Flipchart neben sich und notierte die drei Schritte.

„In meinem Fall passierte Schritt 1 auf dem Firmenfest, als ich die Erkenntnis hatte, es geht auch anders. Schritt 2 war dann eine logische Konsequenz. Ich wollte vor allem mir selbst das Leben leichter machen und hatte noch am selben Abend bei einem Waldlauf in meinen Gedanken alles abgeschüttelt, was meinen Chef-Stift so destruktiv befüllt hatte. Schritt 3 überforderte mich aber total. Es gelang mir einfach nicht, eine konstruktive Befüllung zu denken, die sich für mich richtig anfühlte. Ich wollte mir ja weder etwas einreden noch etwas vorgaukeln, das ich selbst nicht glaubte. Er war ja schließlich im Alltag bislang weder nett noch höflich, in meiner Wahrnehmung, zu mir gewesen. Also bat ich Simone um Hilfe." Martin blickte zu seiner Frau. „Sie warf mir damals den entscheidenden Stein – oder sollte ich besser sagen Felsbrocken – an den Kopf." Simone grinste.

„Wir waren gerade zusammengezogen in unsere erste kleine Wohnung. Wir hatten 35m^2 Wohnfläche und unser Wohnzimmer war gleichzeitig Büro, Küche und Gästezimmer, wenn mal ein Kumpel übernachtete. Alles andere war uns zu teuer, aber der Wunsch, in München zu bleiben, groß genug, um das auszuhalten. In den ersten Wochen des Zusammenlebens musste sich erst alles einspielen. Wir bemühten uns, einen Rhythmus zu finden, um Beruf, Freizeit, Beziehung, Haushalt und Kochen unter einen Hut zu bringen. Simone hatte damals offenbar stark darunter gelitten, wie pedantisch ich im Haushalt war", gab Martin offen zu und blickte zu seiner Frau. „Martin putzte sogar die Putzlappen!", brachte nun Simone ein erstes Beispiel. „Wenn die Türstöcke staubig waren, wurde er nervös und er saugte sogar unsere kleine Abstellkammer, die nur einen Quadratmeter groß war." Das gesamte Team konnte sich ein Lachen nicht verkneifen. Sich den zwanzig Jahre jüngeren Martin mit Putzfimmel in einer Abstellkammer vorzustellen, war einfach zu komisch. Martin, der das alles hinter sich gelassen hatte, stimmte herzhaft mit ein und erzählte schließlich weiter.

„Simone und ich hatten damals viel Streit. Oftmals wurde es ziemlich laut. Ich würde heute niemals sagen, Simone sei unordentlich, aber sie hatte definitiv ein entspannteres Sauberkeitsbedürfnis als ich damals. Eines Tages bekamen wir uns wegen einem schmutzigen Schwamm in der Spüle so in die Wolle, dass sie mir im Impuls eine verbale Bombe an den Kopf warf. Sie schrie mich förmlich an und sagte: ‚Ich gönne dir deinen perfektionistischen Chef, der dich fast in den Wahnsinn treibt, denn du machst in dieser Wohnung mit mir gerade genau das gleiche!' In diesem Moment machte es bei mir Klick. Ich hatte den Samen für meine Chef-Befüllung gefunden. Damit wusste ich, was zu tun war. Von diesem Augenblick an war er mein Spiegel. Ein äußerer Hinweisgeber, der mich daran erinnerte, wie viel toleranter ich noch in meinem Alltag werden durfte. Jedes Mal, wenn er eine meiner Arbeiten kritisierte, bedankte ich mich ab sofort gedanklich für die Erinnerung, nicht selbst meinem Perfektionismus im Haushalt zu verfallen. Ich säte dadurch jede Menge neuer Gedanken und Taten. Mehr noch: Damals nahm ich mir vor, dass ich mich selbst und auch meine Mitmenschen stets wertschätzend behandeln und loben würde, wenn etwas besonders gut gelungen war. Genau das – so hoffe ich – macht mich heute zu einem guten Chef."

Die Gruppe blickte abwechselnd zu Simone und Martin. „Bist du dann damals in der Firma geblieben?", erkundigte sich Paul nach kurzer Zeit der

Stille. „Ja, noch ziemlich genau ein Jahr", antwortete Martin. „Hatte sich die Beziehung zu deinem Chef noch irgendwie verändert?", erkundigte sich nun Susan neugierig. „Mit dem Moment, als ich diese neue Betrachtungsweise für mich gefunden hatte, war mein Ärger verschwunden. Ich war nicht mehr zornig und konnte seine Kritikpunkte besser annehmen. Und weißt du, was mir dadurch aufgefallen ist?", Martin blickte zu Susan. „Er hatte mir echt gute Tipps gegeben. Sie waren nur ständig als Appell formuliert, was es mir schwer machte, diese anzunehmen." „Genau wie deine Haushaltsappelle an mich", dachte Simone und schmunzelte. Als Susan das Wort *Appell* hörte, verknüpfte sie sofort das Gehörte mit dem Vier-Ohren-Modell. Martin hatte als Berufsanfänger wohl damals ein großes APPELL-Nehmer-Ohr gehabt. Wie Katharina es gesagt hatte: Jeder APPELL-Nehmer trifft auch auf einen APPELL-Geber. Eine Sache verstand Susan aber erst jetzt: Dass Martin, in seiner privaten Haushaltsecke, selbst den Samen für seine APPELL-Ernte im Job gepflanzt hatte.

„Als ich damals begann, das Feedback meines Chefs nicht mehr persönlich zu nehmen, und einfach tat, was er mir anschaffte, wurde ich in meinem Beruf noch einmal deutlich besser. Viele Jahre später", fuhr Martin fort, „ich war schon selbständig mit Spirit Events und feierte erste Erfolge, traf ich meinen alten Chef zufällig auf einem meiner Events wieder. Er klopfte mir väterlich auf die Schulter und sagte zu mir: ‚Ich wusste, in dir steckt das Zeug dazu! Drum habe ich dich auch so gefördert. Gut gemacht!' Ich war in diesem Moment so perplex gewesen, dass ich nichts sagen konnte. Erst so viele Jahre später habe ich verstanden, dass er immer so ruppig und hart zu mir gewesen war, weil er in mir ein so großes Talent für diese Branche gesehen hatte. Mehr noch, er mochte mich und wollte mich auf seine Art und Weise für mein späteres, berufliches Leben fördern und qualifizieren. Ich war derjenige, dem diese Erkenntnis durch meinen enormen Anspruch an mich selbst entgangen war. Ich wollte damals schon perfekt sein, anstatt einfach mit Freude zu Lernen."

18. EIN MOTTO, DAS ZUM VERLIEBEN BEFLÜGELT

Nach Martins Input gönnte sich die Gruppe eine lange Mittagspause. Das Bedürfnis, selbst auch private Stift-Befüllungen zu teilen, war stark gewachsen. Vor allem ein Aspekt beherrschte die Runde: Wer hatte, wie Martin damals, eine destruktive Stift-Befüllung, mit der man sich das Leben schwermachte? Maggy gestand, sie hatte ihrer kleinen neun Monate alten Tochter den Spitznamen Zornpinkerl gegeben, da sie jeden Nachmittag zwischen 15.00 und 17.00 Uhr besonders anstrengend und quengelig war. „Ich hole sie jeden Tag gegen 14.00 Uhr von der Kinderbetreuung ab und kurz darauf geht es los. Statt eine liebevolle Mutter-Tochter-Zeit zu verbringen, ist Daueralarm angesagt und ich bin jedes Mal dankbar und erleichtert, wenn mein Freund abends heimkommt und übernimmt", erzählte Maggy. „Kaum öffnet er die Wohnungstür, stoppt Clara, meine Tochter, und ist wie ausgewechselt. Es ist zum Verrücktwerden!", stöhnte sie. „Ich habe sogar schon einen Psychologen aufgesucht. Der erklärte mir, dass Clara am Nachmittag die vielen neuen Eindrücke der morgendlichen Kinderbetreuung verarbeiten würde. Ich solle ihr als Mutter einfach beistehen und liebevoll bleiben. Der hat gut reden!", Maggy rollte mit den Augen. „Der muss ja nicht zwei Stunden neben meinem Zornpinkerl aushalten. An stressigen Bürotagen geht mir das einfach echt an die Substanz." Simone nickte wissend. Sie konnte sich noch genau daran erinnern, als es ihr vor ein paar Jahren mit Jakob ganz ähnlich ging.

Karli erzählte wenig später, dass er eine besonders negative Stift-Befüllung zum Thema Steuererklärung hatte. Jedes Mal, wenn seine Steuer anstand, überfielen ihn Ärger und Zorn. „Dann laufe ich wie ein wilder Krieger durchs Haus und will am liebsten alle Belege vernichten!", prustete er lautstark. Alle lachten und waren froh, dass sie erst so spät zum Mittagessen gegangen waren. Inzwischen war der Gastgarten rundherum leer und seine lautstarken Erzählungen störten niemanden. Es kostete Karli offenbar so viel Kraft, Energie und Überwindung, sich diesem Thema zu widmen, dass er zudem immer erst auf den letzten Drücker mit dem Sortieren der Unterlagen begann. „Und", rief er in die Runde, „wenn ich dann endlich anfange, die Belege zu sortieren – ich schwöre es euch –, dann fehlt immer die Hälfte. Als ob sie von meinem Regal verschluckt werden. Oder irgendein ominöser Belege-Dieb klaut sie, um mich zu ärgern." Martin und Simone konnten nicht anders, als herzhaft zu lachen. Beide kannten Karli schon viele Jahre und schätzten seine Leidenschaft und Impulsivität. Aber diese gab es eben in zwei Richtungen: himmelhoch jauchzend und zu Tode betrübt. Simone, die auch eine enge Freundschaft zu Karlis Frau pflegte, wusste, dass sie die am meisten Leidtragende dabei war. Neben einem wilden Karli zu sein, der im Zorn Belege sortierte, war nicht immer leicht für sie. Karlis Frau hatte Simone einmal erzählt, sie mache immer einen besonders langen Shoppingausflug mit den beiden Mädchen, wenn die Steuererklärung fällig war.

Paul berichtete als nächstes. Er erzählte von seiner Mutter, die ihn oft zur Weißglut trieb. Sie behandelte ihn immer noch wie ein Kind. Jüngst hatte sie vor der gesamten Verwandtschaft ihren Finger abgeschleckt und ihm damit einen Marmeladenfleck von seiner Oberlippe weggewischt. Er war so perplex gewesen, dass er in diesem Moment gar nichts sagen konnte. Wenig später, in seinem alten Zimmer, das er bei seinen Besuchen nach wie vor zum Schlafen nutzen konnte, flippte er völlig aus. Er stampfte vor Zorn mit den Füßen in den Boden. „Besuche zu Hause sind für mich wie ein Trip in einen unangenehmen Teil meiner Vergangenheit", erzählte Paul mit deutlich hörbarem Hormosapiens-Anteil in seiner Stimme. Eine Stift-Befüllung, die seine Heimatbesuche konstant weniger werden ließ. Auch Pierre vertraute an diesem Tag seinem Team eine unschöne Stift-Befüllung an. Er gestand, dass er dazu neigte, eifersüchtig zu sein. „J'adore meine Frau", begann er mit seinem sympathischen, französischen Akzent auf Deutsch zu sprechen, „et je suis très glücklich mit ihr." Seiner romantischen Ader verlieh er weiteren Ausdruck, indem er sein Handy aus seiner Hosentasche nahm und allen das Foto seiner Frau zeigte, das sein Display schmückte. Sie war eine wunderschöne Frau mit langen blonden Haaren, einem bezaubernden Lächeln und himmelblauen Augen. „Çe serait terrible si ... wie sagt man ... wenn, oiu, wenn ich sie verliere", entgegnete er offen. „Mais, vraiment, ich vertraue meiner Frau", versicherte er energisch. „Je le fait! Aber nicht lui collègues auf Arbeit." Genau aus dem Grund holte Pierre seine schöne Frau abends von der Firma ab oder brachte sie morgens hin. „Sie denkt", gestand er, „je suis ... Comment ça ce dit? ... Geizig? Ich will kein teures Auto – sie denkt das. Aber non, das ist nicht richtig." Die Gruppe nickte. Karli musste sofort an seine ältere Tochter denken. Jungs begannen gerade für sie interessant zu werden und Karli beobachtete jeden jungen Mann in ihrer Nähe mit Adleraugen.

Alle genossen das Abendessen und den Einblick in die persönlichen Geschichten. Als der Kellner die zweite Runde an Getränken brachte, blickte die Gruppe auf Susan, die bis dahin aufmerksam zugehört, aber selbst noch keine destruktiven Stift-Befüllungen geäußert hatte. Susan spürte, dass ein leichter Hauch von Nervosität in ihr aufkam. Sie überlegte, was sie der Gruppe erzählen sollte. Natürlich wollte auch sie etwas Persönliches preisgeben, aber eben auch nicht zu persönlich. „Ihr wisst ja, ich habe früher in Salzburg Hochzeiten organisiert – jede Menge Hochzeiten. Meistens für Brautpaare, die aus dem Ausland kamen und im berühmten Schloss Mirabell heiraten wollten. Grundsätzlich liebte ich diesen Job. Es machte mir viel Spaß, für diese Menschen ihren schönsten Tag zu planen und sie dann durch diesem zu begleiten. Es gab aber immer eine Person, die in 70 Prozent aller Hochzeiten mir den letzten Nerv raubte: die Brautmutter. Vor der Hochzeit, auf der Hochzeit und nach der Hochzeit war es die Brautmutter, die mich wahnsinnig machte. Ich glaube, ich habe auch die Bräute mit den schlimmsten Müttern angezogen. Es war wie ein Fluch. Ich bekam immer die Nörglerinnen, denen nichts gut genug war. Und auf der Hochzeit selbst kommandierten sie mich ständig herum und machten mir das Leben schwer." Karli konnte sich nicht verkneifen, in diesem Moment an seine eigene Wahrnehmung von Susan zu denken, als sie zu Beginn von ihm eine vollständige Projektplanung erwartete. „Zum Schluss", berichtete Susan, „war ich schon hypersensibel. Wenn die Mutter einer Braut mir nur eine Frage stellte, war ich innerlich bereits genervt. Wahrscheinlich...", Susan hielt inne. Alle Augenpaare waren auf sie gerichtet. Susan wusste, sie musste ihren Satz zu Ende sprechen. Das Problem war nur, genau jetzt war sie auf eine Wahrheit gestoßen, die sie bislang tief in ihrem Eisberg verborgen hielt – auch vor sich selbst. „Ich meine", fuhr sie entschlossen fort, „genau deshalb, habe ich gegen Ende eine große, für unser Unternehmen wichtige Hochzeit verloren. Das Brautpaar entschied sich gegen mich als Hochzeitsplanerin. Meine Stift-Befüllung hatte mich im Umgang mit der Brautmutter unhöflich werden lassen." Susan schwieg und die anderen nippten an ihren Getränken.

Es war gegen 15.30 Uhr, als die Gruppe in den Seminarraum zurückkam. Alle fanden auf ihren Stühlen ein weißes Blatt Papier. „Ich möchte, dass ihr auf eure Blätter ‚Spirit Event' schreibt", bat Martin. „Unser Event ist jetzt ein Stift." Alle kamen Martins Wunsch nach und schrieben die Worte in die Blattmitte. „Und nun geht raus in den Garten, sucht euch eine ruhige Ecke und notiert rundherum eure ganz persönliche aktuelle Stift-Befüllung zu unserem Event." Susan fand diese Aufgabe großartig. Sie ging gemeinsam mit der Gruppe hinaus und jeder machte ein Brainstorming im Freien. Sie bekamen zehn Minuten Zeit. Susan musste nicht lange überlegen, bis die ersten Gedanken aufs Papier flossen: *Bewegung, Community, Menschenmassen, Gemeinschaft, inspirieren, Freude* und *Erkenntnisse* waren die Begriffe, die ihr in den Sinn kamen. Zurück im Seminarraum legten alle ihre Zettel auf den Boden.

Im Kreis stehend, blickten sie auf die unterschiedlichen Stift-Befüllungen. Es gab Begriffe, die bei allen auftauchten. Dazu gehörten *Inspiration, Community* und *bewegen* oder *Bewegung*. Martin markierte diese, indem er sie einkreiste. Darüber hinaus hatte jeder noch individuell unterschiedliche Stift-Befüllungen notiert. Simone hatte noch *Sponsoring, Vermarktung* und *Markenstärkung* notiert. Aus ihrer Brille heraus absolut einleuchtend, dachte Susan. Paul hatte ergänzend *berufliche Chance, Herausforderung, Projektmanagement* und *coole Sache* aufgeschrieben. Auf Karlis Blatt stand zudem *Marketingaktion, Doppelbelastung, Stress* und *Chance* und bei Pierre *neue Kunden, neue Kooperationspartner* und *madness of funding*. Letzteres zeigte einen weiteren, destruktiv befüllten Stift in Pierres Denken. Maggy notierte noch *Lieblingsthema, Abwechslung, Bekanntheitssteigerung vor Ort* und *Rolle Projektmanagerin*. Das Blatt von Martin empfand Susan am spannendsten. Dort stand: *vereintes Europa, Friede, Fokus auf soziale Gemeinschaft, Selbstverwirklichung, einen starken Samen für Veränderung pflanzen, Bereicherung für Europäer und soziale Verantwortung*.

Susan empfand vor allem die unterschiedlichen Blickwinkel und auch die differenzierende Flughöhe der Betrachtungen äußerst interessant. Es war ein Event, auf das sie alle seit Monaten hinarbeiteten, aber dennoch befüllte jede und jeder diesen Stift entsprechend des eigenen Eisbergs. Martins Stift-Befüllung zeigte zum einen eine immense Helikopterhöhe und zum anderen eine beeindruckende Meerestiefe. Susan fesselte diese Spannweite. Er hatte wirklich ein ausgeprägtes altruistisches Denken. Und das Ziel, Europa zu stärken und den Frieden zu fördern, mochte wohl weit hergeholt klingen, war aber eine wundervolle Intention für sein Handeln. Unter diesem Blickwinkel rückte das Eventmotto ‚Diamond Thoughts' noch einmal in ein ganz anderes Licht. Tatsächlich war auch dies die Aufgabe, die Martin ihnen als nächstes stellte: „Lasst uns die gleiche Methode als nächstes für unser Event-Motto ‚Diamond Thoughts' nutzen." Er verteilte neue Zettel und alle gingen wieder ins Freie, um den Gedanken ihren Lauf zu lassen.

Wenig später lagen alle Zettel wieder am Boden und das Team umkreiste diese, um alle Begriffe zu lesen. *Geistiges Inspirieren, jung bleiben, Flexibilität des Geistes, richtiges Meditieren, Wendigkeit des Geistes, Neues Lernen, Lernen lernen, Sprüche und Zitate* sowie *Erkenntnisse sammeln* waren alles Verbindungen, die ihnen zum Event-Motto einfielen. Martin war sichtlich zufrieden. Er las mit einem Lächeln auf den Lippen die Begriffe laut vor und notierte sie parallel auf einem Flipchart. „Ich habe ein ganz besonderes Spirit-Ziel, das ich mit unseren Events anstrebe", entgegnete Martin nach einer Weile. „Mein Anspruch ist es, dass wir unseren Besuchern ganz viele Inspirationen, Methoden und Denkansätze anbieten, damit sie einen oder mehrere ihrer Stifte neu zu befüllen beginnen. Jede und jeder – so meine Hoffnung – soll mit neuen Gedanken und Ideen nach Hause gehen." Die anderen schwiegen. Das war ein ziemlich hohes Ziel. „Wie willst du das machen? Wir haben tausende Besucherinnen und Besucher in den fünf Städten. Wie willst du diese so persönlich und intensiv erreichen?" Martin schmunzelte. „Genau dafür habe ich euch. Lasst uns den Rest des Workshops Ideen sammeln und Möglichkeiten durchdenken, welche Samen wir pflanzen wollen und wie wir das in diesem Großformat schaffen können." Susan atmete tief durch. Jetzt wusste sie, warum Martin der Workshop so wichtig gewesen war. Und sie verstand, warum er das Motto ‚Diamond Thoughts' gewählt hatte.

„Woher kommt diese Metapher mit dem Stift? Ist sie von dir?", fragte Susan nach einer kurzen Pause. Martin bedankte sich für die Frage. Er ging in eine Ecke des Raumes und holte mehrere rote Taschenbücher mit einem großen silbernen Diamanten auf dem Cover hervor. Dann ging er zurück und schenkte allen Anwesenden ein Buch. Er überreichte jedes einzelne mit einer Geste, die unterstrich, wie wertvoll das Wissen war, das in diesem Buch steckte. Auf dem Buchdeckel stand der Titel **Der Diamantenschneider**. Autor war **Geshe Michael Roach**. Susan konnte mit dem Begriff *Geshe* nur wenig anfangen. „Was ist Geshe für ein Titel?", kam ihr Karli mit seiner Frage zuvor. „Ein hoher akademischer Grad im Buddhismus. Dafür muss

> Buchtipp: **Der Diamantenschneider** – Die Weisheit des Diamanten, von **Geshe Michael Roach**, erschienen im Verlag EditionBlumenau, 2015. Dieses Buch erläutert die Erfolgsprinzipien buddhistischer Ökonomie und wurde zu einem internationalen Bestseller.

man rund 25 Jahre in einem Kloster studieren“, erklärte Martin.

„Michael Roach war der erste Amerikaner, der jemals diesen Titel bekommen hatte. Er war als junger Mann Student an der amerikanischen Eliteuniversität Princeton gewesen. Aus armen Verhältnissen stammend, war er dank eines Stipendiums dort aufgenommen worden. Nach seinem Abschluss mit Auszeichnung wechselte er die Bücher. Er trat in ein indisches Kloster ein und neben gängigen Studienbüchern begann er sich in alte Schriften und Überlieferungen zu vertiefen. Mehr noch, er begann diese ins Englische zu übersetzen und widmet heute sein gesamtes Leben dem Ziel, dieses Wissen der breiten Masse wieder zugänglich zu machen. Das meiste davon“, gab sich Martin beeindruckt, „veröffentlicht er kostenfrei im Internet.“ Martin hatte alle Bücher verteilt und hielt nun ein letztes in seinen Händen.

„In diesem internationalen Bestseller erzählt er, wie die Inhalte dieser alten Schriften uns im modernen Wirtschaftsleben erfolgreich machen können. Er hat dieses alte Wissen genommen und in zeitgemäße Geschichten und Bilder übersetzt. So wie die Metapher mit dem Stift.“ Martin wirkte unglaublich inspiriert und geerdet. Er erzählte leidenschaftlich, wählte aber jedes Wort mit

Die fünf Lebensziele aller Menschen:

1. Liebevolle Beziehungen führen
2. Gute Gesundheit
3. Finanzielle Unabhängigkeit
4. Innerer Frieden
5. Mitmenschen helfen, auch diese Ziele zu erreichen

Abb. 28: Die generischen Big Five

Bedacht. Er setzte sich wieder auf seinen Stuhl und blickte in die Runde. „Das was mich am meisten beeindruckt ist seine Erkenntnis, dass das Streben der Menschen von heute das gleiche ist wie vor 3.000 Jahren. Wir wollen immer noch *liebevolle Beziehungen führen*, gute *Gesundheit, finanzielle Unabhängigkeit, inneren Frieden* und im Idealfall als fünftes *unseren Mitmenschen helfen, auch diese Ziele zu erreichen.*" Martin hielt inne und ließ diese Lebensziele wirken. Alle gingen im Geist die fünf Bereiche durch. Susan musste unweigerlich an die Big Five denken, denn auch hier waren es fünf an der Zahl. Sie notierte sich diese und nahm sich vor, sie zu Hause ihren Big Four gegenüberzustellen.

„Michael Roach hat zahlreiche dieser alten Methoden und Denkansätze übersetzt. Er studierte sie 25 Jahre lang in einem Kloster und erlangte dort den Titel Geshe dafür." „Ich will ja nicht unhöflich sein", meldete sich Karli und unterbrach Martin in seinen Erzählungen. „Aber das ist mir ein bisschen zu religiös." „Das ist ein guter Einwand", betonte Martin. „Ja, das war es im Kloster auch ganz bestimmt. Aber Michael Roach wurde vom Kloster zurück nach Amerika entsandt", erläuterte Martin weiter. „Er bekam den Auftrag, sich einen Job in einem Unternehmen zu suchen. Er sollte arbeiten und alles, was er an Methoden und Tools über Führung, Beziehung, Einstellung und Meditation im Kloster gelernt hatte, einsetzen. Er sollte die Firma mit aufbauen und dadurch den Beweis erbringen, dass all diese Techniken funktionieren."

Susan, die noch nie von Michael Roach gehört hatte, wurde neugierig. „Hat er Erfolg gehabt?" Martin nickte. „Das kann man wohl so sagen. Er ist in ein ganz kleines Unternehmen eingestiegen. Eines von vielen, das mit Diamanten handelte. Im größten Wettbewerbsumfeld New Yorks hat er zusammen mit den beiden Eigentümern dieses Unternehmen in nur zehn Jahren zur Andin International Diamond Corporation mit einem Jahresumsatz von 250 Millionen US-Dollar aufgebaut." „250 Millionen!", rief Paul ungläubig. Martin nickte. „Es kommt noch mehr. Es war nämlich niemand geringerer als der Superinvestor Warren Buffet, der dieses Unternehmen 2009 um 100 Millionen Dollar kaufte. Danach schrieb Michel Roach dieses Buch, das ihr gerade in Händen haltet. Darin erzählt er, wie ihm das alles gelungen ist." Paul nahm sich sofort noch einmal das Buch, das er unter seinen Stuhl gelegt hatte, und begann darin zu blättern.

„Dann begann er diese Business-Erfahrungen zu lehren. Er begründete das *Diamond Cutter Institute*, kurz *DCI*. Er hat bisher zwölf Ausbildungsmodule entwickelt, in denen er Managerinnen und Managern der ganzen Welt das ökonomische Wissen der alten Schriften in modern aufbereiteter Form, ohne jeglichen Religionsbezug, vermittelt. Er fokussiert sich hier auf wesentliche Erfolgsprinzipien. Neun dieser zwölf Module habe ich bereits studieren dürfen." Simone lächelte. Sie wusste, dass ihr Mann zweimal im Jahr abtauchte und für zwei bis drei Tage sich einem Studium widmete. Aber sie hatten im Alltag nie wirklich Zeit gefunden, genauer darüber zu reden. Sie dachte, es handelte sich um ein traditionelles Managementstudium. Dass ihr Mann bei einem Geshe lernt, fand sie irgendwie spannend und besonders. „Geshe Michaels Intention im DCI ist es, den Mindset der Führungselite von heute nachhaltig zu verändern." Susan stutzte. „Wie meinst du das? In welcher Form zu verändern?", hakte sie nach. „Der Tenor der alten Schriften besagt: ‚Wenn du etwas haben oder erreichen möchtest, hilf zuerst einem Mitmenschen, dasselbe zu erreichen.'" Martin ließ seine Aussage einen Moment wirken. Dann fügte er hinzu: „Das ist eine Denkart, die für weltweiten Frieden und Wohlstand für alle sorgen könnte."

Martin beendete an dieser Stelle den ersten Workshoptag. Susan und ihre Projektmanagerinnen und Manager hatten an diesem Nachmittag viele neue Eindrücke und Erkenntnisse gewonnen. Sie hatten Martin in einer Art und Weise kennengelernt, die auch jenen, die ihn schon lange kannten, noch neu war. Sogar Simone gab zu, von ihrem Mann positiv überrascht worden zu sein. Diese neuen Eindrücke mussten nun erstmal verarbeitet werden. Es war inzwischen Abend geworden. Martin moderierte eine einstündige Pause an, in der sich jede und jeder auf seinem Zimmer frisch machen konnte. Im Anschluss war ein ausgiebiges Abendessen in einem benachbarten Gasthaus mit der gesamten Gruppe geplant. Martin war sich sicher, dass beim Essen und gemütlichen Zusammensitzen im Anschluss viele gute Ideen und Vorschläge für das ‚Spirit Event' zusammenkommen würden. Am nächsten Morgen plante er, diese zu selektieren und zu strukturieren.

Es wurde ein lockerer Abend mit vielen Erkenntnissen. Während des Essens ergaben sich interessante Gespräche zwischen Susan und Maggy sowie Karli und Paul. Sie fanden sich jeweils zusammen, um sich bei der Neubefüllung der am Nachmittag geäußerten destruktiven Stifte zu helfen. Besonders Maggy und Paul war das ein großes Bedürfnis. Für Karli und Susan stand das Testen der neu gelernten Technik im Vordergrund. Susan hatte neben Maggy gesessen und ihr die Mayr-Story erzählt. Sie erklärte ihr, dass Babys genauso ein Stresstöpfchen hatten wie Große, nur dass es klein wie ein Fingerhut war. Sie gab ihr den Tipp, bei ihrer Tochter Ventilöffner-Strategien zu testen. Maggy fand die Vorstellung hilfreich und begann, sofort eine Liste mit kurzfristigen Ventilöffnern zu schreiben. Ein Lied singen, spazieren im Kinderwagen und essen waren drei Punkte, die ihr einfielen. Sie war motiviert, weitere Ventilöffner zu finden. Anstatt ihre Tochter als Zornpinkerl zu sehen, hatte sie nun dank Susan das Bild des vollen Fingerhuts geschenkt bekommen. Damit trennte sie die Person, also ihre kleine Clara, von ihrem anstrengenden Verhalten. Wenn Clara sich unrund verhielt, war zu viel Cortisol in ihrem Körper. In Maggys neuer Denkweise war somit das Cortisol in Claras Körper anstrengend und nicht das Baby. „Dein Job als Mutter ist es", stellte Susan abschließend fest, „die richtigen Ventilöffner zu finden und deiner Kleinen zu helfen, das Cortisol wieder aus ihrem Körper rauszuleiten. Und dein Freund ist hier deine absolute Geheimwaffe. Denn wenn alle anderen Ventilöffner mal nicht funktionieren sollten, Papa als Ventilöffner klappt bestimmt." Maggy nickte leicht verlegen. „Damit hast du mir gerade aufgezeigt, wie ich noch einen zweiten Stift neu befüllen kann", flüsterte sie zu Susan. Beide schmunzelten und nickten.

Paul bekam von seinem Sitznachbar Karli den entscheidenden Tipp für einen guten Denkansatz in Bezug auf seine Mutter. Als Vater zweier Kinder wusste Karli, wie schwer es für Eltern war, seine Kinder loszulassen. Mit jedem neuen Lebensabschnitt musste man seine Rolle als Elternteil erst wieder neu finden. Das konnte manchmal ein wenig dauern. Er erzählte Paul vom Vier-Ohren-Modell der Kommunikation. Susan hatte ihn bereits intensiv gebrieft und Karli hatte dadurch die Kommunikation mit seiner neuen Assistentin unglaublich verbessern können. Seine Projektassistentin hatte acht Punkte bei ihrem Sachohr. Karli durfte also mit ihr üben, im Sachkanal zu kommunizieren, und sein WIR- und ICH-Ohr hatten hier Sendepause. Paul wurde schnell klar, dass seine Mutter ein großes WIR-Ohr hatte. Kritik nahm sie immer persönlich und war oft tagelang gekränkt. Allerdings musste er zugeben, er hatte ihr seine Hinweise bislang eher im ICH-Kanal entgegengeschrien. Karli gab ihm an diesem Abend zwei Tipps. Erstens, er solle seiner Mutter in wundervoller, WIR-Ohr gerechter Formulierung einen Brief schreiben. Darin solle er sich für ihre Liebe und Fürsorge bedanken und ihr beschreiben, was er sich als erwachsener Mann von seiner Mutter wünsche.

„Erwarte aber nicht, Paul,“, ermahnte Karli, „dass deine Mama das auf Anhieb draufhat. Ein Verhalten zu ändern, geht nicht von heute auf Morgen. Sie wird beim Üben der neuen Verhaltensweise immer mal wieder in alte Muster zurückfallen. Werde dann bloß nicht wieder gleich zur Diva! Gib ihr ein bisschen Zeit!“ Paul blickte Karli mit großen Augen an. Karli hatte seinen wunden Punkt erwischt. Dennoch konnte er diese Ermahnung von Karli überraschend gut annehmen. „Und jetzt gebe ich dir noch eine zweite mögliche Stift-Befüllung, die dir und deiner Mutter in dem Prozess helfen wird“, fuhr Karli fort. „Deine Mutter ist ab sofort deine persönliche Trainerin für Geduld und Toleranz.“ Paul war überrascht. Ihm gefiel diese Idee, denn er wusste aus dem Sport, dass Geduld nicht seine Stärke war. „Jedes Mal, wenn deine Mutter in ihr altes Rollenverhalten zurückfällt“, Karlis Stimme wurde lauter, „trainiert sie dich hart, aber herzlich.“ Paul lachte. „So bekommt sie die Zeit, ihr neues Verhalten zu üben, und du lernst parallel deine Lektion in Sachen Geduld und Toleranz.“ Karli hatte den jungen Projektmanager bei seinem sportlichen Ehrgeiz gepackt und Paul konnte Karlis Bild gut für sich übersetzen. Nach Hause zu fahren, war ab sofort für Paul die Reise in sein *Trainingscamp für Geduld und Toleranz.* Ein wundervoller neuer gedanklicher Same, der nun die Basis für ein schöneres Miteinander legte.

An diesem Abend bekamen auch Maggy und Paul das Geschenk neuer Gedankenansätze, die ihre Stift-Befüllungen nachhaltig verändern konnten. Dadurch erlebten sie hautnah, was Martins Vision für das kommende ‚Spirit Event‘ war. Martin wollte tausenden Menschen bei der Neubefüllung ihrer Stifte helfen. Das Meer der Möglichkeiten war grenzenlos, denn neue Stift-Befüllungen waren an vielen Ecken notwendig: im Umgang mit Mitmenschen, im Setzen von Prioritäten, im Denken über sich selbst, im Denken über Europa, im Umgang mit unserer Umwelt und in vielem mehr. Den restlichen Abend tauschte sich das Team über Möglichkeiten aus, wie sie bei den Besuchern des ‚Spirit Events‘ neue Denkansätze präsentieren und damit gute Samen für Stiftveränderungen pflanzen konnten. Die Ideen sprudelten bis tief in die Nacht.

Der zweite Workshoptag war für Susan ein absolutes Phänomen. Sie begannen um neun Uhr Früh mit dem Sichten der Ideen. Es entstanden in kürzester Zeit sieben Pinnwände, vollgeschrieben mit Vorschlägen und Ideen. Simone hatte zudem zwei komplette Notizblöcke mit Aufgaben zum Programmmarketing ausgeschrieben. Nachdem alles zu Papier gebracht war, machte die Gruppe eine kleine Pause und betrachtete stolz ihre eigenen ‚Diamond Thoughts'. Es war ein wahrer Schatz, der hier für das ‚Spirit Event' gehoben wurde.

„Der nächste Schritt wird nun sein, eine Trichtertechnik anzuwenden", erläuterte Martin mit einer Kaffeetasse in der Hand und auf die Pinnwände blickend. „Wir screenen gemeinsam noch einmal alle Vorschläge und versuchen jetzt, zu priorisieren. WAS können wir machen, WAS können wir in der vorhandenen Zeit machen und auf WAS fokussieren wir uns. Dieses WAS muss unbedingt unserem WARUM von gestern entsprechen. Wenn wir das WAS gefunden haben und alles gut zum WARUM passt, dann konzentrieren wir uns im letzten Schritt auf das WIE. Danach klinke ich mich wieder aus und überlasse alles Weitere euch. Ich weiß unser Event ja in besten Händen." Alle nickten und die Gruppe begann, gemeinsam die unterschiedlichen Vorschläge nach zeitlicher Machbarkeit zu prüfen. Danach priorisierten sie die ausgewählten Ideen in A, B und C Kategorien. Alle Ideen der Kategorie A *sollten* in jedem Land in seiner Landessprache umgesetzt werden. Die B-Vorhaben *konnten* umgesetzt werden, wenn das Team vor Ort das zeitlich schaffte. Die C-Vorschläge entsprachen „nice to have" Ideen. Diese *durften*, wenn Zeit und Geld übrigblieben, noch umgesetzt werden.

Es gab in den Kategorien A und B ein paar Highlights, die Susan besonders gut gefielen. Simone hatte die Idee, ein eigenes Logo für das Motto ‚Diamond Thoughts' zu kreieren. Dieses musste mit dem gängigen Firmenlogo kompatibel sein, das seit vielen Jahren marktbekannt war. Es handelte sich dabei um ein vierblättriges, grünes Kleeblatt. Ein gängiges Symbol für Glück. Es war selten, kostbar und besonders. Alle zwei Jahre war das ‚Spirit Event' auffindbar und man behielt es in seinem Herzen, wie ein vierblättriges Kleeblatt zwischen den Seiten eines Buches. So hatte man lange sein Glück bei sich und konnte sich an den gemeinsamen Erlebnissen erfreuen. Simone hatte noch am Vorabend eines der vier abstrakt gehaltenen Blätter des Eventlogos auf ein großes Blatt skizziert und zu einem grünen Diamanten umgezeichnet. Dieser hatte einen Wiedererkennungswert zur Marke, war aber dennoch einzigartig. Am nächsten Morgen lag ihre Skizze genau neben einem der Bücher von Geshe Michael Roach, wo ein noch viel größerer, silberner Diamant vom Cover blitzte. Das gesamte Team war begeistert, denn auch die Brücke zur Stiftlehre war somit gelungen. Simone überlegte, eine breit angelegte **Social Media Kampagne** im Kreise ihrer Stammbesucher zu launchen, die bereits im Vorfeld viel Interaktionsmöglichkeiten bot. Paul hatte die geniale Idee, mit ‚Thoughts of the Day' und ‚Best Thought of the Month' zu arbeiten. Diese konnten eingesendet werden. Ob Zitate, Sprüche, alte oder neue Weisheiten – alles was zu neuen Denkansätzen inspirierte, war erlaubt. Simone skizzierte dank Pauls Idee eine Mosaikseite für Instagram. Wenn man alle ‚Thoughts of the Day' aneinanderreihte, wurden damit etliche kleine grüne Diamanten sichtbar. Da jedem bewusst war, dass Stift-Befüllungen eine Reise waren, wollten sie ihre Besucher früh abholen und ihnen auch im Anschluss an das Event noch lange Raum für Austausch und Interaktionen zur Verfügung stellen. Noch während des Workshops kaufte Simone die URL **www.diamond-thoughts.com** für ihr Vorhaben.

Das DIAMOND thoughts Netzwerk:

Facebook und Instagram:
diamondthoughts.book

Website:
www.diamond-thoughts.com

Parallel zu Simone gestalteten Karli, Pierre und Maggy an diesem Vormittag drei Pinnwänden voll mit Themen und Namen potenzieller Vortragenden, die neue Denkansätze anboten. Das Thema Achtsamkeit stand ganz oben. Dieses Thema eröffnete eine Vielzahl an Blickwinkel und Zugängen: Achtsamkeit für die Schönheit des Lebens, Achtsamkeit im Umgang mit Mitmenschen sowie Achtsamkeit für ein Leben im Einklang mit der Natur. Bezüglich Natur wollte Maggy unbedingt versuchen, Greta Thunberg als Sprecherin zu gewinnen. „Dank ihres Einsatzes“, betonte Maggy, „haben viele Menschen ihren Stift zum Thema Umwelt bereits neu befüllt.“ Dies zu unterstützen, war dem gesamten Team ein Anliegen. Neben Umweltschutz und Greta überlegten sie gemeinsam, Speaker zu den Themen Frieden, soziale Gerechtigkeit, Integration von Flüchtlingen, **heterodoxe Ökonomie**, Experten zum Thema Glücksforschung und vielen weiteren zu finden.

An diesem Nachmittag wusste das siebenköpfige Team nicht, wie viele ihrer Ideen tatsächlich umsetzbar waren. Aber die **intrinsische Motivation** war bei jeder und jedem auf gefühlt 200 Prozent. Alle waren im Eustress und freuten sich auf Montag, um konkrete Vorhaben auf ihre Umsetzbarkeit prüfen zu können. Noch mehr als in allen ‚Spirit Events' davor, fühlten sie sich von der Intention des Events beflügelt. Wenn es ihnen tatsächlich gelang, Keynote Speaker wie Geshe Michael Roach oder Greta Thunberg zu gewinnen, stellte dies das Team auch technisch noch einmal vor eine ganz besondere Herausforderung. Solche Sprecher mussten parallel in allen fünf Events über große Videoscreens übertragen werden. Alle wussten, es würde ein weiterer großer Brocken Arbeit auf sie zukommen. Aber mit den Zusagen der Sponsoren und den gemeinsam erarbeiteten ‚Diamond Thoughts' hatten sie keinen Zweifel daran, dass ihnen auch das gelingen würde.

Heterodoxe Ökonomie (wörtlich ‚abweichende Wirtschaft') umschreibt Ansätze, die außerhalb des ökonomischen ‚Mainstreams' liegen. Ziel ist es, neue Paradigmen für unser politisches und wirtschaftliches Handeln zu definieren und zu etablieren.

Intrinsische Motivation liegt dann vor, wenn die Tätigkeit an sich Glücksgefühle hervorruft. Das Gegenteil von intrinsischer Motivation ist extrinsische Motivation. Hier wird versucht, die Motivation durch externe Belohnungs-reize, wie zum Beispiel mehr Geld, zu triggern. Letztere Form der Motivation wirkt ausschließlich kurzfristig.

19. DAS ACHTE TREFFEN: INDIVIDUUM IN DER MASSE

In der ersten Septemberwoche war die Wiedersehensfreude groß. Susan zählte bereits die Tage bis zum Treffen mit ihrer Mentorin und auch Katharina konnte es kaum erwarten zu hören, wie es Susan über den Sommer ergangen war. Neun Wochen waren seit ihrem siebten Coaching vergangen und damit viel Zeit, in der Susan die gelernten Tools anwenden und üben konnte. Katharina wünschte sich ein Wiedersehen beim Italiener am Starnberger See. Sie hatten Glück. An dem vereinbarten Donnerstagabend war es angenehm warm. Katharina war wieder gegen 16.00 Uhr losgefahren und hatte Susan dort getroffen. Die Kombination aus gutem Essen, schönem Ausblick und netter Sitzmöglichkeit im Gastgarten empfand sie als unglaublich inspirierend. Susan war neugierig, welche Städte und Gegenden Katharina und ihr Mann in Asien bereist hatten, und so war die erste halbe Stunde ihres Treffens reserviert für Katharinas Erzählungen und ein paar Fotoeindrücke von Schnappschüssen am Handy.

Susan hörte fasziniert zu, notierte sich den ein oder anderen Reisetipp und schwelgte in Vorfreude. Ben und Susan hatten vereinbart, dass sie im April kommenden Jahres, wenn das ‚Spirit Event' vorbei war, drei Wochen wegfliegen wollten. Asien stand dabei auf der Wunschliste ganz oben. Susan spürte schon seit einiger Zeit, dass ein Urlaub überfällig war. Diesen Sommer waren nur zwei Wochen Urlaub zu Hause drinnen, da der Umzug nach München und ein paar schöne neue Möbel für die Wohnung das Urlaubsbudget verschlungen hatten. Die zwei Wochen Urlaub hatten sie im August genommen, als in Bens Firma eine Werksschließung alle Mitarbeiter zum Urlaub gezwungen hatte. Das war nicht außergewöhnlich in der Automobilbranche. Die Produktionsmaschinen wurden in dieser Zeit gewartet und notwendige Adaptionen vorgenommen.

Erst gegen 18.30 Uhr, als sie mit dem Essen bereits fertig waren, begannen die beiden Frauen ihr eigentliches Coaching. Beide waren entspannt, da sie an diesem Abend sonst nichts vorhatten. Katharina wollte ihrem Coachée an diesem Abend etwas über interkulturelles Leadership erzählen. Sie hatten diesen Aspekt noch gar nicht durchgearbeitet und das obwohl sie wusste, dass Susans Programm vier Kulturen und drei Sprachen vereinte. Katharina hatte vor, etwas weiter auszuholen und mit zwei großen Grundausprägungen zu beginnen. „Als wir diese sechs Wochen in Asien herumreisten“, begann sie zu berichten, „kristallisierte sich für mich heraus, wie stark Asien ein kollektivistisches System repräsentiert.“ Susan runzelte die Stirn. Ihr war nicht ganz klar, was Katharina damit meinte. „Wir leben in Deutschland in einem individualistischen System. Der Einzelne steht im Mittelpunkt. Jeder soll sein Potential entfalten und seine Träume verwirklichen können. Jeder hat das Recht auf eine gute Ausbildung und medizinische Versorgung. In den USA braucht man dafür das nötige Kleingeld, bei uns im Sozialstaat unterstützen die Reichen durch ihre Steuerleistung die Ärmeren. Jeder bekommt eine Versorgung.“ Susan nickte.

Man konnte sagen was man wollte, in Österreich und Deutschland – und sie hatte ja mittlerweile in beiden Ländern gelebt – ging es einem Mitglied der jeweiligen Bevölkerung vergleichsweise richtig gut. Auch mit wenig Geld war der Lebensstandard um ein Vielfaches komfortabler als in jenen Ländern Asiens, die Katharina bereist hatte. „In einem kollektivistischen System zählt der Einzelne wenig“, fuhr Katharina fort. „Es gibt einfach viel zu viele. Ein Einzelner fällt dort nur auf, wenn er in etwas besser ist als alle anderen. Das weckt natürlich die Erwartungshaltung der Eltern und Lehrer und erhöht den Druck auf den Nachwuchs und die Mitarbeiter. Das Problem der Austauschbarkeit hat seine ganz eigene Wirkung auf die Menschen.“ Katharina nippte an ihrem alkoholfreien Bier, das sie sich nach dem Essen bestellt hatte. Früher hatte sie Bier abscheulich gefunden. Aber wenn man so lange in dem Land mit dem höchsten Bierkonsum weltweit lebte, änderte sich das irgendwann. Seit gut zwei Jahren trank sie abends gerne mal ein kleines alkoholfreies. „Das Gute an Menschen aus kollektivistischen Systemen ist, dass sie sich selbst nicht so unglaublich wichtig nehmen, wie dies bei uns oft der Fall ist“, pointierte Katharina. „Als Europäerin frage ich mich jedoch, ob es nicht genau richtig und wichtig ist, jedem die gleichen Rechte zu geben und das Individuum in den Mittelpunkt zu stellen.“

Susan überlegte. Eine Freundin von ihr hatte sich vor vielen Jahren einmal in einen jungen Chinesen verliebt, der in Salzburg gearbeitet hatte. Nach einem Jahr war sein Visum abgelaufen. Er hatte ihrer Freundin damals versprochen, dass er nach einem Jahr mit viel Geld zurückkommen werde, und dann wolle er sie zur Frau nehmen und in Österreich bleiben. Ihre Freundin war damals überglücklich und verabschiedete ihren Liebsten in seine Heimat. Seit dem Tag der Verabschiedung hatte sie nichts mehr von ihm gehört. Kein Anruf, keine SMS, kein E-Mail. Nach zwei Monaten waren ihre Zweifel groß gewesen, ob er jemals wieder zurückkommen und sein Versprechen halten würde. Nach drei Monaten hatte die Trauerphase um den Verlust des Mannes, den sie liebte, begonnen. Wieder einen Monat später war der Zorn eingetroffen und nach einem halben Jahr hatte sie versucht, ihn zu vergessen. Gegen Ende des Jahres hatte sie sich neu verliebt und sich auf eine Beziehung mit einem Salzburger vor Ort eingelassen.

Genau ein Jahr nach dem Fortgehen ihres chinesischen Freundes hatte es an ihrer Wohnungstür geklingelt. Sie hatte geöffnet und ihr Ex-Freund war mit zwei Koffern und einem dicken Kalender in seinen Händen vor ihr gestanden. Sie war im ersten Moment völlig perplex gewesen. Dann waren Zorn und Unverständnis in ihr aufgestiegen. Ihr Ex-Freund hingegen hatte ihren Groll nicht verstanden. Sie hatten ja vereinbart, dass er nach einem Jahr zurückkomme und sie dann heiraten würden. Nun war er da gewesen – mit all seinem Hab und Gut und genug Geld für eine schöne Hochzeit. In seinen Händen hatte er sein Verlobungsgeschenk gehalten. Es war sein Kalender aus dem vergangenen Jahr gewesen. Dieser war mit Terminen und Aufgaben vollgeschmiert und hatte gezeigt, dass er sich aufopfernd für seine zukünftige Frau und ihr gemeinsames Leben ein Jahr lang beruflich richtig abgeschunden hatte. DAS war für ihn ein absoluter Liebesbeweis. Ihre Freundin hingegen hatte ihm damals die Wohnungstür vor der Nase zugeknallt. Susan wusste nicht nur aus dieser Erfahrung heraus, dass unterschiedliche Kulturen oft eine extreme Herausforderung für Beziehungen darstellten. Egal ob für berufliche und/oder private Beziehungen: Werte, Normen, Traditionen und vor allem die Sprache waren von Kultur zu Kultur oft so unterschiedlich, dass ein Zusammenkommen sich manchmal als schier unmögliche Herausforderung entpuppte.

„Es gibt etwas, was ich systemisch extrem spannend finde", begann Katharina. „Ich arbeite für einen Konzern, der 300.000 Mitarbeiter weltweit hat. Allein 8.000 Mitarbeiter sitzen in München. Das ist ähnlich wie bei deinem Mann Ben. Dort haben sie sogar 10.000 Mitarbeiter am Standort in München." Susan nickte. „Das stimmt. Die haben dort ein Werksgelände, das so groß ist wie eine hübsche kleine Gemeinde. Es gibt keinen Beruf, den es dort drinnen nicht gibt. Vom Betriebsfeuerwehrmann über den Yoga-Lehrer bis hin zur Kindergartenpädagogin – jeder Beruf ist vorhanden", spezifizierte Susan, die von Bens nicht mehr ganz so neuer Berufswelt immer noch fasziniert war. „Entscheidend bei dieser Größe ist es aber, dass der Einzelne plötzlich viel weniger zählt als die Masse", stellte Katharina als Behauptung in den Raum. Susan dachte nach. „Es ist ja gar nicht möglich, bei so vielen Mitarbeitern auf die Wünsche und Bedürfnisse jedes einzelnen Mitarbeiters einzugehen", schlussfolgerte sie. Katharina nickte. „Mitarbeiter haben bei dieser Größe oft keine Namen mehr, sondern Abkürzungen und Nummern. Und wenn REHA oder WIBA in der Abteilung B nicht performen, dann werden sie kurzerhand in Abteilung F versetzt. Mit zu schwimmen, ohne sich arbeitstechnisch anzustrengen, ist bis zu einem gewissen Grad sogar salonfähig." Susan nickte lachend.

Wenn Ben ihr von seinen Kolleginnen und Kollegen erzählte, benutzte er jedes Mal diese Art von Abkürzungen. Die ersten beiden Buchstaben ergaben sich aus den Anfangsbuchstaben des Nachnamens und die nächsten beiden aus denen des Vornamens. Ehe man es sich versah, war man kein Reiter Harald mehr, sondern ein REHA. All diese Dinge hatte sie mehrfach mit Ben diskutiert und war auch ziemlich überrascht, dass er mit seiner bisherigen beruflichen **KMU-Erfahrung** diesen Kulturwandel so gut hinbekam. „Als ich als junge Mitarbeiterin in unseren Konzern kam, war ich ein stolzes Individuum, das in ein kollektivistisches Konzernsystem eintauchte", erzählte Katharina ihre ganz persönliche Erfahrung. „Mein größtes Bedürfnis war damals wie heute, Menschen kennenzulernen, die sich meinen Namen merken. Ich hasste es, MAEKA zu sein", witzelte sie. „Ich wünschte mir zudem, dass meine Kollegen wissen, was ich tue, und mich bei meinen Aufgaben gerne unterstützen. Ich begann also damit, mir Netzwerke innerhalb der einzelnen Abteilungen aufzubauen. Jedes Mal, wenn ich ein Projekt leitete, versuchte ich, die mir vertrauten Personen als Projektteammitglieder zu bekommen. Je mehr Menschen ich kannte und eine Beziehung zu ihnen aufgebaut hatte, desto wohler fühlte ich mich. Aber das alles hat viele Jahre gebraucht." Susan nickte. Sie kannte diese Tendenz von Projektmanagerinnen und Projektmanagern. Am liebsten holten sie sich jene

> Die Abkürzung **KMU** steht für **kleine und mittlere Unternehmen**. Es handelt sich dabei um Betriebe mit weniger als 250 Mitarbeiter*innen oder weniger als 50 Millionen Euro Umsatz. Österreich hat eine KMU-Quote von 99,6 Prozent. (www.bmdw.gv.at)

Teammitglieder ins Kernteam, die sie bereits kannten. Hier wussten sie, worauf sie sich einließen, und es gab keine bösen Überraschungen. Zudem war der angestrebte Trampolineffekt des Eisbergs viel schneller aufgebaut. Susan selbst ging es da nicht anders.

„Ich möchte dir an dieser Stelle gerne ein neues Tool vorstellen, das an dem anknüpft, was wir Ende Juni zusammen erarbeitet haben", lenkte Katharina nach einer Weile ein. „Es ist ein Führungsinstrument, das dir zeigt, wie du dir im Eisberg die ICH-Ebene unter Wasser erarbeiten kannst. Erinnerst du dich noch, was der Schlüssel dazu war?" Susan dachte nach. „Ja, es war Vertrauen. Der Aufbau von Vertrauen." Katharina nickte. Dann nahm sie ein Blatt aus ihrer Aktentasche und begann, eine Skizze zu malen. „Stell dir zwei Menschen vor, die miteinander in Kontakt treten. Ein Projektmanager und ein potenzielles Projektteammitglied." Sie skizzierte die beiden Figuren. „Beide haben ihre ganz eigenen Erfahrungen, Werte, Normen, Charakteristika, Wünsche und so weiter. Ich symbolisiere das in Form einer Insel. So heißt dieses Modell auch: Es handelt sich hier um das Inselmodell von Vera F. Birkenbihl." Susan lächelte und freute sich, dass Katharina erneut ein Modell ihrer Ikone ausgewählt hatte. Vielleicht war ihr auch deshalb der Name des Tools bekannt vorgekommen. Sie war sich aber nicht mehr ganz sicher, was dahintersteckte.

„Wenn diese beiden Inseln sich zufällig überlappen, weil du mit dieser anderen Person Gemeinsamkeiten hast, dann – so Birkenbihl – ist Kommunikation keine Kunst. In diesem Fall ist das Kommunizieren einfach und leicht, weil du auf dieser Basis aufbauen kannst. Wir können diese gemeinsamen Themen *Trampolin-Themen* nennen. Sie können uns auch durch schwierige Konfliktsituationen tragen. Sind diese Inseln aber weit auseinander, weil der Projektmanager in einem individualistisch geprägten Staat aufgewachsen ist und das Kernteammitglied in einem kollektivistischen, dann wird es schon richtig schwierig, auf den ersten Blick eine Gemeinsamkeit zu erkennen. Gibt es dann noch auf einer oder auf beiden Inseln Vorurteile in Bezug auf die Herkunft des Gegenübers, dann wird das Finden von Gemeinsamkeiten fast unmöglich." Susan verstand. Vorurteile, Sprachprobleme oder einfach nur unterschiedliche Lebenssituationen konnten ein Zusammenführen von Inseln wirklich schwer machen.

„Vera sagte immer, erst wenn die Inseln weit auseinander sind, beginnt richtige Kommunikationsarbeit. Sie verwendet hier eine wunderschöne Metapher, wie in so einem Falle eine Annäherung gelingen kann." Katharina blickte zu Susan und deutete ihr zu raten. „Hinüber Schwimmen“, entgegnete Susan spontan und gestikulierte einen Schwimmzug. Katharina schüttelte den Kopf. „Nicht ganz, bei ihrer Methode bleibt man sogar trocken.“ Susan überlegte. „Kommt jetzt der Hubschrauber?“ Katharina verneinte. „Vera spricht vom Bau einer Brücke. Und es ist die Führungskraft, in unserem Fall der Projektmanager, der als erstes diese Brücke aufbauen und initiativ zur anderen Insel gehen sollte.“ „Wie?“, fragte Susan, der das Bild zwar gefiel aber etwas unkonkret war. „Über Fragen“, brachte es Katharina auf den Punkt. „Anstatt etwas zu bewerten oder vielleicht sogar zu verurteilen, was anders ist als das Gewohnte, kann man sein Gegenüber fragen, warum er etwas so handhabt, wozu er etwas macht oder weshalb er ins Projekt möchte. Die einfache Regel lautet: Fragen stellen. Und wenn man alles verstanden, akzeptiert und im Idealfall empathisch durch die Brille des anderen wahrgenommen hat, dann kommt die Gegeneinladung auf deine Insel.“ Susan begriff, worauf Katharina hinauswollte. „Es ist entscheidend, dass auch dein Projektmitglied nun versteht, was dir

Abb. 29: Inselmodell (vgl. Vera F. Birkenbihl)

wichtig ist, warum du bestimmte Dinge machst und was du von ihm brauchst, damit eine gute Zusammenarbeit gelingen kann.“ Katharina skizzierte ihr Bild fertig und streckte es Susan entgegen.

„Unser Gehirn tickt so, dass es stets nach Ähnlichkeiten, vertrautem Verhalten oder Gemeinsamkeiten zwischen dir und der anderen Person sucht. Immer dann, wenn etwas Bekanntes entdeckt wird, wachsen die Inseln wieder ein Stück zusammen. Umso größer die Überschneidung, umso gefestigter wird die Beziehung zu dieser Person. Und nur über diese sich entwickelnde Vertrautheit kann als Folge *Vertrauen* entstehen. Und das, liebe Susan, ist, wie du vorhin richtig sagtest, der Schlüssel zur Erreichung der ICH-Ebene in unserem Führungseisberg“, betonte Katharina. Susan dachte an den gemeinsamen Workshop mit Martin und ihrem Programmteam Mitte Juli. Dieses Treffen vertiefte die gemeinsame Vertrautheit der Gruppe enorm. Sieben Inseln hatten ein gemeinsames sich überlappendes Zentrum erarbeitet, inspiriert von einem gemeinsamen Event mit dem wundervollen Motto ‚Diamond Thoughts‘.

„Hast du schon einmal die Metapher der *Führungswaage* gehört?“, fragte Katharina und riss Susan aus ihren Gedanken. Diese schüttelte den Kopf. Katharina blätterte auf die nächste Seite in ihrem Notizheft und begann wieder zu skizzieren. „Als Führungskraft musst du dich in jedem Augenblick

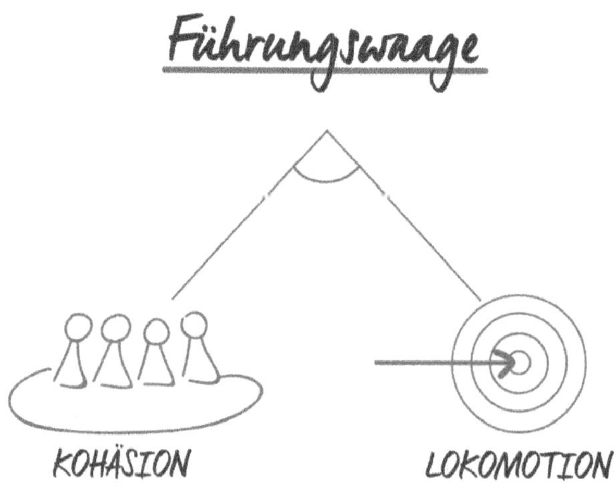

Abb. 30: Das Ausbalancieren der Führungswaage

deiner Tätigkeit im Umgang mit Mitarbeitern oder Teammitgliedern entscheiden, ob du der gemeinsamen Beziehung oder der erwarteten Leistung den Vorrang gibst. In der Führungswaage steht der Begriff *Kohäsion* für die Beziehungsebene und *Lokomotion* für den Leistungsfokus." Susan sah auf die Skizze und versuchte, sich die zwei neuen Begrifflichkeiten zu merken.

„Spannend ist, wie sehr der kulturelle Hintergrund diese Entscheidung im Führungsalltag leitet", baute Katharina nun die Brücke zum interkulturellen Thema. „Es gibt Kulturen, die ganz klar die Beziehung vor die Leistung stellen, und umgekehrt gibt es andere Kulturen, die der Leistung eindeutig den Vorrang geben." Susan konnte dies nur bestätigen. „Als ich beruflich vor ein paar Jahren in Singapur war, stand eindeutig die Leistung ganz oben. In Tirol war es umgekehrt: Beziehung war vorne." Katharina lachte. „Das Beispiel schildert wirklich zwei Extreme." Susan stimmte in das Lachen mit ein. In diesem Moment kam der Kellner an ihren Tisch, lächelte die beiden Frauen freundlich an und fragte, ob sie noch etwas zu trinken wollten. Susan blickte zu Katharina, um ihre Reaktion zu deuten. Diese lächelte und nickte. Sie bestellten sich noch Eistee und Mineralwasser und beiden war klar, dass sie an diesem Abend erst spät nach Hause kommen würden.

„Ich habe noch ein weiteres Bild für dich", entgegnete Katharina, als der Kellner im Restaurant verschwand. Sie blätterte um und begann die nächste Skizze. Susan musste innerlich schmunzeln, weil Katharina, so frisch und energiegeladen durch ihren sechswöchigen Urlaub, gar nicht zu bremsen war. Der jugendliche Charme und der unerschöpfliche Elan dieser Frau, die wohlgemerkt bereits in ihren Sechzigern war, beeindruckten Susan. Braun gebrannt saß ihre Mentorin in einem hellen Hosenanzug ihr gegenüber und strahlte zugleich Souveränität und Herzlichkeit aus. „Sieh mal her", bat Katharina und schob ihr die nächste Skizze über den Tisch entgegen. „Hier siehst du eine Grafik mit zwei Dimensionen. Die vertikale Linie zeigt dir den Grad der Kohäsion, sprich, der Beziehungsorientierung, auf einer Skala von null bis neun. Die horizontale Linie zeigt dir den Grad der Lokomotion, also der Leistungsorientierung. Die Skala ist wiederum die gleiche. Wenn du diese beiden Linien zu einem Rechteck verbindest, ergeben sich fünf Führungstypen."

„Auf 0.0 finden wir den Laissez-faire Typ. Dieser interessiert sich weder für Beziehungen noch für Leistungen." Susan hob die Schultern und ließ sie wieder fallen. Dabei schüttelte sie zeitgleich ihren Kopf. Es war ihr immer unverständlich gewesen, wie so jemand überhaupt in eine Führungsrolle kommen

Interkulturelle Aspekte

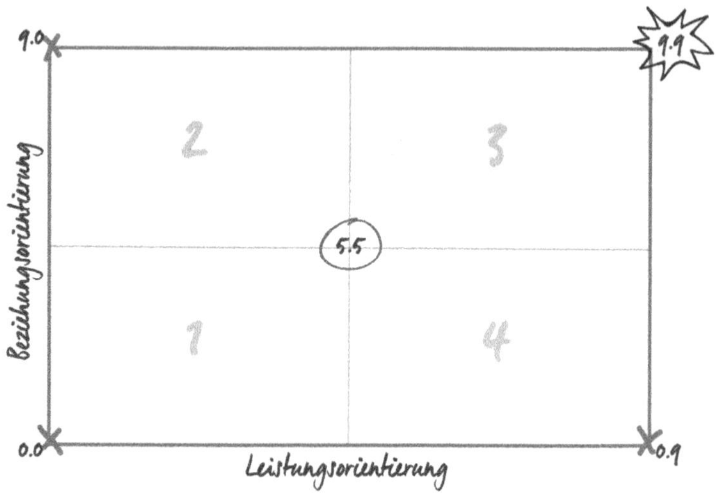

Abb. 31: Führungsverhalten im Fenster

konnte. Ihre Theorie dazu war, dass diese Person sich entweder richtig gut verkaufen konnte oder einfach nach Dienstjahren besetzt wurde. „Der 9.0-Typ ist mütterlich in seiner Führung", erklärte Katharina weiter. „Den Typ kenne ich auch aus Innsbruck", lachte Susan. „Er steht in Familienbetrieben an der Tagesordnung. In diesen kleinen Bäckereien, Gaststätten oder Pensionen ist Führung manchmal sehr weich. Wenn der erwachsene Sohn oder die erwachsene Tochter, die im elterlichen Betrieb voll mithelfen sollen, überfordert sind oder einfach keine Lust haben, wird endlos Rücksicht genommen und Mütter oder Väter übernehmen bei gleicher Bezahlung oft die Arbeit des Kindes noch mit. Bens Eltern hatten ja auch so einen Betrieb. Sie erzählten mir immer, dass das einer der Gründe war, warum so viele ihrer selbständigen Freunde oft rund um die Uhr und bis ins hohe Alter arbeiten mussten." Susan hielt inne und sah zu Katharina, die sich freute, dass Susan die Führungstypen so schnell ihren praktischen Erfahrungen zuordnen konnte.

„Der 0.9-Typ führt autoritär, autokratisch oder patriarchalisch", so Katharina. „Hier wird das berühmte Spiel *Ober sticht Unter* gespielt. Einer befiehlt, der andere erledigt umgehend. APPELL-Geber und APPELL-Nehmer sind im Dauereinsatz." Katharina blickte Richtung Starnberger See und dachte kurz nach. „Mach dir bitte bewusst", sprach sie weiter, die Augen immer noch auf das Blau des Sees gerichtet, „dass du mit solchen Führungsstilen jegliche Eigenverantwortung deines Gegenübers abtötest." Susan war verblüfft. Katharinas Wortwahl ließ keine Zweifel offen. Diesen Zusammenhang hatte sie bislang noch nicht reflektiert. „Wie meinst du das?", hakte sie nach. „Wenn du deinem Team durch eine derartige Führung keinerlei Raum gibst, sich einzubringen, trainierst du diesen Menschen den natürlichen Wunsch der Kontingenz ab."

Susan hatte noch mehr Fragezeichen im Kopf. Katharina sah ihr an, dass auch dieser Begriff neu für sie war. Noch bevor Susan die Frage stellte, setzte sie schon zur Erklärung an. „Kontingenz ist der ureigenste Wunsch in uns, auf diese Welt einzuwirken", brachte es Katharina auf den Punkt. „Ich erzähle dir ein Beispiel von meinem Sohn Eric. Als Eric 11 Monate alt war, begann ich wieder Teilzeit zu arbeiten. Ich brachte ihn damals in eine Kindertagesstätte, wo er mit neun anderen Kleinkindern um die Wette krabbeln konnte. Dort passierte etwas lebensveränderndes für ihn. Bei der ersten gemeinsamen Mahlzeit erkannte er, dass die Kinder um ihn herum alle selbst einen Löffel in die Hand bekamen. Er kannte das bis dato nicht, da entweder mein Mann oder ich bis zu diesem Zeitpunkt Eric immer gefüttert hatten. Er machte also eine neue Erfahrung. Er durfte selbst agieren und erleben, wie er ab und an sogar einen Bissen Essen in seinen Mund hineinbrachte. Beflügelt von diesem Erlebnis durften wir als Eltern ab diesem Tag Eric nicht mehr füttern. Er drehte komplett durch, wenn wir es nur versuchten. Sein Drang nach Kontingenz war riesig. Also musste ich nach jeder Mahlzeit staubsaugen oder den Boden wischen, denn natürlich landete ein Großteil des Essens am Boden."

Susan liebte es, wenn Katharina Geschichten erzählte. Wie schon zuvor beim Mayr-Modus zeigte sie auch in dieser Geschichte ihr volles schauspielerisches Talent. Sie gestikulierte mit einem pantomimisch angedeuteten Löffel und staubsaugte mit einem Fantasiestaubsauger die Kieselsteine des Gastgartens. „Ich habe häufig geflucht und mir wirklich gewünscht, er würde sich mal einfach wieder füttern lassen. Aber dann ist etwas passiert. Von Woche zu Woche wurde sein Essverhalten besser. Es gelangte zunehmend mehr Essen in seinen Mund. Es war seine Kompetenz zu Essen, die zugenommen hatte." Susan ging ein Licht auf. Mit einem Mal wusste sie, worauf Katharina hinauswollte. Die Aufgabe einer Führungskraft war es also, Kontingenz zuzulassen. Vielleicht sogar aktiv zu fördern. „Das ist ganz wichtig zu verstehen", argumentierte Katharina weiter. „Nur wer Kontingenz ermöglicht, wird langfristig kompetente Mitarbeiter bekommen, die in Eigenverantwortung gehen. Andernfalls fütterst du sie bis zur Pension mit kleinen Aufgabenhäppchen und musst ihnen vielleicht sogar noch nachrennen, damit du diese in ihren Mund stecken kannst", beide lachten Tränen über dieses Bild. Es war ein entspannter und lockerer Abend. So schön konnte Coaching sein.

„Was ist mit dem Typ in der Mitte?", fragte Susan, als sie sich die Tränen von der Wange abgetupft hatte. „Ach, der 5.5er", begann Katharina kopfschüttelnd zu erläutern. „Das ist unser Herr Mayr. Der 5.5-Typ ist täglich mehrmals im Cortisolrausch und man weiß nie, woran man bei ihm ist. Am besten du wartest, bis einer aus seiner Tür rauskommt. Wenn er lächelt, dann geh rein und besprich deine Themen mit ihm. Wenn er frustriert oder zornig aussieht, dann geh lieber nicht rein, denn dann weißt du, dass Herr Mayr wieder einmal kübelt." Susan lachte und nickte. „Erinnere dich an die drei Regeln im Umgang mit dem Stresstopf. Regel Nummer ein: Nicht kübeln. Regel Nummer zwei: Die eigenen Ventile einsetzen. Der 5.5-Typ ist mit diesen beiden Regeln so überfordert, dass er gar nicht dazu kommt, seine eigentliche Führungsaufgabe auszuführen:", fuhr Katharina fort. „Die Ventile der Mitarbeiter zu öffnen", beendete Susan den Gedankengang.

Nach einer kurzen Pause rutschte Katharina, die zuvor gemütlich auf ihren Stuhl zurückgelehnt war, nach vorne und richtete ihren Oberkörper auf. „Jetzt aber die Benchmark! Auf zum Idealtyp 9.9", wandte sie sich zu Susan und tippte mit ihrem Finger auf die rechte obere Ecke ihrer Skizze. „Der 9.9-Typ balanciert die Führungswaage situationsgerecht aus. Wenn auf der Beziehungsebene alles passt und Arbeitsfähigkeit hergestellt ist, dann ist der volle Fokus auf Leistung gerichtet und gemeinsam wird Großartiges geschaffen. Wenn es aber auf der weichen Ebene irgendwo knautscht, dann hat diese den Vorrang. Siehst du die Parallele zum Eisberg? Es ist die gleiche Devise: Beziehung geht im Bedarfsfall immer vor! Das ist wichtig. Und das WIR- und ICH-Ohr fordern das instinktiv ein!" Susan brauchte an diesem Abend eine hohe gedankliche Flexibilität. Katharina hüpfte förmlich zwischen den einzelnen Führungswerkzeugen hin und her, baute gedankliche Brücken und vertiefte ihre Zusammenhänge. Susan merkte, dass es ihrer Mentorin Spaß machte, immer noch ein bisschen tiefer einzutauchen und alles systemisch zu reflektieren.

„Siehst du die Zahlen im Fenster?", erkundigte sich Katharina. Susan blickte erneut auf die Skizze und entdeckte die Zahlen eins bis vier. „Es handelt sich hier um vier Quadranten", erzählte sie weiter. „Mit diesem Tool kannst du unglaublich viele strategische Überlegungen anstellen, die dir im Führungsalltag enorm weiterhelfen." Susans Neugierde war beflügelt. Sie beugte sich nach vorne und signalisierte Katharina, dass sie dazu bereit war.

„Dann lass uns doch ein paar Länder diesen Quadranten zuordnen. Ganz nach unserer persönlichen Erfahrung", forderte Katharina Susan auf. „Beginnen wir mit einer leichten Übung. Wo siehst du China?" Susan verstand, was Katharina vorhatte. „Eindeutig Quadrant vier. Dort würde ich auch Teile Asiens oder Indiens sehen. Da geht alles noch autoritär zu." Katharina nickte. „So erlebe ich das auch seit vielen Jahren. Ich habe einige Entwickler und Lieferanten in China und die Zusammenarbeit mit Mitarbeitern dieser Kulturen folgt ihren ganz eigenen Gesetzen. Hier spürt man das kollektivistische System am allermeisten. Der einzelne ist einfach austauschbar und das System – Firmensysteme wie politische Systeme – sind auf Kontrolle fokussiert." Katharina wirkte besorgt. Susan verstand auch den Grund dafür. Seit vielen Jahren gab es immer wieder Gerüchte darüber, dass die mittlerweile bestens ausgebildeten Bevölkerungsgruppen Chinas sich das eines Tages nicht mehr gefallen lassen würden. Der Kampf um Meinungsfreiheit war präsenter denn je. Die neuen Medien tragen ihren Teil dazu bei, transparent zu machen, was früher verschleiert worden war. Eine Entwicklung, die mit einem autoritären Regime nicht in Einklang zu bringen ist.

„Wo siehst du südländische Kulturen? Ich denke hier an Länder wie Italien oder Spanien", fragte Katharina weiter. Susan überlegte. Man sagte diesen Ländern nach, dass sie alles ein bisschen entspannter angehen würden. Siesta war aufgrund der Hitze notwendig. Der große Fokus auf die Ecke Familie und Freunde im Lebensdreieck durfte nicht übersehen werden. Die Mutter und der Vater hatten starke Rollenbilder und innerhalb der eigenen Familie hielt man sich stets die Treue. „Ich würde sagen: Quadrant zwei", erwiderte Susan. Katharina nickte und skizzierte die beiden Länder in ihr Bild.

„Wo siehst du Österreich und Deutschland?", fragte Katharina als nächstes. „Deutschland erlebe ich noch stärker auf Leistung orientiert als Österreich. Dort ist zwar Leistung auch wichtig, aber vielleicht aufgrund der Größe sind in Österreich auch Beziehungen ein ganz wichtiges Thema. Hier bekommst du den Job, weil du jemanden kennst, der dort arbeitet; in Deutschland, weil du dich im Konzern formal korrekt bewirbst." Katharina musste lachen. Susan brachte hier – wenn auch etwas überspitzt – eine Einschätzung zum Ausdruck, die auch ihr vertraut war. „Ich würde Deutschland im Quadranten vier sehen, allerdings eher im oberen Bereich, und Österreich vielleicht schon knapp darüber im Quadranten drei", spezifizierte Susan ihre Einschätzung und Katharina skizzierte diese.

„Die Schweiz", ergänzte Susan, die mit ihrem Vater in ihrer Kindheit viele Urlaube dort verbracht hatte, „sehe ich persönlich rechts unterhalb Österreich. Sie sind zwar noch einmal kleiner als Österreich, was für die Beziehungsebene grundsätzlich förderlich ist. Allerdings hat die Sache einen Haken. Die Schweizer splitten sich selbst in unglaublich viele Subkulturen. Jeder Kanton folgt seinen eigenen Regeln und Angewohnheiten. Die Integration neuer Wahlschweizer dauert oft Jahrzehnte", fuhr Susan fort. „Mit Blick auf die Schweizer Industrie sind sie, glaube ich, leistungsorientiert und qualitätsbewusst. Wenn ein so kleines Land, mitten in der EU, neutral bestehen will, muss es wohl auch wirklich gut sein, in dem was es hervorbringt." Katharina schmunzelte und skizzierte auch dieses Land in ihre Grafik.

„Gibt es Länder, die du nahe am Typ 9.9 erlebst, Katharina?" Ihre Mentorin lächelte und schrieb Norwegen und Schweden als zwei Beispiele in Quadranten drei. Susan griff sich auf die Stirn. „Natürlich, war ja klar. Da hätte ich selbst draufkommen können." Katharina winkte ab. „Haben diese Länder nicht geniale Regeln und Gepflogenheiten kultiviert, was die Arbeitsteilung zwischen Mann und Frau angeht?" Katharina nickte. „Die Familie hat dort einen hohen Stellenwert und Väter und Mütter sollen sich gleichberechtigt um ihre Kinder kümmern können. Das geht aber nicht auf Kosten der Leistung des Landes. Das ist meiner Ansicht nach das Geniale daran. Durch gleichberechtigte Lösungskonzepte für alle ist die Vereinbarkeit von Beruf und Familie deutlich erleichtert", ergänzte Katharina. „Ist dein Mann nicht aus dieser Gegend?", erkundigte sich Susan, die den Nachnamen Mäkinen dorther vermutete. „Fast", antwortete Katharina. „Mein Mann ist Finne, im wahrsten Sinne des Wortes *knapp* daneben." Beide schmunzelten. „Aber bei meinem Mann verhält sich das ganz ähnlich. Für ihn war es nie ein Thema, dass wir beide gleichberechtigt Karriere machen. Privat wie beruflich haben wir uns immer gegenseitig unterstützt, uns miteinander gefreut oder auch mal geärgert. Für einen heute 64-jährigen Manager und Vater wäre das bei uns nicht so selbstverständlich." Susan stimmte zu. Viele männliche

Führungskräfte dieses Alters mit deutscher oder österreichischer Herkunft waren da noch anders gestrickt.

„Ich möchte dir noch von einem Training erzählen, dass ich vor vielen Jahren gehalten habe. Ich habe damals für unseren Konzern ein internes Ausbildungsprogramm zum Thema interkulturelle Kommunikation und Feedback entwickelt. Das Programm sollte unseren Mitarbeitern der unterschiedlichen Länder helfen, besser miteinander klar zu kommen. Die Teilnehmer waren immer bunt durchgemischt. Die Seminarreihe erstreckte sich über vier Module zu je zwei Tagen. In meinem ersten Training hatte ich je zwei Mitarbeiter aus Katar, Dubai und Spanien, je drei aus Polen und Deutschland und zwei Dänen als Teilnehmer. Es war eine große Gruppe. Im ersten Modul nahm ich mir viel Zeit fürs Teambuilding und für das gegenseitige Kennenlernen. Ich nutzte dazu das Tool des Lebensdreiecks. Jeder Mitarbeiter skizzierte die Gewichtung seines persönlichen Lebensdreiecks und durfte eine der anwesenden anderen Kulturen subjektiv einschätzen." Susan war gespannt, welche Erkenntnisse Katharina gleich berichten würde. Mittlerweile dämmerte es und der Kellner hatte ihnen eine Kerze gebracht.

„Die drei Mitarbeiter aus Deutschland hatten mit Abstand die meisten Punkte auf der Leistungsecke. Bei der gefühlten Einschätzung gaben alle drei zwischen 70 und 80 Prozent an, gerechnet war es natürlich weniger. Dicht dahinter waren die Polen. Du musst wissen, die Polen sind ein sehr tüchtiges Volk, bestrebt, sich materielle Werte aufzubauen. Die anderen Kollegen hatten das umgekehrt auch genauso vorhergesagt." Susan war nicht überrascht. Die hohe Leistungsorientierung der Deutschen war offensichtlich. „Die Mitarbeiter aus Dubai, Katar und Spanien", berichtete Katharina weiter, „hatten alle eine Familienecke von mindestens 40 Prozent. Diese Ecke war im Gegensatz zu Deutschland und Polen gleichauf mit der Job-Ecke. Ein kleiner Rest blieb für Freizeit und Hobby übrig. Das war sogar eine Gemeinsamkeit mit den Deutschen, denn diese hatten auch nicht mehr als fünf bis zehn Prozent bei dieser Ecke stehen. Die meiste Balance innerhalb der Ecken zeigten die Dänen. Diese waren darauf bedacht, allen drei Ecken einen gleichwertigen Raum in ihrem Leben zu geben." Susan lächelte und war zugleich stolz auf sich selbst, da sie es den Dänen in ihrem Alltag immer mehr nachmachte.

„Zwei Erlebnisse haben mich an diesem Tag besonders geprägt", erzählte Katharina weiter. „Wenn ich mich einer Gruppe vorstelle, dann immer ganzheitlich. Ich erzähle von meinem beruflichen Werdegang und von meiner privaten Situation. Wenn ich diesen Einstieg bei einer deutschen Teilnehmergruppe machen, gibt es bei meinen beruflichen Stationen immer anerkennendes Nicken. Ich als Privatperson bin hier kaum relevant. Als ich bei dieser internationalen Gruppe von meinem Mann und meinen zwei Kindern berichtete, ging den Kollegen aus Katar, Dubai und Spanien das Herz auf. Sie strahlten mich an, lächelten und gratulierten mir mitten im Seminar zu meiner Familie." Susan war überrascht. Sie überlegte, was sie selbst als Teilnehmerin in dieser Situation am meisten getriggert hätte, und musste zugeben, es wären auch Katharinas berufliche Leistungen gewesen. Zwei Kinder zu haben war ja auch keine *Leistung*. Als Mutter zweier Kinder in solche beruflichen Positionen zu kommen aber sehr wohl. Susan spürte, wie sie sich dank ihrer kulturellen Prägung wieder von den Dänen entfernte.

„Einer der Deutschen, ein Mann Mitte vierzig, war alleinstehend, Abteilungsleiter und lebte für seinen Beruf. Er machte täglich Überstunden und war über Abteilungsgrenzen hinaus bekannt für seinen Hang zur Perfektion. Als wir beim Mittagessen waren, dauerte es keine fünf Minuten und die Kollegen von Dubai, Katar, Spanien und die beiden aus Dänemark hatten die Fotos ihrer Familien auf den Tisch gelegt. Sie unterhielten sich über ihre Kinder oder darüber, wie viele sie einmal haben wollten. Mitgerissen von den anderen, stimmten auch die Kollegen aus Deutschland und Polen mit ein. Das Berufliche wurde beiseitegeschoben. Die privaten Themen standen im Vordergrund. Der besagte, deutsche Kollege schwieg bis er von einem Kollegen aus Katar, der neben ihm saß, keck angerempelt wurde. Dieser sah seinem deutschen Kollegen tief in die Augen und fragte ihn: ‚Für wen gehst du eigentlich arbeiten? Wer wartet auf dich, wenn du abends nach Hause kommst?' Der Deutsche starrte ihn mit großen Augen an", erzählte Katharina eindringlich weiter. „Es war offensichtlich, dass hier ein Nerv getroffen wurde. Kurze Zeit herrschte Stille am Tisch. Dann klopfte der Mitarbeiter aus Katar ihm auf die Schultern und ergänzte: ‚Wer immer nur die Arbeit im Kopf hat, der kann doch gar keine hübschen Frauen kennenlernen. Wie soll das denn gehen?' Und als ob das noch nicht deutlich genug gewesen wäre, ergänzte er noch: ‚Fang endlich an zu leben!' Für unseren deutschen Kollegen war das ein ziemlich radikaler Spiegel, der ihm da vor die Nase gehalten wurde."

Susan nickte. Auch sie empfand die Worte als klar und direkt. „Der Mann aus Katar war damals sogar schon Großvater, weißt du", ergänzte Katharina.

„Er war Ende fünfzig und hatte bereits zwei Enkelkinder. Auf die beiden war er unglaublich stolz. Er hatte etliche Fotos von ihnen auf seinem Handy, die er uns zeigte." Katharina begann zu lächeln. „Das Schöne an dem Feedback war, dass die sachlich direkte Art dieses Mannes unserem Münchner Abteilungsleiter dabei half, seine eingefahrenen Verhaltensweisen erstmals aus Hubschrauberperspektive zu betrachten. Knapp zwei Jahre später durfte ich dem Abteilungsleiter in seiner Ecke Familie zur Hochzeit gratulieren. In der Job-Ecke hatte er die höchste Frauenquote geschafft, die je eine technische Abteilung bis dahin bei uns hatte. 40 Prozent seiner Mitarbeiter waren weiblich. Das schaffte er, indem er sich aktiv für neue Teilzeitmodelle für Mütter und Väter einsetzte, die eine bessere Vereinbarkeit von Beruf und Familie für alle brachten." Katharina war sichtlich stolz auf ihren Kollegen. Es waren genau solche Geschichten, die sie täglich gerne zur Arbeit gehen ließen. „Ein schönes Beispiel dafür, wie jemand Stufe 6 auf seiner Torte erobert", bestätigte Susan und schmunzelten.

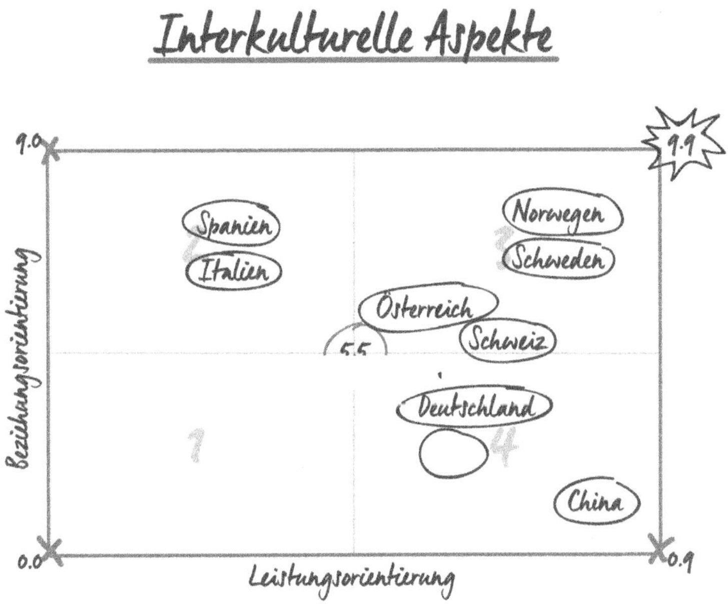

Abb. 32: Susans interkulturelle Stift-Befüllung

„Für mich wird es Zeit heimzufahren, Susan. Ich darf morgen wieder früh aufstehen und in die Arbeit fahren.“ Katharina erhob sich und winkte dem Kellner, der gerade durch die Tür in den Gastgarten kam. Sofort machte er kehrt, um die Rechnung klar zu machen. Katharina setzte sich noch einmal auf ihren Stuhl und trug Polen noch in ihre Grafik ein. Dann reichte sie diese Susan mit einem Lächeln.

„Für einen Abend waren wir mehr als fleißig. Es hat viel Spaß gemacht und ich hoffe, du konntest dir einiges mitnehmen.“ Susan nickte. „Herzlichen Dank für deine Zeit. Es ist immer eine totale Bereicherung, sich mit dir auszutauschen. Es ist unglaublich, wie viel du schon erlebt hast. Danke, dass du deine Erfahrungen so offen mit mir teilst.“ Beide Frauen nickten einander zu und spürten das tiefe Band der Verbundenheit. Nachdem jede von ihnen ihre Rechnung bezahlt hatte, begleitete Susan Katharina noch zu ihrem Auto. Susan hatte ihr Auto bei sich zu Hause abgestellt und war zu Fuß gekommen. Auf dem Weg gab Katharina ihrem Coachée noch eine Aufgabe bis zur nächsten Coachingeinheit mit.

„Male dir bitte selbst noch einmal so ein Rechteck mit den vier Quadranten. Was wir heute auf Länderebene reflektiert haben, durchdenke bitte auf Personenebene. Ich möchte, dass du überlegst, in welchen Quadranten du dich und deine einzelnen Projektmanager siehst. Also geh in die Mikroperspektive und nutze das Tool auf der Ebene des Individuums. Die Kultur eines Landes mag zwar einen Menschen prägen, aber jeder von uns hat die Wahl, wie stark er sich davon beeinflussen lässt. Wir müssen uns ja schließlich nur diese Tendenzen bewusst machen und können dann jederzeit *Neues* denken oder bewusst anders handeln. Dann wird sich auch unser Stift neu befüllen.“ Susan sah Katharina mit großen Augen an. „Du kennst die Metapher mit dem Stift? Woher weißt du…?“ Katharina lachte herzlich. „Ich liebe die Metapher mit dem Stift und ich bin ein großer Fan von Michael Roachs Büchern. Und um das Rätsel ganz zu lüften: Ich habe Martin vor zwei Tagen bei einem Netzwerktreffen gesehen. Er hat mir von eurem Workshop erzählt.“ Susan verstand und war zugleich positiv überrascht. Sie umarmte ihre Mentorin zum Abschluss und dann spazierte sie nach Hause.

20. GOLDENE MOMENTE IN EINER GOLDENEN STUNDE

Susan hatte eine neue Angewohnheit. Jeden Freitag verließ sie am frühen Nachmittag das Büro, um sich ihre goldene Stunde zu gönnen. Ehrgeizig wie sie war, wollte sie diese ursprünglich zweimal die Woche einplanen. Donnerstagabend war ebenfalls in ihrem Wochenplan eingetragen. Das war der Abend, an dem Ben normalerweise mit einem Münchner Freund zum Sport und danach in den Biergarten ging. An den Abenden – in der Regel jeden zweiten – wo dieser familienbedingt absagte, entfiel auch Susans goldene Stunde. Dafür bekam sie einen extra Abend mit ihrem Mann, was mindestens genauso schön für sie war. Die goldene Nachmittagsstunde am Freitag verbrachte sie gerne am Starnberger See. Den ganzen Sommer über hatte sie ihre Picknickdecke im Kofferraum. So auch an diesem Freitag Mitte September. Sie fuhr gegen 15.00 Uhr vom Büro nach Hause und spazierte mit Decke und Notizheft zu ihrem Lieblingsplatz am See. Ihr Notizheft war schwer. Es war prall gefüllt mit ihren Gedanken und Mitschriften zu den Coachings, den Reflexionsaufgaben und wichtigen Zielen, die sie sich kurz-, mittel- und langfristig setzte. Nachdem sie es sich auf der Decke gemütlich gemacht hatte, schloss sie ihre Augen und atmete mehrmals tief ein und aus. Es war ein milder Nachmittag mit an die zwanzig Grad Lufttemperatur. Als sie die Augen wieder öffnete, sah sie ein paar Mutige im See schwimmen. Dieser war mittlerweile auf 18 Grad abgekühlt. Für Susan zu kalt, soviel stand für sie fest. Sie lächelte. Sie genoss ihre Kombination aus langfristigen Ventilöffnern und atmete erneut tief durch. Ob das schon eine Art Meditation war? Sie war sich nicht sicher. Letztlich war es ihr egal, denn sie fühlte sich wohl und ihr Stresstopf war auf Eustress-Level.

Susan nahm ihr Notizbuch und öffnete eine neue Seite. Dann malte sie die zwei Achsen und beschriftete diese mit *Beziehung und Leistung* auf ihr Blatt. Sie verband die Linien zu einem Rechteck. Sie fand es spannend, die

Führungstendenzen ihrer Projektmanager zu reflektieren. Sie schrieb die Zahlen eins bis vier in die Quadranten. Dieses Mal wollte sie umgekehrt vorgehen und überlegen, wer in die einzelnen Fenster hineinpasste. Im Quadranten eins – wenig Leistung und wenig Beziehung – sah sie niemanden aus ihrem Team. Interessant war, dass Katharina und sie die Woche zuvor auch kein Land dort notiert hatten. Sie schweifte kurz ab und überlegte, ob ihr jetzt eines einfiel. Dem war nicht so. Weder ein Land noch ein ihr bekannter Projektmanager kamen ihr in den Sinn. Sie freute sich darüber. Laissez-faire war ein Ansatz, den sie so gar nicht begreifen konnte.

Sie switchte zum Quadranten zwei. Wer gab der Beziehung eindeutig den Vorrang? Ihre Intuition sagte ihr, dass Pierre und Karli in diesem Quadranten zu finden waren. Beiden war die Beziehung zu ihren Teams außerordentlich wichtig. Karli war im Sommer so irritiert, als er eine neue Assistentin mit dominantem SACH-Ohr bekam, dass er Susan um Hilfe bat. Da sie selbst ebenfalls ein dominantes SACH-Ohr hatte, war sie wohl ohne Frage in diesem Fall die perfekte Ratgeberin. Susan musste schmunzeln. Zudem telefonierten Karli und sie auch weiterhin jeden zweiten Tag, um sich gegenseitig ein Update zu geben. Nicht selten waren hier auch private Themen dabei. Karli war diese Kommunikationsebene wichtig. Seine Überstunden hatte er seit dem Zeitpunkt, als seine neue Projektassistentin begonnen hatte, besser in den Griff bekommen. Zumindest die Samstage blieb er nun dem Büro fern. Unter der Woche kam er aber selten vor 19.00 oder 20.00 Uhr nach Hause.

Pierre war auch ein großer Beziehungsmanager. Seine Gespräche waren meist lang und überschwänglich. Er nahm sich stets Zeit für seine Teammitglieder und genoss gerne längere Mittagspausen, um mit Kundeninnen und Kunden Essen zu gehen. Zudem lag ihm das Delegieren. Eine Eigenschaft, die sich Karli und Susan noch mehr von ihm Abschauen konnten. Susan blieb dabei, sie sah beide im Quadranten zwei und schrieb ihre Namen in das Fenster. Nun kam Quadrant drei: der Zielquadrant. Als erstes dachte sie an Paul. Ihr junger Berliner Projektmanager war zwar noch Anfänger im Projektmanagement, brachte aber eine natürliche Begabung für diese Führungsaufgabe mit. Sie sah ihn in der unteren linken Ecke dieses Quadranten mit Tendenzen nach rechts oben. Maggy, Simone und Martin sah sie auch alle drei dort. Maggy schrieb sie, zu ihrer eigenen Überraschung, am weitersten hinauf. Simone darunter mit etwas höherer Leistungsorientierung und wiederum gleich darunter Martin. Auch er hatte ihrer Einschätzung nach eine hohe Beziehungsorientierung bei gleichzeitig hoher Leistungsorientierung. In Sachen Empathie waren ihm aber die beiden Frauen, so Susans Einschätzung, leicht überlegen.

Damit hatte sie alle aus dem Programmteam eingetragen – außer sich selbst. Sie runzelte die Stirn. Susan hätte sich gerne rechts oben zu Simone und Maggy platziert, aber da wäre sie nicht ehrlich zu sich selbst gewesen. Wenn sie auch schon große Entwicklungssprünge gemacht hatte, sah sie sich noch etwas unterhalb der Linie im Quadranten vier. Sie hatte einfach eine hohe Leistungsorientierung und war nach wie vor ehrgeizig. Susan notierte auch ihren Namen in der Grafik und entdeckte dabei, dass sie sich instinktiv ähnlich ihrer ersten Vier-Ohren-Auswertung eingetragen hatte. Erste deshalb, da sie vor gut einer Woche den Test noch einmal ausgefüllt hatte. Susan hatte den ganzen Sommer über den Fokus darauf gelegt, ihr WIR-Ohr und ihr ICH-Ohr zu stärken. Die Veränderungen konnten sich sehen lassen. Ihre Beziehung zu den Projektmanagerinnen und Projektmanagern sowie zu ihren Kernteammitgliedern in München hatten sich gefestigt. Ihre Stakeholder waren alle bestens informiert und Ben und sie diskutierten und reflektierten mehr denn je. Sie war neugierig gewesen, ob das auch der Test widerspiegeln würde. Zu ihrer Freude war dem auch so. Sie hatte sowohl ihr WIR-Ohr als auch ihr ICH-Ohr jeweils um einen Punkt gesteigert. Das SACH-Ohr war hingegen auf fünf Punkte gesunken.

Sie war stolz auf sich und freute sich über diese sichtbaren Fortschritte. Als ihr Ben in den Sinn kam, bekam sie Lust, auch ihn einem Fenster zuzuordnen. Privat war er für Susan eindeutig im Quadranten zwei. Viel WIR-Ohr und eine entspannte Leistungsorientierung. Allerdings wusste sie auch, dass er im Job anders tickte. Hier lebte er eine deutlich höhere Leistungsorientierung, was seine fünf Punkte am SACH-Ohr zeigten. Zudem war er nun seit einem halben Jahr in einem kollektivistischen System, dass den Beziehungsaufbau nicht wirklich erleichterte. Aus einem Impuls heraus schrieb sie Bens Namen auf die Linie zwischen den Quadranten drei und vier. In Gedanken versunken blickte sie auf den Typ 9.9. Sie skizzierte einen Stern rundum die Ziffern, so wie sie es auch bei Katharina gesehen hatte, und überlegte, wer denn im Alltag tatsächlich diese Führungswaage schon auf diesem Niveau lebte. Es fielen ihr zwei Namen ein, denen sie den Typ 9.9 zutraute: Katharina Mäkinen und, so nahm sie es zumindest an, Geshe Michael Roach. Erstere schrieb sie in ihre Grafik.

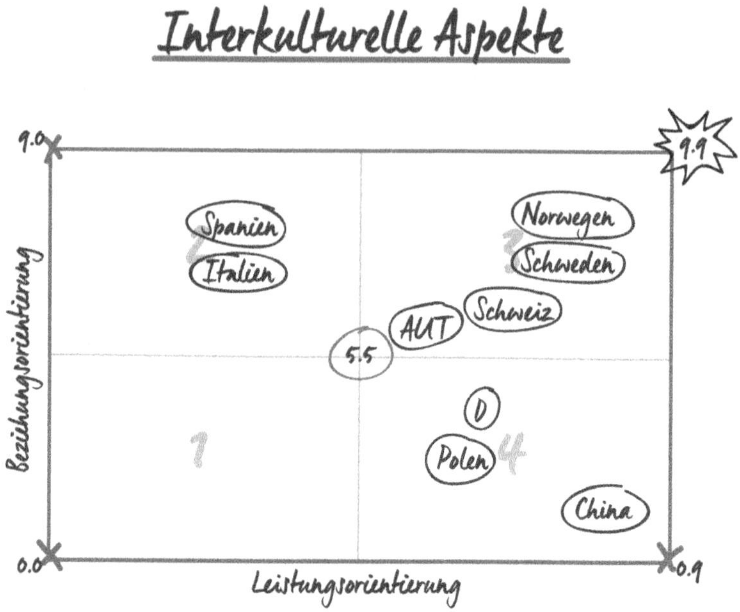

Abb. 33: Führungsverhalten im Programm

Die Reflexion der individuellen Führungswaage ihrer Projektleimanagerinnen und Projektmanager erleichterte es Susan, deren Handlungen im Führungsalltag besser zu verstehen und einzuordnen. Jeder hatte eine andere Entwicklungsrichtung vor sich. Pierre und Karli, beide im Quadranten zwei, durften sich leicht nach rechts entwickeln und noch klarer und deutlicher eine gewisse Leistungserwartung an Kundinnen und Kunden sowie Mitarbeiterinnen und Mitarbeiter formulieren. Susan selbst durfte im Führungsalltag üben, in kritischen Mayr-Situationen den Menschen vor die Leistung zu stellen. Selbst wenn das bedeutete, dass Ziele mit Verspätung oder leichten Leistungsreduktionen erreicht wurden. Dies sicherte einen nachhaltigen Erfolg.

Den restlichen September ging es richtig zur Sache. Ein Meeting folgte dem anderen. Zahlreiche Aktivitäten mussten gesteuert und abgestimmt werden und die Organisation der Veranstaltungsthemen und Inhalte lief auf Hochtouren. Susan und ihr Programmteam waren an vielen Fronten zeitgleich gefordert. Simone stemmte das beeindruckendste Arbeitspensum von allen. Sie entwickelte zusammen mit einer Werbeagentur innerhalb von sechs Wochen das Logo mit dem grünen Diamanten, gestaltete die Website **www.diamond-thoughts.com** und bereitete alles für den Start der Social Media Kampagne unter dem Motto ‚Diamond Thoughts' vor, die am 9. Oktober starten sollte. Karli, Pierre und Maggy hatten sich die Kontaktaufnahme mit den potenziellen Keynote Speakern aufgeteilt. Sie kontaktierten in Summe 15 weltbekannte, angesehene Expertinnen und Experten zu den unterschiedlichen im Workshop reflektierten Themen. Alle adressierten Sprecher waren dafür bekannt, die Stifte ihrer Zuhörer neu zu befüllen. Das Unterfangen war nicht einfach. Keinem der Speaker konnte man so einfach eine persönliche Mail schreiben. Die drei kontaktierten also jede Menge Agenturen, Managerinnen und Manager oder Assistentinnen und Assistenten der Keynote Speaker, um Auskunft darüber zu erhalten, ob und für welchen Preis eine Teilnahme möglich wäre. Neben den großen Keynote Speakern waren zudem zahlreiche lokale Celebrities zu kontaktieren, VIPs zu informieren, Stände zu organisieren und für das Rahmenprogramm mit Musik und Kulinarik zu sorgen.

Während Pierre und Maggy den Großteil der dazugekommenen Arbeitspakete in ihren lokalen Teams aufteilten, war es wieder Karli, der sich damit schwertat. Seine Anrufe bei Susan wurden gegen Ende September seltener und laut dem Wiener Team war er abends oft sogar bis 21.00 Uhr im Büro, um alles fertigzubekommen. Susan achtete gewissenhaft darauf, ihm keinerlei Druck zu machen. Das war aber auch gar nicht nötig. Karli machte sich selbst diesen Druck. Die mittlerweile nicht mehr ganz so neue Projektassistentin war nach wie vor ein Segen und nahm ihm unglaublich viel Arbeit ab. Dennoch blieb genug übrig, da parallel im Herbst und Winter auch das Tagesgeschäft mit den Events und Caterings in Wien auf Hochtouren lief. Karli war so bemüht, die Wochenenden frei zu halten, dass er an den Wochentagen jedes Maß beiseite lies. Susan akzeptierte die geringere Anrufdichte, achtete aber darauf, dass sie einander wenigstens zwei Mal die Woche erreichten.

Die organisatorischen Details glichen in dieser Zeit einem Auf und Ab. Kaum bekamen sie die Zusage eines guten Sprechers, sagte ein anderer dafür ab. Wenn sie einen Anbieter für große Videoscreens gefunden hatten, ließ der Mietpreis im Angebot sie wieder von neuem die Suche aufnehmen. Jedem

Hoch folgte ein Tief. Aber jedem Tief folgte auch wieder ein Hoch. Susan versuchte mindestens einen Tag die Woche Paul in Berlin zu unterstützen. In einem 14-tätigen Rhythmus flog sie nach London oder fuhr nach Wien zu Karli. Martin kümmerte sich währenddessen um Pierre und nahm ihr damit die Reisen nach Paris ab. Anfang Oktober war bei allen eine deutliche Erschöpfung zu spüren und nicht nur Susan kämpfte mehr und mehr mit ihrem Mayr-Modus. Seit ihrer letzten goldenen Stunde am See, waren alle weiteren ausgefallen. Susan gab jedes Mal dem Programm den Vorzug. Nach drei Wochen und dem nächsten, wichtigen Programm-Stage-Gate vor der Tür, legte sie abends immer häufiger Ben den silbernen Ventilöffner auf den Küchentisch.

Alle Teams arbeiteten fieberhaft auf den 9. Oktober hin. An diesem Tag sollte das Eventmotto für die Besucher erstmals gelüftet werden. Dies war immer ein besonderer Augenblick. Vor allem die Stammbesucher waren neugierig und Simone hatte extra dafür Ende Juli eine Pre-Website mit einem Countdown bis zur Bekanntgabe des neuen ‚Spirit Event'-Mottos ins Netz gestellt. Am Mittwoch, den 5.Oktober, war damit der dritte entscheidende Wendepunkt des Programms geplant. Das gesamte Team arbeitete bis zuletzt auf dieses Stage-Gate hin. Da die Website und jedes Posting stets in drei Sprachen zeitgleich zur Verfügung stehen mussten, war inzwischen ein großes Subteam an Übersetzerinnen und Übersetzern dazugekommen.

Am Vorabend war sich Susan nicht sicher, ob sie bereit waren. Hatten sie alle Tippfehler gefunden? Waren die Übersetzungen korrekt? Wie würde das Motto bei den Besucherinnen und Besuchern ankommen? Sie war müde und erschöpft von der vielen Arbeit, aber dennoch erfüllt mit Vorfreude. Wenn am nächsten Morgen die Go-Live Phase begann, gab es endgültig kein Zurück mehr. Zwei Sprecher waren aktuell fixiert. Das war aber ausreichend, denn Neugierde zu wecken, auf das was kommt, war das Wichtigste bei einer Social Media Kampagne.

Am nächsten Morgen um 10.00 Uhr war es soweit. Alle Münchner hatten sich in Simones Büro versammelt. Maggy, Pierre und Paul waren über eine Teams-Konferenzschaltung remote dabei. Simone war von allen am meisten nervös. Sie blickte in die Runde und zählte den Countdown bis zur Umstellung, wo die aktuelle Pre-Website den Countdown auf null zählte und der Wechsel zur neuen ‚Diamond Thoughts' Website erfolgte. „Fünf, vier, drei, zwei, eins und online!", rief Simone, die sofort auf einem zweiten Computer checkte, ob der Seitentausch auch funktioniert hatte. Alles schien wunderbar geklappt zu haben. Die neue, dreisprachige Seite zum Event-Motto war online. Das gesamte anwesende Team jubelte und Susan spendierte die beliebten Muffins, die sie wieder morgens beim Bäcker erstanden hatte. Auch Maggy, Pierre und Paul feierten mit ihren Projektteams. Da sie ihre Mikrofone eingeschaltet hatten, waren das Klirren von Gläsern und heitere Gespräche zu hören. Während in den Teams gefeiert wurde, waren Simone und zwei ihrer Marketingmitarbeiter bereits dabei, die nächsten Social Media Schritte zu übernehmen. Start-Postings auf Facebook, Instagram, Linkedin und Xing wurden ins Netz gestellt und das neue Eventmotto zudem getwittert.

Die Stimmung war ausgelassen und alle in Feierlaune. Und das obwohl allen bewusst war, dass das Passieren dieses Stage-Gates das Arbeitspensum noch intensivieren würde. Ab sofort waren regelmäßige Vorberichte zum Event sowie die konstante Kontaktaufnahme mit den Besucherinnen und Besuchern über die bespielten Social Media Kanäle an der Tagesordnung. Simone hatte dafür ein eigenes Social Media Subteam gegründet, in dem vier Mitarbeiterinnen sich abwechselten. Simone stellte zwei der vier Mitarbeiterinnen, die dafür extra neu angestellt wurden, gerade dem restlichen Team vor, als das Telefon im Eingangsbereich läutete. Es war Michaela, Susans Stellvertreterin, die nach draußen ging, um abzuheben. Während alle anderen weiter plauderten und lachten, registrierte Susan, wie Michaelas Gesichtszüge fahl wurden. Ihre Schultern senkten sich, ihr Blick wurde starr und sie griff mit ihrer Hand nach einem Stuhl, um sich zu setzen. „Da muss etwas passiert sein", warnte Susan den Rest der Gruppe und ging auf Michaela zu. Diese sprach kein Wort, sondern hörte nur zu.

Der Rest des Teams verstummte und alle blickten gebannt nach draußen. Auch Martin und Simone gingen nun in den Empfangsraum und stellten sich zu Michaela. Als diese den Hörer auflegte, blickte sie mit Tränen in den Augen zu Martin und Simone. „Das war Karlis Assistentin. Karli ist heute Morgen nicht im Büro erschienen. Er hatte auch nicht angerufen oder sich per Mail abgemeldet. Sie hatten sich Sorgen gemacht und versucht, seine Frau zu erreichen." Simone stockte der Atem. Sie ahnte nichts Gutes. „Karli hatte gestern Nacht einen Herzinfarkt. Seine Familie hatte ihn rechtzeitig gefunden und sofort einen Nachbarn dazu geholt, der Krankenpfleger ist. Er hat ihn wiederbelebt, bis der Notarzt kam. Karli ist jetzt im Krankenhaus auf der Intensivstation." Simone lief eine Träne über die rechte Wange. Martin hatte einen

Kloß im Hals und brachte keinen Ton heraus. Alle standen wie versteinert da und versuchten, die Nachricht zu verarbeiten. Susan spürte, wie ein großer Schwall Cortisol in ihren Körper gespült wurde.

Neben Trauer war es vor allem Ärger, der sie plagte. Sie hatte Karli so oft gesagt, er solle mehr delegieren oder nicht immer zwei Jobs gleichzeitig machen. Wieso hatte er nur nicht auf sie gehört. Er war einfach so ein unverbesserlicher Dickkopf. Aber ein Dickkopf, den sie gut leiden konnte und der unglaublich viel für ihr gemeinsames Vorhaben geleistet hatte. In Susans Kopf schwirrten tausende Gedanken gleichzeitig. Und von einer Sekunde auf die nächste war es da. Ein weiteres Cortisol auslösendes Gefühl: Schuld. War es ihre Schuld, dass Karli diesen Herzinfarkt hatte? Hätte sie ihm die Projektmanagerrolle wegnehmen sollen? Hätte sie ihn zwingen müssen, die Arbeitspakete abzugeben? Hätte sie das überhaupt gekonnt? Susan war plötzlich zu keinem klaren Gedanken mehr fähig. Sie griff zu einem Stuhl und setzte sich zu Michaela.

„Lasst uns hier vorerst alles auf Eis legen", entgegnete Martin nach einer gefühlten Mayr-Ewigkeit. „Simone und ich fahren heute noch nach Wien, um nach Karli und seiner Familie zu sehen. Susan, kannst du hier bitte die Stellung halten?" Susan war überrascht, ihren Namen zu hören, hatte sie doch mit dem üblichen Tagesgeschäft wenig am Hut. Sie nickte Martin zu, ohne genau zu wissen, was er sich von ihr erwartete. „Jeder, der keine dringende Aufgabe hat, die heute noch rausgehen muss, kann nach Hause gehen. Ich melde mich morgen um 9.00 Uhr per Telefonkonferenz aus Wien. Dann planen wir die nächsten Schritte." Gleich darauf lief Simone zurück in ihr Büro, um von ihrem Handy aus ihr Kindermädchen Sarah anzurufen. Sie musste sich um Jakob kümmern, während sie in Wien waren. Martin holte derweilen ein paar Sachen aus seinem Büro und dann gingen beide zu ihrem Auto. Auf dem Weg nach Hause, um ein paar Sachen in den Koffer zu werfen, telefonierte Simone mit ihrer Freundin. Karlis Frau war völlig außer sich vor Sorge. Sie war es gewesen, die Karli nachts im Flur liegend gefunden hatte. Sie hatte einen leichten Schlaf und der Aufprall ihres Mannes auf dem Boden hatte sie geweckt. Karlis Frau und die Mädchen waren im Moment zu Hause auf Abruf. Die Ärzte konnten ihr bislang nicht sagen, in welchem Zustand Karli war. Sie war heilfroh, dass Simone und Martin auf dem Weg zu ihnen waren. Diesen Beistand zu spüren, tat in diesem schwierigen Moment gut.

Es war gegen Mittag, als Susan die letzten Mitarbeiterinnen und Mitarbeiter aus München nach Hause schickte. Alles, das bis zum nächsten Tag warten konnte, blieb liegen. Die Feier war abgebrochen und es lagen noch jede Menge abgebissene Muffins auf dem Küchentisch. Nach Süßem war keinem mehr zumute gewesen. Der extreme emotionale Umschwung von Stage-Gate-Freude zu tragischem Schicksalsschlag saß jeder und jedem der Anwesenden in den Knochen. Auf die Frage, ob auch sie gleich nach Hause ginge, meinte sie, sie wolle noch ein paar Sachen packen und danach abschließen. Kaum war Ruhe eingekehrt, ging sie schweigend in ihr Büro, setzte sich und begann zu weinen. So schön es war, mit seinem Team enge Bindungen zu pflegen, so sehr zog ihr das in diesem Moment den Boden unter den Füßen weg. Karli war gefühlt wie ein Onkel für sie. Dass er nun um sein Leben kämpfte, war menschlich für seine Familie, Freunde und Kollegen tragisch. Sie wusste, es war nun ihre Aufgabe, einen kühlen Kopf zu bewahren und für das Event und die Firma insgesamt präsent zu sein und kluge Entscheidungen zu treffen. Das Problem war nur, sie fühlte deutlich das viele Cortisol, das ihre Ratio benebelte. Sie griff zu ihrem Handy und schrieb eine kurze SMS an Ben. Keine drei Minuten später kam seine Antwort: „Wie geht es dir? Ich mach früher Schluss! Treffen uns zu Hause." Susan war erleichtert. In so einem Moment tat es gut, einen Ventilöffner an ihrer Seite zu wissen. Susan griff nach ihrem Laptop und ein paar Notizen, stecke beides in ihre Tasche und ging gedankenverloren zum Auto.

21. DAS NEUNTE TREFFEN: VOM TRAMPOLIN ZUR AUTOBAHN

Am nächsten Morgen um 9.00 Uhr meldete sich Martin via Telefonkonferenz. Er war bei Karli im Krankenhaus und hatte daher keine gute Verbindung. Susan, Michaela und eine langjährige Kollegin aus der Buchhaltung waren zusammen in Susans Büro und lauschten seinen Worten. Zeitgleich hatten sie noch Pierre, Judith und Maggy sowie Paul in der Leitung. Die gute Nachricht war: Karli war über den Berg. Die Ärzte mussten ihn notoperieren und ihm einen Bypass legen. Er war nach wie vor auf der Intensivstation im Tiefschlaf, aber sie hofften, dass er bald zu sich kommen würde. Die beiden Mädchen waren aktuell bei den Großeltern und Simone und Martin waren bei seiner Frau im Krankenhaus. Die gute Nachricht war, dass Karlis Werte stabil waren. Aber die Ärzte hatten Martin, der sich als sein Arbeitgeber vorstellte, sofort mitgeteilt, dass an Arbeit in den nächsten Monaten nicht zu denken sei. Susan schluckte. Das ‚Spirit Event' musste ohne Karli weitergehen, soviel stand fest. Susan war in ihrer Führungswaage unausgeglichen. Da sie wusste, dass sie aktuell nichts für Karli tun konnte, fokussierte sie sich bewusst auf die Leistungsebene. Sie dankte Martin für das Update und bat ihn, Karlis Familie viel Kraft und Mitgefühl vom gesamten Team zu wünschen. Dann versicherte sie ihm, dass er sich auf sie verlassen könne. Sie würde selbst interimsmäßig die Leitung des Wiener ‚Spirit Events' übernehmen und vor Ort in München auch im Tagesgeschäft die Stellung halten. Martin bedanke sich bei Susan. Er und Simone blieben noch ein paar Tage in Wien und Martin wollte täglich ein paar Stunden ins Wiener Office fahren, um dort interimsmäßig die Geschäftsführung zu übernehmen.

Nach der Telefonkonferenz begann Susan damit, sämtliche Betroffene über die aktuelle Lage zu informieren. Nach der **goldenen Regel des Projektmarketings** wusste sie, sie musste dabei von innen nach außen vorgehen. Ihr erster Anruf galt Karlis Projektassistentin Anna, die den tiefsten Einblick in seine alltägliche Projektaufgaben hatte. Diese junge Frau, erst seit drei Monaten in der Firma, kam nun früher als erwartet in die Rolle der stellvertretenden Projektmanagerin. Susan war fünf Autostunden von Wien entfernt und daher war Anna ihr Bindeglied nach Wien. Sie repräsentierte ab sofort das ‚Spirit Event' in Wien vor Ort und sie erfüllte auch die Aufgabe, Karlis Platz im Programmteam einzunehmen.

> **Die goldene Regel des Projektmarketings** beschreibt die richtige Reihenfolge der Informationsweitergabe im Projekt: 1) projektinterne Umwelten, 2) unternehmensinterne Umwelten, 3) unternehmensexterne Umwelten.

Ihr nächster Anruf galt Pierre. Sie wusste, die beiden waren gute Freunde und hatten im Sommer noch das gemeinsame Wochenende in den Münchner Biergärten verbracht. Susan wollte wissen, wie es Pierre ging und ob er sich selbst als arbeitsfähig einschätzte. Pierre war am Telefon ungewöhnlich kurz angebunden. Er versicherte Susan zwar, dass er mit der Situation schon klarkommen würde, aber Susan merkte ihm deutlich an, wie sehr ihm die Geschehnisse mit Karli nahe gingen. Susan verstand, dass Pierre andere Ventilöffner bevorzugte, versicherte ihm aber, sie sei für ihn da, wenn er sie brauche. Maggy und Paul nahmen Susans Angebot des *Abredens* gerne an und sie sprach mit ihnen alle nächsten Schritte und Veränderungen in Ruhe durch. In diesen Gesprächen gab es zudem Raum für gemeinsame Reflexionen. Das hohe Arbeitspensum der letzten Wochen, die Möglichkeiten zu mehr Effizienz und der Hang zur Perfektion waren Themen, die alle zum Nachdenken angeregt hatten.

Obwohl Karlis Herzinfarkt ein deutliches Signal setzte, bekam er diesen Infarkt nicht wegen seiner aktuellen Tätigkeit. Das war Susan durchaus bewusst. Sie hatte die Nacht davor – an Schlaf war einfach nicht zu denken – viel drüber nachgedacht. Karli hatte über 20 Jahre lang eine enorme Leistungsorientierung zutage gelegt. Er war ein begnadeter Perfektionist, der am liebsten so viel wie möglich selbst erledigte. Delegieren hatte er zwar in den letzten Wochen geübt, aber die Einsicht, dass er sich selbst zu viel auferlegt hatte, war zu spät gekommen. Die Androhung seiner Frau hatte Karlis Druck noch erhöht – auch wenn sie es mit Sicherheit gut gemeint und einfach nur gewollt hatte, dass er zum Wohle aller kürzer trat. Dazu kam Karlis Vorliebe für fettes Fleisch, kombiniert mit einem Bierchen und einer süßen Nachspeise. Sport stand eher selten an der Tagesordnung. Seine Ausrede an der rechten unteren Ecke seines Lebensdreiecks kehrte mit einer auffälligen Konstanz wieder: Er bürdete sich selbst zu viel Arbeit auf.

Nachdem der innerste Kreis informiert war, stimmten sich Anna und Susan ab und kontaktierten alle strategisch relevanten Kooperationspartner, Sponsoren und Kunden. Jede und jeder zeigte tiefes Verständnis und Mitgefühl und bot Hilfe an, falls diese benötigt werde. Am Ende des zweiten Tages hatte Susan das Gefühl, zumindest im Ansatz die Kontrolle zurückerlangt zu haben. Als sie abends ihren Terminkalender für den nächsten Tag – einen Freitag – studierte, sah sie den Eintrag „Coaching mit Katharina" darin. Mit all dem Trubel der letzten Tage hatte sie dieses vollkommen vergessen. Sie überlegte einen Augenblick lang, ob sie Katharina absagen sollte, entschied sich dann aber dagegen. Katharina war zu einem wichtigen Ventilöffner für sie geworden. Mit ihr gemeinsam eine Hubschrauberreise zum Thema Führung zu unternehmen, war jedes Mal eine Bereicherung die sie – so gegensätzlich das auch klingen mag – erdete. Gespräche mit Gleichgesinnten, die selbiges erlebten oder bereits erlebt hatten, hatten einen besonderen Stellenwert auf ihrer Liste der Ventilöffner bekommen.

Katharina war betroffen, als ihr Susan am darauffolgenden Nachmittag von den jüngsten Ereignissen erzählte. Es gab nur wenige Momente im Leben, in denen es ihr die Sprache verschlug. Dieser war einer davon. Katharina hatte ehrlich gehofft, dass es nicht so weit kommen würde. Sie erlebte regelmäßig ähnliche Vorfälle unter ihren Führungskräften im Konzern und es verbargen sich immer ähnliche Geschichten wie die von Karli dahinter. Es waren stets Männer, die viele Jahre über ihr Limit gegangen waren, Gesundheit und Körper in der Regel hinten angestellt und Verantwortung für viele getragen hatten.

„Kann ich dir irgendwie helfen, Susan?", erkundigte sich Katharina und sah ihren Coachée aufmerksam an. Susan wirkte müde. Sie hatte einiges hinter sich. Dennoch war sie auch konzentriert. Dass sie ihren Stresstopf in dieser Situation so gut im Griff hatte, beeindruckte Katharina. „Es hilft mir schon ungemein", entgegnete Susan, „dir alles erzählen zu können. Darüber mit dir zu reden, lässt mich automatisch in die Hubschrauberperspektive gehen." Katharina lächelte. Es ging ihr auch so. In den ganzen Jahren ihrer beruflichen Tätigkeit hatte sie stets mindestens einen, oft auch zwei Sparringpartner an ihrer Seite, bei denen sie regelmäßig Coachings nahm. „Hast du noch einen Tipp für mich, was jetzt wichtig und zu beachten ist?", Katharina überlegte. „Deine erste Reaktion war genau richtig. Du kannst wirklich stolz auf dich sein, Susan", bekräftigte Katharina und Susan spürte, wie ihr ein Stein der Erleichterung vom Herzen fiel. „Martin und Simone sind vor Ort und damit ist es richtig und wichtig, dass du ihnen den Rücken freihältst." Susan nickte und sah das auch ganz klar als ihre Aufgabe an.

„Weißt du, Susan, in den nächsten Wochen wird sich zeigen, ob euer Trampolin fest genug gezurrt worden ist." Katharina hielt inne und sah Susan in die Augen. „Es sind immer die Momente einer Krise, die dir deutlich machen, ob dein Team zusammenhält und das vorhandene Problem dadurch abfedert, oder ob das Trampolin durchbricht und das Projekt, beziehungsweise das Programm, scheitert." Susan schluckte. Sie wusste, dass die aktuelle Situation so ein Wendepunkt war, und es war keine Übung, sondern Realität. „Ich bin mir sicher, so wie ich deine Führung und auch die von Martin erlebe, werdet ihr das gemeinsam schaffen", gab sich Katharina zuversichtlich und berührte Susan am Arm. Diese blickte ihrer Mentorin in die Augen und dankte ihr mit einem kleinen Lächeln.

„Ich möchte dir gerade heute ganz bewusst noch eine wichtige Information mitgeben, Susan", begann Katharina nach einer kurzen Pause. Die beiden trafen sich an diesem Nachmittag in Katharinas Büro. Es war ruhig auf der Etage. Freitagnachmittag war auch hier wenig los. Katharina schenkte Susan Wasser nach und lehnte sich nach vorne. „Hast du die Liste mit deinen Ventilöffnern zufällig dabei?" Susan nickte. Sie griff nach ihrem Notizbuch und blätterte auf die gewünschte Seite. „Ich habe sie immer dabei und ergänze sie auch regelmäßig mit Ventilöffnern, die ich für mich teste. Unsere Coachingeinheiten stehen übrigens mittlerweile auch oben – ich empfinde sie als einen wundervollen langfristigen Ventilöffner." Katharina schmunzelte und bedankte sich für das schöne Kompliment. „Ich möchte dir einen ganz wichtigen Hinweis zu den kurzfristigen Ventilöffnern geben. Es hat Jahre gedauert bis ich diesen – eigentlich auf der Hand liegenden – Zusammenhang erkannt habe und noch einmal Jahre, bis ich es geschafft habe, mein Verhalten zu ändern. Ich möchte dieses Wissen gerne mit dir teilen." Susan war gespannt, worauf Katharina hinauswollte.

Susan nahm ihre Liste und legte sie auf den Tisch. Gemeinsam lasen sie die dortigen Ventilöffner noch einmal im Stillen durch. „Hier", sagte Katharina, „siehst du die letzten vier kurzfristigen Ventilöffner? Um diese geht es!" Katharina tippte mit ihrem rechten Zeigefinger energisch auf die Worte *Kaffee,*

Schokolade, Gummibärchen und *Wein.* „Nicht gerade die gesündesten Ventilöffner, oder?“, stellte Susan nüchtern fest. Katharina schüttelte den Kopf. „Was glaubst du hatte Karli auf seiner Liste?“ Susan verstand was Katharina meinte. „Steak, Bier, Schweizer Schokolade und von Martin weiß ich – ab und an eine gute Zigarre.“ Beide schwiegen. „Siehst du den Zusammenhang schon, Susan?“, erkundigte sich Katharina. „Ich sehe, dass diese Sachen auch alle ungesund sind“, stellte Susan fest. „Es handelt sich um Genussmittel. Und Genussmittel dürfen uns, in Maßen dosiert, Genuss liefern. Das Problem ist nur, sobald du solche Sachen zu deiner Liste der kurzfristigen Ventilöffner hinzufügst, wird es mitunter schon gefährlich.“ Susan stockte. „Wenn Genussmittel dieser Art in unserem Denken die Funktion erhalten, ein Ventilöffner zu sein, beginnt ein Kreislauf.“ Susan begann zu verstehen. „Du sprichst von Konditionierung, oder? So wie der Pawlowsche Hund mit dem Glöckchen?“ Katharina nickte. „Genau das!“

Katharina stand auf und ging zu ihrem Flipchart. Sie griff nach einem Stift und malte ein Dreieck. Oben in der Mitte malte sie Herrn Mayr, der gerade unheimlich gestresst war. „Stell dir vor“, begann Katharina, „unser Herr Mayr hat die erste Dystresslinie überschritten und weiß, dass er in fünf Minuten sein nächstes Meeting hat. Er ist unter Druck, in Kürze wieder energievoll agieren zu müssen, obwohl er aktuell verärgert und müde ist. Da langfristige Ventilöffner aus Zeitgründen nicht möglich sind, braucht er einen schnellen Energiekick, der gleichzeitig sein Stressgefühl senkt. Er geht zu seinem Schreibtisch und greift in die zweite Schublade von oben. Das ist seine Notfalllade. In seinem Kopf hat er diese seit mehreren Wochen konditioniert. Dort befinden sich in kontinuierlichem Nachschub Gummibärchen und Schokolade. Wie aus Geisterhand geführt, greift er dort hinein und steckt sich eine Rippe Schokolade in den Mund.“

Bei dieser Vorstellung breitete sich bei Susan ein Lächeln im Gesicht aus. Die Spirit Events Notfalllade war im Schreibtisch der Empfangsdame. Sie war für jeden zugänglich und immer randvoll mit allem, was das Herz begehrte. Susan hatte zwei bestimmte Schokoladesorten, die sie in den letzten drei Wochen fast täglich verführten. Immer dann, wenn ein unangenehmer Anruf sie forderte, ein schwieriger Lieferant zu managen war oder ein stressiger Moment sie aufwühlte, gönnte sie sich ihren neuen Ventilöffner. „Was passiert in dem Augenblick, wenn die Schokolade die Zunge von Herrn Mayr berührt?“, fragte Katharina weiter. Susan grinste. „Eine Geschmacksexplosion, ein Dopaminschub im Körper, ein angenehmes Gefühl, Freude an der Süße, ein Energiepusch durch den Zucker, der ihm durch das Meeting hilft", sprudelte es aus ihr heraus. Katharina setzte sich wieder hin und blickte zu Susan. „*Das* ist eine vielsagende Stift-Befüllung, meine Liebe!"

Susan wurde nachdenklich. „Wenn du den leeren Raum von Schokolade mit diesen Attributen befüllst, die du mir gerade genannt hast, dann erschaffst du dir durch deine Denkweise einen starken, kurzfristigen und über alle Maßen ungesunden Ventilöffner", stellte Katharina klar. Dann ergänzte sie noch geradlinig: „Wer befüllt den Stift, Susan?" Sie verstand, worauf ihre Mentorin hinauswollte. „Ich", antwortete Susan und nickte. „Schokolade ist eine gesellschaftsfähige Droge, genauso wie Kaffee, eine Cola, ein Glas Wein, Zigaretten, eine Kopfschmerztablette oder Gummibärchen. Aber wenn diese von unserem Gehirn fälschlicherweise zu Ventilöffnern konditioniert werden, dann steckt eine ganz große Gefahr in all diesen Dingen…", Katharina blickte zu

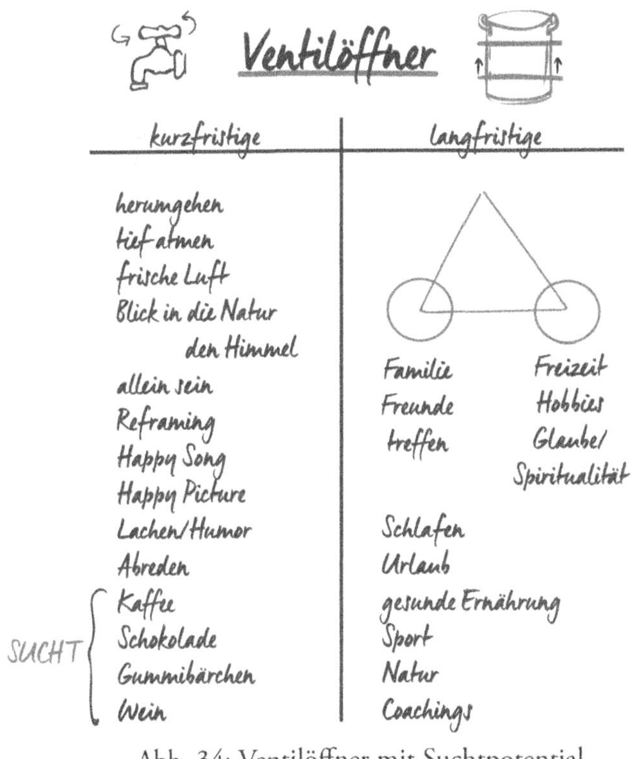

Abb. 34: Ventilöffner mit Suchtpotential

Susan und signalisierte ihr, ihre Frage zu beantworten. „Sucht! Diese Ventilöffner machen süchtig", beendete sie ganz in Katharinas Sinne die Erklärung. Susan setzte auf ihrer Liste eine Klammer rundum die adressierten Ventilöffner und notierte das Wort *Sucht* daneben.

„Stell dir vor, ein Raucher versucht, mit dem Rauchen aufzuhören. Er nimmt sich als Neujahrsvorsatz vor, ab ersten Januar keine Zigarette mehr anzufassen. Er beabsichtigt damit von einem Tag auf den anderen von Stufe 3, denn er hat mit Sicherheit längst *akzeptiert*, dass Rauchen schädlich ist, auf Stufe 6, dem Beibehalten der neuen gewünschten Nichtraucher-Verhaltensweise zu kommen. Drei Tortenstufen in nur drei Tagen ist aber leider unwahrscheinlich. Sobald es im Januar ein paar stressige Mayr-Momente gibt, sind diese guten Vorsätze schnell wieder über Board und es wird zum bewährten Ventilöffner gegriffen. Das prekäre daran ist: Die Menschen empfinden sich selbst danach als willensschwach oder, schlimmer noch, als Versager. Dem ist nicht so. Das ist auch der Grund, warum Karli nicht aufhören konnte, sein Steak zu essen oder sein Bier zu trinken. Und es ist auch der Grund, warum er konstant zu viel arbeitete, obwohl du ihn aktiv aufgefordert hattest, mehr zu delegieren. Wir Menschen haben viele Arten von Süchten: Arbeit, immer beschäftigt sein, Anerkennung, Applaus bekommen sowie positive Bestätigung und Liebe von anderen. Letzteres vor allem dann, wenn wir uns selbst zu wenig Eigenliebe geben." Katharina schwieg und ließ ihre Worte wirken. Sie waren gerade tief im Eisberg abgetaucht.

Susan hatte den Blick nach unten geneigt und war in Gedanken. Alles ergab irgendwie Sinn. Jedes Verhalten hatte ja eine Ursache. Und welcher Ventilöffner auch benutzt wurde, er kompensierte letztlich ein völlig anderes Bedürfnis. Ihr persönliches Bedürfnis war es, am Nachmittag eine kleine Pause einzulegen. Ein schöner Spaziergang, ein Nickerchen oder ein Gespräch mit einer guten Freundin – all das waren positive Ventilöffner für sie. Wenn das nicht möglich war, griff auch sie – ähnlich wie Karli – gerne mal in die Notfallschublade. „Das Gemeine ist nun", Katharina ging zum Flipchart zurück, „wenn unser Herr Mayr das neue kompensierende Schokoverhalten über zirka vier Wochen hinweg beibehält, dann ist er mit seinem neuen Verhalten tatsächlich auf Stufe 6 auf seiner Torte gelandet – allerdings mit dem falschen Ventilöffner!" Katharina malte in der dritten Ecke eine Skizze der Torte, und markierte Stufe 6. „Das neue antrainierte Verhalten wird beibehalten. Im Guten, wie im Schlechten, es funktioniert in jedem Fall."

Abb. 35: Das magische Dreieck der Suchtentstehung

„Vier Wochen sagst du?", erkundigte sich Susan. „Vier Wochen", bestätigte Katharina. „Nach gut einem Monat wird Herr Mayr nicht einmal mehr registrieren, wie viele Schokoladestücke er in stressigen Momenten in seinen Mund steckt. Denn dann ist dieses Verhalten zu einem Automatismus geworden, der die Gehirnregion gewechselt hat. Alles, das automatisch und ohne darüber nachzudenken abläuft – so wie Zähneputzen oder Radfahren, ist in der Gehirnregion der Basalganglien angekommen. In den Basalganglien findet kein rationales Überprüfen oder Abwägen mehr statt. Unser Gehirn tickt so, dass es Verhaltensweisen, die wir uns antrainiert haben, dort zur automatisierten Koordination hinschiebt, um Energie zu sparen. Das ist einerseits extrem effizient von unserem Gehirn, aber andererseits extrem mühsam, wenn wir ein falsch programmiertes Muster der Tortenstufe 6 dort wieder rausbekommen wollen. In diesem Zusammenhang verfolgen uns Schokolade, Rauchen oder Wein als konditionierte Ventilöffne im schlimmsten Fall ein ganzes Leben."

Susan fand diese Zusammenhänge unglaublich spannend. Sie hatte schon immer Interesse daran gehabt, mehr über das menschliche Gehirn und seine Arbeitsweisen zu erfahren. „Das bedeutet also, ich muss mir bewusst darüber sein und gut überlegen, welche Ventilöffner ich in stressigen Momenten einsetze“, resümierte Susan. „Wenn meine Tochter Marie nachmittags vom Gymnasium heimkam, war sie häufig verärgert. Sie war zornig auf Lehrer, die zu viele Hausaufgaben aufgaben, oder auf Mitschüler, die sie nicht mochte. Es fiel mir auf, dass sie jedes Mal, wenn sie Jacke und Schuhe ausgezogen hatte, umgehend in die Küche lief und sich nach Kuchen oder Keksen umsah. Es war offensichtlich, dass sie beides als Ventilöffner einsetzte. Als ich das erkannte, begannen wir ein Ritual. Wenn sie heimkam, nahmen wir uns eine halbe Stunde Zeit, gemeinsam alles Erlebte zu besprechen. Im Sommer spazierten wir dabei eine kleine Runde und im Winter kuschelten wir uns mit einer dicken Decke auf das Sofa. Im Anschluss an das Gespräch hatte sie die Möglichkeit, eine Süßigkeit zu essen. In den meisten Fällen verneinte sie das Angebot, da ihr eigentliches Bedürfnis dahinter bereits befriedigt war.“ Susan lächelte. Das war wohl ein entscheidender Geheimtipp, falls sie doch einmal Mutter werden würde.

„Es gibt ein einfaches Bildnis, von dem ich dir gerne erzählen möchte“, begann Katharina nach einer kleinen Gedankenpause. Susan lehnte sich in ihrem Sessel zurück. Sie war bereit, sich auf das Kommende einzulassen. „Ich habe vor vielen, vielen Jahren ein ganz besonderes Buch gelesen. Das Buch heißt *Die Biologie der Angst.* Der Autor **Gerald Hüther** zählt zu den bekanntesten Hirnforschern im deutschsprachigen Raum. Er hatte ein – Vera F. Birkenbihl würde sagen *gehirngerechtes* – Buchkonzept gewählt. Er schrieb stets eine halbe Seite in Fachsprache, von der ich gefühlt zehn Prozent verstand, um dann gleich darauf das Geschriebene in das besagte Bildnis zu übersetzen. Zweiteres ist für mich bis heute prägend.“ Katharina trank einen Schluck Wasser, erhob sich mit Schwung und ging erneut zum Flipchart. Sie blätterte um und malte einen langen schwarzen Strich. „Dieser Strich symbolisiert laut Hüther ein Verhalten, das du einmal bewusst gewählt hast.“ Katharina malte gleich daneben einen zweiten Strich. „Und jetzt hast du in einer ähnlichen Situation erneut auf diese Art reagiert.“ Dann malte sie einen Schwung weiterer Striche darüber, sodass die Striche optisch zu einem dicken Streifen wurden. „Hüther vergleicht in seinem Buch die

Buchtipp: **Gerald Hüther**, Biologie der Angst: Wie aus Stress Gefühle werden. Göttingen: Vandenhoeck & Ruprecht, 2012.

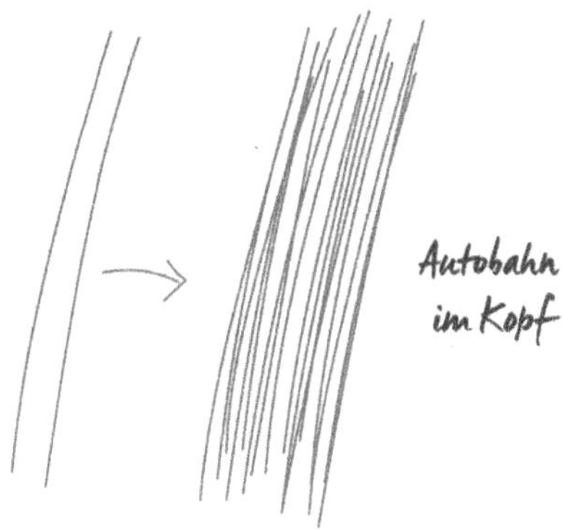

Abb. 36: Autobahnen im Kopf (vgl. Gerald Hüther)

Prozesse, die in unserem Gehirn ablaufen, mit einem Straßensystem: Am Beginn haben wir einen schmalen Fußweg. Wenn ich diesen ein paar Mal benutze, wird er im Gehirn zu einem schönen breiten Weg. Bei weiterer Verwendung wird er zu einer Straße und nach gut vier Wochen zu einer Autobahn."

Susan gefiel dieses Bild, weil es die Komplexität reduzierte und die Arbeitsweise unseres Gehirns auf einfache Weise veranschaulichte. „Sobald unser Gehirn so eine Autobahn erkennt, verschiebt es diese in die zuvor genannte Region der Basalganglien. Dort sind alle unsere Verhaltensautobahnen abgespeichert", beendete ihre Mentorin die Erklärung. „Warum macht unser Gehirn das? Diese Vorgehensweise erschwert doch Veränderungen oder Anpassungen. Das macht doch evolutionstechnisch gar keinen Sinn", erkundigte sich Susan mit einem Hauch von Ärger in ihrer Stimme. Katharina schmunzelte. „Ja, das stimmt. Es ist genau dieser Verarbeitungsprozess unseres Gehirns, der zum Beispiel auch Projekte oft so schwierig macht. Ich nenne dir ein typisches Beispiel. Stell dir vor, es wäre deine Projektaufgabe, eine neue Software einzuführen. 100 Menschen sind die aktuelle Software gewohnt und haben den Umgang mit dieser zu einer breiten Autobahn im Gehirn entwickelt. Mithilfe ihrer Basalganglien brauchen sie über die einzelnen Anwendungsschritte nicht mehr nachzudenken. Sie können schnell und effizient mit der Software arbeiten. Jetzt", rief Katharina, „kommst du! Du bist Hiob, der ihnen sagt, es kommt eine neue Software."

Susan rollte mit den Augen, als sie sich in diese Situation hineinversetzte. Sie wusste nur zu gut, dass Widerstand in Veränderungsprojekten zur Tagesordnung gehörte. „Wir wissen alle instinktiv, dass der erste Fußmarsch auf holprigem Gelände, wo wir erst einen kleinen Pfad anlegen müssen, mühsam ist und viel Energie kostet. Unsere Sehnsucht, einfach weiterhin die vorhandene Autobahn zu benutzen und in fünf Minuten am gewünschten Ziel zu sein, ist immens. Sobald ein Gehirn verstanden hat, Hiob zwingt mich nun tatsächlich, meine schöne, breite Autobahn zu verlassen, folgt Widerstand. Allein der Gedanke daran, stattdessen einen neuen holprigen Fußweg erkunden zu müssen, macht vielen Menschen Angst.“ Susan nickte. Sie kannte dies nur zu gut. „Weißt du“, ergänzte Katharina, „es gibt fünf Grundarten der Angst, mit denen wir Menschen zu kämpfen haben. Welche dieser Ängste uns triggern und wie stark, hängt von der Beschaffenheit der Unterwasserwelt unseres Eisbergs ab.“ Susan schmunzelte über Katharinas Wortwahl. Sie mochte ihre Art der Vereinfachung. Durch ihre Bilder war es einfach, die Zusammenhänge dieser komplexen Themen zu erfassen.

Susan hatte eine Vermutung, um welche Ängste es sich handeln könnte, war sich aber dennoch nicht ganz sicher. „Diese fünf Ängste sind die wahren dahinterliegenden Ursachen dafür, Susan“, betonte Katharina eindringlich, „*warum* Tröpfchen in unseren Stresstopf fließen.“ Beide schwiegen. Katharina begann alle fünf Arten auf das Flipchart zu schreiben und Susan beobachtete, las und dachte nach.

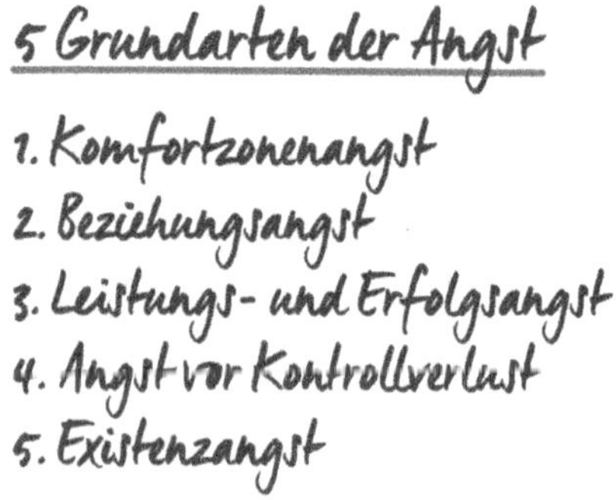

Abb. 37: Die fünf Grundarten der Angst

„Allein die Ankündigung zum Systemwechsel“, referenzierte Katharina wieder auf das genannte Beispiel, „wird schon die ersten 50 Töpfe volllaufen lassen. Diejenigen, die keine Ventilöffner-Strategien für sich parat haben, werden ihren Ärger kübeln.“ Susan nickte. „Und in der Regel ist es Hiob, der diesen abbekommt“, ergänzte sie mit einem kaum hörbaren Seufzen in der Stimme.

22. DAS NEUNTE TREFFEN: ZERSTÖRUNG UND WIEDERAUF

Das Bild der Autobahn und die fünf Grundarten von Angst halfen Susan wirklich zu verstehen, warum Veränderungen Widerstand erzeugten. Es verdeutlichte ihr zudem, dass dieser Widerstand keine Bosheit der Betroffenen war, sondern eine natürliche, zu tiefst menschliche Programmierung. „Obwohl unser Gehirn", fuhr Katharina fort, „nur etwa zwei Prozent unserer Körpermasse ausmacht, ist es für fast 20 Prozent des gesamten Energieverbrauchs verantwortlich. Stell dir vor, dass jedem Menschen eine gewisse Menge an Energie täglich zur Verfügung steht, bevor er müde und erschöpft wird und wieder Schlaf braucht. Und unser Gehirn steuert, wohin und wie die vorhandene Energie innerhalb unseres Körpers verteilt wird. Um das alles zu schaffen, verbraucht unser Gehirn selbst ein Fünftel davon. Es ist also nur logisch und evolutionstechnisch genial, dass es selbst bestrebt ist, effizient zu arbeiten."

Katharina sah Susan euphorisch an. Sie war selbst fasziniert von dieser biologischen Raffinesse. Susan musste zugeben, das war ein schlüssiges Argument. Wirklich alles im Leben hatte wohl zwei Seiten. Selbst unser Gehirn musste, um effizient und energiesparend zu arbeiten, Kompromisse eingehen. Dieser Punkt weckte Susans Neugierde nun erst recht. „Wie ist Veränderung gehirntechnisch nun überhaupt möglich? Wie bekommt man die Autobahnen wieder aus den, wie heißen sie, Ganglien heraus?", noch während sie ihre Frage stellte, beugte sich Susans Oberkörper immer mehr nach vorne. „*Das* ist genau die richtige Frage", bestätigte Katharina. Sie trank einen Schluck Wasser und wartete bis die Spannung am Höhepunkt war.

„Hüther nennt zwei mögliche Wege, eine alte oder nicht mehr gewollte Autobahn zu zerstören. Erstens, jemand im Außen – unser Hiob – zertrümmert deine Autobahn, in dem er eine dicke Absperrung macht, auf der steht: ‚Stopp! Nicht benutzen!' In unserem Beispiel wäre es Hiob, der Projektmanager, der mit seinem Team die alte Software vom Server löscht. Wird die alte

Software nicht zu einem bestimmten Meilensteintermin gelöscht, werden die Betroffenen immer wieder versuchen, die alte Autobahn zu benutzen." Susan begann zu lachen und scherzte mit einer gesunden Portion Ironie: „Das kann ich sogar verstehen. Wer nimmt schon freiwillig einen Fußweg, wenn die Autobahn gleich daneben liegt. Das dauert ja viel länger und schüttelt dich von oben bis unten durch!" Katharina hob die Augenbrauen und nickte zustimmend. „Überleg mal, wer könnte denn noch so ein Hiob im Außen sein?", fragte Katharina. Susan musste nicht lange überlegen.

„Hiob kann zum Beispiel ein Arzt sein, der mir eine unschöne gesundheitliche Diagnose ausstellt und mir sagt: ‚Wenn sie jetzt nicht zum Rauchen aufhören, dann müssen wir ihr Bein amputieren.'" Katharina bejahte. „Oder es ist mein Chef, der mir kündigt, oder ein Partner, der mich und damit die gemeinsame Beziehungsautobahn verlässt", sprudelte es aus Susan heraus. „Das sind super Hiob-Beispiele", lobte Katharina. „Ich habe diese erste Variante verstanden", argumentierte Susan. „Aber in dieser Variante gibt es externen Zwang anstelle von gelebter Eigenverantwortung", stellte Susan fest. Katharina bejahte ihre Feststellung und ergänzte abschließend zu Variante eins: „Ein Mayr, der sich in seiner Opferdenke verliert, wartet auch sprichwörtlich auf seinen Hiob!" Susan schloss die Augen, um diesen Zusammenhang zu verinnerlichen. Alles ergab Sinn. Sie dachte an die Ventilöffner-Regeln und wie recht Katharina damit hatte, den Ventilöffnern so einen großen Stellenwert in Sachen Führung einzuräumen.

Nach einer kleinen Weile richtete sie ihren Oberkörper wieder auf und blickte zu Katharina: „Ich bin mehr als bereit für Variante zwei", entgegnete Susan mit einem Augenzwinkern. Katharina hielt inne und blickte zu ihrem Coachée. „Das ist wundervoll. Diese Einstellung macht eine gute Führungskraft aus", entgegnete sie und meinte ihre Aussage ernst. „Variante zwei braucht einen großen Dampfhammer. In Hüthers Bildnis nimmst du dir so einen Dampfhammer, gehst damit in die Region der Basalganglien und zertrümmerst mit aller Kraft eigenhändig die alte Autobahn." Susan musste herzhaft lachen. Katharina beantwortete ihre Frage mit vollem schauspielerischen Körpereinsatz. Sie benutzte ein schweres Fachbuch als symbolischen Dampfhammer und beim Wort *zertrümmern* wippte sie mit ihrem Oberkörper so stark rauf und runter, dass ihre Frisur völlig zerzauste. Wieder zur Ruhe gekommen, band sie ihre Haare zurück und griff wieder zu einem Flipchart-Stift. „Zum Aufbrechen alter Muster braucht es drei Schritte", betonte Katharina und Susan nahm, dank ihrer konditionierten Lernautobahn, sofort ihren Kugelschreiber. „Erstens:“, begann ihre Mentorin. „Mach dir deine nicht mehr gewollte Autobahn bewusst und formuliere, *warum* du diese nicht mehr möchtest. Zweitens: Zerstöre mit dem großen Dampfhammer die alte Autobahn, bis nur noch unzählige kleine Bruchstücke herumliegen. Drittens: Gib deinem Aufräumtrupp Zeit, all diese Steine abzutransportieren und damit Platz für Neues zu schaffen.“

Wie zerstöre ich ungewollte Autobahnen?

1. Erkennen und das WARUM bewusst machen
2. Autobahn mit dem Dampfhammer zerstören
3. Putztrupp Zeit geben

Abb. 38: Anleitung zur Autobahnzerstörung

Kaum hatte Susan alles in ihr Notizbuch geschrieben, blätterte sie darin ein paar Seiten nach vorne. Diese drei-Schritte-Methode des Gehirnforschers erinnerte sie an die Neubefüllung eines Stifts. „Eine Autobahn ist nichts anderes als eine Stift-Befüllung, oder?“, erkundigte sich Susan, noch während sie in ihrem Buch stöberte. „Das könnte man so sagen“, entgegnete Katharina, die immer noch schreibbereit neben dem Flipchart stand. „Deine Gedanken und Handlungen sind die Ursache; die Verhaltensautobahn ist die Konsequenz. Wenn ein Raucher denkt, er braucht die Zigaretten, um sich zu beruhigen, und er täglich eine Packung raucht, sind das starke Samen. Vor allem deshalb, da er ein schlechtes Vorbild für seine Mitmenschen ist und sich damit selbst schädigt. Die Zigarette wird damit über kurz oder lang für diese Person zu einem Ventilöffner. Der anfängliche Fußweg zu einer Autobahn. Fazit: Der Stift ist befüllt.“ Susan dachte nach. Sie war unglaublich froh über Katharinas einfache Bilder und Vergleiche, denn die Materie an sich hatte eine Tiefe, die sie fast überwältigte. „Bleiben wir noch einen Moment bei Hüther bevor wir, sofern du das noch möchtest, zum Abschluss die Brücke zu Michael Roach schlagen, okay?“, erkundigte sich Katharina, die merkte, dass Susans Aufnahmefähigkeit sich dem Ende näherte. Susan trank eine Schluck Wasser und blickte erneut zu ihrer Mentorin.

„Wir machen diese ersten drei Schritte nach Hüther nun an einem Beispiel fest. Schritt eins: Jemand verliert die Freude an seinem Job. Morgens ist er zunehmend schlecht gelaunt, wenn er zur Arbeit fährt. Er erkennt, dass es die Arbeit an sich ist, die ihn nicht mehr intrinsisch motiviert, und dass es höchste Zeit für ihn wird, sich nach einer neuen Stelle umzusehen. Schritt zwei: Er führt ein Gespräch mit seinem Chef, dass er eine Veränderung möchte. Er erkundigt sich nach internen Auf- oder Umstiegsmöglichkeiten und reflektiert für sich unterschiedliche Ausstiegsszenarien." Katharina wandte sich zu Susan. „Merkst du, dass bei dieser Methode, anders als bei der externen Zerstörung, ich selbst Einfluss auf Geschwindigkeit und Dynamik des Zerstörens habe? Ich kann mir für all diese Schritte Zeit geben oder am nächsten Tag die Kündigung auf den Tisch meines Chefs legen. Es ist ein aktiver, bewusst geführter Prozess, der aber in beiden Varianten damit endet, dass ich zu einem bestimmten Zeitpunkt X meine aktuelle Tätigkeit beende." Susan nickte. „Das ist dann wohl die Ernte, der vielen zuvor gesäten Samen", dachte Susan halblaut und versuchte damit erneut, die Brücke zu der Lehre alter Schriften zu bauen.

Susan selbst war ein Freund der Planung und Vorbereitung und nahm sich in der Regel für die Auflösung alter Autobahn viel Zeit. Es sei denn, etwas oder jemand hatte ihr Wertesystem getriggert, dann konnte die Zertrümmerung auch durchaus schnell gehen. „Wesentlich ist nun die Phase des Steine-Wegschaffens", erzählte Katharina zu Schritt drei. „Es dauert seine Zeit, je nach Resilienz und Stärke der Liebe für das alte Verhalten, oder die alte Beziehung zu einer Person, bis diese Steine abtransportiert sind. Das können Tage, Wochen, Monate und im schlimmsten Fall sogar Jahre sein. Wenn du den Prozess selbst einleitest, sind Jahre eher selten. Wenn du gekündigt wirst oder eine liebende Person stirbt überraschend, dann kann dieser dritte Schritt tatsächlich zu einem ewigen Nachtrauern werden." Susan nickte. Sie wusste durch den Verlust ihrer Mutter nur zu gut, wie lange dieser Schritt dauern konnte. „Wenn du immer wieder denkst, wie ungerecht der Verlust ist und wie tragisch die Situation, pflanzt du die Samen, die dich in Trauer und Zorn verharren lassen", schlug nun Katharina selbst die Brücke. Sie sprach vorsichtig und sanft, da sie sich schon dachte, Susan würde in diesem Moment an den Verlust eines geliebten Menschen denken.

„Es gibt jetzt eine goldene Regel, wie du deinen persönlichen Putztrupp tatkräftig unterstützen kannst“, erklärte Katharina weiter. Susan blickte sie neugierig an. „Bring aktiv möglichst viele und unterschiedliche Ventilöffner zum Einsatz!“, verknüpfte Katharina nun die einzelnen Tools miteinander. „Dein System schickt dir Widerstand und Unlust auf unterschiedlichen Ebenen. Erste Ebene: *Körperlich*. Du hast Verspannungen auf Schultern und Rücken, weil der Druck der Veränderung darauf liegt. Vielleicht bekommst du auch Magenschmerzen, weil dir diese angedrohte Veränderung wie ein Stein im Magen liegt. Oder dein Knie schmerzt, weil du diesen Weg nicht gehen möchtest. Angst und Unlust lässt das Cortisol ansteigen und eine körperliche Verankerung manifestiert sich. Susan“, begann Katharina vorsichtig ihre Frage, „ist dir bereits eine typische Reaktion deines Körpers aufgefallen?“

Susan waren ihre Beschwerden wohl bekannt. In diesem Augenblick erkannte sie aber das erste Mal mit noch viel tieferem Verständnis die Zusammenhänge zwischen ihren Symptomen im Körper und ihrem Denken und Handeln. „Wenn ich mit meinen Ängsten kämpfe“, begann Susan mit Blick nach unten gerichtet zu erzählen, „spüre ich diesen Druck auf der Brust. Es ist, als ob jemand mit seiner flachen Hand ganz stark auf meinen Brustkorb drückt. Ich bekomme dann schlecht Luft und kann nichts anderes mehr tun, als mich hinzulegen. Mein Körper zwingt mich dann zur Ruhe.“ Katharina nickte anerkennend. „Dieses Bewusstsein und dieses Spüren sind ganz wichtig im Leben, liebe Susan. Dein Körper arbeitet niemals gegen dich. Er arbeitete immer für dich. Er gibt dir Signale, wenn du es übertreibst oder falsch abbiegst. Und er macht das auf körperlicher Ebene über einen Schmerz, wenn du seine Signale zuvor überhört hast“, Katharina pausierte und ließ ihre Botschaft wirken. „Dein Körper und du, ihr seid ein Team. Aufeinander zu achten, ist die Lernaufgabe.“

Susan atmete tief durch. Ihr wurde bewusst, dass sie in Bezug auf ihre körperliche Reaktion gerade von Stufe 2, verstehen, auf Stufe 3, akzeptieren, auf ihrer Torte überging. „Mit welchen deiner Ventilöffner kannst du deinen Ängsten auf körperlicher Ebene entgegentreten?“ Susan überlegte. „Ich gehe am liebsten eine Runde laufen oder gönne mir eine schöne Massage.“ Katharina nickte. „Sport ist hier ein besonders wirksamer Ventilöffner, denn Schwitzen verbrennt das Cortisol in deinem Körper. Deshalb fühlst du dich nach dem Laufen auch immer erleichtert und frei.“ Susan nickte und notierte sich diesen Zusammenhang in ihrem Notizheft.

„Lass uns zur zweiten Ebene kommen“, fuhr Katharina fort. „Das ist die *emotionale Ebene.* Die Veränderungsängste wecken Emotionen in uns, die manchmal verdammt schwer zu kontrollieren sind. Ärger, Zorn, Scham, Zweifel oder Eifersucht sind ein paar Beispiele dafür. Welche deiner Ventilöffner helfen dir in deinem emotionalen Reinigungsprozess am besten?“, fragte Katharina weiter. Susan antwortete blitzschnell: „Gespräche mit Sparringpartnern wie Ben, meinen Freundinnen oder mit einem Profi wie dir.“ Katharina lächelte. „Danke dir“, entgegnete sie wertschätzend und ergänzte: „Siehst du, das ist der Beweis, dass du extrovertiert bist.“ Susan nickte wissend. „Ein weiterer Ventilöffner, der uns hilft, unseren negativen Emotionen zu entfliehen, heißt *Ablenkung.* Bei Veränderungen hilft es, etwas komplett anderes zu machen. Viele beginnen dann zum Beispiel ihre Wohnung auszumisten – ein Sinnbild für das Ausmisten der ungewollten Gedanken im Kopf.“ Susan lachte. „Ja genau, so wie Renovieren!“, Katharina stimmte in das Lachen mit ein. „Richtig! Wenn du im Außen etwas neu gestaltest, dann ist das immer auch ein Hinweis auf die Erneuerung deiner Sichtweise im Geist.“ „Ah!“, rief Susan enthusiastisch „Deswegen haben wir Frauen auch die Tendenz, unsere Frisur oder unser Styling zu erneuern, wenn eine Beziehung zu Ende gegangen ist.“ Katharina schmunzelte über dieses Beispiel und nickte.

„Die dritte und letzte Ebene des Aufräumens und Reinigens und jene, die am Verborgensten ist, ist die *seelische* Ebene. Diese spürst du nur, wenn es still ist und du deinem SACH-Ohr mal eine Pause gönnst.“ Susan wurde hellhörig. „Das Loslassen und Reinigen der Autobahn-Steinbrocken auf dieser Ebene, braucht den Einsatz energetischer Arbeitsmethoden“, erklärte Katharina als wäre es das Natürlichste der Welt. Susan war hin und hergerissen. Sie war voller Vorurteile und Zweifel, ob sie dieser Ebene und den zahlreichen energetischen Methoden wirklich Beachtung und Raum in ihrem Leben geben wollte. Aber die Tatsache, dass sie in genau diesem Moment in einem Vorstandsbüro eines technischen Großkonzerns – was für sie einen immensen Widerspruch in sich bedeutete – diese Ebene thematisierten, rüttelte gerade ordentlich an ihrer Autobahn. Susan beugte sich zu Katharina und flüsterte ungläubig: „Hast du für dich Methoden gefunden, wie du dich“, sie stockte kurz, „oder soll ich sagen dein System energetisch reinigst?“ Katharina sah ihren Coachée freundlich an. „Aber natürlich. Sonst wäre ich heute nicht mehr hier. Wenn ich all die Dinge, die ich hier lernen und erleben durfte, nicht auch energetisch wieder losgelassen hätte, könnte ich heute nichts mehr geben. Ich wäre wahrscheinlich ein Dauer-Mayr, der nur noch über seine Tage bis zur Pensionierung spricht."

Das hatte gesessen. Diese Selbstverständlichkeit und Offenheit beeindruckten Susan tief. „Hast du ein Beispiel für so eine Methode für mich?", bohrte Susan weiter. „Ich arbeite hier zum Beispiel gerne mit Aufstellungen. Zum einen für mich, um selbst in Beziehungssysteme hinein zu spüren, Dynamiken zu erkennen und diese energetisch zu verändern. Zum anderen nutze ich sie aber auch für und mit meinen Projektmanagern und Führungskräften. Aufstellungen sind eine Methode, die immer mehr Einzug in den Firmenkontext hält. Mit dieser Technik kann man einfach, aber deutlich erleben, welche Stakeholder dem Projekt positiv gesonnen sind oder als gute Multiplikatoren dienen könnten und welche nicht. Am häufigsten setze ich sie dafür ein, um herauszufinden, welche Personen die richtige Wahl für ein Kernteam sind." Susan zweifelte. „Willst du mir erklären, dass du diese Methode tatsächlich hier anwendest?" Katharina lachte herzhaft. „Die Reaktion meiner Kolleginnen und Kollegen gleicht beim ersten Mal exakt deiner jetzigen, das kann ich dir versichern! Aber spätestens, wenn sie sich einmal auf diese Veränderung, sprich die neue Methode, eingelassen haben, verlieren sie die Scheu davor und wir haben gemeinsam auch diese Denkautobahn zertrümmert." „Touché!", unterstrich Susan Katharinas Argumente und verstand den Wink mit dem Zaunpfahl.

Katharina stand auf und kippte das Fenster. Sie gestikulierte Susan, zu ihr zu kommen. Susan erhob sich und ging der frischen Luft entgegen. Es war ein kühler Herbsttag und aufgrund der Höhe des Gebäudes pfiff der Wind den beiden Frauen ordentlich um die Ohren. „Sieh mal nach unten auf München", bat Katharina. „Betrachte vor allem die Struktur der unzähligen kleineren und größeren Straßen." Susan ließ ihren Blick schweifen. Sie beobachtete ein dichtes Straßennetzwerk mit unendlich vielen Abzweigungen und Umfahrungsrouten. „Hüther geht in seinem Bildnis noch einen Schritt weiter. Er argumentiert, dass es nicht Ziel sein kann, mit wenigen Autobahnen durchs Leben zu gehen. Wenige Autobahnen sind eine Metapher für wenige starke Gewohnheiten, die uns unflexibel und unser Denken engstirnig sein lassen. Alternativ sagt er: Baut euch ein dichtes Straßennetzwerk auf, mit unglaublich vielen Abzweigungen, Seitenstraßen, Abkürzungen und Verzweigungen. So eine Struktur ist die Basis für ein offenes, wendiges und vorurteilsfreies Mindset. Ausprobieren statt Bewerten ist dann die Devise", beschrieb Katharina.

Dann wandte sie sich an Susan und fragte: „Fährst du eigentlich morgens immer dieselbe Route ins Büro?" Susan nickte. „Mittlerweile ja. Ich habe mehrere ausprobiert und die Route, die mich am schnellsten ins Büro bringt, ist jetzt meine Standardroute." Katharina verstand. „Ist es die Route mit dem schönsten Ausblick?", erkundigte sie sich weiter. Susan schüttelte den Kopf. „Nein, es führt eine wunderschöne Route an vielen Grünflächen vorbei, aber da brauche ich mindestens fünfzehn Minuten länger." Susan hielt inne, sie begann zu begreifen, worauf Katharina hinauswollte. „Lässt du dein Auto auch einmal stehen und fährst öffentlich?" Susan schwieg für einen Moment. Dann begann sie zu erzählen: „Ben fährt täglich mit öffentlichen Verkehrsmitteln. Es gibt nicht genügend Parkplätze in seiner Firma. Am Anfang ärgerte er sich noch darüber und versuchte, früh dort zu sein, um einen Parkplatz zu ergattern. Irgendwann wurde ihm die morgendliche Hektik zu blöd. Jetzt fährt er öffentlich und liest während der Fahrt ein Buch. Aktuell liest er den *Diamantenschneider* von Michael Roach. Es macht uns beiden Spaß, uns abends über die Buchinhalte auszutauschen." Katharina freute sich über dieses anschauliche Beispiel. „Damit können wir nun Hüthers Liste um zwei wichtige Schritte erweitern", betonte Katharina. Sie ergänzte bei Punkt drei die genannten Ebenen und fügte Schritt vier und fünf hinzu.

Wie baue ich ein dichtes Straßennetz?

1. Erkennen und das WARUM bewusst machen
2. Autobahn mit dem Dampfhammer zerstören
3. Putztrupp braucht Zeit für körperliche, emotionale und energetische Reinigungsprozesse
4. Alternative Verhaltensweisen testen
5. Den Stift neu befüllen

Abb. 39: In fünf Schritten zum dichten Straßensystem

„Kommt daher auch der Tipp, man solle als Rechtshänder öfter mit der linken Hand seine Zähne putzen?“, fragte Susan, die bemüht war, das Bild mit dem dichten Straßennetz auf ihren Alltag umzulegen. Katharina nickte. „Ja durchaus. Wenn du täglich dein Routineverhalten etwas variierst, trainierst du laut Huther dein Gehirn, neue Straßenwindungen anzulegen. Wenn du zum Beispiel deine Laufroute jedes Mal leicht veränderst, trainierst du dein Gehirn, wendig zu bleiben, und entwickelst ein dichtes Straßensystem.“ Katharina schloss das Fenster und die beiden Frauen gingen zurück zum Flipchart. Dort griff Katharina nach dem Stift und malte ein Zielbild auf.

Abb. 40: Wendigkeit im Denken und Verhalten garantiert

„So soll das laut Hüther in unseren Köpfen aussehen. Umso mehr Abzweigungen und Umfahrungen wir aktiv aufbauen, umso resilienter, wendiger, offener und vorurteilsfreier sind wir in unserem Denken und Handeln." Susan bedankte sich bei Katharina für das interessante Zielbild. Die Vorstellung, energieeffiziente Autobahnen durch ein dichtes Straßennetzwerk zu ersetzen, arbeitete in ihr. Vieles erschien Susan logisch. Allerdings beschäftigte sie eine Sache: „Was ist eigentlich mit guten Autobahnen. Gewohnheiten wie jemand trinkt täglich drei Liter Wasser oder kümmert sich jeden Sonntag um seine Eltern? Soll man diese Autobahnen dann auch zertrümmern?" Katharina lächelte. „Gute Autobahnen sind was wundervolles", gab sie zu. „Wie gesagt, Energie zu sparen, ist für unser Gehirn ja auch wichtig. Eine Lösung könnte sein, einfach darüber nachzudenken, welche Autobahnen aktuell produktiv und gut für das eigene Leben sind und welche nicht. Bei zweiterem kann man ansetzen. Bei guten Gewohnheiten, wie in deinem Beispiel mit den Elternbesuchen, könnte man schlichtweg darauf achten, dass die Gestaltung der Sonntage abwechslungsreich ausfällt. Dann trainiert man das Gehirn der Eltern gleich mit. Wundervolle Samen, oder?", beide lachten. Dieses Coaching hatte Susan wieder eine Fülle neuer Denkansätze und Eindrücke beschert. Sie freute sich darauf, jetzt mal alles in Ruhe sacken zu lassen. Es war spät geworden als sie beschlossen, für heute Schluss zu machen. Susan bedankte sich bei ihrer Mentorin und sie verabschiedeten sich mit einer festen Umarmung voneinander.

23. VORAUSSCHAUENDES DENKEN ERWÜNSCHT

Karli lag über zehn Tage auf der Intensivstation. Während Simone nach drei Tagen wieder zurück nach München gefahren war, um sich um den kleinen Jakob zu kümmern, blieb Martin bis Ende Oktober in Wien. Er war vor Ort, als Karli aufwachte. Karlis Frau war gerade wieder auf dem Weg ins Krankenhaus. Sie hatte sich zu Hause ein paar frische Sachen geholt und ein bisschen geschlafen. Als Karli im Aufwachraum zu sich kam, blickte er in Martins Gesicht. Karli war verwirrt und noch ziemlich benommen. Er rieb sich die Augen und vergewisserte sich, dass ihn seine Sinne nicht täuschten. „Martin?", fragte er mit leiser, dumpfer Stimme. Martin lächelte seinen alten Freund liebevoll an. „Du weißt wirklich wie man auf sich aufmerksam macht, Kumpel! Du hast uns einen ganz schönen Schrecken eingejagt, das kann ich dir sagen." Karli blickte an sich hinunter und sah jede Menge Schläuche von sich weggehen. Er griff mit der rechten Hand langsam an seinen Kopf. Dieser war einbandagiert, da sich Karli beim Sturz den Kopf an der Wand angeschlagen hatte. „Was ist passiert?", erkundigte sich der Patient unwissend. „Kannst du dich an nichts mehr erinnern?", fragte Martin überrascht. Karli schüttelte den Kopf. „Du bist mitten in der Nacht in deiner Wohnung umgefallen. Lisa hat dich gefunden. Karli...", Martin pausierte und rückte mit seinem Stuhl näher an sein Krankenbett, „du hattest einen Herzinfarkt." Karli sah ihn mit angsterfüllten Augen an. „Du hast gerade ein zweites Leben geschenkt bekommen, mein Freund." Karli atmete tief durch. Tränen stiegen in seine Augen. Er griff sich an seine Brust. Er spürte den Druck darauf. Es fühlte sich so an, als ob jemand mit aller Kraft auf sein Herz drücken würde.

Er atmete noch einmal tief durch und versuchte, sich zu entspannen. Der Druck ließ etwas nach. „Wo ist Lisa? Was ist mit meinen Kindern?", erkundigte sich Karli besorgt. Seine Frau hatte so oft zu ihm gesagt, er solle endlich kürzertreten. Sie hatte vorhergesagt, dass er im Krankenhaus landen würde, wenn er nicht besser auf sich achte. Mit einem Mal bekam er panische Angst, dass sie ihre Androhung wahr gemacht hatte und mit den Kindern weggegangen war. Tränen schossen ihm über die Wangen und er versuchte seinen Oberkörper aufzurichten. Martin griff sanft mit seinen Händen nach Karlis Schultern. In diesem Moment öffnete sich die Tür zum Krankenzimmer und seine Frau Lisa kam herein. Als sich ihre Blicke trafen, legte sich ein Lächeln in das tagelang so besorgte Gesicht seiner Frau und sie rief Karlis Namen. Dann ging sie schnell zum Bett und schloss ihren Mann in die Arme. Beide drückten sich aneinander und weinten. „Du dummer, dummer Perfektionist", flüsterte sie in Karlis Ohr. „Ich hatte solche Angst, ich hätte dich verloren." Karli konnte nichts sagen. Er weinte und drückte seine Frau an sich. Dankbar, dass er noch einmal die Gelegenheit dazu bekommen hatte. Dankbar, dass er noch hier war. Martin stand auf und ging leise aus dem Zimmer. Er hatte auch Tränen in seinen Augen. Er war sich nicht sicher, ob er seinen Geschäftsführer Karli verloren hatte, aber eines war nun klar, sein guter Freund war über den Berg. Martin war erleichtert und froh.

Zurück im Wiener Büro kümmerte sich Martin um das anstehende Tagesgeschäft. Zusammen mit Anna und der Chefsekretärin vor Ort gingen sie alle Aufträge durch, die bis Weihnachten anstanden. November und Dezember war Hochsaison im Eventgeschäft und so war auch der Kalender des Wiener Büros prall gefüllt. Am Nachmittag hatte Martin das gesamte Team zu einer Besprechung zusammengetrommelt. Es war die dritte Besprechung seit er vor Ort war. Es war ihm in dieser Krisensituation wichtig, dass alle gut informiert waren. Gerade jetzt war er darauf angewiesen, dass alle eigenverantwortlich dachten und handelten. Dies gelang auch. Alle 19 Mitarbeiterinnen und Mitarbeiter standen geschlossen hinter ihm und gaben ihr Bestes, um Karlis Ausfall zu kompensieren. Nichtsdestotrotz wusste Martin nur zu gut, dass die Rolle des Geschäftsführers schnell nachbesetzt werden musste. Gerade in dieser Hochphase war ein zentraler Ansprechpartner entscheidend. Martin selbst konnte ab November nur noch zwei Tage die Woche vor Ort sein. Seine Familie, seine Kolleginnen und Kollegen in der Holding in München und die anderen Geschäftsführer würden ihn ebenfalls brauchen.

Am frühen Nachmittag, noch bevor das Team zusammenkam, griff Martin aus einem Impuls heraus zum Telefon und rief einen seiner Freunde aus Wien an. Christian war Partner bei einer Consultingfirma, die sich auf Projekt-,

Prozess- und Changemanagement spezialisiert hatte. Christian hatte ihm in der Vergangenheit schon des Öfteren bei der Planung größerer Event geholfen und sie pflegten eine langjährige Freundschaft. Martin war sich nicht sicher, ob ihm sein Freund auch bei seinem aktuellen Personalengpass helfen konnte, aber vielleicht konnte er ihm zumindest einen Tipp oder eine Weiterempfehlung geben. Zu Martins Überraschung erzählte Christian, dass dieser ihm einen erfahrenen Interimsmanager namens Michael schicken könne. Dieser sei gerade von einem anderen Interimsauftrag zurückgekehrt und sei frei. Er könne noch Ende Oktober temporär in die Rolle des Geschäftsführers schlüpfen und als ausgebildeter Projektmanager auch das Wiener ‚Spirit Event' zu einem guten Ende bringen. Martin spürte eine Erleichterung. Diese Lösungsmöglichkeit gefiel ihm. Es gab Karli die Möglichkeit, sich zu erholen. Er konnte sich so in Ruhe darüber im Klaren werden, ob und wenn ja, in welcher Rolle, er zurückkommen möchte. Gleichzeitig hielt damit Martin sich selbst und Susan den Rücken frei. Nach dem Telefonat mit Christian rief er umgehend seine Programmmanagerin an. Martin war es wichtig, ihre Meinung dazu zu hören, bevor er im Wiener Team seine Idee vorstellte.

Als Susan Martins Namen auf ihrem Display las, war sie erleichtert. Sie hatte seit zwei Tagen nichts von ihm gehört und hatte schon vermutet, dass Martin in Wien extrem eingespannt war. Von Anna wusste sie, dass er jeden Abend bis spät nachts im Büro war und tagsüber sich mit Karlis Frau im Krankenhaus abwechselte. „Karli ist aufgewacht!", rief Martin euphorisch ins Telefon. „Er ist aufgewacht! Karli – er ist aufgewacht!", wiederholte Susan laut, damit Simone und Michaela, die gerade in ihrem Büro waren, die gute Nachricht mitbekamen. Alle drei freuten sich. Susan drückte auf die Lautsprechertaste am Handy. „Martin", erklärte sie ihm, „Simone und Michaela sind bei mir, sie haben die gute Nachricht gerade gehört." Danach erkundigte sie sich nach den Details. „Heute Morgen gegen acht Uhr früh hat er endlich die Augen geöffnet. Lisa hatte die Nacht über zu Hause geschlafen und war gerade auf dem Weg ins Krankenhaus. Ich war schon gut eine Stunde bei Karli gewesen, als er aufwachte. Er blickte mich ganz schön verwundert. Stellt euch vor: Er konnte sich nicht erinnern, was passiert war." Die drei Frauen im Büro lächelten. Sie waren erleichtert und froh über die jüngste Entwicklung. „Lisa kam auch schon kurz darauf und ich habe die beiden nun allein gelassen. Ich denke, sie haben jetzt viel zu besprechen", ergänzte Martin. „Wann kommst du zurück?", fragte Simone, die sofort an Jakob dachte, der seinen Papa schon sehnlichst vermisste. „Ich komme das Wochenende über heim und könnte nächste Woche – sofern ihr die Idee gut findet – einen Interimsmanager einschulen, der Karlis Rolle hier temporär übernehmen würde."

Simone, Michaela und Susan blickten sich überrascht an. „Einen Interimsmanager?", erkundigte sich Susan, die bis dato diese Art des temporären Arbeitens nur von Leiharbeitern kannte. „Ja", bestätigte Martin und schilderte seine Idee. Noch während Martin erzählte, sah er eine neue E-Mail im Posteingang. Sie war von Christian. Dieser hatte ihm das Profil des besagten Managers geschickt und Martin leitete es kurzerhand Susan weiter. Gemeinsam gingen sie Michaels Referenzen, Stärken und Erfahrungen durch. Es war eine lange Liste. Die Expertise stimmte. „Was sagt ihr, soll ich ihn nächste Woche mal einladen? Ich würde ihn gerne kennenlernen. Ich glaube, das wäre in unserer jetzigen Situation ein gangbarer Weg." Susan und Simone lasen das Schreiben zu Ende. „Michael wäre ab sofort Verfügbar und könnte auch beide Aufgaben übernehmen – die Geschäftsführung und die Projektleitung", Susan und Simone waren offen für Martins Idee. Susan, die die letzten Wochen für zwei gearbeitet hatte, sehnte eine Arbeitserleichterung herbei. „Er wirkt auf dem Foto durchaus sympathisch", stellte Michaela fest. „Wenn es dir recht ist, Martin, komme ich nächste Woche mit nach Wien", bot Susan an. „Ich würde mir auch gerne persönlich einen Eindruck von ihm machen und ich habe zudem meiner Noch-Projektassistentin Anna versprochen, sie nächste Woche ein paar Tage vor Ort zu unterstützen." Susan ergänzte das Wort *noch*, da Anna, sollte es mit Michael klappen, seine Projektassistentin werden würde. Martin überlegte. „Dann lass uns folgendes machen:", fuhr er fort. „Ich lade Michael am Dienstagnachmittag zu uns ein. Ich würde dann Montag und Dienstag nach Wien fahren und du übernimmst am Dienstag und bleibt bis Donnerstag vor Ort. Wie klingt das für dich?" Susan bestätigte und sie verabschiedeten sich voneinander. Sie hatten einen Plan. Gut eine Stunde später erzählte Martin den Wiener Kolleginnen und Kollegen von ihrem Vorhaben. Es gab zwar leichte Vorbehalte von einigen wenigen, aber alle waren sich darüber einig, dass die Idee einen Versuch wert war.

Das Gespräch mit Michael am kommenden Dienstag verlief gut. Er war ebenfalls ein Familienvater von zwei Kindern und lebte schon viele Jahre etwas außerhalb von Wien. Er war nur wenig jünger als Karli und kannte die Branche des Eventmanagements. Als erfahrener Projektmanager hatte er bereits nach einer kurzen Erklärung während des Vorstellungsgesprächs einen groben Überblick über seine Aufgaben. Ein großer Unterschied zu Karli war Michaels Denk- und Arbeitsweise. Dies wurde Susan und Martin schon nach den ersten Gesprächsminuten klar. Michael war nicht der Typ fürs Detail. Er war nicht Perfektionist, er war Generalist. Er stellte viele Hubschrauberfragen, die systemische Relevanz hatten. Er erkundigte sich nach Teamstrukturen, gängigen Gewohnheiten, Arbeitsweisen und Kundenbeziehungen. Er versuchte vorsichtig herauszufinden, wie weit seine Befugnisse in Wien gingen und bei welchen Themen eine Absprache mit Martin oder Susan gewünscht war. Von Susan ließ er sich die Projektplanung zum Wiener ‚Spirit Event' zeigen. Nachdem die Planung nach IPMA-Standard erfolgte, war es für Michael ein Leichtes, sich darin zu zurechtzufinden. Dank Anna war die Planung sogar aktuell. Anna hatte sich die letzten zwei Tage darauf fokussiert, die Planung auf den korrekten Stand zu bringen. Die Projektbilanz fiel gut aus. Sie hatten in ein paar Bereichen leichten Rückstand, was aber den Ereignissen der letzten zwei Wochen geschuldet war. In Summe war das Wiener ‚Spirit Event' aber auf Kurs.

Martin und Susan waren sich nach dem Gespräch mit Michael sicher, dass er der Richtige für diesen Doppeljob war. Obwohl es ein großes finanzielles Investment bedeutete, einen Interimsmanager zu engagieren, glaubten sie an die Effizienz und Sinnhaftigkeit dieser strategischen Entscheidung. Suche und Einarbeitung blieben schlank und Karli hatte die Option offen, zurückzukehren. Ein schönes Signal, fanden Martin und Susan, die zu schätzten wussten, was Karli all die Jahre für Spirit Events geleistet hatte. Michael fügte sich, so ihr erster Eindruck, auch menschlich ins Team ein. Er wirkte ruhig und gutherzig und war umgänglich. Nach Martins Einschätzung daher die ideale Mischung, um in der hektischen Vorweihnachtszeit, die vor ihnen lag, der Fels in der Brandung zu sein. Martin und Susan waren gespannt, was dieser Führungsunterschied im Denken und Handeln der einzelnen Mitarbeiterinnen und Mitarbeiter auslösen oder verändern würde.

Alles lief wie vereinbart. Nach dem Gespräch fuhr Martin zurück nach München und Susan blieb noch zwei Tage vor Ort. Es war Donnerstagnachmittag, Susan hatte einen ganzen Tag Besprechungen mit Michael, Anna und dem Wiener Kernteam hinter sich, als sie auf der Rückfahrt nach München noch im Krankenhaus Stopp machte. Sie hatte einen großen Obst- und Gemüsekorb besorgt, dessen ungesündester Inhalt eine Packung Reiskekse war. Es war kurz vor 17.00 Uhr, als Susan an Karlis Zimmertür klopfte. Sie hörte ein leises „Herein" und ging hinein. Karli lag in seinem Bett und ihm gegenüber standen seine Frau Lisa und seine zwei Töchter. Die drei spielten Karten. Alle vier blickten auf und sahen zu Susan. „Ich wollte unseren Patienten besuchen kommen", sprach Susan etwas verlegen und blickte zwischen einer Ananas und einer Honigmelone hindurch. Lisa erhob sich und lächelte Susan freundlich an. Die Mädchen sprangen auf und liefen sofort zu Susan und begutachteten den Obstkorb. „Voll lecker, Bananen und Melonen, sieh doch nur Papa", rief Rebecca. „Ich hoffe, du teilst mit uns!", forderte die kleinere Yvonne ihren Vater auf. Lisa hielt die Mädchen sanft zurück und streckte Susan ihre Hand hin. „Ich bin Lisa, Karlis Frau." Susan wendete den Obstkorb nach links, um eine bessere Sicht zu haben. „Ich bin Susan, seine Kollegin aus München." Susan schüttelte Lisas Hand und die beiden Frauen lächelten einander zu. „Schön, sie kennenzulernen. Ihr Mann hat mir schon so viel von Ihnen und den Mädchen erzählt", ergänzte Susan.

Karlis Frau war Anfang fünfzig. Sie hatte ein freundliches Gesicht und ein sportliches Äußeres. Ganz anders als Karli, schien sie auf ihren Körper zu achten und sich viel zu bewegen. Susan war unsicher gewesen, wie Lisa auf sie reagieren würde. Karli hatte eine Phase gehabt, in der er sicherlich nicht in den besten Tönen von ihr gesprochen hatte. Zumindest war das Susans Stift-Befüllung. Umso erleichterter war sie, dass ihre Befürchtung sich nicht bewahrheitete. Susan entspannte sich und wandte sich zu Karlis Töchtern: „Du bist bestimmt Yvonne, die Klavierspielerin", Susan beugte sich nach vorne, um mit dem kleineren der beiden Mädchen auf Augenhöhe zu sein. „Dein Papa hat mir erzählt, dass du sogar schon vor Publikum gespielt hast." Yvonne richtete stolz ihren Oberkörper auf und nickte. Sie war zwölf und ihr erster Auftritt vor drei Monaten war eine ganz schöne Überwindung für sie gewesen. „Und du musst dann die tolle Fußballerin sein." Susan betonte das Wort *toll* und blickte die Ältere fragend an. „Stimmt", rief Rebecca. „Ich spiele schon seit drei Jahren bei uns im Mädchenverein." Susan gab Karlis Töchtern die

Hand während Lisa ihr den schweren Korb abnahm. Karli hatte die ganze Begrüßungsszene beobachtet. Als sich Susan zu ihm wandte, scherzte er: „Komme ich jetzt auch endlich mal dran?" Beide lachten. „Wir gehen mal nach unten in die Cafeteria und gönnen uns ein Eis", erklärte Lisa und erntete sofort Jubelschreie von ihren Töchtern. „Dürfen wir Ihnen was mitbringen, Susan?", fragte sie höflich. Susan verneinte lächelnd und drehte sich wieder zu Karli. Dann verschwanden die drei auch schon nach draußen.

„Wie geht es dir, du Verrückter?", begann Susan mit vorwurfsvoller Stimme. „Wir waren alle krank vor Sorge um dich!" Karli presste die Lippen zusammen und nickte. „Ich weiß, ich habe es eindeutig übertrieben. Und jetzt", Karli warf Susan einen entschuldigenden Blick zu, „lass ich euch im Stich. Gerade dann, wenn das Weihnachtsgeschäft vor der Tür steht und das Projekt volle Fahrt aufgenommen hat." Susan schüttelte den Kopf. „Hör auf, dich zu entschuldigen. Es wird wirklich Zeit, dass du mal NUR an dich und deine Familie denkst. Die drei brauchen dich Karli, du weißt das. Alles andere ist sekundär." Susan stoppte. Sie merkte wie Karli sich mit seiner rechten Hand an die Brust griff und sich Tränen in seinen Augen sammelten. Karli versuchte, die Contenance zu bewahren. Er atmete tief durch. „Seit dem Vorfall bin ich näher am Wasser gebaut", erklärte er mit bemüht sachlicher Stimme.

Susan legte ihre Hand auf Karlis Arm. „Das ist was Gutes. Lass dich von deinem Herzen leiten." Karli nicke. „Ja, das habe ich jetzt verstanden." Beide schwiegen und Susan ließ einfach ihre Hand auf Karlis Arm verweilen. Nach ein paar Minuten blickte Karli hoch und richtete sich in seinem Bett ein wenig auf. „Wie geht es jetzt weiter? Bei dir und auch im Wiener Büro? Martin und du, ihr werdet das auch nicht auf ewig durchhalten, meine Sachen mit zu übernehmen." Susan seufzte. „Da hast du recht. Für ein paar Wochen ging das, aber nicht auf Dauer. Du kannst ganz beruhigt sein, Karli. Martin hat eine geniale Lösung gefunden, wie du dich in Ruhe erholen kannst und trotzdem alles läuft." Karli wurde neugierig. Er blickte Susan eindringlich an und wartete auf eine Erklärung. „Er hat einen Interimsmanager geholt. Er heißt Michael und wird ab November, also ab nächster Woche, deine Geschäftsführerrolle und auch deine Rolle als Projektmanager übernehmen. Er bleibt vorerst auf unbestimmte Zeit. Damit kannst du dich in aller Ruhe erholen und dir überlegen, ob…" Susan unterbrach. Sie senkte den Blick. „Ob ich wieder zurückkomme", beendete Karli ihren Satz. Susan wusste nicht, was sie sagen sollte. Es entstand erneut eine Pause, die Susan ziemlich unangenehm war.

„Ich bin froh, dass ihr so schnell jemanden gefunden habt", begann Karli erneut das Gespräch und griff jetzt nach Susans Arm. „Es ist wahr, ich muss tatsächlich herausfinden, was zukünftig für mich das Richtige ist. Lisa und die Kinder werden mir dabei helfen." Karli lächelte. Er war so froh und dankbar, dass ihn seine Familie nicht aufgegeben hatte und spät aber doch hatte er verstanden, was seine wichtigste Aufgabe im Leben war. Bei aller Liebe für seinen Beruf war es seine Rolle als Ehemann und Vater, die Priorität hatte. Er hatte sich fest vorgenommen, diese Erkenntnis niemals mehr aus den Augen zu verlieren. „Weißt du Karli, ich bin in einem Alter, wo sich mir auch die Frage stellt, ob ich Kinder haben möchte oder nicht." Karli war überrascht, aus Susans Mund das Wort *Kinder* zu hören. Er war der Meinung gewesen, Susan wolle keine, hatte sich aber nie getraut, nachzufragen. „Und, was denkst du?", erkundigte er sich nun vorsichtig. „Ben, du weißt schon, mein Mann, möchte gerne Kinder haben. Ich bin mir nicht sicher. Ehrlich gesagt habe ich Angst davor", sie blickte leicht verzweifelt zu Karli und spürte wie auch ihre Wange eine Träne hinunterlief.

„Es geht mir dann vielleicht genauso wie dir. Ich stelle es mir wirklich schwer vor, beides miteinander zu vereinen." Es war ein ergreifender, emotionaler Moment für die beiden. Karli, in seinen Fünfzigern, den das Leben gerade eingebremst hatte, und Susan, gerade mal dreißig, die auf die nächsten 25 Jahre vor sich blickte. Karli nahm Susans Hand. „Wenn ich eines gelernt habe, dann ist es das Folgende: Es gibt nichts Schöneres im Leben, als Papa oder Mama zu sein. Du wirst gemeinsam mit deinen Kindern lernen und weil Kinder so viel von dir fordern, wirst du über dich selbst hinauswachsen. Kinder sind einfach das Schönste auf dieser Welt und das Nachhaltigste, was du auf dieser Welt hinterlassen kannst." Karli hielt inne und wartete bis ihn Susan anblickte. „Für den Job, auf Kinder zu verzichten", ergänzte er, „ist ein zu hoher Preis, Susan. Und ich bin mir absolut sicher, du wirst das um einiges besser hinbekommen als ich. *Du*", versicherte er, „wirst eine wundervolle Mutter sein." Susan war gerührt, diese Worte aus Karlis Mund zu hören. Eigentlich war sie gekommen, um Karli bei seiner Genesung zu unterstützen. Jetzt kam es ihr so vor, als wäre es genau umgekehrt.

Susan blieb noch eine ganze Weile bei Karli. Sie sprachen über das Leben, die Arbeit und wie es möglich sein konnte, beides ausgewogen miteinander zu vereinen. Als Susan an diesem Abend fünf Stunden in ihrem Auto nach Hause fuhr, hatte sie viel Zeit nachzudenken. Zum ersten Mal in ihrem Leben spürte sie, dass sich ihr Herz auf eine neue, noch nie dagewesene Weise öffnete. Ihre bislang eindeutig geordneten Prioritäten begannen sich langsam zu verändern.

Die ersten zwei Novemberwochen vergingen wie im Flug. Michael erwies sich wie erhofft als Glücksgriff. Martin und Susan spürten schon nach wenigen Tagen eine Arbeitserleichterung, die konstant zunahm. Mehr und mehr nahm er ihnen die Agenden des Wiener Büros ab und fand zudem Anklang bei den Mitarbeiterinnen und Mitarbeitern. Susan und Martin waren erleichtert und froh, denn beide hatten genug damit zu tun, sich um ihre eigenen Themen zu kümmern. Bei Susan lief prinzipiell alles nach Plan, wenngleich die Workload hoch war. Susan war schon voller Vorfreude auf das nächste Treffen mit Katharina. Es war für Mitte November geplant, da Susan die Wochen davor selten in München war. Sie pendelte zwischen Berlin und Wien und war, wenn überhaupt, nur einen einzigen Tag vor Ort in München. Michaela hatte als Projektmanagerstellvertreterin erneut alle Hände voll zu tun. Dies war möglich, da Michaela einen Großteil ihrer Linienaufgaben an eine neue Mitarbeiterin delegieren konnte, die Martin Anfang November in München eingestellt hatte. Die Kommunikation mit den Sponsoren, die Organisation der Keynote Sprecher und die örtliche Einteilung der zahlreichen Bühnen und Themenstände hielten alle fünf Projektteams auf Trab. Parallel wurden die Bewirtung und das Catering fixiert und Simone war, was die Vermarktung des ‚Spirit Events' anging, im dreisprachigen Dauereinsatz. Da alle Marketingaktivitäten von ihr und ihrem Team zentral koordiniert wurden, war sie ebenfalls intensiv eingespannt. Zwei Tage vor dem geplanten Treffen mit Katharina rief diese Susan überraschend an. Das war das erste Mal, dass sich Katharina an Susan wandte. Nachdem sie sich gegenseitig nach ihrem Wohlergehen erkundigt hatten, erläuterte Katharina den Grund für ihren Anruf: „Susan, ist es dir recht, wenn Martin zu unserem Treffen dazu kommt? Es gibt eine Entwicklung, die sich gerade in China abzeichnet, die ich euch gerne berichten möchte. Es gibt ein geringes Risiko, dass es nach Europa überschwappt, aber es kann nicht schaden, ein paar Risikoszenarien für das Event gemeinsam durchzudenken." Susan stutzte. „Was denn für Entwicklungen?", fragte Susan ungläubig. Doch Katharina wollte am Telefon nicht weiter darauf eingehen. Sie hatte bereits mit Martin gesprochen und er hatte sich für ein gemeinsames Treffen terminlich freigemacht. Susan stimmte zu und so trafen sich am Montag, den 18. November, alle zusammen in Susans Büro.

„Du hast es ganz schön spannend gemacht, Katharina“, begann Susan und versuchte erst gar nicht, ihre Neugierde zu verheimlichen. Sie alle hatten gerade erst Karlis Ausfall mental verarbeitet, doch die Routine hatte sie wieder eingeholt. Ihr Bedarf an unvorhergesehenen Ereignissen war damit noch reichlich gedeckt. „Es ist nicht meine Absicht, euch irgendwelche Hiobsbotschaften zu verkünden“, versicherte ihre Mentorin. „Jedoch habe ich ein paar gute Freunde in China und laut ihnen passieren dort gerade ein paar seltsame Dinge.“ Martin nickte. Katharina hatte ihn bereits beim letzten gemeinsamen Telefonat informiert. Daraufhin hatte auch er seine Kontakte abtelefoniert. „Ich muss zugeben, Katharina, du hast leider recht. Meine Freunde in China haben mir Ähnliches berichtet.“ Susan wetzte unruhig auf ihrem Stuhl hin und her. „Jetzt sagt mir bitte endlich was hier los ist. Hört auf mit dieser Geheimnistuerei!“, zischte sie besorgt zu Katharina und Martin. Ihr Auftraggeber warf Katharina einen vielsagenden Blick zu und nickte.

„Weißt du, in einigen Regionen Chinas, vor allem in Wuhan, gibt es immer mehr Erkrankungen durch eine neue, bislang unbekannte Infektion. Ich habe ein paar Freunde in hohen politischen Kreisen und es wird unter der Hand gemunkelt, dass es zu einer rapiden Ausbreitung kommen könnte. Niemand weiß woher diese Krankheit kommt oder was ihr Ursprung ist. Offiziell wird alles dementiert“, berichtete Katharina weiter. Susan runzelte die Stirn. Diese Information war für sie weit hergeholt. „Ich habe mit ein paar Freunden in der Gastronomie telefoniert“, ergriff nun Martin das Wort. „Einer meiner besten Kumpels, ein renommierter Koch in Deutschland, hat sich auf asiatische Küche spezialisiert. Er ist selbst den Großteil des Jahres in Asien unterwegs. Er hat dort zahlreiche Lieferanten, kennt viele Händler und Szeneinsider. Er berichtete mir etwas ganz Ähnliches. Er klang besorgt und beginnt gerade über ein neues Lieferservice nachzudenken. Er argumentierte: ‚Wenn auch nur das Gerücht einer Epidemie aufkommen sollte, wäre die Gastronomie ähnlich wie Kunst und Kultur als erstes von Gästeausfall betroffen.' Das kann ich gut nachvollziehen. Luxus jeglicher Form wird in Zeiten der Angst als erstes reduziert." Susans Irritation stieg. Sie war sich nicht sicher, ob die beiden das wirklich ernst meinten. Infektion? Epidemie? Fehlt nur noch, dass sie daraus ein Massensterben machten.

„Wollt ihr hier meine Beweglichkeit im Kopf testen? Schauen wir mal, wie gut Susan mit dem Abreißen alter Autobahnen und beim Bauen kleiner Holperpisten zurechtkommt?" Susan spürte ihren Cortisolpegel immer weiter ansteigen und in diesem Moment hatte sich ihr Mayr zu Wort gemeldet. Sie stand auf, ging zu einem ihrer zwei Fenster und öffnete es. Die kühle Novemberluft tat gut. Die ersten vorweihnachtlichen Dekorationen schmückten bereits die Umgebung. Sie nahm ein paar tiefe Atemzüge und drehte sich wieder zu Martin und Katharina. „Es tut mir wirklich leid. Ich habe gerade erst die Sache mit Karli halbwegs auf die Reihe bekommen und jetzt kommt ihr mit so etwas. Damit tue ich mir gerade echt schwer." Katharina und Martin blickten einander an. Dann wandte sich Katharina zu Susan. „Ich verstehe dich vollkommen. Ich möchte auch wirklich nichts heraufbeschwören. Vielleicht verläuft auch alles glimpflich. Aber trotzdem sollten wir ein paar Abzweigungen in unseren Köpfen durchdenken, damit wir offen und wendig bleiben, sollte es wider Erwarten anders kommen."

Katharina sprach mit ruhiger Stimme. Ihr war durchaus bewusst, dass Susan, im psychologischen Nebel verweilend, ihr sachliches Argument in diesem Moment nur schwer annehmen konnte. Sie war sich unsicher, ob sie auf eine Risikoplanung beharren oder es einfach gut sein lassen sollte. Die Berichte ihrer chinesischen Lieferanten, Bekannten und Freunde hatten sie stark beunruhigt. China war nicht nur ein wichtiger Handelspartner Europas. Chinesische Arbeiter kamen auch in die ganze Welt. Bis allerdings die chinesische Politik ein offizielles Statement abgeben würde, so war sie sich sicher, wäre es mindestens Weihnachten. Dann erst mit Risikoplanung zu beginnen hätte als Konsequenz, dass der Fokus ab diesem Zeitpunkt hauptsächlich auf korrektiven Maßnahmen liegen würde. Jetzt, sechs Wochen vor Weihnachten, hätten sie die Chance präventive Lösungsvorschläge zu erarbeiten und gegebenenfalls aus der Schublade zu ziehen. Martin spürte, wie beide Frauen mit sich und ihren Gedanken haderten, und brachte einen Lösungsvorschlag ein.

„Ich würde mich ärgern, wenn Ende des Jahres oder auch Anfang 2020 tatsächlich so etwas wie eine Pandemie nach Europa schwappen würde. Das

Risiko ist zwar gering, aber es würde mit einem Schlag unser komplettes Festival, in das wir fast zwei Jahre Arbeit investiert haben, zunichtemachen. Ich habe folgende Wünsche: Erstens, was wir hier gemeinsam besprechen, verlässt nicht diesen Raum. Ich möchte absolute Diskretion, damit sich – abgesehen von uns – niemand aktuell den Kopf über einen potenziellen Eventausfall zerbrechen muss." Martin blickte zu beiden Frauen und holte sich ihre Zustimmung ein. „Was ist zweitens?", erkundigte sich Susan, die zunehmend spürte, dass sie einer Risikoplanung nicht entkam.

„Zweitens, wir gehen jetzt kurz raus an die frische Luft, holen uns eine Kleinigkeit zu essen und im Anschluss werden wir uns hier und heute der Herausforderung stellen und eine grobe Planung für den Ernstfall entwickeln. Als Auftraggeber ist es mir absolut wichtig, so eine Planung im Notfall aus der Schublade ziehen zu können. Und wir haben schlichtweg keinen Krisenplan für den Fall des Ausbruchs einer Pandemie." Martin schwieg und blickte zu Susan. Diese haderte mit dem Thema, konnte sich aber mit dem Gedanken anfreunden, einen Plan für die Schublade zu erstellen. So wie es die Notfall-Schokoladen-Schublade gab, war es sicherlich auch wichtig, eine Notfall-Krisenplanung im Schreibtisch zu haben. Sie stimmte zu und alle drei gingen zusammen nach draußen. Auf dem Weg durch den Empfangsbereich ging Susan zielstrebig zur süßen Notfalllade und griff großzügig hinein. Sie bot auch Martin und Katharina eine Auswahl ihrer Schokobeute an. Beide nahmen sich einen Riegel für später mit und bedankten sich. Katharina fügte hinzu: „Lass uns mal mit der frischen Luft und einem kleinen Imbiss anfangen. Du wirst sehen, dann geht es dir gleich viel besser." Sie griff nach Susans Arm und zwinkerte ihr zu.

Die frische Luft tat allen gut. Susan war eifrig bemüht, die vielen Ventilöffner zu nutzen, um wieder auf Eustress-Level zu kommen. Sie atmete tief durch, genoss die kühle Luft, blickte bewusst auf ein paar grüne Bäume in ihrem Blickfeld und zusammen holten sie sich Sushi beim Japaner um die Ecke. Wieder zurück im Büro beschlossen sie, gemeinsam eine Risikoplanung mittels **Szenariotrichter** auf oberster Flughöhe zu entwickeln. Diese Methode wurde typischerweise *nach* dem Eintreten einer Krise

> Der **Szenariotrichter** ist eine Methode der strategischen Planung. Sie kommt immer dann zum Einsatz, wenn man mögliche Entwicklungen der Zukunft analysieren und Varianten und Alternativen aufzeigen möchte, wie darauf reagiert werden könnte. In der Wirtschaft wird diese Methode am häufigsten im Innovationsmanagement und im Krisenmanagement eingesetzt.

eingesetzt, um schnell mögliche Handlungsoptionen erschließen zu können. Für das ‚Spirit Event' machten sie diesen Schritt nun im Vorfeld. Präventiv statt korrektiv. Katharinas Auffassung nach, machte dies durchaus Sinn.

Krisen hatten zwei Ursachenverläufe. Entweder sie kamen **schleichend** oder, wie in Karlis Fall, **plötzlich**. Schleichend war die Gefahr umso größer, dass die Szenarioplanung zu spät erfolgte und die Möglichkeiten schon stark eingeschränkt waren. Im Fall einer plötzlichen Autobahnzerstörung saß der erste Schock zwar ungemein tiefer, aber dafür war der Zeitpunkt für die Alternativplanung eindeutig. In beiden Konstellationen erschwerte aber stets der Mayr-Modus die Planung. Nicht selten mussten genau aus diesem Grund Teams ausgewechselt oder externe Krisenmanager hinzugezogen werden. Allein der Gedanke an eine Krise katapultierte im Normalfall bei den Betroffenen das Cortisol im Stresstopf weit nach oben und ein rationales Diskutieren von alternativen Lösungswegen war damit schwer bis unmöglich.

> Als **schleichende** Ursachen gelten zunehmender Ressourcenverbrauch, häufige Terminverschiebungen und die Zunahme von Konflikten.
>
> Beispiele für eine **plötzliche** Krisenentstehung sind Naturkatastrophen wie Brand oder Erdbeben, aber auch Sabotage, Terrorismus oder Unfälle.

Nach ein paar Sushi-Röllchen und einem Kaffee begann Katharina einen Szenariotrichter am Flipchart zu skizzieren. Gemeinsam wollten sie sich der Frage stellen, welche Lösungsalternativen es für das ‚Spirit Event' geben würde, sollte tatsächlich eine Pandemie in Europa eine Austragung der Events vereiteln. Am obersten Rand des Trichters notierte Katharina das *Best-Case-Szenario*. In diesem Fall war die bislang geplante Austragung in allen fünf Städten mit in Summe mehr als 20.000 Besucherinnen und Besuchern möglich. 2018 hatten sie rund 17.000 und eine Steigerung um mindestens 3.000 Gäste war ihr Ziel für 2020. An das andere Ende des Szenariotrichters kam das *Worst-Case-Szenario*. Dies war für Martin und Susan eindeutig die erzwungene Absage des ‚Spirit Events' an allen fünf Standorten in Europa. Zwischen diesen beiden Gegenpolen war es nun möglich, alternative Szenarien zu durchdenken. Diese Methode zwang Martin und auch Susan, ihre gewohnte Autobahn, sprich die gängige Projektplanung, zu verlassen und gedanklich neue Pfade zu betreten. Widerstand lag in der Luft. „Stellt euch das einfach wie ein Strategiespiel vor", versuchte Katharina die notwendigen Denkprozesse zu erleichtern. „Wie wenn wir Mensch ärgere dich nicht spielen. Alle vier

Männchen sind draußen. Jetzt heißt es würfeln und überlegen, welche Züge möglich sind."

Martin war der Erste, der sich den Spielhinweis zu Nutze machte und laut zu denken begann. „Es könnte zum Beispiel sein, dass aufgrund einer Pandemie die Austragung in zwei Ländern untersagt wird. In den restlichen kann das Event aber wie geplant durchgezogen werden." Katharina nickte und schrieb *Teilaustragung/Teilabsage* über das Worst-Case-Szenario. „Vielleicht", begann nun Susan zu reflektieren, „muss man aber in jenen Ländern, wo eine physische Austragung nicht geht, gar nicht gänzlich absagen. Es gibt doch, vor allem unter Spieleherstellern, einen totalen Trend zu Online-Messen. Vielleicht kann man in jenen Ländern, wo eine Pandemie die Menschen zu Hause hält, eine Remote-Lösung entwickeln." Martin runzelte die Stirn. Seine ‚Diamond Thoughts' als Online-Veranstaltung – das wollte so gar nicht in seinen Kopf gehen. Katharina griff Susans Vorschlag auf und schrieb unterhalb des Best-Case-Szenarios *Mischform aus Präsenz- und Online-Veranstaltung* auf. „Was wäre denn ein mögliches Trendszenario, wenn tatsächlich eine Pandemie ausbrechen sollte?", bohrte Katharina tiefer und zeichnete eine strichlierte Linie in die Mitte des Trichters. Martin und Susan blickten sich sorgenvoll an. Beide dachten das gleiche, aber niemand wollte es so recht aussprechen. War es möglich? War es tatsächlich möglich, eine Veranstaltung, die bis zu 20.000 Menschen in Europa mobilisierte, tatsächlich ins Netz zu verlegen? 2018 hätten beide unisono „Nein!" gesagt. Bei dem damaligen Motto ‚Move on' hätte das beim besten Willen nicht funktioniert. Aber Gedanken, goldene Gedanken, waren auch im Netz teilbar. „Wir machen das gesamte ‚Spirit Event' zu einer riesengroßen Online-Messe in drei Sprachen." Susan hatte es laut ausgesprochen. Es fühlte sich komisch an, es laut zu hören. Martin runzelte die Stirn und trank seinen kalt gewordenen Kaffee aus. Katharina notierte die Möglichkeit in den Szenariotrichter und ging zwei Schritte vom Flipchart weg.

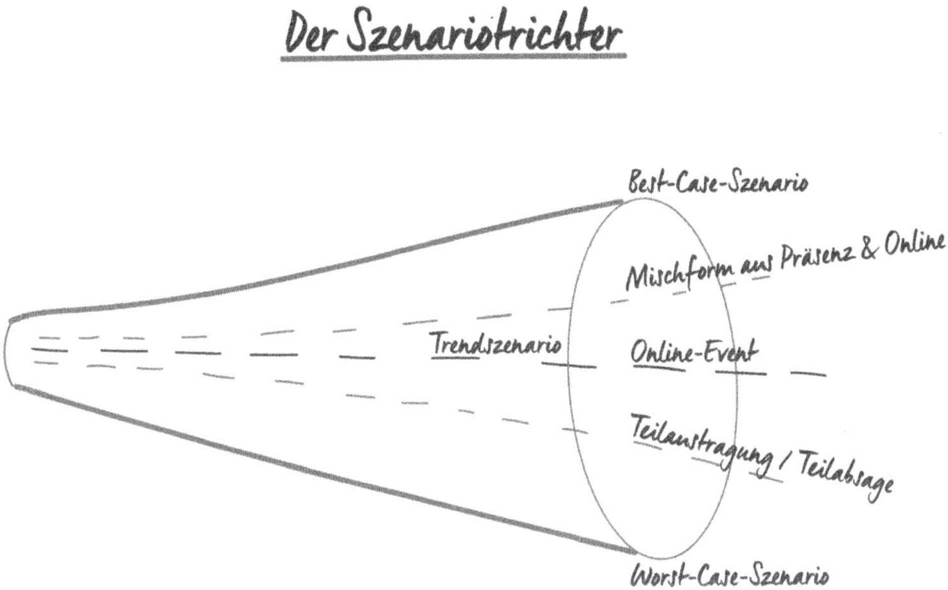

Abb. 41: Szenarioplanung für den Ernstfall

Alle drei starrten aus leichter Entfernung auf ihre potenziellen Handlungsoptionen. Susan seufzte und wandte sich zu Martin. „Ich fotografiere das gerne ab und wir legen diese Möglichkeiten in meine Schublade. Aber bitte lasst uns weiter an dem Best-Case-Szenario arbeiten. Wir brauchen aktuell vollen Fokus, okay?" Ihr Auftraggeber nickte und lächelte. „Danke, dass du bei diesem gedanklichen Experiment mitgemacht hast. Ich weiß, das war heute eine ziemliche Hürde. Hoffen wir einfach, dass wir diese Szenarien nie brauchen werden."

24. HIOB KOMMT ZUM JAHRESWECHSEL

In den fünf Wochen bis Weihnachten ging es bei Spirit Events rund. In allen fünf Städten konzentrierte man sich zu 80 Prozent auf das Tagesgeschäft. Für das ‚Spirit Event' wurden daher möglichst viele Arbeitspakete noch im Herbst abgeschlossen. November und Dezember war die Hochsaison der Weihnachtsfeiern. Zahlreiche weitere Agenden des Events mussten daher bis ins neue Jahr vertagt werden. Sogar Susan, die eigentlich zu 100 Prozent für das ‚Spirit Event' eingestellt war, unterstützte in diesen fünf Wochen rund die Hälfte ihrer Arbeitszeit das Tagesgeschäft. In München waren in diesen wenigen Wochen in Summe 19 Firmenfeiern mit durchschnittlich 400 Gästen pro Event auszurichten. Das gesamte Team war im Dauereinsatz. In Paris verhielt es sich ähnlich. Pierre und sein Team hatten rund 16 Events zu organisieren, das Berliner Team 14, London 17 und Wien sogar 21. 30 Prozent des Spirit Events Jahresumsatzes entfielen auf die Zeit zwischen Mitte November und Mitte Dezember. Bei all dem Eventeinsatz hatte Susan dennoch das Gespräch mit Martin und Katharina immer im Hinterkopf. Sie ertapptes sich mehrmals dabei, wie sie an den Wochenenden im Internet nach Online-Messen suchte, um – zumindest in ihrem Kopf – eine Machbarkeit zu prüfen. Zudem blickte sie regelmäßig auf Nachrichtenbeiträge aus China.

Ein paar Tage vor Weihnachten trafen sich Katharina, Martin und Susan zu einem kleinen Umtrunk auf dem Münchner Weihnachtsmarkt. Susan und Katharina hatten beschlossen, mit dem Coaching erst wieder im Jänner fortzufahren und stattdessen das Jahr gemütlich mit einer Tasse Glühwein ausklingen zu lassen. Susan freute sich auf dieses Treffen und hoffte, dass das Thema Risikomanagement vom letzten Mal nun vom Tisch war. Martin hielt sich seit 2006, so lange gab es bereits seine Firma Spirit Events, an das Ritual, Mitte Januar eine firmeninterne Neujahrsfeier zu veranstalten. Da die Wochen bis Weihnachten stets dicht gefüllt mit Veranstaltungen waren, war jeder froh, nicht auf noch eine Weihnachtsfeier zu müssen. Selbst, wenn es die eigene war. Im Januar waren wieder alle gut erholt von den Feiertagen und gemeinsam wurde der Start ins neue Jahr gefeiert.

Es war an einem Freitagnachmittag, den 20. Dezember, als Martin und Susan zusammen zum Weihnachtsmarkt fuhren. Simone hatte sich ihnen angeschlossen. Jakob war bei einem Freund zum Kindergeburtstag eingeladen und so hatte sie einen freien Nachmittag gewonnen. Nach wochenlanger Eventserie war sie froh, nun alle Feiern gut abgeschlossen zu haben. Anders als der Rest, war sie zudem mindestens 50 Prozent ihrer Zeit für das ‚Spirit Event' im Einsatz gewesen. Die Marketingkampagne mit den *Diamond Thoughts of the Day* war richtig gut angekommen. Sie hatten mittlerweile auf Facebook und Instagram mehrere hundert Eingänge pro Tag. Die Franzosen beteiligten sich am stärksten an dieser Aktion. Simone hatte eine Mitarbeiterin in München, die diese Postings betreute und vorselektierte. Die drei besten Sprüche pro Woche wurden dann an die Kolleginnen und Kollegen in Paris weitergeleitet. Einmal die Woche wurde der französische *Thought of the Week* prämiert. Aus allen französischen *Thoughts of the Week* sollten im März die zwölf besten Sprüche noch einmal ausgewählt werden. Mit diesen zwölf Sprüchen wurde dann ein *Diamond Thoughts Jahreskalender 2020* gestaltet und für einen guten Zweck verkauft.

Genau dieselbe Aktion fand für das Londoner Event auf Englisch statt sowie für Deutschland und Österreich auf Deutsch. Das Marketingteam hinter Simone war in Summe auf nun sieben Mitarbeiterinnen und Mitarbeiter angewachsen. Eine Person pro Stadt und zwei weitere Programmmitarbeiterinnen vor Ort in München. Die Resonanz der Social Media Kampagne war einzigartig und nicht mit den Events der letzten Jahre vergleichbar. „Es kommen täglich so unglaublich viele wundervolle Sprüche, Weisheiten und Zitate herein. Es ist so bereichernd, wenn auch fast nicht schaffbar, immer alle zu lesen", erzählte Simone, dick eingepackt in einen Wintermantel und mit einer Tasse Glühwein in der Hand. „Gefühlt tun wir Tag und Nacht nichts anderes, als diese kostbaren *Thoughts* zu sichten, zu selektieren und zu kommentiere. Die Reichweite und Follower-Zahlen sind in unglaubliche Höhen geschnellt. Es ist der pure Wahnsinn." Katharina war erfreut zu hören, dass alles so gut lief. „Ich bin eine eurer Follower und ich liebe die Gewinnersprüche. Ein Thought of the Week ist besser als der andere. Das ist wirklich eine tolle Aktion. Ich verfolge, neben den deutschen Sprüchen auch eure französische Seite. Die sind ebenfalls wundervoll und inspirierend", schwärmte Katharina. Da sie drei Jahre in Frankreich gelebt hatte, sprach sie fließend Französisch und liebte sowohl die Sprache als auch den Esprit der Franzosen.

Es war ein schöner Nachmittag. Katharina erzählte viel von ihren Kindern. Ihr Sohn Eric hatte erstmals zu Weihnachten die gesamte Familie in seine Wohnung am Bauernhof eingeladen. „Ein spannender Test für weihnachtliche Traditionsautobahnen", kommentierte sie und zwinkerte Susan zu, die diese Herausforderung gut nachvollziehen konnte. „Dreißig Jahre habe ich immer viele Menschen in meinem Haus versammelt und Weihnachten für andere gestaltet. Es ist eine totale Umstellung, jetzt mal eingeladen zu sein", erzählte sie weiter. „Aber ich freue mich sehr darauf und das wichtigste ist ja: Wir sind alle zusammen. Am zweiten Weihnachtsfeiertag kommen dann beide Kinder mit ihren Partnern zu uns zum Essen. Marie hat einen neuen Freund", fügte Katharina stolz hinzu. „Sie will ihn uns am 26. Dezember zum ersten Mal vorstellen. Mein Mann und ich sind super gespannt auf ihn." Simone lächelte und dachte daran, wie es ihr wohl mal gehen würde, wenn Jakob mit seiner ersten Freundin um die Ecke kam.

Martin und Simone erzählten, dass sie die Feiertage bei sich zu Hause verbringen würden. Martins Bruder, der mit seiner Frau und seinen zwei Kindern in Amerika wohnte, kam nach München und blieb für gut eine Woche bei ihnen zu Besuch. Jakob freute sich schon auf seine Cousine und seinen Cousin. Obwohl beide kleiner waren als er, machte es ihm viel Spaß, mit ihnen zu spielen. „Da habt ihr ja ein ganz schön volles Haus über die Feiertage", entgegnete Susan, die sich nicht vorstellen konnte, umgeben von drei kleinen Kindern Erholung und Ruhe zu finden. Simone hob ihre Augenbrauen und nickte vielsagend. „Wir haben noch einen Joker im Ärmel", argumentierte Martin. „Wir haben auch noch meine Eltern mit eingeladen. Die zwei sind zwar schon um die 80 Jahre alt, aber total verrückt nach ihren Enkelkindern. Nachmittags spielen sie immer drei Stunden Spiele zusammen, eine Zeit, in der wir Eltern uns auch mal zurückziehen und die Füße hochlegen können". Katharina lachte und klopfte Martin auf die Schulter. „Sehr gut, Martin. Du brauchst nämlich nach diesen intensiven Wochen sicher auch mal eine Mütze voll Schlaf." Martin stimmte dem zu. Das fiese am Eventmanagement war, dass die Events niemals um 22.00 Uhr endeten. Schlaf war also Mangelware, vor allem in der Hochsaison vor Weihnachten.

Nach einer Stunde und einer zweiten Tasse Glühwein entschuldigte sich Simone und suchte nach einer Toilette. Susan nutzte die Gelegenheit, trotz der Unbeschwertheit des mittlerweile frühen Abends, Katharina zu ihrer Einschätzung bezüglich der Krankheitsfälle in China zu befragen. Katharina senkte den Blick. Dann sah sie zu Martin. Dieser nickte. Susan ahnte nichts Gutes. „Sie werden wöchentlich mehr. Es gibt schon viele besorgte Bürger und vor allem Ärzte in den Krankenhäusern. Die Region Wuhan soll am stärksten betroffen sein. Die Regierung dementiert aber immer noch und ein paar meiner Freunde haben mir geflüstert, dass sogar Ärzte zum Schweigen angehalten wurden." Katharinas Antwort versetzte Susan augenblicklich in eine gedrückte Stimmung. Angst breitete sich in ihr aus. Sie hatte das ungute Gefühl, dass doch mehr an der Sache dran sein könnte. „Mein Freund, der bekannte Gastronom aus Deutschland, wenn du dich erinnerst, hat mir erzählt, dass ganz viele Einheimische nach einem Besuch auf einem lokalen Fischmarkt erkrankt waren. Es muss eine besorgniserregend hohe Ansteckungsgefahr geben und die Krankheit soll vor allem die Lungen stark schädigen", erzählte Martin seine aktuellen Neuigkeiten.

„Demnach war es wohl wirklich nicht abwegig, die geplanten Szenarien umzusetzen, oder?", erkundigte sich Susan vorsichtig. Ohne die Antwort wirklich hören zu wollen, blickte sie mit zusammengekniffenen Augen zu Martin. Dieser nickte. „Wir warten jetzt mal noch die Feiertage ab, aber es wäre klug, im Januar tatsächlich die Möglichkeit einer Umorganisation auf ein Online-Event zu prüfen. Sollten die Flieger ein paar infizierte Personen nach Europa bringen, dann könnte schnell mal Panik ausbrechen. Du weißt ja wie Medien solche Nachrichten mitunter inszenieren können." Susan schluckte. Ohne ein Wort zu sagen, nickte sie und trank einen großen Schluck Glühwein. Sie sah Simone wieder auf sie zukommen und flüsterte: „Ist Simone schon eingeweiht?" Martin schüttelte den Kopf, drehte sich zu seiner Frau und griff nach ihrer Hand. „Da bist du ja wieder Liebling. Na, hat jetzt noch ein Glühwein Platz?" Simone grinste. Sie spürte den Alkohol schon und wusste, dass es für sie heute genug war. „Wenn, dann Kinderpunsch. Sonst musst du mich heute ins Bett tragen", witzelte sie und heiterte damit die Stimmung unwissend wieder auf.

Sie blieben noch gut eine Stunde am Weihnachtsmarkt und spazierten die Stände auf und ab. Simone kaufte für Karli eine lustige Weihnachtsmütze, die sie ihm per Post schicken wollte. Karli war erst vor wenigen Tagen aus dem Krankenhaus entlassen worden und durfte Weihnachten zu Hause mit der Familie feiern. Er war nach wie vor auf Schonkost gesetzt – was den sonst üblichen Weihnachtsbraten in ein fettarmes Stück Fisch verwandelte – aber Karli war das egal. Diese Autobahn war im Zuge seiner Erkrankung zertrümmert worden. Stattdessen freute er sich auf das Klavierspiel seiner Tochter, die am 23. Dezember noch ein Vorspielen hatte, und auf ihre Stille Nacht Klavierbegleitung zum gemeinsamen Familiensingen an Heilig Abend.

„Was macht ihr zu Weihnachten, Susan?", erkundigte sich Katharina, die neben Susan zwischen den Buden des Weihnachtsmarktes spazierte. „Ben und ich fahren am 23. Dezember nach Graz zu meinem Papa. Wir feiern Weihnachten zu dritt und am ersten Weihnachtsfeiertag kommen dann meine Tante und meine Großeltern zu einem Weihnachtsessen zu uns." Katharina nickte. Die Menschenmenge in der Münchner Innenstadt wurde zusehends dichter und sie hatte Mühe, an Susan dran zu bleiben. Es wurde mehr und mehr zu einem hintereinander Herschleichen als einem nebeneinander Schlendern. Simone und Martin waren gut einen Meter vor ihnen und Susan hatte wiederum Mühe, ihnen hinterher zu kommen. Zehn Minuten später beschlossen sie, den gemeinsamen Besuch am Markt zu beenden, und wünschten sich schöne Feiertage und einen guten Rutsch ins neue Jahr. Während Katharina vor hatte, zwischen den Feiertagen ein paar Tage ins Büro zu fahren, schloss Spirit Events von 24. Dezember bis 6. Januar jedes Jahr seine Türen. Der gesamte Betrieb machte Weihnachtsurlaub und alle Mitarbeiterinnen und Mitarbeiter gingen in eine wohlverdiente Eventpause.

Susan und Ben genossen die Weihnachtsfeiertage in Graz. Susans Vater hatte das gesamte Haus außen und innen mit Lichterketten geschmückt. Alles blinkte und funkelte, als sie am 23. abends in Graz ankamen. Im Haus war es ruhig und besinnlich. Sie kauften am nächsten Morgen zusammen einen Weihnachtsbaum und schmückten diesen am Nachmittag. Sie hatten sich viel zu erzählen. Susan berichtete von den zahlreichen Events der letzten Wochen und ihr Vater berichtete, wer im Ort geheiratet oder Kinder bekommen hatte und wer verstorben war. Abends bereiteten Ben und Susans Vater gemeinsam einen Karpfen zu. Im Anschluss an das Weihnachtsessen gab es Geschenke. Susans Vater hatte schon seit Jahren davon gesprochen, sich eine Anglerausrüstung kaufen zu wollen. Einer seiner besten Freunde war jedes Wochenende angeln und hatte ihn schon des Öfteren eingeladen, mitzufahren. Susan und Ben hatten also überlegt, ihm eine passable Angelrute für Anfänger zu kaufen und ein paar kleine Gadgets dazu, die ihnen der Verkäufer noch empfohlen hatte. Das Geschenk kam hervorragend an. Susans Vater freute sich sichtlich und konnte es nicht lassen, im Wohnzimmer gleich mal die neue Rute zu testen. Beim ersten Auswurf verhedderte sich der Angelhaken im Blumentopf und riss diesen zu Boden. Als Susan die Überreste des Topfes entsorgt und die darin enthaltenen Pflanze umgetopft hatte, wagte ihr Papa sogar noch einen zweiten Versuch. Diesmal war es nur ein Bild, das von der Wand fiel. Susan schüttelte ungläubig den Kopf, aber die zwei Männer hielten sich die Bäuche vor lauter Lachen. „Okay, dann übe ich eben morgen früh draußen weiter", rief ihr Papa und kicherte vergnügt. „Wir können ja mit einem Hammer bewaffnet zum Teich gehen. Du weißt schon", witzelte Ben, „den von deinem Nachbarn. Ich wollte schon immer mal sehen, ob Eisfischen funktioniert." Während Susans Papa erneut laut auflachte, verdrehte Susan schmunzelnd die Augen. Ben ergriff Susans Hand, zog sie auf seinen Schoß und kitzelte sie am Bauch. „Lach mit", flüsterte er ihr ins Ohr und kitzelte Susan erneut.

Dann griff Ben nach einem Umschlag und reichte ihn seiner Frau. „Hier Liebling, das ist für dich." Susan nahm den Umschlag und gab Ben einen Kuss. Sie öffnete das Kuvert und staunte nicht schlecht, als sie zwei Flugtickets herauszog. Einen Hinflug nach Singapur und knapp drei Wochen später einen Rückflug nach München von Bangkok. „Ben, das ist doch viel zu viel! Wir wollten uns die Flüge doch teilen", setzte Susan schon an, als Ben sie schnell küsste. „Das ist einfach mal der Rahmen für unsere Asienreise nach Ostern. Wir haben von Singapur aus drei Wochen Zeit, unterschiedliche weitere Städte oder auch Inseln zu besuchen. Singapur und Bangkok sind aber fix." Susan freute sich über Bens großzügiges Geschenk und umarmte ihn fest. Als sie ihn gerade an sich drückte, dachte sie plötzlich an Katharinas und Martins Erzählungen über Wuhan. Wie weit Wuhan wohl von Singapur entfernt war? Ihre Freude schmälerte sich und Ben erkannte in dem Moment, als sich Susan aus der Umarmung löste, dass etwas nicht stimmte. „Was ist los, Schatz? Freust du dich nicht auf unsere Reise?" Susan schüttelte den Kopf. „Nein, das ist es nicht. Ich freue mich sogar so auf Asien. Es ist nur…" Susan überlegte, ob sie Ben und ihrem Vater ihre Bedenken sagen sollte. Beide waren nicht Teil vom ‚Spirit Event'. Und wenn es stimmte, was Katharina und Martin vermuteten, würde es bald kein Geheimnis mehr sein.

„Wisst ihr, Katharina beobachtet schon seit einer Weile komische Vorfälle in Asien. Dort erkranken mehr und mehr Menschen an einer neuen Infektion. Es muss eine neue Krankheit sein, die die Lungen stark schädigt." Ben und ihr Vater reagierten in etwa so, wie auch Susan im November reagiert hatte. Sie runzelten die Stirn und verstanden Susans Sorge nicht. „Die chinesische Regierung dementiert immer noch die Krankheit, aber vor allem in einer Region namens Wuhan sollen schon einige infiziert sein", erklärte Susan weiter. „Ein Kollege von Martin, der sich auf asiatische Küche spezialisiert hat, hat von seinen Lieferenten läuten gehört, dass sich zahlreiche Menschen auf einem der heimischen Märkte angesteckt haben sollen." Ben wurde stutzig. „Katharina und Martin wissen das aus unterschiedlichen Quellen?" Susan nickte. „Bei unserem letzten Coaching waren wir zu dritt und haben eine Szenarioplanung gemacht." Susan seufzte. „Für den Fall, dass ein paar international Reisende das neue Virus auch zu uns nach Europa herüberbringen. Ich weiß, das ist alles extrem weit hergeholt. Deshalb hat Martin mich auch gebeten, nichts zu sagen. Das gilt eigentlich immer noch – also behaltet es bitte für euch. Kann ich mich auf euch verlassen?", betonte Susan und holte sich von ihren zwei wichtigsten Männern ein Nicken. Ein kurzer Moment des Schweigens folgte. Dann ergänzte Susan leise: „Ob das Virus zu uns kommt, ist das eine. Ob wir dem Virus im Frühling sogar noch entgegenfliegen, das andere." Ben verstand. Er zückte sein Handy und googelte die Entfernung zwischen Wuhan und Singapur. Er streckte Susan sein Handy hin und zeigte ihr die enorme Distanz von über 3.400 Kilometer zwischen Wuhan, mitten im Festland von China, und Singapur, viel weiter südwestlich. „Wahrscheinlich mache ich mir ganz unnötig Sorgen", beschwichtigte Susan, und um die Freude an ihrem Weihnachtsgeschenk nicht unnötig zu trüben, beendete sie damit das Thema.

„Jetzt aber zu deinem Geschenk." Susan erhob sich und holte ein Kuvert für Ben aus ihrer Tasche. Susans Vater schüttelte den Kopf. „Könnt ihr jungen Leute euch denn nichts anderes mehr schenken als Kuverts? Wo bleibt denn da der haptische Spaß beim Auspacken!" Susan schmunzelte und verstand den Hinweis ihres Vaters. Er hatte mit Sicherheit recht, dass das Auspacken eines großen Pakets, das man schütteln konnte, noch viel mehr Vorfreude bereitete. Allerdings wusste Susan nur zu gut, dass Ben sein Geschenk trotz Kuvert vom Hocker reißen würde. Ben liebte die neuen Mountainbike-Downhillparks in Innsbruck und hatte sich im letzten Jahr eine Saisonkarte dafür geleistet. Er haderte schon seit Oktober damit, ob er sich für 2020 erneut eine zulegen sollte. Der Preis war sportlich und er hatte Bedenken, ob er oft genug nach Hause fahren konnte, um die Berge mit seinem Bike hinunterzurasen. Letztlich hatte er sich dazu entschlossen, sie nicht zu kaufen, sondern sich auf flexible Wochenend- oder Tagestickets vor Ort zu beschränken. Susan hatte Wind davon bekommen und seine Schwester Rosi um Hilfe gebeten. Rosi hatte daraufhin die Downhill-Saisonkarte zum Preis für Einheimische gekauft und diese Susan nach München geschickt. Das Geschenk kam mindestens so gut an, wie Susan es erwartet hatte. Bens Mundwinkel zogen sich zurück bis zu den Ohrenspitzen und er bekam große, staunende Augen. „Nicht dein Ernst", rief er und blickte zu seiner Frau. Susan lachte. „Doch, Schatz. Nimm dir die Zeit für dein Hobby. Das ist doch *dein* wichtigster Ventilöffner." Ben stand auf und küsste sie. Er drückte sie fest an sich und flüsterte in Susans Ohr: „Du bist wirklich der Wahnsinn." Dann gähnte er übertrieben herzhaft und blickte auf die Uhr. „Oh, schon so spät", verkündete er demonstrativ laut als wäre es Mitternacht und nicht erst kurz nach 22.00 Uhr. „Ich glaube es wird Zeit, dass wir uns zurückziehen. Dein Papa ist bestimmt schon total müde." Ben, immer noch Susan im Arm haltend, schwenkte zu Bens Vater hinüber und zwinkerte ihm zu. Dieser verstand die Andeutung und bemühte sich ebenfalls zu Gähnen. Alle drei lachten. Sie räumten zusammen noch die Getränke und das Essen weg und dann wünschten sie einander eine gute Nacht.

Der erste Weihnachtsfeiertag galt Susans Großeltern und ihrer Tante. Susan und Ben genossen den Tag. Sie wurden von allen umsorgt, ohne selbst viel tun zu müssen. Eine willkommene Abwechslung zu ihrem Alltag in München, wo sie Vollzeitjob und Wohnung allein auf die Reihe bekommen mussten. Zudem waren sich beide darüber im Klaren, dass sich das Blatt am zweiten Weihnachtsfeiertag rapide wenden würde. Frühmorgens ging es von Graz nach Tirol zu Bens Familie. Dort übernachteten sie in einem Gästezimmer in Nicoles Pension und hielten sich tagsüber die meiste Zeit im Haus von Bens Eltern gleich in der Nähe auf. Dort hieß es mit anpacken. Denn vier kleine Enkelkinder hielten sowohl die Großeltern als auch Onkeln und Tanten auf Trab. Im Vergleich zu Graz war der Lärmpegel gefühlt 200 Dezibel höher und stündlich war mindestens ein Elternteil im Mayr-Modus, weil die Kinder hauten, heulten oder vor lauter Übermut Blödsinn anstellten.

Umgekehrt wurde auch viel gelacht und die Kinderaugen strahlten, als die Geschenke überreicht wurden. Alle waren wieder Kind, als es darum ging, Legoburgen zusammenzubauen oder Playmobilfiguren zusammenzustecken.

Ben lag über zwei Stunden mit einer seiner Nichten am Teppichboden, um ein Playmobilpuppenhaus aufzubauen. Er bewies eine Engelsgeduld darin, ihr jeden Schritt einzeln zu erklären, sodass die Kleine am Ende den Triumpf hatte, alles *allein* gemacht zu haben. Als sie fertig waren, präsentierte sie stolz jedem Familienangehörigen ihr Werk und ließ sich beklatschen. Onkel Ben bekam dann das schönste Dankeschön: einen dicken Schmatz auf die Wange. Ben strahlte über das ganze Gesicht. Gerade dieses Weihnachten wurde Susan mehr als deutlich klar, dass Ben der geborene Papa war. Er hatte diese ruhige, entspannte Art im Umgang mit Kindern. Selbst wenn es manchmal laut oder chaotisch zuging, er blieb tiefenentspannt. Eine Qualität, die er mit einem guten Krisenmanager gemeinsam hatte, dachte Susan innerlich, die in solchen Situationen ganz schön mit ihrem Mayr zu kämpfen hatte.

Susan und Ben blieben bis zum 29. Dezember in der Stadt. Gemeinsam besuchten sie ein paar von Bens Innsbrucker Freunden. Einen Tag vor Silvester fuhren sie samt ihren Koffern mit der Seilbahn hoch auf den Rangger Köpfl, wo Rosi ihre Skihütte hatte. Sie hatten sich bei Rosi für vier Nächte einquartiert, um die nächsten Tage Ski zu fahren. An Silvester war die Hütte voller alter Freunde und Schulkolleginnen und Schulkollegen von Ben und Rosi. Dass die Silvesterparty feucht und fröhlich werden würde, war Susan und Ben klar. Sie freuten sich seit Wochen auf diesen Rutsch. Das Besondere an Rosis Hütte war, dass es dort oben kein Internet gab, ja nicht einmal Handyempfang. Für Städter, die es gewohnt waren, ununterbrochen erreichbar zu sein, war das eine wundervolle Gelegenheit zum Handy-Detox. Beide Geräte verweilten im Nachttisch ihres kleinen Gästezimmers und wurden erst wieder hervorgeholt, als die beiden sich am Nachmittag des zweiten Januars wieder auf ins Tal machten. Auf halber Strecke nach unten wurde der Empfang langsam besser und Ben spielte freudig an seinem iPhone. Susan hingegen hatte die vier abstinenten Tage richtig genossen und ließ ihr Handy ausgeschaltet in ihrer Tasche. Sie fühlte sich im Kopf so frei wie schon lange nicht mehr. Sie war gut erholt, entspannt und sorglos. Vier Tage so nahe unter den Sternen und mit so viel frischer Luft hatten ihr sichtlich gutgetan. Ihr Gesicht war von der Sonne gebräunt und sie spürte ihre Muskeln, die vom vielen Skifahren noch verkatert waren.

Kurz vor Erreichung der Talstation sah Ben Susan plötzlich mit großen Augen an: „Susan, ich lese gerade die Top Schlagzeilen der Welt.“ Susan horchte auf. „Am 31. Dezember hat die chinesische Regierung offiziell erste

Fälle einer schweren Lungenentzündung mit unbekannter Ursache in der Stadt Wuhan bestätigt. Sie geben sogar zu, dass sich bereits am 1. Dezember ein erster Verdachtsfall bestätigte." Ben wirkte besorgt. In Gedanken war er bei seinem großzügigen Weihnachtsgeschenk. „Vielleicht lagen Katharina und Martin gar nicht so falsch", merkte er an. Wenige Augenblicke später erreichte die Gondel ihr Ziel. Alle Gäste strömten hinaus. Susan und Ben gingen schweigend mit den Massen. Die Schönheit der Natur ließ sie in diesem Moment unberührt. Es dauerte ein paar Minuten, bis sie gedanklich wieder im Hier und Jetzt ankamen. Ben und Susan waren an diesem Nachmittag noch einmal bei seiner Schwester Barbara eingeladen. Sie hatte eine neue Mitarbeiterin im Friseursalon, die ein paar Tage für sie einsprang, und sie machte zusammen mit ihrem Mann und ihren Kindern Weihnachtsurlaub zu Hause.

Als Susan und Ben an diesem Abend spät nachts zu Hause in München ankamen, waren beide beunruhigt. Ben stöberte noch einmal lange im Internet und fand einen Bericht über eine junge Ärztin im Krankenhaus der chinesischen Stadt Wuhan, die bereits Mitte November von einer ominösen Infektion berichtete. Ben spürte, wie das Cortisol in seinem Körper anstieg. Er hatte für die Flüge sein gesamtes Weihnachtsgehalt hingelegt und war nun innerlich hin und hergerissen, ob er die Reise nun stornieren oder lieber auf eine schnelle Eindämmung der Krankheit hoffen sollte. Susan ging es ähnlich. Sie hatte sich sofort nach Ankunft zu Hause an ihren Laptop gesetzt. Allerdings galt ihr Interesse den Online-Messen.

25. DAMPFHAMMER IM EINSATZ

Im Januar wurden zwei Autobahnen in Susans Kopf schleichend zertrümmert. Die erste Autobahn betraf die bestehende Projektplanung des Programms ‚Spirit Event.' Susan recherchierte zunehmend Möglichkeiten und Machbarkeit von Online-Events und Online-Messen und in ihrem Kopf bildeten sich hunderte neue Abzweigungen und Straßenvarianten. Unabhängig davon, ob sie umstellen wollten, mussten oder durften, Susan war mehr und mehr begeistert, was es hier für Möglichkeiten gab. Das Genialste daran war, sie wären dadurch nicht mehr nur auf die fünf Städte Europas beschränkt, sondern könnten grundsätzlich alle Menschen dieser Welt erreichen. Für Spirit Events würde das eine Reichweitensteigerung und damit eine Erhöhung der Markenbekanntheit bedeuten, die Simone als Marketingverantwortliche sicherlich aufhorchen lassen würde. Susan entdeckte bei ihrer Recherche die Möglichkeit, 3-D-Auditorien mit Avataren zu füllen und Live-Streams mit Keynote Speakern aus der ganzen Welt abzuhalten. Den Sponsoren und Kooperationspartnern konnte man eigene virtuelle Räume und Galerien zur Verfügung stellen. Es gab genügend Anbieter, die die dafür notwendige Technologie bereits entwickelt hatten, und preislich würde es in jedem Fall, aufgrund der Umverteilung der Kosten, zumindest nicht teurer werden. Immer würden die Mietkosten für die Veranstaltungsflächen, die Kosten für den Bühnenaufbauten, die Videowalls und die Reisekosten der Keynote Speaker entfallen. Je mehr Susan sich mit der neuen Materie beschäftigte, desto überzeugter war sie davon, dass – Infektionen hin oder her – genau diese Online-Variante die ideale Eventform für ihr diesjähriges Motto ‚Diamond Thoughts' war.

Am 7. Jänner, als die Türen von Spirit Events nach der Weihnachtspause wieder öffneten, hatte Susan ihre Entscheidung getroffen. Sie wollte aktiv die Umorganisation des ‚Spirit Events' auf ein virtuelles Format angehen. Das war genau jener Tag, an dem die Nationale Gesundheitskommission Chinas die Identifikation eines neuartigen Coronavirus als Krankheitsauslöser bekanntgab. Sie gaben ihm die provisorische Bezeichnung 2019-nCov. Martin hatte gerade diese Bekanntgabe im Internet verfolgt, als Susan gegen 10.00 Uhr morgens in sein Büro kam. Beide blickten sich mit großen Augen an und obwohl sie seit dem gemeinsamen Besuch am Weihnachtsmarkt nicht miteinander gesprochen hatten, wussten beide, was in dem beziehungsweise der jeweils anderen vorging. Martins Ängste waren allerdings noch um einiges weitreichender, als Susan das in diesem Augenblick vermutete. Während Susan zu 100 Prozent auf ihr Programm fokussiert war, hatte Martin die freien Tage nach Silvester damit verbracht, sich über das gesamte Geschäftsmodell von Spirit Events Gedanken zu machen. Sollte die Welle tatsächlich bis nach Europa kommen, würde er von heute auf morgen seine Existenzgrundlage zumindest temporär verlieren. Events waren eine wundervolle Sache, aber jedes Zusammentreffen von Menschen, würde bei einer Pandemie wahrscheinlich sogar gesetzlich verboten werden. Martin kämpfte mehr und mehr mit einer in ihm aufsteigenden Existenzangst. Simone, die ihn einfach wie niemand anderer kannte, hatte das während der Feiertage auch bemerkt. Als sie ihn während dieser Zeit zum dritten Mal gebeten hatte, sie einzuweihen, gab er ihrem Wunsch auch nach. Was ihm in jenem Moment richtig und wichtig erschien, ließ aber in Folge auch Simones Ängste steigen.

Martin erhob sich und begrüßte Susan mit einer Umarmung. „Hattest du ein schönes Weihnachtsfest und ein paar erholsame Tage?“, erkundigte er sich bei seiner Mitarbeiterin nach ihrem Befinden. Susan sah ihm in die Augen und nickte. „Bis zu dem Zeitpunkt, als ich Anfang Jänner aus den Tiroler Bergen herunterfuhr – ja. Dann habe ich die Nachrichten aus China gelesen.“ Susan war gespannt auf Martins Reaktion. Er deutete Susan, sich neben ihn an seinen Schreibtisch zu setzen. Er hatte gerade die chinesische Erklärung der Nationalen Gesundheitskommission offen und eine Reaktion seitens der Weltgesundheitsorganisation WHO. „Es passiert“, flüsterte er zu Susan. Susan schüttelte den Kopf. „Wir wissen nicht, was passiert“, versuchte sie zu dekatastrophisieren. „Was auch immer in China abgeht, kann noch immer dort gelöst werden. Ich bin heute *dein* Ventilöffner, Martin. Und jetzt atme mal tief durch und schüttle deine Bedenken ab. Ich möchte dir jetzt gerne helfen, eine deiner Denkautobahnen zu zertrümmern.“ Martin war irritiert. „Was meinst du?“, fragte er verwirrt.

Susan stand auf und ging zum Flipchart. „Komm zu mir, aufstehen und bewegen hilft beim Denken von Neuem“, forderte Susan ihn auf. Martin schmunzelte und erhob sich. Er atmete tief durch, schloss kurz die Augen und versuchte sich darauf einzulassen, was ihm Susan zu vermitteln versuchte. „Das", Susan malte einen Strich aufs Flipchart, „war das erste ‚Spirit Event' 2006. Und das", sie malte einen zweiten Strich dicht daneben, „das ‚Spirit Event' 2008." In diesem Rhythmus ging es weiter. „Hier 2010, 2012, 2014, 2016 und 2018." Susan malte fünf weitere Striche darüber, sodass schon eine schöne, breite Straße angedeutet wurde. „Das ist unsere Denkautobahn. Wir planen repetitiv, wir versuchen alles Bewährte zu übernehmen, den Aufwand zu reduzieren und die Effizienz in unserer Vorbereitung zu steigern." Martin nickte. Genau so war es. Und genau so machte es in seiner Vorstellung auch Sinn.

„Was wir nicht tun – zumindest seit ich hier bin – ist es, die Dinge neu zu denken, Bewährtes zu hinterfragen oder alternative Veranstaltungsformen zu testen." „Autsch", dachte Martin. Das hatte gesessen. Martin musste zugeben, sie hatte recht. Er spürte tatsächlich inneren Widerstand in ihm aufkommen, wenn er nur daran dachte, Bewährtes loslassen zu müssen. „Ich habe die letzten vier Tage mindestens zehn Stunden täglich recherchiert, Martin." Ihr Auftraggeber sah Susan verblüfft an. „Susan!", begann er fast väterlich, „das hättest du nicht tun sollen. Urlaub ist doch dazu da, dass…" seine Programmmanagerin fiel ihm ins Wort. „Ist dazu da, aus dem Hamsterrad auszusteigen und damit neuen Ideen Raum zu geben. Genau das ist passiert. Ich habe einer neuen Idee – einer Idee, die wir beide zusammen mit Katharina im November gesät haben – Raum gegeben." Martin verstand Susans Andeutung. Er bemühte sich, sich zu öffnen. Instinktiv wusste er, was kommen würde. Aber seine Vorstellungskraft reichte nicht aus, all die technischen Möglichkeiten zu erkennen, die aktuell schon am Markt vorhanden waren. Er war Ende vierzig, ein Mitglied der Generation X. Die Schnelligkeit des technologischen Wandels brachte ihn regelmäßig an seine Grenzen und er befürchtete, wie viele in seiner Generation, die zunehmende Reduktion tiefer Beziehungsnetzwerke.

„Martin, wir sind Eventmanager mit Leib und Seele. Wir wissen, was Events bewirken und auslösen können. Was wir sind, dürfen wir auch in Zukunft bleiben. Aber weitere Eventformate zu entwickeln, ist jetzt essenziell. Das ‚Spirit Event' setzte 2006 neue Maßstäbe. Deshalb sind wir heute so erfolgreich, wie wir sind. Genau das soll unser ‚Spirit Event' auch 2020 tun. Lass uns – mit unserem Motto ‚Diamond Thoughts' – neue, virtuelle Maßstäbe setzen. Infektionen in China hin oder her, wir können mit einem Online-Format die ganze

Welt erreichen. Wir können 2020 unsere Zielgruppen verhundertfachen. Wir sind online nicht mehr nur auf unsere fünf Standorte beschränkt. Jeder auf dieser Welt kann uns zukünftig für die Organisation eines Online-Events buchen." Martins Gesicht hellte sich deutlich auf. Susan wusste, dass ihre Worte ankamen und blieb dran. „Ich habe viel recherchiert die letzten Tage und es ist unglaublich, was hier heute technisch schon alles möglich ist. Komm, ich zeige dir mal eines der genialsten Videos, das ich im Netz gefunden habe." Susan ging zielstrebig zu Martins Schreibtisch zurück. „Darf ich?", fragte sie, bevor sie sich auf seinen Stuhl setzte. Er nickte und trat hinter sie.

Susan öffnete eine Website eines Berliner Start-ups für Online-Events, der ihrer Ansicht nach, die einfachste Benutzung mit den stylischsten virtuellen Räumen entwickelt hatte. Sie führte Martin ein Demovideo vor, in dem ihnen ein Avatar die Möglichkeiten der virtuellen Messeräume und Auditorien für Life-Streams sowie die Chat- und Interaktionsfunktionen mit dem Publikum näherbrachte. Für Martin erschloss sich gerade eine neue Welt. Ihm ging es wie Susan, die, als sie sich erstmals für dieses Thema geöffnet hatte, aus dem Staunen nicht mehr herauskam. Ein Feuerwerk an Inspirationen brach damals über sie herein und sie fühlte förmlich, wie hunderte neuer Straßen in ihrem Kopf angelegt wurden. Nach vier Minuten virtuellem Rundgang war Martin überzeugt. Beide wussten, wohin die Reise für Spirit Events zukünftig führen würde. Mit oder ohne Pandemie – der Weg lag vor ihnen. Egal wie viel noch unklar oder unsicher war, es fühlte sich in diesem Moment für beide stimmig an.

„Martin", sprach es Susan nach einer kleinen Weile direkt aus, „ich möchte das ‚Spirit Event' 2020 virtuell machen. Ich bin bereit einen **Change Request** einzuleiten. Ich weiß, dass das zehn Wochen vor Eventaustragung verrückt ist, aber wenn du mich fragst, ist das genau der richtige Weg!" Martin atmete tief durch. Einen Change Request zu so einem späten Zeitpunkt zu initiieren, barg auch die große Gefahr, sich völlig zu übernehmen. Wenn die Umorganisation nicht klappte, war ein ungewollter Krisenprozess die Folge. Andererseits könnte ihnen das in wenigen Wochen sowieso ins Haus stehen, sollte die Epidemie tatsächlich

> Der **Change Request Prozess** (CR) ist ein optionaler Prozess des Projektmanagements. In der Regel wird dieser durch eine Zieländerung ausgelöst. Die Konsequenz ist, dass eine komplette Umplanung an allen drei Ecken des Magischen Dreiecks notwendig ist. Leistung, Termine, Kosten und Ressourcen müssen, in Hinblick auf das veränderte Ziel, neu austariert und verhandelt werden. .

nach Europa schwappen und sich damit zu einer Pandemie entwickeln. In Martins Kopf ging es rund. „Du weißt, Susan, dass wir so etwas nur zusammen mit unserem Team entscheiden können. Wenn wir es nicht schaffen, das Programmteam von unserem Vorhaben zu überzeugen, können wir das nicht durchziehen." Susan stimmte Martin zu. Sie wusste, dass dies der logische nächste Schritt war. „Was hältst du von folgender Idee", argumentierte sie weiter. „Du holst Simone ins Boot und berichtest ihr von unseren Ideen. Am besten in aller Ruhe, abends, bei euch zu Hause." Martin schmunzelte. Genau so hatte er es auch vor. „Ich bitte umgekehrt Katharina um Hilfe. Am kommenden Freitagnachmittag ist unser nächstes Coaching. Lass uns das noch einmal gemeinsam machen, inklusive Simone. Ich glaube, Simone ist eine der Wichtigsten internen Multiplikatorinnen, wenn es um Veränderungen solchen Ausmaßes geht. Wenn sie begeistert ist, wird der Rest des Programmteams mitmachen. Davon bin ich überzeugt." Martin fand Susans Vorschlag gut. Er notierte sich den kommenden Coachingtermin im Kalender und markierte sich das von Susan gezeigte Video in seinem Suchverlauf. Er wollte das Video noch am selben Abend Simone zeigen.

Am 10. Januar, eine Woche vor der firmeninternen Neujahrsfeier, trafen sich Katharina, Susan, Martin und Simone gegen 15.00 Uhr in Katharinas Büro. Katharina wirkte schwer beschäftigt. Trotz vollem Kopf begrüßte sie ihre Gäste herzlich und wünschte allen ein frohes neues Jahr mit viel Gesundheit. Das Wort *Gesundheit* betonte sie dabei besonders deutlich. „Schön, dass du mitgekommen bist, Simone", begrüßte sie auch Martins Frau herzlich. „Ich wünschte wirklich, mein eigenes Managementteam würde nur halb so viel Engagement zeigen wie ihr drei", konstatierte Katharina und gab damit einen kleinen Einblick in ihren Konzern. Susan verstand. Daher wehte der Wind. Katharina war offenbar als Hiob gerade mit viel internem Widerstand konfrontiert. „Sehen sie die Gefahr nicht?", erkundigte sich Martin vorsichtig. Katharina hob demonstrativ ihre Schultern an und ließ sie wieder fallen. „China ist einfach weit weg und das Virus im wahrsten Sinne des Wortes nicht sichtbar. Wir haben aber zahlreiche Handelsbeziehungen mit chinesischen Kooperationspartnern und Lieferanten und es wäre höchste Zeit diverse Szenarien detailliert auszuarbeiten." Katharina seufzte. „Dafür müssen bei einem Großkonzern mit vielen Entscheidern wohl noch ein paar Menschen mehr an der Krankheit...", Katharina brach ab. Sie ermahnte sich innerlich selbst, ihr Ventil zu öffnen, denn sie hatte gerade in ihrem Mayr-Modus gesprochen. „Ich hole uns mal etwas zu trinken und dann unterhalten wir uns über das ‚Spirit Event'", fuhr sie mit einem Lächeln fort und verlies kurz den Raum.

Martin, Simone und Susan blickten sich vielsagend an. Alle drei fühlten sich in ihrem Vorhaben bestärkt, den Weg durchzuziehen, den sie vorhatten. „Gibt es tatsächlich Situationen, in denen auch Katharina an ihre Grenzen stößt?" flüsterte Susan zu Martin. „Ich glaube **Veränderungsmanagement** führt jeden an seine Grenzen. Wir arbeiten hier gegen die menschliche Natur. Sowohl jene, die die Veränderung managen, als auch jene, die davon betroffen sind." Katharina, die gerade mit einem Wasserkrug ins Büro zurückkam und Martins Aussage gehört hatte, bekräftigte das noch. „Change Management ist die Königsdisziplin des Projektmanagements. Es ist eine eigene Disziplin und was ich am aller spannendsten finde ist, dass die komplette Tool-Box eines Change Managers ausschließlich Soft Skills Tools beinhaltet. Der Change Manager ist wie kein anderer ein Emotionsmanager." Susan war überrascht. Das hätte sie nicht vermutet. „Der Change Manager braucht doch aber auch die Hard Facts Planung. Muss er damit nicht beides können?", erkundigte sich Susan. „Das kommt darauf an", erklärte nun Martin weiter. „Wenn es keinen eigenen Change Manager gibt, muss der Projektmanager beide Rollen wahrnehmen. Gibt es eine eigenen Change Manager, kann sich jeder auf seine Aufgabe fokussieren."

> Unter **Veränderungsmanagement** (Change Management im Englischen) lassen sich alle Aufgaben, Maßnahmen und Tätigkeiten zusammenfassen, die eine umfassende bereichsübergreifende und inhaltlich weitreichende Veränderung zur Umsetzung neuer Strategien, Strukturen, Prozesse und Verhaltensweisen bewirken sollen.

Susan verstand. „Das heißt, bei großen Veränderungsprojekten wäre es gut, neben einem Projektmanager noch einen Change Manager separat zu beauftragen?" Susan blickte zu Katharina. „Ja genau", bestätigte diese. Der Change Manager kann ein Kernteammitglied in deinem Programmteam sein, oder bei ganz großen Programmen, kann eine eigene Change Organisation separat geführt werden. Der springende Punkt ist folgender", begann Katharina zu erklären und bot parallel allen Gästen einen Stuhl an. „Wenn es mehrere Gruppen von Betroffenen gibt, die durch einen Change ihre Denk- und Arbeitsweise verändern sollen, musst du jede Gruppe einzeln – so nahbar und persönlich wie möglich – abholen, begleiten und mitnehmen. Je mehr und je größer die Betroffenengruppen sind, desto schwieriger wird das. Deshalb verlierst du, selbst wenn du einen Change wirklich wie im Bilderbuch planst und abwickelst, meistens um die 10 bis 15 Prozent deiner Mitarbeiter. Eines kannst du bei einem Change nämlich nicht verhindern. Du zertrümmerst Denkautobahnen. Widerstand gehört hier schlichtweg dazu. Und jene, die diese Veränderung partout nicht zulassen wollen, musst du loslassen. So schwer das manchmal auch sein mag."

Martin nickte wissend. Er war in seiner beruflichen Karriere schon durch ein paar Veränderungen gegangen. Er wusste um die Gefahr, gute Mitarbeiterinnen oder Mitarbeiter zu verlieren. Sein Ziel war es dennoch, möglichst alle seine Angestellten bei Spirit Events mitnehmen zu können. „Katharina", begann Susan. Ihre Mentorin blickte zu ihr. „Wir haben vor – wie auch immer es um den Virus steht – tatsächlich eine Online-Durchführung unseres ‚Spirit Events' anzustreben." Katharina war erstaunt. Damit hatte sie nicht gerechnet. Eine repetitive Projektautobahn in so einem Tempo im Kopf zu zerstören und alternative Routen zu denken, war bemerkenswert. Sie blickte fragend zu Martin. Ihr langjähriger Freund bejahte. Dann sah sie zu Simone. Martins Frau hob ihre Augenbrauen und nickte unsicher. Ihre typische Geste, wenn sie noch etwas im Zweifel war, aber dennoch Martin bei einem seiner Vorhaben unterstützte. „Ich bin zu tiefst beeindruckt", merkte Katharina an. „Das ist eine wirklich mutige Entscheidung. Und das Eventmotto ‚Diamond Thoughts' eignet sich wie kein zweites für so einen Schritt." Susan atmete erleichtert auf. Dass Katharina so reagierte, freute sie ungemein. Sie fühlte sich in ihrer Veränderung bestärkt, obwohl sie instinktiv genau wusste, dass es im Grunde ihre Mentorin selbst war, die diesen Change getriggert hatte.

„Wie kann ich euch helfen?", erkundigte sich die Vorständin. „Wir drei sind uns einig, dass wir diesen Schritt nicht ohne die Zustimmung und die Mithilfe des restlichen Programmteams schaffen können", begann Susan. „Darüber hinaus müssen wir alle lokalen Projektteams überzeugen", ergänzte Simone. „Ich glaube vielmehr, alle Mitarbeiter überhaupt", gab Martin Einblick in seine Gedanken. Katharina verstand Martins Vision. „Ihr habt mir gerade eine wundervolle Reihenfolge genannt", fasste sie zusammen. „Drei Schritte liegen vor euch: Erstens, Susan, du holst dein Programmteam ins Boot. Zweitens, jeder Projektmanager darf sein lokales Projektteam überzeugen und in einem dritten Schritt bist du als CEO dran, die gesamte Firma zu begeistern", Katharina blickte zu Martin, „und begründest damit ein neues Angebotsformat in eurem Firmenportfolio." Martin nickte. „Ja, die Reihenfolge ist gut. Jetzt gibt es nur eine Herausforderung", Martin wusste, er würde gleich Simone und Susan überrumpeln. „Wir haben nächsten Freitag unser alljährliches Neujahrstreffen mit großer Feier am Abend. Alle kommen nach München. Wenn wir das tatsächlich durchziehen wollen, möchte ich diese Gelegenheit zum Anlass nehmen, um allen unsere Idee zu präsentieren. Und zwar nicht wegen irgendeiner Krankheit, die vielleicht irgendwann aus China zu uns schwappt, sondern aus innovativen Beweggründen heraus." Simone und Susan sahen ihn wie erwartet erschrocken an. „In einer Woche! Bist du verrückt!", entfuhr es Simone, der ihre Wortwahl sofort leidtat. „Das ist doch viel zu kurz, wie sollen wir in einer Woche das Programm- und die fünf Projektteams informiert kriegen?", stimmte Susan mit ein. Katharina formulierte ihre nächste Frage besonders ruhig und besonnen: „Wie viele Mitarbeiter hast du durchschnittlich pro Standort, Martin?" „Zwischen 15 und 25", entgegnete dieser. „Also um die 100 in Summe?" Martin nickte.

Katharina wandte sich an die beiden Frauen. „Das kann klappen, ihr seid kein riesiger Konzern, sondern ein überschaubarer Mittelständer. Ihr habt eine gute Chance, das zu schaffen. Das wichtigste ist nur, geht niemals gegen den Widerstand!" Simone schüttelte unwissend den Kopf. „Was meinst du damit?", erkundigte sie sich bei Katharina. „Wenn Bedenken geäußert werden, nehmt sie immer ernst. Wenn Argumente gegen eine Online-Variante gebracht werden, hört sie euch unbedingt an und bedankt euch dafür. Fahrt nicht über eure Leute drüber, geht respektvoll und wertschätzend mit jedem um, der seine Ängste äußert. Ich weiß, das ist manchmal nicht einfach. Ich kann da echt ein Lied davon singen. Dennoch ist genau das sehr wichtig. Dadurch geht ihr MIT dem Widerstand und nicht dagegen."

Simone und Susan sahen sich an und nickten einander zu. Susan wusste in diesem Augenblick, warum Simone eine zentrale Figur in diesem Change sein würde. Sie hatte genau diese Gabe. Ihr konnte man alle Bedenken sagen. Sie verurteilte nicht. Sie bewertete nicht. Sie war einfach nur da und hörte zu. „Simone, ich hätte dich gerne als Change Managerin an meiner Seite", formulierte nun Susan einen Wunsch. „Du bist die geborene Change Managerin, du tust ja eigentlich mehrheitlich genau das, was Katharina uns da beschreibt." Simone fühlte sich zwar geehrt, dass Susan das so sah, fühlte sich bei dem

Gedanken daran aber ernsthaft überfordert. „Ich bin doch mit meinen aktuellen Aufgaben für das Programm schon zeitlich am Limit. Das Tagesgeschäft kommt dann noch on top. Ich wüsste wirklich nicht, wie ich das noch stemmen könnte." Susan verstand, was sie meinte. „Ich kann deine Bedenken total verstehen. Ich weiß aber einfach, dass du hier eine wichtige Schlüsselrolle hast. Du bist unsere Kommunikationsexpertin. Das ist deine wichtigste Rolle im Unternehmen. Nach Außen und eben auch nach Innen. Ich sehe hier niemanden sonst, der diesen Change leiten könnte", argumentierte Susan weiter.

„Ich schon!", entgegnete nun Martin überraschend und blickte Susan vielsagend an. „Ich wüsste auch noch jemanden", stimmte Katharina mit ein und sah Susan ebenfalls an. Diese war anfänglich irritiert, verstand aber schließlich worauf beide hinauswollten. „Ich mache aber doch schon die Programmleitung", versuchte Susan von sich abzulenken. „Genau deshalb", betonte Katharina, „ist das auch in deiner Verantwortung, Susan. Ihr seid kein Konzern mit 1.000 Mitarbeitern. Hier wäre eine eigene große Change-Organisation parallel notwendig. Zudem würde ich euch raten, eine zweistufige Change-Planung zu verfolgen." Alle wurden neugierig.

„Stufe eins", begann Katharina, „ihr kümmert euch nur um das ‚Spirit Event' 2020. Susan hat hier die Leitung, also ist es auch deine Aufgabe, den Change Request einzuleiten, und Simone wird dir sicher in ihrer Rolle als Kernteammitglied helfen, auch die interne Kommunikation gut hinzubekommen." Alle blickten auf Simone. Diese nickte zustimmend. „Seht dieses Programm als Pilot-Programm, um diese neue Online-Welt für euch zu testen. Es ist wie ein Eintauchen, Fühlen, Probieren und Üben. Bei der Umorganisation des ‚Spirit Events' geht ihr im Programmteam gemeinsam die ersten fünf Stufen der Kommunikationstorte hoch", Katharina stand auf und blätterte auf ihrem Flipchart zum Bild der Torte. „Begleitet eure Mitarbeiter durch all diese Stufen und bringt sie zum aktiven Üben im Umgang mit der neuen Technologie." Alle nickten. „Nun folgt Schritt zwei:", fuhr sie fort. „Wenn ihr das erfolgreich geschafft habt, braucht ihr weder Mitarbeiter noch Kunden in der Folge davon zu überzeugen, dass ihr auch fähig seid, Online-Events zu veranstalten. Ihr habt es damit bewiesen. Die neuen Buchungsanfragen für Online-Events werden zu euch kommen – und der firmenweite Change die Konsequenz sein." Simone merkte, dass auch sie mehr und mehr ihre Zweifel verlor. Das ‚Spirit Event' am 20. März 2020 war in dieser Betrachtungsweise nicht mehr der letzte Meilenstein eines großen Vorhabens, es war der erste Meilenstein einer neuen strategischen Firmenausrichtung. Sie blickte zu Susan und Martin. Beide grinsten. Sie hatten beide schon die Vision im Kopf gehabt, die Katharina nun so deutlich formulierte. Jetzt konnte auch Simone sie sehen.

„Ich gebe euch nun die zwei wichtigsten Tipps für erfolgreiches Change Management an die Hand." Katharina ging ein paar Schritte in ihrem Büro auf und ab. Sie blickte flüchtig auf Maries Bild mit der wundervollen, aufsteigenden Spirale, die sie immer im genau richtigen Moment inspirierte. „Ihr braucht ein Team, ausgewählter, handverlesener **Change Agents**." Susan und Simone blickten sie fragend an. Martin nickte und hatte schon ein paar Namen in seinem Kopf. „Change Agents sind jene Mitarbeiter, die ihr als erstes davon überzeugt, wie klug und richtig euer Vorhaben ist. Das können durchaus die Mitglieder deines Programmteams sein, Susan. Aber grundsätzlich gilt hier: Es sollte mindestens ein Meinungsbildner pro Betroffenengruppe dabei sein."

> Was Projektteammitglieder im Projekt sind, sind im Change Management die **Change Agents**. Ihre Aufgabe ist es, Widerstände innerhalb ihrer eigenen Betroffenengruppe abzufangen und damit den Change zu ermöglichen.

Susan überlegte. „Meinst du eine Person pro Stadt?" „Eher zwei bis drei Kollegen pro Stadt. Jede Bezugsgruppe braucht seinen Change Agent. Es könnte grundsätzlich auch ein Agent für alle Buchhalter oder einer für alle Eventmanager vor Ort sein. Versteht ihr was ich meine?" Simone nickte. „Macht ja total Sinn. Wenn einer aus einem Arbeitsbereich den ersten Schritt macht und dabei erfolgreich ist und positive Erlebnisse berichtet, wollen die anderen das auch." „Exakt", bestätigte Katharina. „Wählt den Kreis eurer Change Agents gut aus. Es dürfen in Summe, gemessen an eurer Firmengröße, ruhig 12 bis 14 an der Zahl sein. Wenn ihr alle ausgewählt habt und sie auch dieser Rolle aktiv zugestimmt haben, gebt ihnen eine klare Aufgabe." „Welche?", schoss Susan heraus, obwohl sie eigentlich selbst die Antwort schon kannte. Katharina schmunzelte und blickte zu ihrem Coachée. „Sag du es uns", forderte sie Susan auf und schenkte ihr damit das triumphierende Gefühl, wenn man den Gedankenball selbst zielsicher ins Tor schießt.

„Ihre Aufgabe wird es sein, die Gruppe an Gleichgesinnten schrittweise zu begleiten und sie durch diesen Change durchzuführen." Katharina nickte zufrieden. „Wenn ihr diese Change Agents ausgewählt habt, dann fügst du diese Mitarbeiter noch deinem Programmorganigramm hinzu. Du kannst, um die Organisation einfach und schlank zu halten, einfach ein eigenes Change

Agents Subteam gründen und du leitest es." Susan notierte sich diesen Tipp in ihr Notizheft. „Du siehst also, du bist mit dieser Aufgabe nicht allein. Wie in jedem Projekt, leisten auch im Veränderungsprojekt viele Menschen einen wertvollen Beitrag, um so ein Vorhaben erfolgreich durchzuführen." Susan nickte. Ihre anfängliche Skepsis, ob sie tatsächlich die Richtige dafür war, wich einem selbstsicheren Gefühl. Zusammen mit ihren Change Agents war dies machbar. Simone, dabei blieb sie, war demzufolge ein wichtiger Change Agent. Die Rollenbezeichnung mochte zwar anders sein, aber Simones Talent blieb. Beim spontanen Nachdenken fielen Susan aber gleich noch ein paar weitere potenzielle Change Agents in den einzelnen Firmenstandorten ein. „Was war der zweite Tipp, den du uns noch geben wolltest?", begann nun Martin, der schon kommen sah, dass Susan und Simone gleich beginnen würden, weitere potenzielle Change Agents für das Programm zu diskutieren.

Katharina wandte sich ihm zu. „Es ist eher ein Tool als ein Tipp. Ein ganz zentrales Tool im Change Management, wenn ihr mich fragt." Katharina griff nach einem Flipchart-Stift und blätterte auf eine leere Seite. Dann begann sie eine Kurve zu skizzieren. Auf dieser platzierte sie Punkte. Jeder Punkt stand für einen emotionalen Zustand. Bei einer bevorstehenden Veränderung, die einen Straßenwechsel im Kopf notwendig machte, gingen die Betroffenen in der skizzierten Reihenfolge durch diese Emotionen.

„Setzt am besten diese Kurve in Bezug zur Torte von vorhin. Während die Torte uns die einzelnen Stufen in der Veränderung rational erklärt, habt ihr hier auch die hintergründigen emotionalen Abläufe transparent gemacht", erklärte Katharina und verknüpfte so die für sie zwei wichtigsten Führungsbilder im Veränderungsmanagement. Dann wandte sie sich zu Susan. „Darf ich dich als Paradebeispiel nehmen, Susan, um die Kurve anschaulich zu machen?" Susan war etwas unsicher, nickte aber. „Als wir Mitte November zum ersten Mal darüber sprachen, dass es klug wäre, ein alternatives Szenario für das Event anzudenken, warst du an der Kommunikationstorte auf Stufe eins. Du hörtest zum ersten Mal davon, dass dies eventuell notwendig sein könnte. Diese Notwendigkeit sahen wir damals durch einen extrinsischen, schleichenden Faktor auf uns zukommen: die Entwicklung der Krankheit in China." Susan nickte. „Der erste Punkt in der Emotionskurve ist die *Sorge*. Diese lässt die Motivation sinken, im Gegenzug steigen Unlust und Widerstand." „Das kann ich absolut bestätigen", betonte Susan, die noch genau wusste, wie stark sie damals mit ihrem Mayr-Modus zu kämpfen hatte. „Dann kommt die

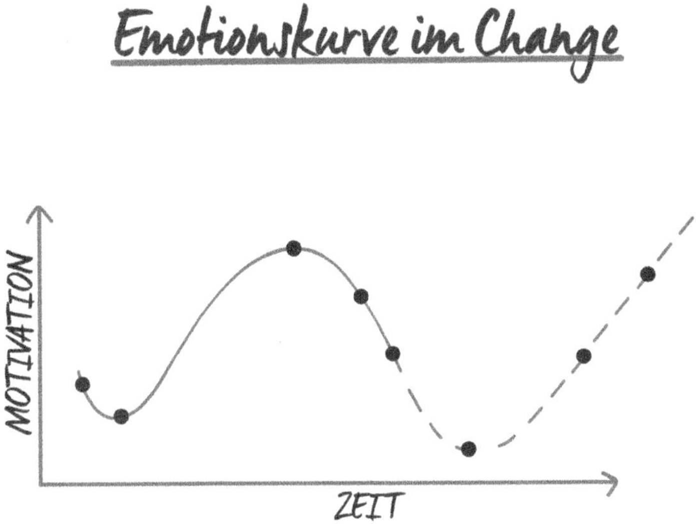

Abb. 42: Emotionskurve im Change I

zweite Stufe der Torte, das Verstehen, was nicht zu selten auch im zweiten emotionalen Zustand, nämlich *Alarm und Schock*, mündet." „Dieser war bei mir gekommen, als Ben und ich am 2. Januar von einer Skihütte in den Innsbrucker Bergen ins Tal kamen und wir das erste Mal wieder einen Handyempfang hatten. Ben hatte mir die Nachrichten aus der Welt vorgelesen, darunter die aus China, wo offiziell eine neue Viruserkrankung bestätigt worden war. In diesem Augenblick war bei mir innerer Alarmmodus. Davor war es lange Zeit nur Sorge." Katharina nickte.

„Hier ist schön zu sehen, wie dies schleichend passierte. Anders als damals bei Karli, als ihr alle von heute auf morgen sofort in diesen Schock versetzt wurdet." Alle stimmten dem zu. „Ab diesem Zeitpunkt nimmt der innere *Widerstand* zu. Im Kopf der Betroffenen herrscht ein Gedankenwirrwarr. Man versucht im besten Fall, trotz hohem Cortisolspiegel im Blut, alle Vor- und Nachteile gegeneinander abzuwägen. Im schlimmsten Fall überlegt man nicht, sondern geht direkt und unreflektiert in den aktiven Widerstand. Hier bricht oft ein regelrechter Zoo aus. Jene Kollegen, die eher ein Fluchtverhalten aufzeigen, verkriechen sich in ihren Büros oder gehen in den Krankenstand. Sie leiden oft still und leise und kündigen innerlich. Andere Kollegen, die eher auf Kampfverhalten programmiert sind, argumentieren, diskutieren und begründen, warum das alles nicht klug sei. Diese Welle des Widerstands gilt es im Change Management Team durchzuhalten. Die Change Agents sind hier im Dauereinsatz. Ihre wichtigste Aufgabe ist es, Ventile zu öffnen." Susan schmunzelte. Sie hatte schon darauf gewartet, bis Katharina die nächsten Führungstools kombinierend ins Spiel brachte.

„Deshalb ist es das Um und Auf, dass der Change Manager als erstes durch die Kurve durchgeht. Nach ihm sein Kernteam und im Anschluss die weiteren Change Agents. Erst danach sollten die einzelnen Betroffenengruppen durchgelotst werden. Hintereinander ist dabei leichter als zeitgleich." Simone erkannte die Parallelen zum strategischen Marketing. Sie überlegte stets, wem sie was wann erzählte und das Timing war dabei immer das Entscheidendste. „Ich hatte den gesamten Weihnachtsurlaub über diesen Widerstand in mir. Der Gipfel war, als mir Ben Flugtickets nach Asien für April 2020 als Weihnachtsgeschenk überreicht hatte", erzählte Susan und vernahm ein dumpfes „Oje" von den anderen. „Dann war es vorbei. Ich konnte nicht länger schweigen und erzählte Ben und meinem Papa von unserem Gespräch. Da war ich echt fertig. Ich gebe zu", beichtete Susan, „ich habe hier wissentlich unsere Abmachung verletzt, aber es war für mich anders nicht mehr tragbar." Martin gestikulierte ihr, sich keinen Kopf zu machen. „Ich konnte mein Versprechen ein paar Tage später auch nicht mehr halten und Simone davon erzählt", verriet Martin. „Ja!", rief Simone. „Das war dann der erholsame Weihnachtsmoment, als bei mir die Kurve losging." Alle lachten.

„Die *rationale Einsicht* kommt als nächstes", fuhr Katharina mit der Theorie fort. „Nun erkennt man, dass es wichtig ist, über diese neuen, anderen Möglichkeiten aktiv nachzudenken. Das referenziert auf Stufe drei der Torte, das Akzeptieren beginnt." Susan überlegte. „Als wir von Tirol nach Hause gekommen waren, setzten Ben und ich uns sofort an die Computer und begannen, zu recherchieren. Er versuchte, Neuigkeiten aus China herauszufinden – immerhin sah er sein teures Weihnachtsgeschenk gefährdet, und ich war nun endlich bereit, mich dem Thema Online-Messen zu widmen." Katharina und Martin warfen Susan einen mitfühlenden Blick zu. „Es geht weiter mit der *emotionalen Einsicht*. Diese tritt dann am stärksten auf, wenn du dich zu etwas gezwungen fühlst. Umso stärker du etwas musst, ohne dass du für dich einen Ausweg siehst, umso größer die Gefahr in den tiefsten Punkt abzugleiten, dem so genannten *Tal der Tränen*." „Das Tal der Tränen ist in meinem Verständnis der

Punkt, wo mehr als die Hälfte des betroffenen Teams nicht mehr daran glaubt, dass wir das noch schaffen werden", brachte Martin seine Sichtweise ein. „Das ist bei uns im Tagesgeschäft immer Anfang Dezember der Fall, wenn wir alle langsam, aber sicher beginnen, die einzelnen Events miteinander zu verwechseln", witzelte Simone, um diesen deprimierenden Kurvenabschnitt etwas aufzulockern. „Ja, so sehe ich das auch", stimmte Katharina Martin zu. „Wenn einer allein in der Phase der emotionalen Einsicht ist, kann man ihn gut abholen und mitnehmen. Aber wenn zu viele auf einmal gleichzeitig da reinrutschen, wird das Tal der Tränen tiefer und länger. Da heißt es durchhalten und zusammen mit den Change Agents einen nach dem anderen in die *Öffnung* für das neue Thema führen. Die Öffnung ist gleichzusetzen mit dem Probieren von Stufe vier in der Torte. Wenn der erste Versuch nun doch freudige Erkenntnisse oder wider Erwarten positive Überraschungen birgt, kann das Üben, Stufe fünf, beginnen. Im Falle der Kurve spricht man von der beginnenden Integration der neuen Denk- und Verhaltensweise, die sogar in Stufe sechs der Torte, dem Beibehalten, münden kann." Katharina hielt inne. Alle gingen in Gedanken die einzelnen Punkte der Kurve noch einmal durch.

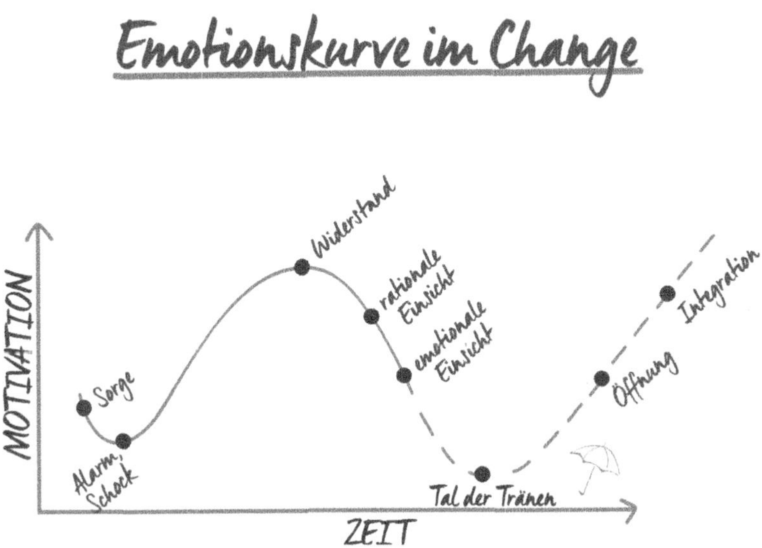

Abb. 43: Emotionskurve im Change II

„Katharina", begann Susan nach ein paar Minuten, „ich glaube, ich hatte meine emotionale Einsicht in zwei Schüben. Zum einen, als wir am Heimweg von Tirol waren. Da war ich total verärgert und traurig, da ich wusste, ich muss mich jetzt dem Thema Online-Event wirklich stellen. Sonst wäre das ja fast schon fahrlässig von mir gewesen. Zum anderen, als ich dann zu Hause tatsächlich anfing, mich durch den Dschungel an Anbietern zu klicken. Erst als ich auf ein Berliner Start-up gestoßen war, das mich in Angebot und Preis wirklich überzeugt hatte, begann in mir eine Öffnung für dieses Thema." Martin lachte. „Und die ging dafür dann radikal schnell. Am ersten Tag nach der Weihnachtspause kam Susan zu mir und malte mir meine Denkautobahn auf mein Flipchart." Katharina lachte. „Sehr gut! Wenn du Martin geknackt hast, dann überzeugst du auch den Rest!" Simone und Susan stimmten in das Lachen mit ein.

Kurz darauf wurden sie noch einmal ernst. „Wollen wir das wirklich durchziehen?", fragte Susan ein letztes Mal, um sich sicher sein zu können, Martin und Simone standen hinter ihr. Beide nickten. „Du informierst am Montag dein Programmteam und ich spreche mit den einzelnen Geschäftsführern. Pierre und Michael informieren wir zusammen. Je nachdem, wie sie reagieren, gehen wir die nächsten Schritte", argumentierte Martin. „Ich kann dir dann in der nächsten Etappe gerne helfen, Michaela und den Rest des Münchner Projektteams zu überzeugen", bot Simone an. Susan nickte dankend. „Lass uns versuchen, die Gruppe der Change Agents am Mittwoch gemeinsam abzustimmen. Ich möchte diejenigen, die über das Programmteam hinaus noch da reinfallen, am Donnerstag mit einem persönlichen Telefonat abholen", bat Susan. Martin und Simone fanden diese Idee gut. „Ich habe auch noch einen Vorschlag", ergänzte Simone. „Die meisten reisen doch Donnerstagabend schon an. Wir könnten alle Geschäftsführer und die Mitglieder der einzelnen Projektteams zu einer Change Request Besprechung an diesem Vorabend einladen." Simone und Martin stimmten zu. „Und wenn wir am Freitag zu dem Schluss kommen, wir ziehen das durch, organisiere ich für die Woche drauf einen virtuellen CR Workshop", beschloss Susan. „Virtuell?", Martin rümpfte die Nase. „Kriegen wir das hin?" Susan schmunzelte, als sie sich an Martin wandte. „Wenn wir ein komplettes ‚Spirit Event' virtuell abhalten wollen, dann werden wir wohl im Vorfeld auch ein paar virtuelle Workshops schaffen!" Martin atmete tief ein und alle Bedenken in seinem Kopf wieder aus. „Na dann, auf geht's!"

26. VERÄNDERUNG AN ALLEN ECKEN

Die nächsten Wochen ging es Schlag auf Schlag. Susan vereinbarte am Montag Videokonferenzen mit Paul, Maggy, Pierre und Michael. Während Paul und Michael überraschend gefasst mit der Situation umgingen, fielen Maggy und Pierre aus allen Wolken. In Summe brauchte es an den ersten drei Tagen jeweils ein einstündiges Telefonat, um ihnen genügend Raum zu geben, alle Bedenken zu äußern. Am Mittwoch waren alle vier in der rationalen Einsicht angekommen. Susan hatte bereits einiges an Informationen zusammengetragen und grob ein mögliches Vorgehen skizziert. Die Ausarbeitung der Details musste aber in einem gemeinsamen Change Request Workshop erarbeitet werden.

Mittwochabend trafen sich alle Programmteammitglieder in einem virtuellen Call. Davor hatte Susan, teilweise zusammen mit Martin, immer nur mit allen einzeln gesprochen. Als sie im gemeinsamen Video-Call noch einmal alle Fakten auf den Tisch legten, wurde schnell sichtbar, dass sich die Erreichung der dritten Tortenstufe anbahnte. Alle akzeptierten – und dass nach nur drei Tagen intensiver Kommunikation, dass eine Öffnung für dieses Thema wichtig war. Susans Plan, dies ausschließlich mit innovativen Argumenten zu schaffen, ging aber nicht bei allen auf. Das Argument der Risikoreduktion aufgrund der Entwicklungen in China war ebenfalls notwendig, um diese Geschwindigkeit im Umdenken zu erreichen. Während Paul und Michael offen waren und der innovative Aspekt ausgereicht hätte, waren es vor allem Maggy und Pierre, die das Pandemie Argument brauchten, um Änderungen in ihrem Denken in dieser Geschwindigkeit zuzulassen. Der nächste Schritt, das Informieren der Projektteams, erfolgte am Donnerstagvormittag.

Jede Projektmanagerin und jeder Projektmanager kümmerte sich um die eigenen Teammitglieder. Susan und Simone sprachen gemeinsam mit dem Münchner Team. Obwohl Susan und Martin bemüht waren, die Informationskette einzuhalten, waren sich bereits am Mittwoch alle Mitarbeiterinnen und Mitarbeiter in den Büros der Tatsache bewusst, dass etwas Großes im

Gange war. Gerüchte und Vermutungen machten die Runde. „Wir könnten gar nicht länger warten, auch den Rest abzuholen“, argumentierte Susan Donnerstagnachmittag, als sie einen Moment mit Martin allein war. „Jeder ahnt etwas und Ängste und Vorurteile lösen oft ziemlich absurde Gedanken aus.“ Martin nickte. „Ja, länger könnten wir wirklich nicht warten.“ Noch am selben Abend trafen sich Susan, Martin und Simone mit den Geschäftsführern der Regionen und den Teammitgliedern der einzelnen ‚Spirit Event‘ Teams. Sie luden ihre Gäste in ein Hotel in der Nähe des Münchner Büros ein und empfingen sie gegen 18.00 Uhr mit einem Stehbuffet. Am Ende des Raumes war eine große Leinwand aufgebaut.

„Ich danke euch von Herzen, dass ihr alle so spontan gekommen seid“, begann Martin eine kleine Rede. „Ich weiß, nach einem intensiven Jahresende 2019 hattet ihr im neuen Jahr nicht gleich wieder einen so intensiven Start erwartet.“ Alle schmunzelten und warfen sich vielsagende Blicke zu. „Ihr könnt mir glauben, das habe ich auch nicht. Es ist allerdings wichtig, dass wir unsere Hausaufgaben machen. Und meine Aufgabe als Eigentümer ist es, offen für sich anbahnende Veränderungen zu sein. Zum Glück gibt es Kolleginnen und Kollegen unter uns, die mir auch dabei helfen“, Martin zwinkerte Susan zu. „Unser ‚Spirit Event‘ in ein Online-Format zu transferieren, wäre mir noch vor zehn Wochen nicht im Traum eingefallen. Mir ging es also noch vor kurzem genauso wie euch die letzten Tage, als wir mit dieser Idee auf euch zugekommen waren. Trotzdem sage ich euch heute, dass die Zeit gekommen ist, gemeinsam als Team diese Herausforderung anzunehmen. Ohne eure Zustimmung und euer Mitwirken, können wir diesen Schritt nicht gehen. Wir möchten deshalb heute Abend alle Möglichkeiten, Ideen und auch Bedenken und Ängste, die wir alle haben, auf den Tisch legen und besprechen. Lasst uns gemeinsam überlegen, ob und wenn ja, wie wir die Sache angehen wollen. Und wenn wir am Ende des Abends zu dem Schluss kommen, wir tun es, dann treten wir morgen als Einheit vor unsere Kollegen und jeder von uns fungiert als Change Agent, der seine Leute beim Öffnen und Umdenken begleitet und unterstützt. Was sagt ihr dazu?“ Martin pausierte.

Er stand vor der Leinwand und seine Führungskräfte und die ‚Spirit-Event‘ Teammitglieder standen im Halbkreis gegenüber. Es war still. „Zu Still“, dachte Simone und ging zu ihrem Mann. Sie stellte sich neben ihn und blickte zu den anderen. „Ich war anfangs extrem skeptisch, als ich das alles hörte. Ich habe viel darüber nachgedacht. Die Social Media Kampagne läuft auf Hochtouren. Wir haben tausende Follower und unzählige Posts jeden Tag. Wir haben eine Reichweite, die weit über alle Grenzen unserer fünf Städte hinausgeht. Wenn wir diesen Schritt wagen, erreichen wir eine Bekanntheit und neue Zielgruppen, von denen wir bis vor einem Jahr nicht einmal geträumt hätten. Ich vertraue Martin, dass er uns da durchnavigiert und ich bin bereit, mich dieser Herausforderung zu stellen." Susan jubelte innerlich. Sie blickte in die Gesichter der anderen und merkte, wie sehr Simones Worte wirkten. Ihre Vermutung, sie wäre die entscheidende Multiplikatorin bei Spirit Events hatte sich in dieser Sekunde bestätigt. Susan ging langsam zu Simone und stellte sich neben sie. „Ich bin davon überzeugt, wir sollten den Change Request einleiten und es versuchen. Ich bin dabei und bereit mein Bestes zu geben." Susan versuchte selbstsicher und überzeugt zu wirken, auch wenn ihr Puls in diesem Moment raste und sie das Gefühl hatte, ihr Herz würde gleich aus ihrer Brust springen.

Paul und Pierre waren die nächsten beiden, die sich zu der Leinwandgruppe gesellten. Paul blickte zu Pierre und beide nickten. „Wir sind dabei!", rief Paul in die Runde. „Es ist sowieso mein erstes ‚Spirit Event' und ich bin ein Kind der neuen Medien. Ich finde es genial", ergänzte Paul. Susan und Simone schmunzelten. Michael folgte seinen Programmteamkollegen. „Ich bin zwar nur interimsmäßig mit am Start, aber ich kann euch aus meiner Expertise heraus sagen, dass die Gründe wirklich gut durchdacht sind. Es tun sich damit in Zukunft völlig neue Geschäftsfelder für Spirit Events auf und strategisch ist das wirklich was Großes. Ich helfe also gerne mit und wenn Not am Mann ist, kann ich noch ein paar Kollegen von mir ranschaffen, die mithelfen." Martin nickte dankend. Nach und nach kamen schließlich alle demonstrativ auf die andere Seite. Martin und Susan waren in höchstem Maße zufrieden und spürbar erleichtert. Der erste Schritt war geschafft. Nun trat Susan vor die Menge.

„Ich habe eine kleine Überraschung für euch. Ich habe für heute Abend einen jungen Mann namens Patrick eingeladen. Patrick ist aus Berlin zu uns gekommen. Er hat vor gut einem Jahr dort ein Start-up gegründet, dass sich auf die Technologie hinter individuellen Online-Events spezialisiert hat. Ich habe mit ihm am Montag telefoniert und ihn gebeten, uns mal in seine Welt eintauchen zu lassen. Ich glaube, es ist ganz wichtig, dass wir alle ein Gefühl dafür bekommen, was möglich ist und wie unser ‚Spirit Event' online aussehen könnte." Susan ging zur Tür, um Patrick hereinzurufen. Alle waren überrascht. Martin und Simone am allermeisten. Die beiden hatten von Susans

Eigeninitiative nichts geahnt. Martin war zwar irritiert, wusste aber, dass er Susan vertrauen konnte. Was auch immer sie vor hatte, sie handelte nach Plan. Patrick betrat den Raum und begrüßte die Gäste. Er schüttelte allen neun Anwesenden die Hand und trat dann an die linke Seite der Leinwand. Die anderen versammelten sich wieder um die Stehtische und Susan bat sie, sich noch einmal eine Auswahl vom Buffet zu holen, während Patrick den Computer hochfuhr. Als die Kolleginnen und Kollegen mit einem Teller in der Hand auf die Leinwand blickten, gab Susan Patrick das Startsignal.

„Also ich bin Patrick und ich bin 27 Jahre alt. Ich gebe ganz offen zu, ich habe in meinem Leben von nie ein richtiges physisches Event organisiert, aber mein Team und ich sind geschickt darin, virtuelle Events auszurichten. Wir haben eine eigene Plattform gebaut, die es möglich machen kann, euere ‚Diamond Thoughts' virtuell zum Glitzern zu bringen. Susan hat mich am Montag angerufen und mich gebeten, euch einen ersten Eindruck zu geben, wie so etwas aussehen könnte. Ich habe ein paar Knöpfe gedrückt und ein bisschen etwas für euch vorbereitet. Es ist nur ein kleiner Eindruck, aber genau der hilft euch vielleicht, euch für das Thema Online-Events zu öffnen." Patrick hatte eine sympathische Stimme und wirkte bodenständig und umgänglich. Er hatte eine charmante Art und auch wenn er leicht nervös war, er ließ es sich nicht anmerken. In den ersten 11 Monaten seiner Selbständigkeit hatte er bereits etwas Wichtiges gelernt: Bilder sagen oft mehr als tausend Worte. Daher drückte Patrick auf den Knopf und startete eine Reise, die in eine virtuelle Eingangshalle führte.

Es war eine stylische, moderne Halle, die in Weiß- und Grautönen gehalten war. In der Mitte funkelte ein grüner Diamant. Susan hatte ihm ihr Eventlogo zugeschickt und Patrick, mit ein paar einfachen Kniffen, dieses bereits platziert. „Hier rechts, können sich eure Besucher registrieren. Das ist wichtig, ansonsten können sie nicht durch die Räume wandern. Ihr entscheidet, welche Daten angegeben werden sollen. Ich empfehle euch, die Hürde niedrig zu halten." Patrick gab seine Namen, die gewünschte Sprache und eine E-Mailadresse ein und klickte auf Anmelden. Dann ging es los. Es gab eine freie Fläche für die Agenda des Tages, Links zu diversen Ausstellungs- oder Messeräumen und zentral unter dem grünen Diamanten ein Auditorium, in dem virtuelle Live-Streams ausgestrahlt werden konnten.

„Für die Keynotes arbeiten wir entweder mit Untertiteln oder mit Simultanübersetzern, die ebenfalls in einem kleineren Fenster eingeblendet werden –

gleich neben dem Hauptsprecher. Das wird bei euch wichtig sein, ihr habt ja auch englisch- und französischsprachige Gäste, oder?" Martin nickte mit großen Augen. Auf der drei mal zwei Meter Leinwand diese 3-D-Räume zu sehen, zog ihn in einen magischen Bann. Alles wirkte so real. Im Auditorium saßen etliche virtuelle Figuren, auf den Gängen bewegten sich Avatare und die Bedienung schien wirklich selbsterklärend. Man klickte, wohin man virtuell gehen wollte. „Gibt es denn auch die Möglichkeit für Diskussionsgruppen?", erkundigte sich Simone, die aus der Social Media Kampagne heraus schon wusste, dass viele ihrer Gäste den Austausch liebten. „Klar", kommentierte Patrick, als ob dass das wenigste wäre. „Ihr könnt Themenräume anlegen, wo sich Menschen treffen und miteinander in den Austausch gehen. Das kann entweder mit der eigenen Kamera erfolgen – fast wie in echt also – oder die Leute wählen sich einen Avatar, der physisch für sie teilnimmt. Bei den Keynote Speaches im Auditorium, würde ich empfehlen, die Fragen schriftlich im Chat zu sammeln. Im Anschluss kann der Sprecher ausgewählte Fragen, in der noch zur Verfügung stehenden Zeit, beantworten."

„Und unsere Sponsoren, wo können sich unsere Sponsoren präsentieren?", fragte nun Michaela, die ebenfalls mit großen Augen die Präsentation verfolgte. „Für die könnten wir eine eigene Galerie erstellen, wo sie sich vorstellen und ihre Absichten präsentieren." „Was ist mit den Büchern unserer Sprecher? Gibt es einen Online-Shop?", erkundigte sich gleich darauf Paul. Patrick nickte auch hier und zeigte seine Möglichkeiten. Er hatte sich im Vorfeld eine schöne Strategie zurechtgelegt, wann er was zeigen wollte. Aber schon nach fünf Minuten, hatte er diese über den Haufen geworfen. Seine vielleicht baldigen Kooperationspartner checkten in den nächsten 30 Minuten alle Themen ab, die sich auf den vielen vorigen Events bewährt hatten. Die Neugierde, wie man all diese unterschiedlichen Eventelemente virtuell übersetzen konnte, war bei jeder und jedem entfacht. Erst als die Fragen verstummten und Patrick etwas außer Atem zu Susan blickte, ging diese vor die nun wieder weiße Leinwand.

„Eine Sache gibt es allerdings, die kann eine virtuelle Messe nicht bieten", begann sie. „Das ist wirklich der einzige massive Nachteil, den ich gefunden habe", fuhr Susan fort und steigerte die Neugierde der Gäste weiter. Sie blickte zu Patrick, im Anschluss zu Martin und weiter zu Simone. Die Spannung stieg. „Catering! Wir brauchen uns um kein Catering zu bemühen." Alle lachten. „Die müssen Essen, was sie im Kühlschrank haben!", rief Michaela in die Runde und alle lachten noch lauter. Patrick, der diesen Insiderwitz nicht verstand, stimmte höflich in das Lachen mit ein und nickte. „Wir haben zwar schon Angebote von Hauszustellern eingeholt, aber das steckt wirklich noch in den Kinderschuhen. Susan hat recht, das kann ich euch nicht anbieten." Das Gelächter wurde noch lauter. Simone ging zu Patrick, um ihm zu verraten, warum dieser Punkt für so viel Heiterkeit sorgte: „Das Thema Catering ist bei uns der Punkt, der uns oft am meisten Sorgen bereitet. Ist genug Essen da, ist genug Personal da, ist das Personal zuverlässig, ist das Essen noch warm? Wir könnten dir hier Geschichten ohne Ende erzählen. Dass genau der Part wegfällt, ist der Hit des Abends." Jetzt musste auch Patrick wirklich lachen. Er mischte sich unter die Gäste, holte sich – weil es so schön zum Thema passte – einen Teller mit Leckereien vom Buffett und begann zusammen mit Susan im informellen Teil des Abends, von seinem Alltag im Online-Event-Segment zu erzählen.

Es war gegen 22.00 Uhr. Martin und Susan hatten zu diesem Zeitpunkt mit jeder und jedem der anwesenden Gäste persönlich die Sichtweisen ausgetauscht. Während alle mittlerweile gemütlich an Tischen Platz genommen hatten und sich über die vielen neuen Eindrücke unterhielten, bat Martin Susan kurz nach draußen. Susan folgte ihm und sie fanden in der Lobby des Hotels eine ruhige Ecke für ein Vier-Augen-Gespräch. „Das war ein genialer Einfall von dir, diesen jungen Mann heute Abend einzuladen", begann Martin. „Ich glaube wir spüren beide, dass wir zum einen unsere Change Agents gefunden und begeistert haben, und dass wir zum anderen auch morgen, wenn die restliche Mannschaft kommt, mit Sicherheit eine gute Neujahrsveranstaltung haben werden." Susan nickte. „Das denke ich auch."

„Wieso hast du Simone und mir nicht erzählt, dass du ihn einladen möchtest?", platzte es aus Martin heraus. Susan blickte verlegen zu Boden. „Ich weiß es nicht genau. Normalerweise haben wir ja einen längeren Prozess, wie wir Lieferanten vorselektieren und dann einen nach dem anderen einladen und so weiter. Ich wusste einfach, in diesem Fall haben wir nicht die Zeit dafür. Und ich war mir sicher, wenn Patrick uns allen persönlich zeigt, was er hier mit seinem Team gebaut hat, dass wir enorm viel Zeit und Energie sparen. Wir hätten das niemals in Worten erklären können. Dank Patricks Rundgang verstehen nun alle unsere Vision. Online-Event oder Präsenz-Event, ich bin mir sicher, bald können wir beides." Martin verstand Susans Beweggründe. Er musste zugeben, er war sich nicht sicher, ob er zugestimmt hätte, diesen jungen Start-up Gründer einzuladen. Wahrscheinlich hätte er einen langjährig bestehenden Anbieter ausgewählt oder zuerst zwei bis drei Empfehlungen seiner Freunde angerufen und Angebote eingeholt. Ein Vorgehen, dass sich bei Präsenz-Events bewährt hatte. Aber wenn man einen neuen Kooperationspartner für Online-Events suchte, sollte man wohl auch eher online suchen und das Angebot gründlich studieren.

Noch am selben Abend setzte sich Martin mit Patrick zusammen und die beiden verhandelten die Eckdaten einer potenziellen Kooperation. Patrick war begeistert, denn Spirit Events war aktuell erst sein achter Kunde. Er war an langfristigen Partnerschaften interessiert und da er auch vorhatte, selbst als Veranstalter von eigenen Online-Eventformaten aufzutreten, freute er sich umgekehrt über die Expertise und die Ressourcen, die sein neuer Kooperationspartner mitbrachte.

Am nächsten Tag verlief alles glimpflich. Die meisten Mitarbeiterinnen und Mitarbeiter ahnten bereits, dass etwas im Busch war. Die Überraschung war zwar groß, aber da sogar Befürchtungen vorherrschten, Martin würde die Firma vielleicht verkaufen wollen, war sogar Erleichterung im Raum spürbar. Die Skepsis und die Angst vor der digitalen Welt waren groß, aber da der harte Kern der Firma bereits eine Welle an neuen Eindrücken und Bildern skizzierte, verringerte sich der Widerstand im Laufe des Tages deutlich. Patrick, der an diesem Tag schon morgens wieder zurückmusste, hatte sich bereit erklärt, die Woche darauf – sofern gewünscht – den virtuellen Rundgang durch seine Eventhallen noch einmal vorzuführen. Da die Change Agents ihren Job hervorragend machten, waren bei diesem Rundgang 75 Spirit Events Mitarbeiterinnen und Mitarbeiter am Start. Obwohl nach wie vor Skepsis in Bezug auf Workload, Sinnhaftigkeit und Durchführbarkeit vorherrschten, versuchten alle konstruktiv mit der neuen Situation umzugehen.

Schneller als erwartet, war der Change Request in vollem Gange. Der Planungsworkshop hatte gezeigt, dass es eigentlich massive Veränderung an jeder Ecke des magischen Dreiecks geben müsste. Das Problem in der Branche des Eventmanagements war jedoch, dass eine der drei Ecken stets eingefroren und damit unantastbar war. Die Rede ist von der Terminecke. Der 20. März 2020 stand. Weil das aber so war, fielen die Umplanungen an den beiden anderen Ecken

Leistung und *Kosten/Ressourcen* noch massiver ins Gewicht. In der Leistungsecke befanden sich die unangenehmsten Veränderungen. Jeder einzelne Sponsor, Kooperationspartner, Aussteller, Sprecher und Anbieter mussten abgeholt werden. Zudem ging das Abklappern der Behörden wieder von vorne los. Die mühsam eingeholten Freigaben für die Eventfläche und Gärten mussten wieder aufgelöst, Bühnen, Videowalls und Caterer rechtzeitig storniert werden. Als die Liste mit neuen Tasks fertig war, verlor sich das Programmteam kurzzeitig im Tal der Tränen.

Die Liste schien so endlos lang, dass es dem Team unmöglich erschien, *alles* in der verbleibenden Zeit zu schaffen. Trotz guter Arbeitsenergie und neuer, inspirierender Vision hatte die Realität der CR Planung das Team schnell eingeholt. Wäre für das alles noch ein halbes Jahr Zeit gewesen, kein Thema. Es blieben jedoch nur noch sieben Wochen. Der Blick auf die Ressourcenecke zeigte, dass es nicht genug Projektteammitglieder und Projektmitarbeiterinnen und -mitarbeiter gab, um all diese Dinge noch rechtzeitig zu schaffen. Susan traf Ende Januar, in Rücksprache mit Martin, zwei Entscheidungen. Erstens, sie holte Patrick in das Programmkernteam und er bekam ein Online-Event Subteam. Darin waren fünf seiner eigenen Mitarbeiterinnen und Mitarbeiter und eine Spirit Events Mitarbeiterin aus Simones Marketingteam. Zweitens, Susan nahm Michaels Angebot an und holte sich noch eine Programmassistentin für die letzten Wochen dazu. Diese unterstützte Vollzeit bei der Umsetzung des Change Request Prozesses.

Beide Entscheidungen federten das Tal der Tränen ab, konnten es aber nicht verhindern. Die Arbeitsbelastung war hoch und es gab auch zahlreiche Lieferanten und Partner, die vom ‚Spirit Event' Team durch die Emotionskurve begleitet werden mussten. Einmal kübelte ein Sponsor seinen Ärger über eine Assistentin, dann kübelte die Assistentin ihren Ärger bei einem Projektteammitglied. Zum Schluss landeten die Kübel in der Regel bei Susan oder Martin. Susan, die viel mit Patrick an der Umsetzung des virtuellen Raumes arbeitete, musste in dieser Phase enorme Standhaftigkeit beweisen. Der tägliche Rundgang in der virtuellen Eventumgebung half ihr dabei. Dass sie ihr Zielbild täglich vor der Nase hatte, war wie ein kleiner Energiebooster für ihre vielen Gespräche. In all dem Trubel war aber eine Sache auffällig: die Reaktionen der potenziellen Gäste in den Foren und Social Media Kanälen.

Die Ankündigung der Umstellung auf ein Online-Format erfolgte am 1. Februar. Diese Information wurde besser aufgenommen, als je vermutet. Es

Abb. 44: Programmorganisation nach dem Change Request

gab zahlreiche positive Kommentare oder schlimmstenfalls geäußerte Traurigkeit über den Wegfall des physischen Zusammenkommens. Keine Spur aber von Shit Storms oder unangenehmen Kritiken. Simone und Martin waren sich sicher, dass hatte auch etwas mit der zunehmenden Berichterstattung zur Pandemie in China zu tun. Zeitgleich während ihrer Umorganisation stieg die Anzahl der Infizierten in China rapide an. Bereits am 13. Januar 2020 wurde der erste Fall in Thailand und am 23. Januar 2020 der erste Fall in den USA gemeldet. Einen Tag bevor Spirit Events die Durchführung ihres Events als Online-Event verkündete, erklärte die WHO die anfängliche Epidemie zu einer gesundheitlichen Notlage internationaler Tragweite. Zu diesem Zeitpunkt war die gesamte Provinz Wuhan in Hubei schon in Massenquarantäne und alle Feierlichkeiten zum traditionellen chinesischen Neujahrsfest waren abgesagt worden. Im Februar gab es nicht eine Person bei Spirit Events, die Martins Entscheidung der Online-Durchführung des ‚Spirit Events' noch bezweifelte. Alle waren zutiefst froh, diesen Schritt, im Rückblick sogar mit zeitlichem Vorsprung, gewagt zu haben. Wenn im Januar eigeninitiativ kein Change Request Prozess erfolgt wäre, hätten sie spätestens mit Ende Februar einen Krisenprozess unsicheren Ausgangs einleiten müssen.

Am 11. Februar gab die WHO dem Virus offiziell seinen Namen. COVID-19 hielt ab diesem Zeitpunkt die ganze Welt in Atem. Es gab kaum jemanden, den zu diesem Zeitpunkt die Entwicklung der Infektionszahlen kalt ließ. Die Angst, die Epidemie könnte sich zu einer weltweiten Pandemie entwickeln, stieg. Dies zeigte sich auch mehr und mehr in den *Diamond Thoughts of the Day* und den *Diamond Thoughts of the Week* für das Event. Je mehr Menschen weltweit in Quarantäne geschickt wurden, um sich nicht anzustecken, desto größer wurde das Bedürfnis, sich virtuellen Communities anzuschließen. Dass die Freiheit des Einzelnen zum Schutze aller eingeschränkt werden musste, fühlte sich skurril an. Virtuelle Verbindungen unter Gleichgesinnten und Communities, die einander unterstützten, hatten mit einem Mal die wichtige Funktion, die gesellschaftliche Nähe zu ersetzen.

Die Medienberichterstattungen überschlugen sich zunehmend. Ende Februar hatte das Virus längst Europa erreicht. Während das Corona Virus sich besonders stark in Italien verbreitete, brachten es Ende Februar zwei in Innsbruck lebende Italiener auch in Bens Heimat. Spätestens zu diesem Zeitpunkt waren Ben seine Asien Flugtickets egal. Susan und Ben hatten am 1. Februar versucht, die Flüge zu stornieren. Das Storno wurde angenommen, aber ob es auch Geld zurückgab, war unklar. Der Personenflugverkehr wurde hauptsächlich dazu benutzt, um Reisende zurück in ihre Heimat zu holen. Weg flog ab Ende Februar niemand mehr.

Während die Eventbranche Europas sämtliche Feste, Shows, Messen und Konzerte der Reihe nach absagen musste und Mitbewerber von Spirit Events teilweise in, teilweise beinahe in die Pleite schlitterten, stieg die Anzahl der ‚Diamond Thoughts' Postings rapide. Es war wie ein Strohhalm, an den sich die Community klammerte. Hier war ein Zusammenhalt gegeben, der über die mittlerweile geschlossenen Grenzen hinausging.

Im März 2020 waren unglaublich viele Menschen auf der ganzen Welt in ihren Wohnungen eingesperrt. Kurzarbeit und Arbeitslosigkeit stiegen. Virtuell waren aber alle frei und auf der Suche. Auf der Suche nach Anschluss, Hoffnung, Gemeinschaft, Zusammenhalt und Liebe. Die Interaktionen in den Social Media Kanälen vervielfachten sich kurz vor dem Event blitzartig. In Medienberichten, Podcasts, Foren und Blogs wurde über das bevorstehende ‚Spirit Event' berichtet. Ab 1. März 2020 hatte Patrick die Registrierung für das Online-Event freigeschalten und seit diesem Zeitpunkt waren es hunderte Menschen, die sich täglich ihr Passwort holten. Patrick hatte die bestehende Website mit dem rückwärts zählenden Countdown übernommen und mit seiner virtuellen Eventplattform verknüpft. Unter dem Countdown war ein großer Button „Hier geht es zum Online-Event" und alle, die sich registriert und ihr Passwort erhalten hatten, konnte am 20. März ab 10.00 Uhr beitreten. Die Website zeigte ab dem ersten März alle Informationen rund um das Online-Event und Patrick hatte ein zweiminütiges Demovideo entwickelt, das den Gästen bereits im Vorfeld erste Eindrücke zu den Räumen und Möglichkeiten aufzeigte. Herausfordernd war es vor allem auch für die Keynote Speaker, ihre Vorträge für das Auditorium remote aus dem Homeoffice zu gestalten. Es wurde zur Aufgabe von Patricks Subteam, die Vortragenden zu servicieren und ihnen passende Hintergründe und technische Einschulung zu geben.

Am 19. März 2020 führte Spirit Events eine virtuelle Generalprobe aller Eventabläufe durch. Zu dieser Zeit waren so gut wie alle Präsenzveranstaltungen im deutschsprachigen Raum abgesagt und Österreich war durch die Radikalausbreitung im Ferienort Ischgl weltweit in der Presse. Die Testbesucher der Generalprobe waren die Familienangehörigen aller Sponsoren, Kooperationspartner und sämtliche Mitarbeiterinnen und Mitarbeiter von Spirit Events. Für den darauffolgenden Eventtag hatten sich sage und schreibe 19.000 Besucherinnen und Besucher registriert und die Zahl stieg immer noch an. 250 Testuserinnen und -user klickten sich, einen Tag vor der großen Show, durch alle Räume. Sie checkten die Inhalte und drückten jeden Knopf, um dessen Funktionstüchtigkeit zu prüfen. Susan, Martin und Patrick waren 16 Stunden vor ihren Laptops. Zu diesem Zeitpunkt lief auch bei Spirit Events Corona-bedingt bereits alles über Homeoffice. Susan hatte ihren Küchentisch mit zwei großen Bildschirmen aus dem Büro, ihrem dortigen Schreibtischsessel und hinter sich einem neu gekauften Paravent mit grünem Diamanten darauf ausgestattet. Nichts hatte sie und ihr Team bremsen können. Nicht einmal COVID-19.

27. SPIRIT EVENTS SETZT NEUE MASSSTÄBE

Die Nacht vor dem Online-Event hatten Patrick und sein Team bis drei Uhr früh durchgearbeitet. Die Generalprobe hatte noch einige Bugs ans Licht gebracht, die korrigiert werden mussten. Alle nahmen es sportlich und orientierten sich am typischen Standardspruch eines Konzerts: Je holpriger die Generalprobe, desto erfolgreicher die darauffolgende Show. Das letzte große Fragezeichen war, ob die Netzwerke diese unglaubliche Menge an Menschen schafften. Patrick hatte alles aufgerüstet, was möglich war. Rund 20.000 Menschen zur gleichen Zeit in einem virtuellen Raum, das war auch für ihn eine Dimension, die er noch nicht erlebt hatte. Er saß mit einem Team von sechs Leuten in Berlin vor den Computern. Je zwei Leute pro Raum mit jeweils zwei Meter Abstand. Alle Türen standen offen, damit sie sich gegenseitig im Notfall Ansagen zurufen konnten. Susan war ab 7.00 Uhr früh bereit und saß an ihrem Computer. Sie war die finale Testerin, die durch die virtuellen Eventräume klickte und kontrollierte, ob Patrick und sein Team auch die letzten Bugs gelöst bekamen.

Ben hatte sich heute frei genommen. Sein Arbeitsplatz, der während des Lockdowns im Schlafzimmer eingerichtet war, blieb leer. Ben wich nicht von Susans Seite und sah ihr fasziniert über die Schulter. Er hatte den frühen Change, den Susan forciert hatte, intensiv mitverfolgt und war stolz auf seine Frau. Vor allem in den letzten Wochen, in denen sie unglaublich viel gearbeitet und geleistet hatte, es aber trotz allem schaffte, abends mit ihm in der Hubschrauberperspektive die Fortschritte des Tages zu reflektieren. Es war lediglich drei bis viermal in den letzten Wochen der Fall gewesen, dass sie in den Mayr-Modus abglitt und ihren Ventilöffner demonstrativ auf den Tisch legte. Ben hatte sogar das Gefühl, dass er selbst in dieser Zeit viel öfter zu einem Herrn Mayr wurde als seine Frau.

In seiner Firma war der Druck enorm gestiegen. Es gab zahlreiche Lieferengpässe und der Umsatz in der Automotive-Branche brach zusehends ein.

Er war rückwirkend mit Anfang März – wie etliche seiner Kolleginnen und Kollegen in organisierenden Jobs – in Kurzarbeit geschickt worden. Sein Chef verlangte von ihm, sein Arbeitspensum in 30 Prozent seiner Arbeitszeit zu schaffen. Leider waren seine Projekte allesamt in einen Krisenmodus gestürzt und etliche Gespräche und Verhandlungen warteten auf ihn. Alle dringenden Agenden in so wenig Wochenstunden unterzubringen, war ein Ding der Unmöglichkeit. Demzufolge musste sein Chef selbst – der als einziger in seiner Abteilung noch 100 Prozent Arbeitszeit innehatte – das Wichtigste abfangen. Es dauerte keine Woche, da hatte Ben ihn versehentlich am Diensthandy mit „Hallo Herr Mayr" begrüßt. In seinen Projekten blieben viele wichtige Sachen liegen. Durch den Krisenmodus, in dem sich seine Projekte befanden, hätte er aber Arbeit für drei gehabt. Er war gezwungen, vieles liegen zu lassen, und begann dadurch innerlich seine Prioritäten zu verschieben.

Susan hatte ihm das Bildnis mit der Autobahn und dem dichten Straßennetz erzählt. Ben hatte für sich beschlossen, seine Arbeitsautobahn bewusst zu schmälern und neue Abfahrten und Abzweigen zu testen. So begann er Anfang März, täglich zwei Stunden mit seiner Familie in Innsbruck zu skypen. Nicole hatte es wirtschaftlich schwer erwischt. Sie musste die Pension und das Frühstücksrestaurant zusperren. Ihr Mann war wie Ben in Kurzarbeit und arbeitete vormittags in einem ihrer leeren Gästezimmer. Da die Kinder zu Hause waren, gab es viel Zeit für Spiele und Wandern im Wald. Barbara ging es ähnlich. Der Friseurladen war geschlossen, ihre Mitarbeiterinnen in Kurzarbeit. Sie und ihr Mann hatten ebenfalls viel Zeit für die Kinder, die sie rund um die Uhr betreuten. Susan hatte schon gewitzelt, sie sei sich nicht sicher, wie lange seine Schwestern das durchhalten würden. Waren es doch beide Frauen, die ihre Arbeit liebten und eine Kinderpause auch mal genießen konnten. Rosi kam noch rechtzeitig von ihrer Hütte am Berg hinunter und hatte sich bei ihren Eltern einquartiert. Ganz allein ohne Gäste in der Berghütte wäre nichts für sie gewesen. Sie liebte Gesellschaft und war gerne unter Menschen. Sie zog kurzerhand wieder in ihr altes Kinderzimmer ein und so hatten auch Bens Eltern mit Rosi eine weitere Bezugsperson, die in Haus und Garten mit anpackte. Bens Vater tat sich am schwersten mit dem Gefühl, eingesperrt zu sein. Die Kreuzfahrtschiffe standen mittlerweile fast alle im Hafen und damit war auch keine weitere Reiseplanung denkbar. Bens Mutter nutzte die Gelegenheit und legte ihrem Mann schon Mitte März eine Liste mit sechs Punkten auf den Küchentisch, was sie im Haus alles repariert oder neu haben wollte.

Neben den Telefonaten mit seiner Familie ging Ben täglich eine Stunde laufen. Susan war leicht neidisch, da sie selbst in der stressigen Zeit drei Schokoladenkilos zugenommen hatte und ihr Mann immer schlanker und durchtrainiert wurde. Der Urlaub im April war aber ein Lichtblick – wenn es auch gezwungenermaßen ein weiterer Zuhause-Urlaub werden würde. Anstelle den gesamten Tag vor dem Computer zu sitzen, freute sich Susan aber auf die Zeit, in der sie mit Ben zusammen Laufen gehen konnte. Irgendwann musste die gesamte Anspannung, die sich in ihrem Körper gesammelt hatte, wieder raus. Das war Susan deutlich bewusst.

Am 20. März hatte diese Anspannung ihren Höhepunkt erreicht. Zwischen 8.00 und 9.00 Uhr morgens versammelte sich das komplette Programmteam von Spirit Events in einem der virtuellen Diskussionsräume ihrer Online-Plattform. Martin und Susan gaben letzte Anweisungen und koordinierten, wer als Moderator in welchem Raum blieb oder wer die Keynote Speaker des Auditoriums betreute. Die Servicehotline für Gäste war zu Patrick und seinen Kollegen geschalten. Sie wussten, wenn zu viele technische Probleme auftreten sollten, würden diese aufgrund der Besuchermenge heillos in Telefon- oder Mailanfragen untergehen. Sie hofften schlichtweg, dass technisch alles einwandfrei verlief. Martin war an diesem Morgen überraschend ruhig und gelassen. Während er im Homeoffice im zweiten Stock seines Hauses saß, war Simone mit Jakob im Wohnzimmer. Jakob hatte an diesem Tag den Luxus, acht Stunden mit Videospielen und Fernsehen verbringen zu dürfen. Es fühlte sich wie Ostern und Weihnachten zugleich an. Die einzige Regel war: Mama und Papa dafür nicht zu stören. So saß er ab 9.00 Uhr mit einem Stapel von Sandwiches und Keksen vor seiner Nase auf der Couch und machte sich einen, wie er es selbst bezeichnete, „mega-tollen Tag!" Katharina und ihre Tochter Marie saßen zusammen in Katharinas Homeoffice vorm Computer. Katharina hatte sich an diesem Tag Urlaub genommen und freute sich darauf, das erste virtuelle ‚Spirit Event' mitzuerleben. Zwei Minuten vor Beginn tippte Katharina noch schnell ein SMS an Susan: „Toi, toi, toi, liebe Susan. Ich bin mir sicher, es wird großartig werden und ich bin total stolz auf dich!"

Um 10.00 Uhr wurden die virtuellen Event-Türen geöffnet. Innerhalb der ersten dreißig Minuten loggten sich an die 7.000 Besucherinnen und Besucher mit ihrem Passwort ein. Über 5.000 der Gäste waren deutschsprachig, was wohl darauf zurückzuführen war, dass in Österreich und Deutschland bereits viele Menschen in Kurzarbeit waren. Diese Gäste hatten demnach auch an einem Freitagvormittag Zeit, einen ersten virtuellen Rundgang durch die Eventräume zu machen.

Das finale Branding der virtuellen Räume war genial geworden. Patrick hatte überall die grünen Diamanten platziert. Sie erschienen als Stuck an den Wänden, mimten Säulen und hingen als Kronleuchter von virtuellen Decken. Sogar das Rednerpult im Auditorium hatte Form und Farbe des Diamanten. An diesem Tag gab es im Auditorium sechs Keynote Ansprachen, die zwischen 75 und 90 Minuten dauerten. Zwischen den Keynotes waren jeweils 20 Minuten Pause geplant. Sollte ein Vortrag etwas länger dauern, gab es dadurch einen Puffer. Sie hatten drei Simultanübersetzerinnen und Simultanübersetzer engagiert, die alles Gesagte gleichzeitig in die beiden anderen Sprachen übersetzen. Der Gast konnte mit einem einfachen Klick bestimmen, ob und wenn ja, welche Übersetzung zu hören sein sollte.

In über dreißig Nebenräumen fanden Buchpräsentationen, virtuelle Podiumsdiskussionen sowie Frage-Antwort-Runden zu vielfältigen, gesellschaftlich relevanten Themenstellungen statt. Es gab sogar je zwei Yoga- und Pilatesräume, in denen ausgebildete Yogalehrerinnen und Yogalehrer mit Anfängern oder Fortgeschrittenen zwischen 11.00 und 18.00 Uhr Yoga machten. Zudem entwickelte Patrick wie versprochen eine wunderschöne Sponsorengalerie. Jeder Geldgeber konnte sich hier auf eigenen Unterseiten präsentieren und es waren Video-Calls in Form von sogenannten *Business Deep Dates* mit den einzelnen Firmenchefs organisiert. Die Besucher hatten bei diesen virtuellen Dates die Möglichkeit, erfolgreiche Unternehmerinnen und Unternehmer alles zu fragen, was sie schon immer zum Thema Wirtschaft wissen wollten. Simone hatte zudem die Idee, eine *Thought oft the Week* Galerie zu erstellen. Dort konnten sich die Gäste 60 Gedanken als Mosaik gestaltet in drei Sprachen ansehen. Aus diesen 60 *Thoughts of the Week* wurde im Verlauf des Tages der *Diamond Thought of the Year 2020* gevotet und zum Veranstaltungsende um 18.30 Uhr im Auditorium präsentiert. Die Intention des Programmteams, an diesem Tag die Besucherinnen und Besucher zu neuen Denkansätzen zu inspirieren, war die Grundlage für jeden einzelnen Programmpunkt.

Das Programmhighlight des Tages war die Keynote von Geshe Michael Roach, der aus seiner Heimat in Arizona, in den USA, in die Wohnzimmer von sage und schreibe 11.000 virtuellen Gästen sprach. Susan und ihrem Programmteam stockte der Atem, als sie diese Teilnehmeranzahl von 16.30 bis 18.00 Uhr registrierten. Michael Roach war weltbekannt. Er reiste mit seinem Trainerteam jedes Jahr in 35 Länder dieser Welt. Für zweitätige Präsenzseminare völlig unüblich, hatte er auch hier, vor allem in asiatischen Städten, oft 2.000 bis 3.000 Besucherinnen und Besucher pro Veranstaltung. Die 11.000 Zuhörerinnen und Zuhörer am ‚Diamond Thoughts' Event waren aber auch für ihn eine neue Dimension. Noch während er den Zuhörenden die Metapher des Stifts auf seine einzigartige Weise näherbrachte, registrierte Patrick im Chatverlauf über 845 Fragen an Geshe Michael. Es war unmöglich, auch nur einen Bruchteil dieser Fragen zu beantworten. Das war auch allen Anwesenden klar. Daher lag die Anzahl seiner verkauften Bücher an diesem Tag bei über 4.000 Stück. Rund 3.000-mal wurde dabei sein Bestseller *Der Diamantenschneider* gekauft.

Über die gesamte Messedauer verteilt hatten 20.135 Menschen das ‚Spirit Event' 2020 mit dem Motto ‚Diamond Thoughts' besucht. Dank der Registrierung im Vorfeld war die Besucheranzahl eindeutiger als jemals zuvor. 30 Prozent der Gäste gaben noch am selben Tag ein kurzes Feedback zum Online-Event ab. Die Resonanz war hervorragend. Es gab zahlreiche wundervolle Kommentare von Gästen, die vor allem das Miteinander, das Gemeinsame und das Inspirierende der verschiedenen Inhalte lobten. Vor allem in dieser ungewöhnlichen Phase, war das Online-Event für Tausende ein großer Gewinn. Wie erhofft, kamen Menschen aus der ganzen Welt zusammen. Es gab sogar Besucherinnen und Besucher aus Australien – was das Programmteam völlig überraschte. Globalisierung war virtuell kein Nachteil. Denn auch wenn die Lieferketten aus China unterbrochen waren, die Verbreitung der ‚Diamond Thoughts' lief ungezügelt.

Das ‚Spirit Event' zeigte in jeder Hinsicht auf, dass es nicht das Äußere und Materielle ist, das uns Menschen stark macht und verbindet. Es sind unsere Intentionen, Gedanken und Taten, die unser Leben gestalten, unsere Beziehungen vertiefen und unsere Stifte befüllen. Dies veranschaulichte auch der von den Besucherinnen und Besuchern gewählte Diamond Thought of the Year 2020:

Abb. 45: Diamond Thought of the Year 2020

An diesem Abend fiel Susan erschöpft in Bens Arme. Er war den ganzen Tag an ihrer Seite gewesen und hatte das Unglaubliche mit ihr zusammen erlebt und gefeiert. Beide waren wie in Trance. Der ganze Tag lief wie ein Film vor ihren inneren Augen noch einmal ab und sie konnten nur im Ansatz erfassen, was an diesem Tag passiert war. „Du weißt", flüsterte Ben, „dass das heute nicht das Ende deines Events war." Ben beugte seinen Kopf zu Susan, die ihren auf seine Brust gelegt hatte. „Es war der Beginn einer völlig neuen Event-Ära." Susan nickte bedächtig. „Das Straßennetzwerk, das du in deinem Kopf, in den Köpfen deines Teams und bei allen Besuchern mitangelegt hast, ist der pure Wahnsinn. Ich bin wirklich sehr stolz auf dich!" Susan drückte sich noch fester an ihren Mann. „Das Leben ist doch eine konstante Veränderung, nicht wahr?", entgegnete sie nach einer kleinen Weile und blickte ihrem Mann in die Augen. „Da hast du wohl recht", bestätigte Ben, „gerade in dieser Zeit dürfen wir alles einmal umdrehen, neu denken und kreativ anders zusammenbauen." Susan schmunzelte. „Es gibt noch eine Veränderung, die auf uns zukommt." Ben schüttelte ungläubig den Kopf. „Schön langsam ist es aber mal genug, Schatz", entgegnete er im Affekt. „Planst du schon das nächste Online-Event?" Susan schmunzelte und schüttelte den Kopf. Sie sah Ben mit großen Augen an. „Ich bin schwanger."

ABBILDUNGSVERZEICHNIS

CA	Change Agent
CR	Change Request
DCI	Diamond Cutter Institut
GF	Geschäftsführer*in
IPMA	International Projekt Management Association
MUC	München
MIM	Master in strategischem Management
PA	Projektassistenz
PAG	Projektauftraggeber*in
PgAG	Programmauftraggeber*in
PM	Projektmanager*in
PgM	Programmmanager
PgMA	Programmmitarbeiter*in
PgTM	Programmteammitglied im Programmkernteam
PMA	Projektmitarbeiter*in
PMI	Project Management Institute
PTM	Projektteammitglied im Projektkernteam
ZDF	Zahlen, Daten, Fakten
zPM	zertifizierte Projektmanagerin nach IPMA Level C Standard

NACHWORT

Ich hoffe von Herzen, dieses Buch hat auch Dir, liebe Leserin und lieber Leser, viele *DIAMOND thoughts* beschert, die sich in Deinem täglichen Denken und Handeln nach und nach manifestieren. Ich wünsche Dir zahlreiche gute, neue *Autobahnen* in Deinen Basalganglien und hoffe, Du konntest bereits erfolgreich damit beginnen, ein paar ungeliebte Autobahnen zu zertrümmern. Veränderung ist eine Königsdisziplin, aber jeder von uns kann eine Königin oder ein König sein.

Wenn Du den Wunsch verspürst, im Rahmen eines persönlichen **Coachings**, noch weiter an einer Veränderung zu arbeiten, dann hast Du die Möglichkeit, Dich unter *www.diamond-thoughts.com* über meine Coachingangebote zu informieren. Ich unterstütze Dich gerne dabei.

Tipp für Musikliebhaber: Als leidenschaftliche Musicalsängerin habe ich begonnen, jene Musicalsongs, die ich im Rahmen meiner Tätigkeit für die Musical Company Austria in Salzburg auf die Bühne gebracht habe, umzutexten. Ich habe diese Songs neu interpretiert und im Tonstudio selbst eingesungen. Auf meiner Website *www.diamond-thoughts.com* findest Du meine Lieblingssongs zum kostenfreien Download. Viel Freude und Gänsehaut beim Anhören. Diese Musik wird Dich inspirieren.

Wenn Dir dieses Buch, meine Intention als Autorin und die Vision des gemeinsamen Veränderns gefallen, dann – und nur dann – bitte ich Dich an dieser Stelle, mein Buch auch all jenen Deiner Mitmenschen weiterzuempfehlen, die wie wir Verantwortung übernehmen.
Danke für Deine Weiterempfehlung!

Ich danke von Herzen…

… der **Edition Blumenau**, insbesondere Silvia Engelhardt und ihrem Team, für eine wundervolle Zusammenarbeit.
… dem **inkling Indira Ćejvan** für ein phänomenales Fachkorrektorat und Lektorat.
… **Tanja Knob** und ihren **Echt Jetzt Coaches**, die eine Sonderedition in Farbe möglich gemacht und eine Buchpräsentation am 19. November 2020 unterstützt haben.
…**Wilhelm Reithofer**, meinem Papa, dem leidenschaftlichsten Maler, den ich kenne. Danke für Maries Bild – es bedeutet mir so viel wie Katharina Mäkinen im Buch.
…**Anette Huesmann**, meinem Roman-Coach, und **Daniela Pucher**, meinem Sachbuch-Coach, die mich in die Autorenwelt eingeführt und mir geholfen haben, ein richtig gutes Verlagsexposé zu schreiben.
… **Rebekka Haag**, **Daniela Lehner** und **Miriam Thon**, die als Testleserinnen dank ihres Feedbacks das gesamte Buch noch besser gemacht haben.
…**Amely Haslauer,** eine tolle *Werbemeisterin*, für die Erstellung der Website *www.diamond-thoughts.com* sowie die Unterstützung im Social Media Marketing.
…meinen **Kolleginnen** und **Kollegen** bei **next level consulting**, mit denen ich seit 2008 zusammenarbeite und die dieses Buch fördern und empfehlen. Besonderer Dank gilt **Wolfgang Rabl**, **Michael Müllner**, **Sandra Schwendtner**, **Susanne Schwarzer** – der Gestalterin aller Grafiken in diesem Buch – und meinem **Team Salzburg**.
…meinem Geschäftspartner, **Thorsten Kieker**, mit dem ich gemeinsam von 2010 bis 2019 die Musical Company Austria geleitet habe. Zusammen haben wir viele Musicalproduktionen verwirklicht. Künstlerinnen und Künstler führen zu dürfen, hat meine Führungskompetenzen maßgeblich bereichert.
…meinen **Kundinnen** und **Kunden**, **Seminarteilnehmerinnen** und **-teilnehmern** und **Coachées**, die mich zum Schreiben dieses Buches ermutigt haben. Danke, dass ich euch lehren durfte und dabei von euch gelernt habe.

Ganz besonderer Dank gilt…

… meinem Mann **Robert** und meinen Kindern **Maximilian** und **Emilia**, die viel Geduld und Nachsicht mit mir hatten. Ich habe meinen ersten Fachroman in nur vier Monaten geschrieben. Sie haben verstanden, wie viel mir dieses Projekt bedeutet und mich liebevoll unterstützt.
… meinen Eltern **Helga** und **Wilhelm**, die jedes meiner Projekte mit viel Liebe unterstützen.

Lieber Maxi, liebe Emilia,

wenn ihr groß seid und beruflich in eurer Arbeit voll durchstartet – wahrscheinlich habt ihr einen Beruf, den wir uns heute noch nicht einmal vorstellen können – wünsche ich euch Rahmenbedingungen, die euch Flügel verleihen. DAFÜR – setze ich mich ein!